2024年
国家统一法律职业资格考试

大纲深度解读与命题预测

法律考试中心 组编

法律出版社
—— 北京 ——

图书在版编目(CIP)数据

2024年国家统一法律职业资格考试大纲深度解读与命题预测 / 法律考试中心组编. -- 北京 : 法律出版社, 2024

ISBN 978 -7 -5197 -9037 -0

Ⅰ. ①2… Ⅱ. ①法… Ⅲ. ①法律工作者-资格考试-考试大纲-中国 Ⅳ. ①D92 -41

中国国家版本馆CIP数据核字(2024)第078524号

2024年国家统一法律职业资格考试大纲深度解读与命题预测
2024 NIAN GUOJIA TONGYI FALǛ ZHIYE ZIGE KAOSHI DAGANG SHENDU JIEDU YU MINGTI YUCE

法律考试中心 组编

策划编辑 徐 菲
责任编辑 徐 菲
装帧设计 李 瞻

出版发行 法律出版社
编辑统筹 法律考试·职业教育出版分社
责任校对 王 丰
责任印制 胡晓雅
经　销 新华书店

开本 787毫米×1092毫米 1/16
印张 18.5 **字数** 506千
版本 2024年5月第1版
印次 2024年5月第1次印刷
印刷 三河市龙大印装有限公司

地址:北京市丰台区莲花池西里7号(100073)
网址:www.lawpress.com.cn
投稿邮箱:info@lawpress.com.cn
举报盗版邮箱:jbwq@lawpress.com.cn

销售电话:010-83938349
客服电话:010-83938350
咨询电话:010-63939796

书号:ISBN 978-7-5197-9037-0
定价:68.00元

凡购买本社图书,如有印装错误,我社负责退换。电话:010-83938349

编 写 说 明

随着《2024 年国家统一法律职业资格考试大纲》的问世，这本《2024 年国家统一法律职业资格考试大纲深度解读与命题预测》也与大家见面了。本书对大纲和辅导用书中列举能够进入命题范围的高频考点进行深度解读，并结合历年试题的考查情况对其命题规律与趋势给出了提示。另外，大纲中还有部分考点是为了体系完整和背景介绍而列的，对这部分内容，本书做了从略处理。

《2024 年国家统一法律职业资格考试大纲》正文的内容包括基本要求和考试内容，基本要求包括“了解与理解”“熟悉与运用”两个方面，考试内容则是考试所考查的内容的列举。法考大纲将考点运用分为两个层次——“了解或理解”“熟悉并能够运用”，各学科可根据实际情况，对“了解或理解”合并要求或择一要求。

本书编写组在大纲和辅导用书中筛选高频、重点考点并进行总结归纳，筛选考点的标准有三：一是根据重者恒重的命题规律，选择了反复出现的高频考点，表示重要程度；二是根据新增易考的命题规律，筛选收录了 2023 年和 2024 年的新增法规与新增考点，并在书中以2023 New和2024 New作了特别标注；三是最近几年虽然没有命题，但今年极有可能出现的潜力考点，也纳入了本书的解读范围。对以上考点本书参考了大纲和辅导用书内容分别从大纲要求和命题要点两个方面进行了解读，能够让读者很好地将大纲、辅导用书和试题结合起来，起到将知识转为实战能力的作用。

根据大纲对不同的知识点所提出的不同要求，本书对大纲的上述两类考点做了深入的解读，根据辅导用书的内容而丰富充实了大纲的内容，并且对所涉及的考点的命题要点作出了解读，使之能够更好地适应考生的需求；同时，和厚达上千页的辅导用书相比，本书的内容浓缩精要而不失体系，可以减轻考生的阅读负担。在这个意义上，本书既是一本“从薄读厚”的考试大纲，也是一本“从厚读薄”的辅导教材。

期待本书能够在考试大纲、辅导用书和法律汇编之间架起一座融会贯通的桥梁，对广大考生备考复习有所帮助。

本书编写组

2024 年 5 月

目　录

习近平法治思想

法 理 学

宪　法

中国法律史

国　际　法

司法制度和法律职业道德

刑　　法

刑事诉讼法

行政法与行政诉讼法

民　法

知识产权法

商　　法

经 济 法

环境资源法

劳动与社会保障法

国际私法

国际经济法

民事诉讼法与仲裁制度

习近平法治思想

【本学科命题方式提示】本学科内容偏重理论，在客观题与主观题中都可考查。作为客观题考查时，可概念性地考查意义与目的；作为主观题考查时，可以以材料为引介，作为论述题的主线，由考生凭此进行分析与解释，考查考生的理论能力。本学科复习时切忌死记硬背，考生要学会融会贯通。

【学科思维导图】

- 学科知识框架
  - 习近平法治思想的形成发展
    - 习近平法治思想形成的时代背景
    - 习近平法治思想形成发展的逻辑
    - 习近平法治思想形成发展的历史进程
    - 习近平法治思想的鲜明特色
      - 原创性
      - 系统性
      - 时代性
      - 人民性
      - 实践性
  - 习近平法治思想的重大意义
    - 习近平法治思想是马克思主义法治理论同中国法治建设实际相结合、同中华优秀传统法律文化相结合的最新成果
    - 习近平法治思想是对党领导法治建设丰富实践和宝贵经验的科学总结
    - 习近平法治思想是在法治轨道上全面建设社会主义现代化国家的根本遵循
    - 习近平法治思想是引领法治中国建设实现高质量发展的思想旗帜
  - 习近平法治思想的核心要义
    - 坚持党对全面依法治国的领导
    - 坚持以人民为中心
    - 坚持中国特色社会主义法治道路
    - 坚持依宪治国、依宪执政
    - 坚持在法治轨道上推进国家治理体系和治理能力现代化
    - 坚持建设中国特色社会主义法治体系
    - 坚持依法治国、依法执政、依法行政共同推进，法治国家、法治政府、法治社会一体建设
    - 坚持全面推进科学立法、严格执法、公正司法、全民守法
    - 坚持统筹推进国内法治和涉外法治
    - 坚持建设德才兼备的高素质法治工作队伍
    - 坚持抓住领导干部这个“关键少数”
  - 习近平法治思想的实践要求
    - 充分发挥法治对经济社会发展的保障作用
    - 正确认识和处理全面依法治国一系列重大关系

法 理 学

考点1 法的概念

【大纲要求解读】大纲要求**理解**“法的概念的学说”“法的定义”“法的特征”,并对其内容形成准确记忆。

【命题要点归纳】

1. 法的概念的中心问题:法与道德之间的关系。

2. 法的概念的学说:(1)实证主义的法的概念,以“权威性制定”和“社会实效”两个要素来定义法的概念,认为法和道德是分离的;(2)非实证主义的法的概念,以内容的正确性作为法的概念的一个必要的定义要素,并且这类法的概念中不排除社会实效性要素和权威性制定要素,认为法和道德是相互联结的。

3. 法的定义:所谓特定国家现行有效的法,笼统地讲,乃是指“国法”(国家的法律),其外延包括:(1)国家专门机关(立法机关)制定的“法”(成文法);(2)法院或法官在判决中创制的规则(判例法);(3)国家通过一定方式认可的习惯法(不成文法);(4)其他执行国法职能的法(如教会法)。

4. 法的特征:(1)法是调整人的行为的一种社会规范;(2)法是由国家制定或认可的社会规范;(3)法是以国家强制力保证其实施的社会规范;(4)法是具有普遍性的社会规范;(5)法是具有严格、明确的程序的社会规范;(6)法是具有可诉性的社会规范。

考点2 法的价值

【大纲要求解读】大纲要求**理解**“法的价值的种类与法的价值冲突及其解决”,即在记忆的基础上要求进一步深刻领会法的价值的构成,要求掌握自由、秩序、人权和正义这些法的不同价值的区别和冲突解决方式。

【命题要点归纳】

1. 法的价值的种类:

(1)秩序:它表明通过法律机构、法律规范、法律权威所形成的一种法律状态。

(2)自由:法以确认、保障人的这种行为能力为己任,从而使主体与客体之间能够达到一种和谐的状态。

(3)正义:平等地对待他人的观念形态。

(4)人权:人权既可以作为道德权利,也可以作为法律权利,法能够促进与保证人权的实现。

2. 法的价值冲突解决方式:

(1)个案中的比例原则:与其他法的价值相比较,哪一个法的价值在具体案件的情境下更具有优先性或分量。

(2)价值位阶原则:在不考虑具体案件的情境下,法的各个价值之间的优先性关系。

考点3 法律规则

【大纲要求解读】大纲要求**理解**法律规则的含义、逻辑结构,法律规则与语言的关系、法律规则与法律条文的区别,法律规则的分类。

【命题要点归纳】

1. 逻辑结构:由假定条件、行为模式和法律后果构成。

2. 法律规则与语言:(1)一切法律规范都必须以“法律语句”的形式表达出来,具有语言的依赖性;(2)法律人适用法律解决具体案件时适用的不是语句自身或语句所包含的字和词的本身,而是语句所表达的意义;(3)表达法律规则的特定语句往往是一种规范语句,这并不意味着所有法律规则的表达都以规范语句的形式出现,也可以用陈述语气或陈述句表达。

3. 法律规则与法律条文的区别:法律规则是法律条文的内容,法律条文是法律规则的表现形式。并不是所有的法律条文都直接规定法律规则,也不是每一个条文都完整地表述一个规则或只表述一个法律规则。

4. 法律规则的分类:(1)授权性规则和义务性规则;(2)确定性规则、委任性规则和准用性规则;(3)强行性规则和任意性规则。

考点4 法律原则

【大纲要求解读】大纲要求**理解**法律原则的含义(概念)、种类以及法律规则与法律原则的区别,即要求结合实例说明法律规则与法律原则的关系,也要求结合具体的案例作出相应的判断。

【命题要点归纳】

1. 法律原则的种类:(1)公理性原则和政策性原则;(2)基本原则和具体原则;(3)实体性原则和程序性原则。

2. 法律原则与法律规则的区别:(1)在性质上,法律规则是一种"应该做"的规范;法律原则是一种"应该是"的规范。(2)在内容上,法律规则的规定是明确具体的;法律原则的着眼点不仅限于行为及条件的共性,而且关注它们的个别性,其要求比较笼统、模糊。(3)在适用范围上,法律规则内容具体明确,法律原则对人的行为及其条件有更大的覆盖面和抽象性。(4)在适用方式上,法律规则是以"全有或全无的方式",法律原则则不是。

3. 法律原则的适用条件:(1)穷尽法律规则,方得适用法律原则;(2)除非为了实现个案正义,否则不得舍弃法律规则而直接适用法律原则;(3)没有更强理由,不得径行适用法律原则。

考点5 正式渊源与非正式渊源

【大纲要求解读】大纲要求**理解**正式渊源与非正式渊源的概念,区分正式的法的渊源与非正式的法的渊源,要求结合实例来判断法律位阶。

【命题要点归纳】

1. 正式的法的渊源是指具有明文规定的法律效力并且直接作为法律人的法律决定的大前提的规范来源的那些资料,如宪法、法律、法规等。

2. 非正式的法的渊源则指不具有明文规定的法律效力,但具有法律说服力并能够构成法律人的法律决定的大前提的准则来源的那些资料,如正义标准、理性原则、公共政策、道德信念、社会思潮、习惯、乡规民约、社团规章、权威性法学著作,还有外国法等。

3. 当代中国法的非正式渊源:习惯、判例与政策。

4. 当代中国法的渊源主要为以宪法为核心的各种制定法,包括宪法,法律,行政法规,地方性法规,自治条例和单行条例,规章,国际条约、国际惯例和其他法的正式渊源(如中央军事委员会制定的军事法规和军内有关方面制定的军事规章、国家监察委员会根据宪法和法律制定的监察法规、"一国两制"下特别行政区的各种法律、经济特区根据全国人民代表大会的专门授权而制定的规范性法律文件)。

| 考点扩展 |

1. 不同位阶的法的渊源之间的冲突原则:上位法优于下位法原则。

2. 同一位阶的法的渊源之间的冲突原则主要包括:新法优于旧法原则,特别法优先原则。如果出现新的一般规定与旧的特别规定不一致的情况,需要由特定机关作出裁决。具体而言,法律之间对同一事项的新的一般规定与旧的特别规定不一致,不能确定如何适用时,由全国人民代表大会常务委员会裁决。行政法规之间对同一事项的新的一般规定与旧的特别规定不一致,不能确定如何适用时,由国务院裁决。

3. 位阶出现交叉时的法的渊源之间的冲突原则:(1)自治条例和单行条例依法对法律、行政法规、地方性法规作变通规定的,在本自治地方适用自治条例和单行条例的规定。(2)经济特区法规根据授权对法律、行政法规、地方性法规作变通规定的,在本经济特区适用经济特区法规的规定。(3)地方性法规、规章之间不一致时,由有关机关依照下列规定的权限作出裁决:①同一机关制定的新的一般规定与旧的特别规定不一致时,由制定机关裁决。②地方性法规与部门规章之间对同一事项的规定不一致,不能确定如何适用时,由国务院提出意见,国务院认为应当适用地方性法规的,应当决定在该地方适用地方性法规的规定;认为应当适用部门规章的,应当提请全国人民代表大会常务委员会裁决。③部门规章之间、部门规章与地方政府规章之间对同一事项的规定不一致时,由国务院裁决。④根据授权制定的法规与法律规定不一致,不能确定如何适用时,由全国人民代表大会常务委员会裁决。

考点6 法律关系的含义、特征与种类

【大纲要求解读】大纲要求**理解**法律关系的含义、特征和种类,要求结合实例来判断法律关系的类别。

【命题要点归纳】

1. 法律关系的含义:是在法律规范调整社会关系的过程中所形成的人们之间的权利和义务关系。

2. 法律关系的特征:(1)合法性;(2)意志性;(3)权利和义务性。

3. 法律关系的种类:(1)调整性法律关系和保护性法律关系;(2)纵向(隶属)的法律关系和横向(平权)的法律关系;(3)单向(单务)法律关系、双向(双边)法律关系和多向(多边)法律关系;(4)第一性法律关系(主法律关系)和第二性法律关系(从法律关系)。

考点7 立法程序

【大纲要求解读】大纲要求**理解**立法程序,并要求在记忆的基础上,对当代中国的立法程序进行梳理。

【命题要点归纳】

1. 法律议案的提出:

(1)有权向全国人民代表大会提出法律议案的主体:全国人大主席团;全国人大常委会;全国人大各专门委员会;国务院;中央军事委员会;国家监察委员会;最高人民法院;最高人民检察院;一个代表团或者30名以上的代表联名。

(2)有权向全国人大常委会提出法律案的主体包括:委员长会议;全国人大各专门委员会;国务院;中央军事委员会;国家监察委员会;最高人民法院;最高人民检察院;全国人大常委会组成人员10人以上联名。

2. 法律议案的审议:

(1)在全体会议上,由提案机关或人员或者指派有关人员向大会作法律草案的说明;(2)各代表团、宪法和法律委员会及有关的专门委员会进行审议;(3)宪法和法律委员会根据各代表团和有关专门委员会的审议意见,对法律案进行统一审议,向主席团提出审议结果报告和法律草案修改稿,对涉及的合宪性问题以及重要的不同意见应当在审议结果报告中予以说明,经主席团会议审议通过后,印发会议;(4)法律草案修改稿经各代表团审议,由宪法和法律委员会根据各代表团的审议意见进行修改,提出法律草案表决稿,由主席团提请大会全体会议表决。

3. 法律的表决和通过：

(1)宪法的修正案,由全国人大全体代表的2/3以上的多数通过;(2)全国人大通过法律案,是由主席团提请大会全体会议表决,由全体代表的过半数通过;(3)全国人大常委会通过法律案,由委员长会议提请常委会全体会议表决,由常委会全体组成人员的过半数通过。

4. 法律的公布:(1)中华人民共和国主席根据全国人民代表大会的决定和全国人民代表大会常务委员会的决定,公布法律;(2)凡是未经公布的,都不能发生法的效力;(3)公布后的法律生效问题,依照法律规定。我国公布法律的载体是全国人大常委会公报和“中国人大网”以及“在全国范围内发行的报纸”,在全国人大常委会公报上刊载的法律文本为标准文本。

考点8 内部证成与外部证成

【大纲要求解读】大纲要求**熟悉并能够运用**考点“内部证成与外部证成的区分”,即要求在记忆和理解内部证成与外部证成的基础上,结合现实问题进行分析和评价。

【命题要点归纳】

法律决定必须按照一定的推理规则从相关前提中逻辑地推导出来,属于内部证成;对法律决定所依赖的前提的证成属于外部证成。前者关涉的只是从前提到结论之间的推论是否有效,而推论的有效性或真值依赖于是否符合推理规则或规律。后者关涉的是对内部证成中所使用的前提本身的合理性,即对前提的证立。

在法律适用中,内部证成和外部证成是相互关联的。外部证成是将一个新的三段论附加在论证的链条中,这个新的三段论用来支持内部证成的前提。

不能将内部证成只理解为通常所谓的法律规范、案件事实与法律决定之间的推理规则,其包括了确立前提本身所要遵循的推理规则。

考点9 法律解释方法的适用模式

【大纲要求解读】大纲要求**熟悉并能够运用**“法律解释方法的适用模式”,即要求在记忆的基础上,理解法律解释方法的三种适用模式的概念。

【命题要点归纳】

1. 单一适用模式:是指法律人针对特定案件事实对特定法律文本或法的渊源进行解释时忽略了其他法律解释方法而只适用一种法律解释方法。从法律证成的角度看,单一适用模式是法律人将一个主要的法律解释方法作为证成法律解释结果的唯一理由或首要理由。

2. 累积适用模式:是指法律人针对特定案件事实同时适用两种以上的法律解释方法对特定法律文本或法的渊源进行解释,而且在最终意义上得到了相同的解释结果。

3. 冲突适用模式:是指法律人针对特定案件事实同时适用两种以上的法律解释方法对特定法律文本或法的渊源进行解释而得到至少两个相互对立、冲突的解释结果,而且这些解释结果证成了不同法律决定冲突模式的适用中存在两个层面的操作:一方面,法律人运用不同的相互独立的法律解释方法证成各自的相互对立的法律解释结果。另一方面,法律人必须运用其他论据证成哪一个法律解释结果具有优先性。因此,冲突适用模式的运用的关键和根本之处不在于法官或法律适用者运用不同的相互独立的法律解释方法证成不同的法律解释结果,而在于证成哪一个法律解释结果具有优先性,即解决冲突问题。

考点10 法律解释

【大纲要求解读】大纲要求**理解**“法律解释的含义,法律解释的特点”,**熟悉并能够运用**“语义解释,立法者目的解释,历史解释,比较解释,体系解释,客观目的解释”,即要求在记忆和理解法律解释的含义的基础上,结合不同的解释方法,掌握中国的法律解释体制,论证对现实问题评价的合理性。

【命题要点归纳】

1. 法律解释的特点:(1)法律解释的对象是特定的;(2)法律解释与具体案件密切相关;(3)法律解释具有实践性和目的性。

2. 法律解释的方法:(1)文义解释,也称语法解释、文法解释、文理解释,是指按照日常的、一般的或法律的语言使用方式清晰地描述制定法的某个条款的内容。(2)立法者的目的解释,又被称为主观目的解释,是指根据参与立法的人的意志或立法资料揭示某个法律规定的含义,或者说将对某个法律规定的解释建立在参与立法的人的意志或立法资料的基础之上。(3)历史解释,是指依据正在讨论的法律问题的历史事实对某个法律规定进行解释。(4)比较解释,是指根据外国的立法例和判例学说对某个法律规定进行解释。(5)体系解释,也称逻辑解释、系统解释,是指将被解释的法律条文放在整部法律中乃至整个法律体系中,联系此法条与其他法条的相互关系来解释法律。(6)客观目的解释,是指根据"理性的目的"或"在有效的法秩序的框架中客观上所指示的"目的,即法的客观目的进行的解释。

| 考点扩展 |

1. 法律解释的种类:(1)正式解释,通常也称法定解释,是指由特定的国家机关、官员或其他有解释权的人对法律作出的具有法律上约束力的解释。(2)非正式解释,通常也称学理解释,一般是指由学者或其他个人及组织对法律规定所作的不具有法律约束力的解释。

2. 法律解释方法的位阶:(1)语义学解释→(2)体系解释→(3)立法者意图或目的解释→(4)历史解释→(5)比较解释→(6)客观目的解释。

考点11 法律推理

【大纲要求解读】大纲要求**熟悉并能够运用**各类法律推理,即要求在记忆和理解法律推理的概念的基础上,结合不同的推论方法,论证对现实问题评价的合理性。

【命题要点归纳】

1. 演绎推理:从大前提和小前提中必然地推导出结论或结论必然地蕴含在前提中的推论。

2. 归纳推理:从个别到一般的推论。

3. 类比推理:从个别到个别的推论。

4. 反向推理:从法律规范赋予某种事实情形以推导出某个法律后果,这一后果不适用于法律规范未规定的其他事实情形。

5. 当然推理:由某个更广泛的法律规范的效力推导出某个不那么广泛的法律规范的效力。

6. 设证推理:又称"推定",指从某个结论或事实出发,依据某个假定的法则推导出某个前提或曾发生的事实的推论。

考点12 法系

【大纲要求解读】大纲要求**熟悉并能够运用**"法系的含义""西方国家两大法系的含义与区别",即要求在记忆法系含义、两大法系概念的基础上,判断法系,熟悉它们的区别。

【命题要点归纳】

1. 法系的含义:指根据法的历史传统和外部特征的不同,对世界各国、各民族的法所作的宏观分类。一般来说,凡属于同一法律传统或具有某些共同特征的各个国家或民族的法律就构成一个法系。

2. 法系划分的标准主要包括法的历史来源、主导性的法学思想方法、法的表现形式及其解释方法、特定的法律制度等。

3. 大陆法系和英美法系的区别：(1)在法的渊源方面，大陆法系中法的正式渊源主要是制定法，法院的判例是非正式的法的渊源；而英美法系中制定法、判例法都是法的正式渊源。(2)在法律思维方面，大陆法系属于演绎型思维，英美法系属于归纳式思维。(3)在法律的分类方面，大陆法系国家一般都将公法与私法的划分作为法律分类的基础；英美法系则以普通法与衡平法作为法的基本分类，普通法处理一般案件，衡平法处理特殊案件。(4)在诉讼程序方面，大陆法系属于纠问制诉讼，英美法系则采用对抗制诉讼程序。(5)在法典编纂方面，大陆法系的主要发展阶段都有代表性的法典；英美法系虽然在近代以来制定法的数量不断增加，但从总体上看，不倾向进行系统的法典编纂。

考点13 法与道德的区别

【大纲要求解读】大纲要求**熟悉并能够运用**考点“法与道德的区别”，即要求能够结合其区别分析和评价有关案例、事例或者法条。

【命题要点归纳】

作为联系最密切的两类社会规范，法与道德的区别在于：

1. 产生方式不同。法在形式上由国家机关按照法定程序主动制定或认可，是立法者自觉建构的产物。道德是在社会生产生活中自然演进生成的，是自发和非建构的产物。

2. 表现形式不同。法一般以国家机关创制的规范性文件的形式来表现，如宪法、法律、行政法规等。道德则通常存在于人们的内心和社会舆论之中，或以语言形式被记载下来。

3. 调整范围不同。首先，道德的调整范围要比法的调整范围广。一般而言，法律调整的社会关系道德要调整，而法律不调整的社会关系道德也要调整，如友谊关系、爱情关系。其次，道德对人的行为的调整要比法律的调整更有深度。法一般只关注和规范外在行为，而不问动机。道德虽然也调整外在行为，但首先和主要关注内在动机，它可以单独评价人的动机而不问行为后果。

4. 内容结构不同。法有肯定明确的行为模式和法律后果，规定具体的权利义务，在规范形态上以规则为主。道德无特定、具体的表现形式，对行为的要求笼统、原则化，标准模糊，在规范形态上以原则为主。法的可操作性较强，但较为僵硬；道德的灵活度大，但易生歧义。

5. 实施方式不同。法依靠国家强制力保证实施，专门机构、暴力后盾、程序设置、行为针对性和物质结果构成法的外在强制标志。道德在本质上是良心和信念的自由，主要依靠人们的内心信念和社会舆论等方式加以强制实施。

宪　法

考点 1　宪法的分类

【大纲要求解读】大纲要求**了解与理解**宪法分类，即成文宪法与不成文宪法，刚性宪法与柔性宪法，钦定宪法、民定宪法和协定宪法的含义和区别。

【命题要点归纳】

1. 成文宪法：具有统一法典形式的宪法。

2. 不成文宪法：具有统一法典的形式，英国是典型的不成文宪法国家。

3. 刚性宪法：实行成文宪法的国家往往也是刚性宪法的国家。

4. 柔性宪法：制定、修改的机关和程序与一般法律相同的宪法，如英国。

5. 钦定宪法：由君主或以君主的名义制定和颁布的宪法。1814 年法国国王路易十八颁布的宪法和 1908 年中国清政府颁布的《钦定宪法大纲》等都属于钦定宪法。

6. 民定宪法，指由民意机关或者由全民公决制定的宪法。

7. 协定宪法，指由君主与国民或者国民的代表机关协商制定的宪法。1215 年英国的《自由大宪章》属于协定宪法。

考点 2　宪法的制定

【大纲要求解读】大纲要求**了解与理解**宪法制定的含义、制宪权与修宪权的区别、宪法制定的程序。

【命题要点归纳】

宪法制定即制宪，是指制宪主体按照一定的程序创制宪法的活动。

1. 制宪权与修宪权：修宪权是依据制宪权而产生的权力形态。制宪权与修宪权是两种不同性质的权力。修宪权受制宪权的约束，不得违背制宪权的基本精神和原则。

2. 宪法制定的程序。

(1)设立制宪机关。制宪机关通常包括宪法起草机关(如我国 1954 年成立的中华人民共和国宪法起草委员会)和宪法通过机关(如美国的制宪会议、我国的全国人民代表大会)等。

(2)提出宪法草案。

(3)通过宪法草案。

(4)公布宪法。宪法草案经过一定程序通过后，由国家元首或代表机关公布。我国 1954 年《宪法》由第一届全国人民代表大会第一次会议以全国人民代表大会公告的形式公布，自通过之日起生效。

考点 3　宪法渊源与宪法结构

【大纲要求解读】大纲要求**了解与理解**宪法渊源(宪法典、宪法性法律、宪法惯例、宪法判例、国际条约)与宪法结构，可以判断宪法渊源的种类。

【命题要点归纳】

1. 宪法渊源：

(1)宪法典：是绝大多数国家采用的渊源，是指将一国最根本、最重要的问题由统一的法律文本加以明确规定而形成的成文宪法。宪法典一般由制宪机关采用制宪程序制定，其特点是宪法的形式完整、内容明确具体，因而便于实施；同时由于一般规定了严格的修改程序，因而有利于保证宪法的相对稳定性。拥有宪法典是成文宪法国家的标志。

(2)宪法性法律:一国宪法的基本内容不是统一规定在一部法律文书之中,而是由多部法律文书表现出来的宪法。主要有两种情况:一是在不成文宪法国家中,国家最根本、最重要的问题不以宪法典的形式规定,而由多部单行法律文书规定。宪法性法律制定和修改的机关、程序通常与普通法律相同;二是在成文宪法国家中,国家立法机关制定的有关宪法内容的法律。

(3)宪法惯例:宪法条文无明确规定,但在实际政治生活中已经存在,并为国家机关、政党及公众所普遍遵循,且与宪法具有同等效力的习惯或传统。其特征主要有三点:一是它没有具体的法律形式;二是它的内容涉及国家的最根本、最重要的问题;三是它主要依靠公众舆论而不是国家强制力来保证其实施。宪法惯例多见于不成文宪法国家,但成文宪法国家也不鲜见。它能适应国家形势的发展变化,弥补宪法规定的不足。

(4)宪法判例:宪法条文无明文规定,而由司法机关在审判实践中逐渐形成并具有宪法效力的判例。

(5)国际条约:国际法的主要渊源,但能否成为国内法的渊源以及宪法的渊源,则取决于一个国家的参与和认可。

2. 宪法典的结构:一般包括序言、正文、附则三大部分。其中,宪法的附则是指宪法对于特定事项需要特殊规定而作出的附加条款。附则是宪法的一部分,其法律效力与一般条文相同,并具有特定性和临时性的特点。我国《宪法》无附则。

考点4 选举程序

【大纲要求解读】大纲要求**熟悉与运用**选举制度的程序,对选举的组织、划分选区和选民登记、候选人制度、投票选举、对代表的罢免和对破坏选举的制裁有所了解。

【命题要点归纳】

1. 代表候选人的提出:选民或者代表10人以上联名可以推荐代表候选人,各政党、各人民团体,可以联合或者单独推荐代表候选人。各级人民代表大会代表的选举,均实行差额选举。

2. 代表候选人的当选:

(1)选举有效与当选:①直接选举时,选区全体选民的过半数参加投票,选举有效。代表候选人获得参加投票的选民过半数的选票时,始得当选。②县级以上的地方各级人大在选举上一级人大代表时,代表候选人获得全体代表过半数的选票时,始得当选。

(2)应当选人数超额或不足时的处理:①获得过半数选票的代表候选人的人数超过应选代表名额时,以得票多的当选。如遇票数相等不能确定当选人时,应当就票数相等的候选人再次投票,得票多的当选。②获得过半数选票的当选代表的人数少于应选代表的名额时,不足的名额另行选举。另行选举时,根据在第一次投票时得票多少的顺序,按照法定的差额比例,确定候选人名单。如果只选1人,候选人应为2人。

A. 另行选举县级和乡级人大代表时,代表候选人以得票多的当选,但是得票数不得少于选票的1/3;

B. 县级以上地方各级人大在另行选举上一级人大代表时,代表候选人获得全体代表过半数的选票,始得当选。

3. 确认和宣布:选举结果由选举委员会或者人大主席团确定是否有效并予以宣布。当选代表名单由选举委员会或者人大主席团予以公布。公民不得同时担任两个以上无隶属关系的行政区域的人大代表。

4. 对代表的罢免:罢免间接选举产生的代表,须经原选举单位过半数的代表通过。罢免直接选举所产生的代表,须经原选区过半数的选民通过。

| 考点扩展 |

1. 选举机构:

(1) 直接选举:由设立选举委员会主持本级人大代表的选举。

(2) 间接选举:由本级人大常委会主持。特别行政区全国人大代表的选举由全国人大常委会主持。

2. 对破坏选举的制裁。以下列违法行为当选人大代表的,其当选无效:

(1) 以金钱或者其他财物贿赂选民或者代表,妨害选民和代表自由行使选举权和被选举权的;

(2) 以暴力、威胁、欺骗或者其他非法手段妨害选民和代表自由行使选举权和被选举权的;

(3) 伪造选举文件、虚报选举票数或者有其他违法行为的;

(4) 对于控告、检举选举中违法行为的人,或者对于提出要求罢免代表的人进行压制、报复的。对于这些破坏选举的行为,违反治安管理规定的要依法给予治安管理处罚,构成犯罪的依法追究刑事责任。

考点5 我国的行政区域变更的法律程序

【大纲要求解读】大纲要求**熟悉与运用**考点"行政区划",可结合宪法、相关法律规定及相关原理,分析有关宪法案例、事例或法条。

【命题要点归纳】

根据我国《宪法》的规定,法律程序包括:

1. 省、自治区、直辖市的设立、撤销、更名,特别行政区的成立,应由全国人大审议决定。

2. 省、自治区、直辖市行政区域界线的变更,自治州、县、自治县、市、市辖区的设立、撤销、更名或者隶属关系的变更,自治州、自治县的行政区域界线的变更,县、市的行政区域界线的重大变更,都须经国务院审批。

3. 县、市、市辖区部分行政区域界线的变更,由国务院授权省、自治区、直辖市人民政府审批。

4. 乡、民族乡、镇的设立、撤销、更名或者变更行政区域的界线,由省、自治区、直辖市人民政府审批。

| 考点扩展 |

1.《宪法》规定的行政区划:根据《宪法》第30条的规定,我国的行政区域划分为:全国分为省、自治区、直辖市,国家在必要时设立的特别行政区。省、自治区分为自治州、县、自治县、市;直辖市和较大的市分为区、县。自治州分为县、自治县、市;县、自治县分为乡、民族乡、镇。

2. 按不同区域所实行的不同地方制度,可将我国行政区划分为:(1)普通行政区划;(2)民族自治地方区划;(3)特别行政区划。

考点6 民族自治地方的自治机关

【大纲要求解读】大纲要求**熟悉与运用**民族自治地方(包括自治区、自治州和自治县)。

【命题要点归纳】

民族自治地方的自治机关是自治区、自治州和自治县的人民代表大会和人民政府。自治区、自治州、自治县人大常委会中应当有实行区域自治的民族的公民担任主任或副主任。自治区主席、自治州州长、自治县县长由实行区域自治的民族的公民担任。人民政府的其他组成人员、自治机关所属工作部门的干部,要合理配备实行区域自治的民族和其他少数民族的人员。民族自治地方人民法院和人民检察院虽然不属于自治机关的范畴,但其领导成员和工作人员中,也应当有实行区域自治的民族的人员。民族自治地方的人民政府分别实行主席、州长和县长负责制。

考点7 民族自治地方的自治权

【大纲要求解读】大纲要求**熟悉与运用**民族自治地方的自治权，其中最主要的是要了解制定自治条例和单行条例。

【命题要点归纳】

制定自治条例和单行条例：

1. 自治条例是指民族自治地方的人民代表大会根据宪法和法律的规定，并结合当地民族政治、经济和文化特点制定的有关管理自治地方事务的综合性法规。

2. 单行条例是指民族自治地方的人民代表大会及其常务委员会在自治权范围内，依法根据当地民族的特点，针对某一方面的具体问题而制定的法规。

3. 自治区制定的自治条例和单行条例须报全国人大常委会批准后生效；自治州、自治县制定的自治条例和单行条例，须报省、自治区、直辖市人大常委会批准后生效，并由批准机关报全国人大常委会和国务院备案，报送备案时应当说明对法律、行政法规、地方性法规作出变通的情形。

| 考点扩展 |

民族自治地方的自治权是指民族自治地方的自治机关根据《宪法》、《民族区域自治法》和其他法律的规定，根据实际情况自主地管理本地方、本民族内部事务的自主权。根据宪法和法律的规定，民族自治地方的自治权除了"制定自治条例和单行条例"以外，还有以下方面：

1. 根据当地民族的实际情况，贯彻执行国家的法律和政策；
2. 自主地管理地方财政；
3. 自主地管理地方性经济建设；
4. 自主地管理教育、科学、文化、卫生、体育事业；
5. 组织维护社会治安的公安部队；
6. 使用本民族的语言文字。

考点8 特别行政区制度

【大纲要求解读】大纲要求**了解与理解**"特别行政区制度"，**熟悉与运用**"特别行政区的政治体制和法律制度"。

【命题要点归纳】

1. 特别行政区享有高度的自治权：

(1) 行政管理权。除国防、外交以及其他根据基本法应当由中央人民政府处理的行政事务外，特别行政区有权依照基本法的规定，自行处理有关经济、财政、金融、贸易、工商业、土地、教育、文化等方面的行政事务。

(2) 立法权。特别行政区立法机关制定的法律须报全国人大常委会备案，备案不影响该法律的生效。

(3) 独立的司法权和终审权。特别行政区法院独立进行审判，不受任何干涉；终审权属于特别行政区的终审法院，其判决为最终判决。

(4) 自行处理有关对外事务的权力。中央人民政府可授权特别行政区依照基本法自行处理有关对外事务。

2. 特别行政区享有立法权：除有关国防、外交和其他根据基本法的有关规定不属于特别行政区自治范围的法律之外，立法会可以制定任何它有权制定的法律，包括民法、刑法、诉讼法、商法等法律。只要制定的法律符合基本法，符合法定程序，就可以在特别行政区生效适用。

3. 特别行政区行政长官：特别行政区行政长官是特别行政区的首长，代表特别行政区，根据基本法规定，对中央人民政府和特别行政区负责。特别行政区行政长官由年满40周岁，在香港通常居住连续满20年并在外国无居留权的香港特别行政区永久性居民中的中国公民，或在澳门通常居住连续满20年的澳门特别行政区永久性居民中的中国公民担任。《香港特别行政区基本法》比《澳门特别行政区基本法》中的行政长官任职条件多一项“在外国无居留权”，但澳门特别行政区行政长官在任期内不得具有外国居留权。香港特别行政区和澳门特别行政区的行政长官任期为5年，均可以连选连任一次。

| 考点扩展 |

1. 特别行政区公职人员就职宣誓：《香港特别行政区基本法》第104条规定：“香港特别行政区行政长官、主要官员、行政会议成员、立法会议员、各级法院法官和其他司法人员在就职时必须依法宣誓拥护中华人民共和国香港特别行政区基本法，效忠中华人民共和国香港特别行政区。”《全国人大常委会关于〈中华人民共和国香港特别行政区基本法〉第一百零四条的解释》规定，宣誓必须符合法定的形式和内容要求，宣誓人必须真诚、庄重地进行宣誓，必须准确、完整、庄重地宣读包括“拥护中华人民共和国香港特别行政区基本法，效忠中华人民共和国香港特别行政区”内容的法定誓言。宣誓人拒绝宣誓，即丧失就任相应公职的资格；宣誓人故意宣读与法定誓言不一致的誓言或者以任何不真诚、不庄重的方式宣誓，也属于拒绝宣誓，所作宣誓无效，宣誓人即丧失就任相应公职的资格。宣誓必须在法律规定的监誓人面前进行，监誓人负有确保宣誓合法进行的责任：对符合法律规定的宣誓，应确定为有效宣誓；对不符合法律规定的宣誓，应确定为无效宣誓，并不得重新安排宣誓。

《澳门特别行政区基本法》也有公职人员就职宣誓的明确要求，其第101条规定：“澳门特别行政区行政长官、主要官员、行政会委员、立法会议员、法官和检察官，必须拥护中华人民共和国澳门特别行政区基本法，尽忠职守，廉洁奉公，效忠中华人民共和国澳门特别行政区，并依法宣誓。”第102条规定：“澳门特别行政区行政长官、主要官员、立法会主席、终审法院院长、检察长在就职时，除按本法第一百零一条的规定宣誓外，还必须宣誓效忠中华人民共和国。”

2. 特别行政区立法会的立法权：立法会有权依照基本法的规定和法定的程序制定、修改和废除法律。立法会制定的法律须由行政长官签署、公布，方有法律效力，并须报全国人大常委会备案，备案不影响该法律的生效。如果全国人大常委会认为特别行政区制定的法律不符合基本法关于中央管理的事务及中央和特别行政区关系的条款时，在征询基本法委员会的意见后，可将法律发回。法律一经发回，立即失效。立法会议员一般由永久性居民担任。《香港特别行政区基本法》规定，非中国籍的和在外国有居留权的永久性居民在立法会的比例不得超过20%。《澳门特别行政区基本法》无此规定。

考点9 基层群众自治制度 2023 New

【大纲要求解读】大纲要求了**解与理解**“基层群众自治制度”；掌握基层群众性自治组织与基层人大、政府之间的关系。村民委员会与居民委员会的设置、组成；**熟悉与运用**基层群众性自治组织的组织和任务。

【命题要点归纳】

1. 村民委员会：由主任、副主任和委员共3～7人组成，其中应当有妇女成员，多民族村民居住的村应当有人数较少的民族的成员。村民委员会成员由年满18周岁未被剥夺政治权利的村民直接选举产生。村民委员会每届任期5年，其成员可以连选连任。选举村民委员会，有登记参加选举的村民过半数投票，选举有效；候选人获得参加投票的村民过半数的选票，始得当选。本村1/5以上有选举权的村民或者1/3以上的村民代表联名，可以要求罢免村民委员会成员，罢免须有登记参加选举的村民过半数投票，并须经投票的村民过半数通过。村民委员会成员应当接受村民会议或者村民代表会议对其履行职责情况的民主评议，民主评议每年至少进行一次，由村务监督机构主持。村民委员会成员连续两次被评议不称职的，职务终止。村民委员会成员实行任期和离任经济责任审计。

村民会议由本村 18 周岁以上的村民组成。召开村民会议，应当有本村 18 周岁以上村民的过半数，或者有本村 2/3 以上的户的代表参加，必要时可以邀请驻本村的企业、事业单位和群众团体派代表列席。

人数较多或者居住分散的村，可以设立村民代表会议，讨论决定村民会议授权的事项。村民自治章程、村规民约由村民会议制定和修改，并报乡、民族乡、镇的人民政府备案。

2. 居民委员会：居民委员会的设立以实现居民自治为目的，根据居民居住状况，按照便于居民自治为原则，以 100～700 户的范围设立。居民委员会的设立、撤销、规模调整，由不设区的市、市辖区的人民政府决定。居民委员会的组织。居民委员会由主任、副主任和委员共 5～9 人组成。多民族居住地区，居民委员会中应当有人数较少的民族的成员。居民委员会成员既可以由本居住地范围内全体有选举权的居民选举产生，也可以由每户派代表选举产生；根据居民意见，还可以由每个居民小组选举代表 2～3 人选举产生。居民委员会每届任期 5 年，其成员可以连选连任。

考点10 公民的基本权利和义务

【大纲要求解读】大纲要求**了解与理解**公民基本义务的含义与主要内容，**熟悉与运用**我国公民基本权利的具体内容、公民基本义务的具体内容，结合宪法文本和相关法律规定，分析有关宪法案例、事例或法条。

【命题要点归纳】

1. 我国公民基本权利的具体内容：

（1）平等权：法律面前一律平等；禁止差别对待；允许合理差别；

（2）政治权利和自由：选举权和被选举权；政治自由（言论自由，出版自由，结社自由，集会、游行、示威自由）；

（3）宗教信仰自由；

（4）人身自由：生命权、人身自由、人格尊严不受侵犯、住宅不受侵犯、通信自由和通信秘密受法律保护）；

（5）社会经济权利：财产权、劳动权、劳动者休息的权利、获得物质帮助的权利；

（6）文化教育权利：受教育的权利；进行科学研究、文学艺术创作和其他文化活动的自由；

（7）监督权和获得赔偿权：监督权（批评、建议权，控告、检举权，申诉权）、获得赔偿权。

2. 我国公民基本权利的具体内容：

（1）维护国家统一和民族团结；

（2）遵守宪法和法律，保守国家秘密，爱护公共财产，遵守劳动纪律，遵守公共秩序，尊重社会公德；

（3）维护祖国的安全、荣誉和利益；

（4）保卫祖国、依法服兵役和参加民兵组织；

（5）依法纳税；

（6）其他基本义务。

考点11 全国人民代表大会

【大纲要求解读】大纲要求**熟悉与运用**全国人民代表大会的宪法地位、组成、任期、职权、制度和工作程序。

【命题要点归纳】

1. 全国人大的性质和地位：《宪法》第 2 条第 1、2 款规定："中华人民共和国的一切权力属于人民。人民行使国家权力的机关是全国人民代表大会和地方各级人民代表大会。"第 57 条规定："中华人民共和国全国人民代表大会是最高国家权力机关。它的常设机关是全国人民代表大会常务委员会。”第58条规定:“全国人民代表大会和全国人民代表大会常务委员会行使国家立法权。”这些表明了全国人大是最高国家权力机关,同时也是最高国家立法机关。

2. 全国人大的任期:全国人大每届任期为5年。

3. 全国人大的职权:修改宪法、监督宪法实施;制定和修改基本法律;选举、决定和罢免国家机关的重要组成人员;决定国家重大问题;最高监督权;其他应当由它行使的职权。

4. 享有提案权的主体:根据《全国人民代表大会组织法》和《全国人民代表大会议事规则》,全国人大主席团、全国人大常委会、全国人大各专门委员会、国务院、中央军事委员会、国家监察委员会、最高人民法院、最高人民检察院以及一个代表团或者30名以上的代表联名,可以向全国人大提出属于全国人大职权范围内的议案。

| 考点扩展 |

宪法的修改,采用无记名投票方式表决。《宪法》规定,宪法修正案由全国人大全体代表2/3以上的多数通过,法律和其他议案由全国人民代表大会全体代表过半数通过。法律议案通过后即成为法律,由国家主席以发布命令的形式加以公布;选举结果及重要议案,由全国人大主席团以公告公布或由国家主席以命令形式公布。

考点12 全国人大常委会

【大纲要求解读】大纲要求**熟悉与运用**全国人大常委会的组成、任期、职权、制度和工作程序。

【命题要点归纳】

1. 全国人大常委会的性质和地位:全国人大常委会是全国人大的常设机关,是最高国家权力机关的组成部分,是行使国家立法权的机关。全国人大常委会对全国人大负责并报告工作,接受其监督。在全国人大闭会期间,国务院、最高人民法院、最高人民检察院对全国人大常委会负责并报告工作。中央军事委员会、国家监察委员会除对全国人大负责外,也要对全国人大常委会负责。全国人大常委会通过的决议、制定的法律,其他国家机关和全国人民都必须遵守执行。

2. 全国人大常委会的任期:全国人大常委会的每届任期与全国人大每届任期相同,即5年。

3. 全国人大常务委员会的职权:解释宪法,监督宪法的实施;根据宪法规定的范围行使立法权;解释法律;审查和监督规范性文件;预算监督权;监督国家机关的工作;决定、任免国家机关组成人员;国家生活中其他重要事项的决定权;全国人大授予的其他职权。

| 考点扩展 |

1. 全国人大常委会与全国人大在任期结束的时间上略有不同。下届全国人大第一次会议开始时,上届全国人大的任期即告结束。但上届全国人大产生的常委会,则须在下届全国人大常委会产生后,才能结束任期。它要负责召集下一届全国人大第一次会议。因此,全国人大常委会行使职权到下届全国人大选出新的常务委员会为止。常委会的委员长、副委员长、秘书长和委员可连选连任,但委员长、副委员长连续任职不得超过两届。

2. 全国人大常委会在国家生活中其他重要事项的决定权包括:在全国人大闭会期间,全国人大常委会有权决定批准或废除同外国缔结的条约和重要协定;决定驻外全权代表的任免;规定军人和外交人员的衔级制度和其他专门衔级制度;规定和决定授予国家的勋章和荣誉称号;决定特赦;如果遇到国家遭受武装侵犯或者必须履行国家间共同防止侵略的条约的情况,有权决定宣布战争状态;决定全国总动员和局部动员;决定全国或者个别省、自治区、直辖市进入紧急状态。

考点13 国务院所属机构 2024New

【大纲要求解读】大纲要求**熟悉与运用**国务院的地位、组成、职权等。

【命题要点归纳】

1. 国务院所属机构的性质和地位。国务院是组织、管理我国政治、经济、文化、教育、科学、技术等各项事业的最高行政机关。为了完成全国范围内的各项组织管理任务,必须设立相应的组织机构。按照《宪法》和《国务院组织法》的规定,国务院设有办公厅,设有部、委员会等组成部门,设有直属机构以及办事机构。

国务院所属各部、各委员会等组成部门受国务院统一领导。国务院组成部门在工作中的方针、政策、计划和重大行政措施,应向国务院请示报告,由国务院决定。

国务院各部、各委员会的设立、撤销或者合并,经总理提出,由全国人大决定;在全国人大闭会期间,由全国人大常委会决定。《国务院组织法》规定,组成部门设部长(主任、行长、审计长)1 人,副部长(副主任、副行长、副审计长)2 ~ 4 人,委员会可以设委员 5 ~ 10 人。

国务院办公厅由秘书长领导。国务院直属机构是国务院设立的主办各项专门业务的机关。国务院办事机构的主要职能是协助总理办理专门事项。

2. 国务院组成部门的领导体制。国务院组成部门实行部长(委员会主任、行长、审计长)负责制。部长(委员会主任、行长、审计长)领导本部门的工作,召集和主持部务(委务、行务、署务)会议,讨论决定本部门工作的重大问题;签署上报国务院的重要指示、报告和发布的命令。副部长(副主任、副行长、副审计长)协助部长(主任、行长、审计长)工作。

部务会议、委务会议、行务会议、署务会议是各组成部门发挥集体作用的组织,其成员包括部长(委员会主任、行长、审计长)、副部长(副主任、副行长、副审计长)和其他成员。

3. 国务院组成部门的职权。各部、各委员会等组成部门是分管某一方面行政事务的职能部门,根据法律和国务院的行政法规、决定、命令,在本部门的权限内,发布命令、指示和规章。这包括三层含义:一是它们主要通过发布命令、指示和规章来管理本部门的工作;二是它们必须在本部门的权限范围内进行领导、组织和管理;三是它们发布的命令、指示和规章,必须以法律和国务院的行政法规、决定、命令为依据,不得同它们相抵触。

此外,国务院具有行政管理职能的直属机构以及法律规定的机构,可以根据法律和国务院的行政法规、决定、命令,在本部门的权限范围内,制定规章。

考点14 地方各级人民代表大会和地方各级人大代表

【大纲要求解读】大纲要求**熟悉与运用**地方各级人民代表大会的组成、任期、职权、制度和工作程序。

【命题要点归纳】

1. 地方各级人大的组成与任期:由人民选举产生的代表组成。代表的产生采取直接选举与间接选举并用的方式。地方各级人大的每届任期均为 5 年。

2. 地方人大的职权:保证宪法、法律、行政法规的遵守和执行;选举和罢免地方国家机关负责人;决定重大的地方性事务;监督权;制定地方性法规。

3. 地方人大代表的权利:出席本级人民代表大会会议,参加审议各项议案、报告和其他议题,发表意见;参加本级人大的选举和表决;提出议案、质询案、罢免案等;提出对各方面工作的建议、批评和意见;进行视察;人身特别保护;言论免责权;获得信息、物质等各项保障;其他依法享有的权利。

| 考点扩展 |

1. 关于地方人大代表的人身特别保护:县级以上地方各级人大代表非经本级人大主席团许可,闭会期间非经本级人大常委会许可,不受逮捕或刑事审判。如果因为是现行犯被拘留,执行拘留的机关应立即向该级人大主席团或人大常委会报告。乡级人大代表如果被逮捕、受刑事审判或被采取法律规定的其他限制人身自由的措施,执行机关应当立即报告乡级人大。

2. 对地方人大代表的监督:人大代表应当采取多种方式经常听取人民群众对代表履职的意见,回答原选区选民或者原选举单位对代表工作和代表活动的询问,接受监督。选民或者选举单位有权依法罢免自己选出的代表。代表应当正确处理从事个人职业活动与执行代表职务的关系,不得利用执行代表职务干涉具体司法案件或者招标投标等经济活动牟取个人利益。《全国人民代表大会和地方各级人民代表大会代表法》规定,代表有下列情形之一的,其代表资格终止:(1)地方各级人大代表迁出或者调离本行政区域的;(2)辞职被接受的;(3)未经批准两次不出席本级人大会议的;(4)被罢免的;(5)丧失中华人民共和国国籍的;(6)依照法律被剥夺政治权利的;(7)丧失行为能力的。

考点15 地方各级人民政府 2023New

【大纲要求解读】大纲要求**熟悉与运用**地方各级人民政府的组成、任期、职权、制度和工作程序。

【命题要点归纳】

1. 地方各级政府的任期:与本级人大的任期相同,均为5年。

2. 地方各级人民政府主要职权:执行决议、发布决定和命令;领导和监督权;管理各项行政工作;依法保障各方面的权利。

3. 地方各级人民政府的派出机构:省、自治区政府在必要的时候,经国务院批准,可以设立若干派出机关。县、自治县政府在必要的时候,经省、自治区、直辖市政府批准,可以设立若干区公所,作为它的派出机关。市辖区、不设区的市政府,经上一级政府批准,可以设立若干街道办事处,作为它的派出机关。

考点16 监察委员会

【大纲要求解读】大纲要求**熟悉与运用**监察委员会的组成、任期、职权、制度和工作程序。

【命题要点归纳】

1. 监察委员会的性质和地位:《宪法》第123条规定:"中华人民共和国各级监察委员会是国家的监察机关。"监察委员会专司国家监察职能,是行使国家监察职能的专责机关,其他任何机关、团体和个人都无权行使监察权。

监察委员会行使国家监察职能,依照法律对所有行使公权力的公职人员进行监察,调查职务违法和职务犯罪,开展廉政建设和反腐败工作,维护宪法和法律的尊严。

2. 监察委员会的产生和任期:国家监察委员会由全国人大产生,国家监察委员会主任每届任期同全国人大相同,即5年。国家监察委员会对全国人大和全国人大常委会负责,并接受监督。地方各级监察委员会由本级人大产生,地方各级监察委员会主任每届任期同本级人大相同,即5年。地方各级监察委员会对本级人大及其常委会和上一级监察委员会负责,并接受监督。

3. 监察委员会的领导体制:国家监察委员会领导地方各级监察委员会的工作,上级监察委员会领导下级监察委员会的工作,地方各级监察委员会要对上一级监察委员会负责。

4. 对监察委员会的监督:监察委员会应当接受本级人大及其常委会的监督;监察委员会应当依法公开监察工作信息,接受民主监督、社会监督、舆论监督;设立内部专门的监督机构。

考点17 宪法修改

【大纲要求解读】大纲要求**了解与理解**"宪法修改",**熟悉与运用**"宪法修改的程序",运用宪法文本和其他相关法律的规定,分析相关宪法案例、事例或具体实践问题。

【命题要点归纳】

1. 宪法修改的方式：

(1)全面修改：即对宪法全文进行修改，如1958年《法兰西第五共和国宪法》和我国1975年《宪法》、1978年《宪法》、1982年《宪法》都属于全面修改。全面修改主要是就形式上而言的，它一般是在原有宪法基础上的全面更新，因而在内容上可能保留原来的一些条款，甚至大部分条款，在结构上一般也维持原有结构不变。全面修改一般是在特殊情况下，或者是在国家生活中出现某些重大问题的条件下才予以采用。

(2)部分修改：亦即对宪法原有的部分条款加以改变，或者新增若干条款，而不在整体上变动宪法的修改方式。部分修改的具体方法包括修改条文、增补条文和删除条文等。部分修改便于适应形势发展的需要，既能及时反映国家政治、经济、文化等各方面的发展变化，又能保持宪法的相对稳定性，维护宪法的权威。

2. 宪法修改的程序：提案→先决投票→起草和公布宪法修正案草案→通过宪法修正案→公布宪法修正案。

3. 我国宪法的修改：自1954年《宪法》制定以来，随着社会政治经济文化的变化，我国宪法共经过了三次全面修改、七次部分修改。第一次全面修改是对1954年《宪法》的修改，通过并颁布了1975年《宪法》。第二次全面修改是对1975年《宪法》的修改，通过了1978年《宪法》。第三次全面修改是对1978年《宪法》的修改，通过了1982年《宪法》。七次部分修改分别是：(1)1979年第五届全国人大第二次会议对1978年《宪法》若干规定的修改，通过了《关于修正〈中华人民共和国宪法〉若干规定的决议》，决定在县级及县级以上地方各级人大设立常委会，改地方各级革命委员会为地方各级人民政府，将县级人大代表改由选民直接选举产生，上下级人民检察院由监督关系改为领导关系。(2)1980年第五届全国人大第三次会议对1978年《宪法》再次修改，通过了《关于修改〈中华人民共和国宪法〉第四十五条的决议》，将第45条修改为："公民有言论、通信、出版、集会、结社、游行、示威、罢工的自由。"取消了原第45条中"有运用'大鸣、大放、大辩论、大字报'的权利"的规定。(3)后5次部分修改均针对1982年《宪法》，分别于1988年、1993年、1999年、2004年和2018年以宪法修正案的形式作出修改，共形成52条宪法修正案。

考点18 我国的宪法监督制度 2024 New

【大纲要求解读】大纲要求**熟悉与运用**"我国的宪法监督制度"，运用宪法文本和其他相关法律的规定，分析相关宪法案例、事例或具体实践问题。

【命题要点归纳】

1. 宪法监督的方式：我国采取事先审查与事后审查相结合的方式。事先审查主要体现为自治条例和单行条例、地方性法规等规范性文件经批准后生效，有权机关在批准过程中要审查其是否抵触宪法。关于规范性文件的批准制度，如下表所示：

规范性文件	制定机关	批准机关
自治条例和单行条例	自治区人大	全国人大常委会
	自治州、自治县人大	省、自治区、直辖市人大常委会
地方性法规	设区的市、自治州人大及其常委会	省、自治区人大常委会

事后审查主要体现为有权机关接受规范性文件备案后进行合宪性审查，并可要求原制定机关作出处理。关于规范性文件的备案制度，如下表所示：

规范性文件	制定机关	接受备案机关	其他要求
行政法规	国务院	全国人大常委会	—
监察法规	国家监察委员会	全国人大常委会	—
地方性法规	省、自治区、直辖市人大及其常委会	全国人大常委会、国务院	—
	设区的市、自治州人大及其常委会	全国人大常委会、国务院	由省、自治区人大常委会报备
自治条例和单行条例	自治州、自治县人大	全国人大常委会、国务院	由省、自治区、直辖市人大常委会报备,报备时应说明对法律、行政法规、地方性法规的变通情况
经济特区法规	经济特区所在地的省、市的人大及其常委会	全国人大常委会	报备时,应说明变通的情况
浦东新区法规	上海市人大及其常委会	全国人大常委会	报备时,应说明变通的情况
海南自由贸易港法规	海南省人大及其常委会	全国人大常委会	报备时,应说明变通的情况
部门规章	国务院部门	国务院	—
地方政府规章	省、自治区、直辖市政府	国务院、本级人大常委会	—
	设区的市、自治州政府	国务院,省、自治区人大常委会和政府,本级人大常委会	—
根据授权制定的法规	被授权机关	授权决定规定的机关	—
具体应用法律的解释(司法解释)	最高人民法院、最高人民检察院	全国人大常委会	—

规范性文件的审查请求:包括要求审查和建议审查两种情况。规范性文件的审查请求制度,如下表所示:

审查对象	请求主体	请求方式	处理方式
行政法规、地方性法规、自治条例和单行条例	国务院、中央军委、国家监察委员会、最高人民法院、最高人民检察院和各省、自治区、直辖市人大常委会	向全国人大常委会书面提出审查要求	全国人大有关的专门委员会和常委会工作机构进行审查、提出意见
	其他国家机关和社会团体、企业事业组织以及公民	向全国人大常委会书面提出审查建议	常委会工作机构进行审查,必要时送有关专门委员会进行审查、提出意见,审查情况向建议者反馈并可向社会公开

2. 违宪的制裁措施:违宪的制裁措施是宪法监督的核心内容,没有制裁措施的宪法监督缺乏实效性。根据《宪法》和《立法法》的规定,规范性文件的改变和撤销制度,如下表所示:

有权机关	处理对象	处理方式	审查标准
全国人大	其常委会制定的法律	改变或者撤销	不适当
	其常委会的决定	改变或者撤销	不适当
	其常委会批准的自治条例和单行条例	撤销	违背《宪法》和《立法法》

续表

有权机关	处理对象	处理方式	审查标准
全国人大常委会	行政法规、国务院决定和命令	撤销	同宪法和法律相抵触
	监察法规	撤销	同宪法和法律相抵触
	地方性法规	撤销	同宪法、法律和行政法规相抵触
	省、自治区、直辖市人大及其常委会的决议	撤销	同宪法、法律和行政法规相抵触
	省、自治区、直辖市人大常委会批准的自治条例和单行条例	撤销	违背《宪法》和《立法法》
国务院	部门规章	改变或者撤销	不适当
	地方政府规章	改变或者撤销	不适当
	各部委发布的命令、指示	改变或者撤销	不适当
	地方各级国家行政机关的决定、命令	改变或者撤销	不适当
县级以上地方各级人大	本级人大常委会的决定	改变或者撤销	不适当
省、自治区、直辖市人大	其常委会制定和批准的地方性法规	改变或者撤销	不适当
地方人大常委会	本级地方政府规章	撤销	不适当
	本级政府的决定、命令	撤销	不适当
	下一级人大的决议	撤销	不适当
县级以上地方各级政府	所属工作部门的决定	改变或者撤销	不适当
	下级政府的决定	改变或者撤销	不适当
省、自治区政府	下一级地方政府规章	改变或者撤销	不适当
授权机关	被授权机关制定的法规	撤销	超越授权范围或者违背授权目的
	必要时可以撤销授权		

考点19 宪法宣誓

【大纲要求解读】大纲要求了**解与理解**“宪法宣誓”，即了解宪法宣誓的概念、范围、功能和程序。

【命题要点归纳】

1. 宪法宣誓的概念：经过合法、正当的选举程序后，当选的国家元首或者其他国家公职人员在就职时，公开宣读誓词、承诺遵守宪法的制度。

2. 宪法宣誓的主体范围：各级人民代表大会及县级以上各级人民代表大会常务委员会选举或者决定任命的国家工作人员，以及各级政府、监察委员会、法院、检察院任命的国家工作人员，在就职时应当公开进行宪法宣誓。

3. 宪法宣誓的功能：有助于弘扬宪法精神，强化公职人员的宪法意识和履职的责任感、使命感，在全社会推动宪法实施；有利于树立宪法权威，全面推进依法治国；有利于增强公职人员的宪法观念，激励其忠于和维护宪法；有利于提高公民的宪法意识，凝聚社会共识；有利于在全社会树立宪法信仰，推动宪法实施。

4. 宪法宣誓的程序：根据情况，可以采取单独宣誓或者集体宣誓的形式。单独宣誓时，宣誓人应当左手抚按《中华人民共和国宪法》，右手举拳，诵读誓词。集体宣誓时，由一人领誓，领誓人左手抚按《中华人民共和国宪法》，右手举拳，领诵誓词；其他宣誓人整齐排列，右手举拳，跟诵誓词。宣誓场所应当庄重、严肃，悬挂中华人民共和国国旗和国徽。

中国法律史

考点1 西周、春秋战国时期的法律思想与制度

【大纲要求解读】大纲要求**熟悉**西周时期的法律思想与制度，即在记忆的基础上要求进一步深刻领会西周法律思想内涵，特别是西周婚姻继承法律制度、《法经》的主要内容与结构，并能够分析借鉴。

【命题要点归纳】

1.“以德配天”：“德”的要求主要包括三个基本方面：敬天、敬祖、保民。

2.“明德慎罚”的具体要求可以归纳为“实施德教，用刑宽缓”，其中“实施德教”是前提，是第一位的。

3. 买卖契约是“质”与“剂”，借贷契约是“傅别”。

4. 婚姻缔结的三大原则，即一夫一妻制、同姓不婚、父母之命。婚姻关系解除的“七出”和“三不去”。

5. 嫡长子继承制：“立嫡以长不以贤，立子以贵不以长。”

6.《法经》：中国历史上第一部比较系统的封建成文法典，包括《盗》《贼》《网》《捕》《杂》《具》。

考点2 秦汉、魏晋南北朝时期的法律思想与制度

【大纲要求解读】大纲要求**理解**秦汉、魏晋南北朝时期的法律思想与制度的主要内容，即仅要求记忆秦汉和魏晋南北朝时期的法规的内容，对“八议”“五服制罪”等特殊规定也要理解，并能够对此制度进行一定的评价。

【命题要点归纳】

1. 秦代的罪名：危害皇权罪（“偶语诗书”“以古非今”“非所宜言”），“盗”，贼杀与伤人，渎职罪（“见知不举”罪、“不直”罪和“纵囚”罪、“失刑”罪），妨害社会管理秩序罪（“逋事”与“乏徭”），破坏婚姻家庭罪（擅杀子、子不孝、子女控告父母、卑幼殴尊长、乱伦等）。

2. 刑罚：笞刑、徒刑、流放刑、肉刑、死刑、羞辱刑、经济刑、株连刑。

3. 刑罚适用原则：刑事责任能力按身高，区分故意（端）与过失（不端），盗窃按赃值定罪，共犯罪与集团犯罪加重处罚，累犯加重，教唆犯罪加重处罚，自首减轻处罚，诬告反坐。

4. 汉律的儒家化：上请与恤刑；亲亲得相首匿。

5. 魏晋南北朝时期法典的发展变化：《魏律》《晋律》《北魏律》《北齐律》，形成律、令、科、比、格、式相互为用。

6.“八议”入律与“官当”制度确立：亲、故、贤、能、功、贵、勤、宾；“官当”正式出现在《北魏律》与《陈律》。

7.“重罪十条”的产生：北齐为维护皇朝根本利益，在《北齐律》中首次规定“重罪十条”，是对危害统治阶级根本利益的十种重罪的总称。包括反逆、大逆、叛、降、恶逆、不道、不敬、不孝、不义、内乱。把“重罪十条”置于律首，作为严厉打击的对象，增加了法律的威慑力量。《北齐律》规定：“其犯此十者，不在八议论赎之限。”成为后世法典“十恶”罪名的直接渊源。

8.“准五服制罪”：以丧服为标志，区分亲属的范围和等级的制度。斩衰、齐衰、大功、小功、缌麻。缌麻亲服制最疏。服制愈远，尊长犯卑幼处罚相对从重，卑幼犯尊长处罚相对从轻。

｜考点扩展｜

亲亲得首匿：主张亲属间首谋隐匿犯罪可以不负刑事责任。其中，对卑幼亲属首匿尊长亲属的犯罪行为，不追究刑事责任。尊长亲属首匿卑幼亲属，罪应处死的，可上请皇帝宽宥，而不是不负刑

事责任。

考点3 隋唐时期的法律思想与制度

【大纲要求解读】大纲要求**理解**隋唐时期的法律思想与制度的主要内容，即记忆隋唐法律规定的“十恶”“六赃”等基本内容。

【命题要点归纳】

1. 从《武德律》到《永徽律疏》：唐高宗。标志着中国古代立法达到了最高水平。中国历史上迄今保存下来得最完整、最早、最具有社会影响的古代成文法典。

2. 十恶：渊源于《北齐律》的“重罪十条”，隋《开皇律》首先规定，不适用“八议”等规定，且为常赦所不原。

3. 六赃：“受财枉法”“受财不枉法”“受所监临”“强盗”“窃盗”“坐赃”。

4. 五刑：笞、杖、徒、流、死五种刑罚。

5. 唐律中的刑罚原则：公罪从轻，私罪从重；自首免罪；类推原则；化外人原则。

考点4 宋元时期的法律思想与制度

【大纲要求解读】大纲要求**理解**宋元时期法律思想与制度的主要内容，以及宋代区别西周的婚姻制度的特色。

【命题要点归纳】

《宋刑统》与编敕。宋太祖。历史上第一部刊印颁行的法典。敕的效力往往高于律，成为断案的依据。神宗时还设有专门编敕的机构“编敕所”，仁宗前基本是“敕律并行”，神宗后，敕已足以破律。

1. 折杖法：宋太祖。除死刑外，其他笞、杖、徒、流四刑均折换成臀杖和脊杖。

2. 典卖契约：“活卖”，通过让渡物的使用权收取部分利益而保留回赎权的一种交易方式。

3. 婚姻法规：宋律禁止五服以内亲属结婚，但对姑舅两姨兄弟姐妹结婚并不禁止。夫外出3年不归，6年不通问，准妻改嫁或离婚。

4. 翻异别勘：人犯否认口供（称为“翻异”），事关重大案情的，由另一法官或另一司法机关重审。

5. 继承：允许在室女，享受部分财产继承权；同时承认遗腹子与亲生子享有同样的继承权。绝户财产继承分“立继”和“命继”。

6. 四等人：蒙古人最优越，色目人（西夏、回回）次之，汉人再次之，南人（原南宋地区的民众）最低。

考点5 明清时期的法律思想与制度

【大纲要求解读】大纲要求**理解**明清时期的法律思想与制度内容，即在记忆的基础上要求进一步深刻领会明清法律规定的基本内容，了解明清区别唐宋的特殊规定。

【命题要点归纳】

1. 明律与明大诰：明太祖。名例、吏、户、礼、兵、刑、工七篇。律文简于唐律，精神严于宋律，成为终明之世通行不改的封建大法。《明大诰》集中体现了朱元璋“重典治世”的思想，特别是刑事法规。明太祖死后，大诰被束之高阁，不具法律效力。

2. 清代律例：《大清律例》。乾隆。中国历史上最后一部封建成文法典。清代最重要的法律形式之一就是例。例是统称，可分为条例、则例、事例、成例。

3. 明清会典：《大明会典》。明英宗。仿《唐六典》，以六部官制为纲的行政法典。清朝有康熙、雍正、乾隆、嘉庆、光绪五部会典，合称“五朝会典”。

4. “明刑弼教”：朱熹。强调刑与教的实施可“或先或后”“或缓或急”。

5. 重典治国：从重从新与重其所重、轻其所轻。对于贼盗及有关钱粮等事，明律较唐律处刑为重。“典礼及风俗教化”等一般性犯罪，明律处罚轻于唐律。

6. 故杀与谋杀：北魏。故杀是“非因斗争，无事而杀”。谋杀首先是二人以上共同犯罪。同时，明律承认一个人也可以成为谋杀罪的主体。

7. 司法机关：(1)唐宋：大理寺、御史台。刑部侍郎、御史中丞、大理寺卿组成临时最高法庭审理，称为“三司推事”。(2)明清：刑部、大理寺、都察院。

8. 明代会审制度：朝审、大审。

9. 清代会审制度的发展：秋审、朝审、热审。

考点6 清末“预备立宪”

【大纲要求解读】大纲要求**熟悉**清末“预备立宪”，即在记忆的基础上要求进一步深刻领会清末“预备立宪”的构成，特别是“预备立宪”的指导思想。

【命题要点归纳】

1. 清末变法修律：“仿效外国资本主义法律形式，固守中国封建法制传统”，封建专制主义传统与西方资本主义法学最新成果的奇怪混合，形成了近代法律体系的雏形。

2.《钦定宪法大纲》与“十九信条”：宪政编查馆编订。中国近代史上第一个宪法性文件。皇帝专权，人民无权。

3. 谘议局与资政院：谘议局为地方咨询机关，各省督抚严格控制下的附属机构。资政院是承旨办事的御用机构，与近现代社会的国家议会有根本性的不同。

4.《大清现行刑律》：过渡性法典。改律名为“刑律”；取消了六律总目；对纯属民事性质的条款不再科刑；废除了一些残酷的刑罚手段，如凌迟。

5.《大清新刑律》：中国历史上第一部近代意义上的专门刑法典。抛弃了旧律诸法合体的编纂形式，以罪名和刑罚等专属刑法范畴的条文作为法典的唯一内容；在体例上抛弃了旧律的结构形式，将法典分为总则和分则；确立了新刑罚制度，规定刑罚分主刑、从刑；采用了一些近代西方资产阶级的刑法原则和刑法制度，如罪刑法定原则和缓刑制度。

6.《大清民律草案》：修订法律馆。总则、债权、物权、亲属、继承五编，亲属、继承两编则由修订法律馆会同保守的礼学馆起草。

考点7 中华民国时期的法律思想

【大纲要求解读】大纲要求**理解**中华民国时期的法律思想，即在记忆的基础上要求进一步深刻领会“三民主义”和“五权宪法理论”。

【命题要点归纳】

1. 三民主义：“三民主义”是民族主义、民权主义与民生主义的简称，即是资产阶级革命派的政治纲领，也是孙中山政治法律思想的核心内容。旧三民主义的民族主义，其主要内容为“驱除鞑虏，恢复中华”。1924年中国国民党第一次全国代表大会召开，孙中山在大会宣言中对三民主义中的民族主义进行了进一步的阐释，明确宣布民族主义有两方面的含义：一是中国民族自求解放，二是中国境内各民族一律平等。实现了由旧民族主义向新民族主义的转化，弥补了过去没有明确提出反对帝国主义的重大缺陷和大汉族主义的局限。民权主义是三民主义的核心。

2. 五权宪法理论：与人民拥有的四权相对，政府同样需要行政权、立法权、司法权、考试权、监察权五权。孙中山的五权宪法思想，受西方国家三权分立思想和制度影响，同时将中国传统考试和监察制度纳入其中，具有创新性。按照五权宪法理论，中央政府以五院制构成，即“一曰行政院，二曰立法院，三曰司法院，四曰考试院，五曰监察院”。孙中山认为，这样的政府“才是世界上最完全最良善的政府”。

考点8 北京政府的法律制度

【大纲要求解读】大纲要求**理解**北京政府的司法制度，即在记忆的基础上要求进一步深刻领会"天坛宪草""袁记约法""贿选宪法"的内容。

【命题要点归纳】

1.《中华民国宪法草案》("天坛宪草")的制定：袁世凯就任临时大总统之初，按《临时约法》规定国会由参、众两院组成。两院的产生、议员任期及职权和会议制度等也均予规定。以议会政治限制袁氏专横，确保民主共和国体。1914 年，"天坛宪草"未及公布便"胎死腹中"。

2.《中华民国约法》的实质：与《临时约法》相比其显著特点是，废除责任内阁制，行总统制，无限扩张总统权力。

3.《中华民国宪法》的制定和公布：该宪法分 13 章 141 条，特点是以资产阶级共和国粉饰军阀独裁；以资产阶级民主自由掩盖军阀独裁。

考点9 南京国民政府的法律制度

【大纲要求解读】大纲要求**熟悉**南京国民政府的司法制度，即在记忆的基础上要求进一步深刻领会南京国民政府的司法制度的内容并能够分析借鉴。

【命题要点归纳】

1.《训政纲领》和《训政时期约法》：1928 年国民党中常会议制定并通过《训政纲领》，作为"训政时期"政纲，基本内容是：确立国民党为最高"训政"者；国民党全国代表大会代行国民大会职权，为最高国家权力机关；国民党中央执行委员会(其核心是政治会议)是国家最高权力机关的常设机关。蒋介石以党总裁身份直接控制政治会议，集党、政、军权于一身。《训政纲领》还规定了"政权"和"治权"的划分。1930 年决定召开国民会议，制定《训政时期约法》。1931 年"国民会议"讨论并通过《中华民国训政时期约法》，由政府正式公布。该法共 8 章 89 条，主要内容规定：中华民国"主权属于国民全体"，国体"永为统一共和国"；采取五院制的政权组织形式，"国民政府设行政院、立法院、司法院、考试院、监察院及各部会"；规定了一系列公民的民主自由权利，国民"在法律上一律平等"。但人民的政权，即选举、罢免、创制、复决四种权力的行使，由国民党政府训导之。该法的核心精神，是以根本法形式确认训政时期国民党为最高"训政"者，代行国民大会的统治权。约法的解释权属国民党中央执行委员会。

2.《中华民国宪法草案》("五五宪草")：共 8 章 148 条，结构与《训政时期约法》基本相同。政府宣称该草案遵奉孙中山遗教制定，标榜要结束"训政"，实行"宪政"，以体现三民主义、五权宪法精神。

考点10 马锡五审判方式 *2023 New*

【大纲要求解读】大纲要求**熟悉**"马锡五审判方式"的特点和意义，并能够分析借鉴。

【命题要点归纳】

1. 马锡五审判方式的特点：(1)深入农村调查研究，实事求是地了解案情；(2)依靠群众，教育群众，尊重群众意见；(3)方便群众诉讼，手续简便、不拘形式。

2. 马锡五审判方式的产生和意义：延安整风运动为其产生奠定了思想基础，群众智慧是其产生的源泉。这一方式是在巡回审判基础上成长起来的，被边区宣传为司法工作的一面旗帜。其意义是：这一审判方式的出现和推广，培养了大批优秀司法干部，解决了积年疑难案件，减少争讼、促进团结、利于生产、保证抗日，使新民主主义司法制度落到实处。

考点11 《中华苏维埃共和国宪法大纲》 *2024 New*

【大纲要求解读】大纲要求**熟悉**《中华苏维埃共和国宪法大纲》，并能够分析借鉴。

【命题要点归纳】

1.《中华苏维埃共和国宪法大纲》制定经过：1930 年 7 月党中央成立中华工农兵苏维埃第一次全国代表大会中央准备委员会，负责草拟宪法。1931 年 11 月 7 日—20 日第一次代表大会在江西瑞金召开，通过《中华苏维埃共和国宪法大纲》。1934 年 1 月第二次代表大会作某些修正，最主要的是在第 2 条增加"同中农巩固的联合"。

2.《中华苏维埃共和国宪法大纲》的主要内容。《中华苏维埃共和国宪法大纲》遵循党中央提出的"制宪七大原则"，规定苏维埃政权的性质、政治制度、公民权利义务、外交政策等内容，共 17 条。主要内容是：

(1)确定苏维埃国家性质是"工人和农民的民主专政国家"。所谓专政，一是将地主资产阶级(军阀、官僚、地主、资本家、豪绅、僧侣及一切剥削者)拒绝于政权之外；二是剥夺他们的言论、出版、集会、结社等自由；三是使用革命武力和法庭镇压一切反革命复辟活动。

(2)确定苏维埃国家政治制度是工农兵苏维埃代表大会制度。它保证工农大众参加国家管理，便于工人阶级及其政党的领导，实行民主集中制和议行合一原则。它是根据革命实践及苏联经验建立的新式民主制度。

(3)确定苏维埃国家公民的权利和义务，包括政治、经济、文化等各方面。工农兵及一切劳苦民众享有广泛民主权利。各级政府采取切实有效措施，提供力所能及的物质保障条件。

(4)确定苏维埃国家外交政策。宣布中华民族完全自由独立，不承认帝国主义在中国的特权及不平等条约。与世界无产阶级和被压迫民族站在一起，苏联是巩固的同盟者。对受迫害的世界革命者给予保护。对居住在苏区从事劳动的外国人给予法定的政治权利。

3.《中华苏维埃共和国宪法大纲》的意义：

(1)它是第一部由劳动人民制定、确保人民民主制度的宪法性文件，是共产党领导人民反帝反封建的工农民主专政的伟大纲领。

(2)它同民国政府制定的"约法""宪法"有本质的区别。

(3)它肯定革命胜利成果，提出斗争方向。尽管受到"左"的影响，但仍是划时代的宪法性文件。

(4)它的颁行调动了苏区人民的革命积极性，为以后制定民主宪法提供了宝贵经验。

考点12 《陕甘宁边区施政纲领》2024 New

【大纲要求解读】大纲要求**熟悉**《陕甘宁边区施政纲领》，并能够分析借鉴。

【命题要点归纳】

1.《陕甘宁边区施政纲领》的制定：中国共产党领导的地方抗日民主政权以 1937 年 8 月 25 日公布的《抗日救国十大纲领》为准绳，继承发扬苏区法制传统，建立起切合国情的抗日民主法制，标志着新民主主义法制的形成和重大发展。1939 年 1 月陕甘宁边区第一届参议会通过《陕甘宁边区抗战时期施政纲领》。1941 年经中共中央政治局批准，边区第二届参议会通过了新的《陕甘宁边区施政纲领》，完善了原有的保障抗战、加强团结、健全民主、发展经济、普及文化教育的规定，增加了"三三制"政权组织形式和保障人权等崭新内容。

2.《陕甘宁边区施政纲领》的主要内容：

(1)保障抗战的规定。团结边区各社会阶级、各抗日党派，发挥一切人力、物力、财力、智力抗战。严厉镇压汉奸及反共分子。

(2)加强团结的规定。坚持抗日民族统一战线方针，团结边区各抗日阶级、工人、农民、地主、资本家。主要措施是：调节各阶级的关系，地主减租息，农民交租息；改善工农生活，资本家有利可图；一致对外，共同抗日。

(3)健全民主制度的规定。将其提到保证全国人民团结的高度。规定几项重大措施：其一，普遍、直接、平等、无记名投票的选举制度。其二，保障一切抗日人民的选举权与被选举权。其三，"三三制”政权组织原则。明确规定:“本党愿与各党各派及一切群众团体进行选举联盟,并在候选名单中确定共产党员只占三分之一,以便各党各派及无党无派人士均能参加边区民意机关之活动与边区之行政管理。在共产党员被选为某一行政机关之主管人员时,应保证该机关之职员有三分之二为党外人士充任,共产党员应与这些党外人士实行民主合作,不得一意孤行,把持包办。”毛泽东在《抗日根据地的政权问题》中强调:“根据抗日民族统一战线政权的原则,在人员分配上,应规定为共产党员占三分之一,非党的左派进步分子占三分之一,不左不右的中间派占三分之一。”中国共产党在抗日战争期间为把根据地建设成“民主的模范”,巩固和扩大抗日民族统一战线,在根据地政权建设中普遍实行了“三三制”原则。其四,保障一切抗日党派、团体、人民的人权、财权及各项自由。其五,人民享有用任何方式控告任何公务人员非法行为的权利。其六,男女平等,提高妇女地位,保护其特殊利益。其七,反对民族歧视,实行民族平等、自治,尊重宗教信仰、风俗习惯。

(4)发展经济的规定。从“发展经济,保障供给”总方针出发,发展农业、林业、牧业、手工业和工业,奖励扶助私人企业,保障经营自由。实施外贸统治。贯彻统筹统支的财政制度。征收统一累进税,巩固边币,维护法币。

(5)普及文化教育的规定。举办各类学校,普及免费义务教育。尊重知识分子,提高边区人民政治文化水平。

3.《陕甘宁边区施政纲领》的意义:《陕甘宁边区施政纲领》以反对日本帝国主义、保护抗日人民、调节各抗日阶级利益、改善工农生活、镇压汉奸反动派为基本出发点,全面系统反映了抗日民族统一战线的要求,是法制实践经验的科学概括与总结。

考点13 《陕甘宁边区宪法原则》 2024 New

【大纲要求解读】大纲要求**熟悉**《陕甘宁边区宪法原则》的特点和意义,并能够分析借鉴。

【命题要点归纳】

1.《陕甘宁边区宪法原则》制定的背景。1945年抗日战争结束,国共两党于10月10日签订“双十协定”。1946年1月南京国民政府在重庆召开政治协商会议,通过《关于宪草问题的协议》,规定了制定省宪的原则。因此,各解放区政府开始制定宪法原则与施政纲领,其中,有代表性的是1946年4月陕甘宁边区第三届参议会通过的《陕甘宁边区宪法原则》。其结构分为“政权组织”“人民权利”“司法”“经济”“文化”五部分,共26条。

2.《陕甘宁边区宪法原则》的主要内容:

(1)确立边区、县、乡人民代表会议为管理政权机关。

(2)规定人民政治上行使的各项自由权利,受政府指导与物质帮助。边区人民不分民族一律平等。

(3)规定除司法机关、公安机关依法执行职务外,任何机关、团体不得有逮捕审讯行为。人民有权用任何方式控告失职的任何公务人员。各级司法机关独立行使职权,除服从法律外,不受任何干涉。

(4)应保障耕者有其田,劳动者有职业,企业者有发展机会。经济上采取公营、合作、私营三种方式,组织一切人力、财力为促进经济繁荣消灭贫穷而斗争。

(5)普及并提高人民文化水准。从速消灭文盲,减少疾病与死亡。

国　际　法

考点1　国家的管辖权与国家主权豁免

【大纲要求解读】大纲要求**熟悉**国家管辖权和主权豁免的规则，包括国家的管辖权、管辖权的冲突和解决、国家主权豁免的方式及不构成放弃豁免的情形。

【命题要点归纳】

1. 国家管辖权类型包括属地管辖、属人管辖、保护性管辖、普遍性管辖。

2. 国家管辖权冲突解决途径：(1)国内立法中采用多种管辖权相互配合，制定不同范围的法律冲突适用规则；(2)通过多边国际公约划定缔约国之间某些管辖权或协调管辖权冲突；(3)通过有关国家间的协商调整。

3. 国家主权豁免通过明示或默示的方式作出。不构成放弃豁免的情形：(1)国家在外国从事商业行为；(2)国家或其代表为重申其豁免权，出庭阐述立场或作证，或要求法院宣布判决或裁决无效；(3)国家对管辖豁免的放弃，不意味着对执行豁免的放弃；执行豁免的放弃必须另行明示作出。

考点2　国际法上的承认与继承

【大纲要求解读】大纲要求**理解**关于国家承认与继承的规则。

【命题要点归纳】

1. 承认的特征：(1)现代国际法中承认的主体除现存国家之外还包括现存的政府间国际组织；承认的对象除了新国家和新政府外，还可以包括交战团体和叛乱团体。(2)承认是承认者对被承认者出现这一事实作出的单方面行为。它表明对事实的接受而不改变被承认者的性质。(3)承认具有法律效果。在符合其他国际法规则的条件下，承认是承认者的自主行为，而不是一项法律义务。是否作出承认主要出于政治考虑。但承认一经作出，将产生一定的法律效果，直接影响承认者和被承认者间的某些权利义务关系。

2. 承认的表示形式：国际法中并没有对承认的形式作出明确规定，国际实践中有明示和默示两种：(1)明示承认形式是指承认者以明白的语言文字直接表达承认的意思。包括通过正式通知、函电、照会、声明等单方面表述，也包括在缔结的条约或其他正式国际文件中进行明确表述。(2)默示承认形式是指承认者不是通过明白的语言文字，而是通过与承认对象有关的行为表现出承认的意思。主要包括：与承认对象建立正式外交关系；与承认对象缔结正式的政治性条约；正式接受领事或正式投票支持参加政府间国际组织的行为一般也被认为是一种默示承认。但是，除非明确表示，下列行为一般不认为构成默示承认：共同参加多边国际会议或国际条约；建立非官方或非完全外交性质的某种机构；某些级别和范围的官员接触；对于外国的某个地区或实体给予某类司法豁免权的安排等。

3. 条约的继承：条约继承的实质是在领土发生变更时，被继承国的条约对于继承国是否继续有效的问题。一般地，与领土有关的“非人身性条约”，如有关领土边界、河流交通、水利灌溉等条约，属于继承的范围；而与国际法主体人格有关的所谓“人身性条约”以及政治性条约，如和平友好、同盟互助、共同防御等条约，一般不予继承。但这并不排除有关国家达成协议或根据《条约法公约》的规定来决定或解决条约的继承问题。不同的领土变更情况，条约继承的情况也不尽相同：(1)国家合并时，对于任一被合并国有效的条约，对于继承国继续有效，但原则上只适用于继承发生时其有效的那部分领土范围；(2)分离或分立的情况下，无论被继承国是否存在，原来对被继承国全部领土有效的条约，对于所有继承国继续有效；原来对于被继承国部分领土有效的条约，仍只对与该部分领土有关的继承国的相应部分有效;(3)对于领土部分转移的情况,出让国的条约对该部分领土失效而受让国的条约对所涉领土发生效力;(4)由殖民地独立而成的新国家的条约继承,采取特殊的规则:其对被继承国的条约是否继承,原则上可以自主地决定。

4. 财产继承:被继承的财产应与领土有关联。由此引申出两项规则:(1)财产一般随领土一并转移而转属或分别转属继承国;(2)所涉领土的实际生存原则。前者主要是针对继承发生时位于所涉领土内的被继承国财产而言,特别是针对不动产。后者主要是针对位于所涉领土以外的财产而言,主要是针对动产。凡是与所涉领土生存或活动有关的国家动产,无论其所处地理位置,都应转属继承国。①在国家合并的情况下,继承比较简单,被继承国的国家财产都转属继承国。②在国家分离或分立的情况下,除非另有协议,位于所涉领土内的被继承国不动产应转属继承国,与所涉领土活动有关的被继承国的动产应转属或分别转属继承国;其他的国家财产应按照公平的比例转属继承国。③在国家解体时,位于被继承国领土之外的国家不动产,应按照公平比例转属继承国。此外,当事各方还应遵照公平比例和公平补偿原则解决相关问题。④对于新独立国家的财产继承,有一些特殊的规则,包括财产的继承可以不以与被继承国之间的协议为前提;关于动产和不动产的继承,除了遵循上述其他场合相同的规则外,还有下述特别规则:对位于所涉领土之外的被继承国动产或不动产,如果该财产原属所涉领土或所涉领土曾为其创造作出贡献,则应转属继承国或按照贡献比例转属继承国。

5. 国家档案的继承:除新独立国家的情况外,通常通过有关国家间协议来解决。

6. 债务继承:国家对外国法人或自然人所负之债或国家的地方当局自己承担的对他国所负之债,不在国家继承的范围。另外,所谓的"恶债",即违反国际法基本原则或违背继承国根本利益所负之债,如征服债务或战争债务等,原则上也不予继承。在国家合并的情况下,国家的债务应转属继承国。在分离、分立或领土转让的情况下,债务继承首先应通过协议解决;若无协议,则应按照公平的比例转属继承国,并且特别考虑到与这些债务有关的转属继承国的财产、权利和利益。新独立国家对债务可不予继承,除非另有协议,并且这种协议不能违背有关国际法原则,协议的执行也不应破坏新独立国家经济的基本均衡。

考点3 国际组织

【大纲要求解读】大纲要求**理解**国际组织的性质和一般制度、联合国体系、非政府国际组织的一般性质。

【命题要点归纳】

1. 国际组织的表决制度:全体一致同意、多数同意制、加权表决制、协商一致通过。

2. 联合国是政府间国际组织。联合国的主要机关:联合国大会、安全理事会、经济及社会理事会、托管理事会、国际法院、秘书处。

3. 联合国大会表决方式:实行一国一票制,一般问题简单多数通过,重要问题2/3通过。

4. 安全理事会职能:调查权、建议权、作出决议并采取措施的权利。安全理事会的表决制度:(1)决定是程序问题还是实体问题,五大常任理事国有一票否决权;(2)对实体问题表决时,五大常任理事国有一票否决权。五大国的弃权或缺席,不影响决议通过。

5. 联合国秘书处秘书长的产生方式:双重决定制,即由安理会推荐,并经联合国大会简单多数通过后委任。秘书长任期5年,可连任。

6. 非政府组织的特点:跨国性、非政治性和非政府性、非营利性、志愿性。

考点4 国家领土

【大纲要求解读】大纲要求**理解**领土的取得方式、边界和边境制度、两极地区的法律地位,**熟悉**有关领土的主要国际法规则和制度,运用规则对相关领域行为的合法性和责任进行判定。

【命题要点归纳】

1. 领土构成:领陆、领水、领空、底土。

2. 领土主权内容:(1)对领土的所有权或领有权;(2)国家享有排他的领土管辖权。

3. 领土主权的限制:(1)适用于一切国家或大多数国家的限制,如尊重邻国利益原则,领海无害通过,外交官、领事在接受国领土上享有的外交特权与豁免和领事特权与豁免等;(2)条约对特定国家的限制,如共管、租借、国际地役、势力范围。

4. 河流制度:

(1)内河:从源头到入海口或终结地完全流经一国的河流。国家对其内河拥有主权。外国船舶未经许可不得在内河航行。

(2)界河:是流经两国之间并作为两国领土分界线的河流。界河分属沿岸国家的部分为该国的领土,处于该国的主权之下,各国在所属水域行使管辖权。

(3)多国河流:是流经两个或两个以上国家领土的河流。多国河流流经各国的河段分别属于各国领土,各国分别对位于其领土的一段拥有主权。多国河流一般对所有沿岸国开放,而非沿岸国船舶未经许可不得航行。

(4)国际河流:通过条约规定对所有国家开放航行的多国河流。其法律地位和制度由国际条约规定。国际河流流经各国领土的河段仍然是该国主权下的领土。国际河流一般允许所有国家的船舶特别是商船无害航行。

(5)国际运河:运河是指人工开凿的水道。位于一国领土内的运河是一国内河,其完全处于国家主权排他的管辖下。国际实践中,两端连通海洋,构成海上交通要道的运河,被开放为国际运河。一般对所有国家开放。

5. 领土的取得方式:(1)传统——先占、时效、添附、征服、割让;(2)现代——殖民地独立和公民投票。

6. 南极地区法律制度核心内容:(1)南极只用于和平目的;(2)科学考察自由和科学合作;(3)冻结对南极的领土要求(包括对南极领土不得提出新的要求或扩大现有的要求、《南极条约》不构成对任何现有的对南极领土主张的支持或否定、条约有效期间进行的任何活动也不构成主张支持或否定对南极领土要求的基础);(4)维持南极地区水域的公海制度;(5)保护南极环境与资源;(6)建立南极协商会议。

| 考点扩展 |

1. 边界:也称国界,是确定一国领土范围的界限。一国的边界将一国领土与他国领土,或将一国领土与公海(或专属经济区),以及一国领土与外层空间分隔开来。边界是一个由空中到地下的封闭曲面。

2. 边境制度:

(1)界标的维护。在已设界标边界线上,相邻国家对界标的维护负有共同责任。应使界标的位置、形状、型号和颜色符合边界文件中规定的一切要求。两国可以协议确定对全部界标的维护进行分工。陆地上的界标和边界线应保持在易于辨认的状态。双方都应采取必要措施防止界标被移动、损坏或灭失。若一方发现界标出现上述情况,应尽速通知另一方,在双方代表在场的情况下修复或重建。国家有责任对移动、损坏或毁灭界标的行为给予严厉惩罚。

(2)边境土地的使用。国家对本国边境地区土地的利用,不得使对方国家的利益遭受损害。国家不得在边境地区建立可能对另一国境内动植物、空气或水源造成污染的工厂或从事任何可能造成此类污染的活动;不得在靠近边界的地区设立靶场或进行任何可能危及对方居民及财产安全的武器试验或演习;如遇边境地区森林火灾,国家应尽力扑救并控制火势,不使火灾蔓延到对方境内。

(3)界水的利用。以河流或湖泊为界的国家之间的界水的利用和保护问题,通常由边界文件中加以规定。一般地,沿岸国对界水有共同的使用权。一国在使用界水时,不得损害邻国的利益。包括不得采取可能使河流枯竭或泛滥的措施,更不得单方故意使河水改道。渔民一般只能在界水的本国一侧捕鱼。对捕鱼的管理以及界水中鱼类的保护与繁殖等具体问题,由沿岸国协议规定。相邻国家在界水上享有平等的航行权,船舶在航行时应该具有明显的国籍标志。除遇难或有其他特殊情况外,一方船舶未经允许不得在对方靠岸停泊。一方如欲在界水上建造工程设施,如桥梁、堤坝等,应取得另一方的同意。国家还应注意保护界水水质,对本国一侧的各种污染源进行有效的控制和治理,以免污染界水。

(4)边民的往来。边境地区的两国居民,一般在历史、宗教、习惯、生活等方面会存在比较密切的联系。相邻国家一般都在从事探亲访友、朝圣、就医或小额贸易活动等方面给予双方边民一些特殊的方便。这些事项大都通过一国有关的法规及双方的协约具体规定。

(5)边境事件的处理。相邻国家通常通过协议,由双方代表成立处理边境地区事项的机构,专门处理上述边境和边民有关的问题,如偷渡、违章越界、损害界标等事项。对于一些重大的或未能解决的问题,则通过双方更高级别的外交机关进行交涉和处理。

考点5 专属经济区和大陆架

【大纲要求解读】大纲要求**熟悉**海洋等各领域的主要国际法规则和制度,运用规则对相关领域行为的合法性和责任进行判定。

【命题要点归纳】

1. 专属经济区范围:从领海基线量起不得超过200海里。沿海国对本国专属经济区享有“资源性”和“排他性”的主权权利而非主权。

2. 沿海国和其他国家在该区域的权利义务构成专属经济区的法律制度主要内容为:

(1)沿海国拥有以勘探、开发、养护和管理海床和底土及其上覆水域自然资源(无论为生物或非生物资源)为目的的主权权利,以及关于在该区域内从事经济性开发和勘探,如海水、风力利用等其他活动的主权权利。

(2)沿海国对建造和使用人工岛屿和设施、海洋科学研究、海洋环境保护事项拥有管辖权。

(3)其他国家在这个区域享有航行和飞越、铺设海底电缆和管道的自由以及与此有关的其他合法活动的权利。

(4)为行使上述权利,沿海国可以制定与公约规定一致的专属经济区法规。并可采取必要的措施以确保其法规得到遵守,包括登临、检查、逮捕和进行司法程序。

(5)在对于外国船舶违法行为采取措施时,还应遵行以下规则:对于被捕的船只及其船员,在其提出适当的保证书或担保后,应迅速予以释放;沿海国对于在专属经济区内仅违反渔业法规的处罚,如有关国家间无相反的协议,不得包括监禁或任何形式的体罚;在逮捕或扣留外国船只时,沿海国应通过适当途径将所采取措施和随后进行的处罚迅速通知船旗国。

3. 大陆架范围:(1)从领海基线量起到大陆边外缘的距离不足200海里,则扩展至200海里;(2)如果超过200海里,则不得超出从领海基线量起350海里,或不超出2500米等深线100海里。

4. 大陆架的法律制度主要内容:

(1)沿海国为勘探大陆架和开发其自然资源的目的,对大陆架行使主权权利。这种权利是专属性的,任何人未经沿海国明示同意,都不得从事勘探和开发其大陆架的活动。

(2)沿海国拥有在其大陆架上建造使用人工岛屿和设施的专属权利和对这些人工设施的专属管辖权。

(3)对大陆架的权利不影响其上覆水域或水域上空的法律地位。

(4)沿海国权利行使不得对其他国家的航行和其他合法权利构成侵害或造成不当干扰。

(5)所有国家有权在其他国家的大陆架上铺设电缆和管道,但其线路的划定须经沿海国同意,并应顾及现有电缆和管道,不得加以损害。

(6)沿海国开发200海里以外大陆架的非生物资源,应通过国际海底管理局并缴纳一定的费用或实物,发展中国家在某些条件下可以免缴。

考点6 群岛水域

【大纲要求解读】大纲要求**熟悉**海洋等各领域的主要国际法规则和制度,运用规则对相关领域行为的合法性和责任进行判定。

【命题要点归纳】

1. 含义:群岛国的群岛基线所包围的内水之外的海域。群岛国是全部领陆由一个或多个群岛或岛屿组成的国家。

2. 群岛水域制度:群岛水域的航行分为无害通过和群岛海道通过两种情况:前一种是所有国家的船舶享有通过除群岛国内水以外的群岛水域的无害通过权;后一种是指群岛国可以指定适当的海道和其上的空中通道,以便其他国家的船舶或飞机连续不停地迅速通过或飞越其群岛水域及其邻接的领海。所有国家都享有这种群岛通道通过权。关于群岛国与其他国家在群岛通道航行中的权利义务,应比照适用国际航行海峡的过境通过制度的有关规定。

考点7 公海与国际海底区域

【大纲要求解读】大纲要求**熟悉**海洋等各领域的主要国际法规则和制度,运用规则对相关领域行为的合法性和责任进行判定。

【命题要点归纳】

1. 公海自由的内容:1982年《联合国海洋法公约》规定公海自由包括6项,即航行自由、飞越自由、铺设海底电缆和管道自由、捕鱼自由、建造人工岛屿和设施自由、科学研究自由。

2. 公海航行挂旗规则:(1)公海航行必须挂旗;(2)挂旗只能挂一面,挂两面或两面以上国旗视为未挂旗;(3)悬挂"方便旗"视为未挂旗。

3. 公海管辖权:公海不属于任何国家的领土,国家不得对公海本身行使管辖权或在公海范围行使属地管辖权。公海上的管辖权主要有:(1)船旗国管辖;(2)普遍管辖:只针对国际法规定的特定犯罪(海盗行为、非法广播、贩运奴隶和毒品)。

4. 临检权的适用情况:海盗,贩奴,非法广播,船舶无国籍;虽然该船悬挂外国旗或拒不展示船旗,但事实上与该军舰属于同一国籍。临检若未发现涉嫌行为,则临检国承担国际责任。

5. 紧追开始的原因:被紧追者违反沿海国的有关法律法规。紧追规则:(1)紧追始于内水、领海、毗连区或专属经济区;(2)先警告、后紧追;(3)紧追必须连续不断进行;(4)紧追终于他国领海。

6. 国际海底区域的含义:根据《联合国海洋法公约》的规定,"区域"及其自然资源是人类共同继承财产,对所有国家开放,各国都可以为和平目的加以利用。管理机关为国际海底管理局。

7. 国际海底区域活动原则:(1)"区域"开放给所有国家,专为和平目的利用;(2)各国在"区域"的活动应符合国际法规则;(3)对于在区域内未履行公约规定的义务而造成的损害,行为者应承担国际赔偿责任;(4)"区域"内的活动应为全人类的利益而进行,并应特别考虑发展中国家的利益,"区域"内的活动还应顾及沿海国的权利和合法利益;(5)"区域"内的科学研究应专为和平目的,并且为全人类的利益服务,"区域"内的活动应切实保护海洋环境;(6)"区域"内发现的考古和历史文物,应为全人类的利益予以保存或处置,但应特别顾及来源国,或文化上的发源国,或历史和考古上的来源国的优先权利。

8. 国际海底区域内的资源开发制度:平行开发制度,一方面由海底局企业部进行;另一方面由缔约国有效控制的自然人或法人与海底局以合作的方式进行。

考点8 国籍

【大纲要求解读】大纲要求**理解**国籍的概念及其在国际法中的意义,**熟悉**国籍变更的主要方式。

【命题要点归纳】

1. 国籍的取得:

(1)因出生取得——各国的立法中采取的原则有血统主义、出生地主义和混合制原则三种。

(2)因加入取得——自愿申请入籍和由于一些法律事实发生而引起获得国籍的法律后果。

2. 国籍的丧失:

(1)自愿丧失——包括自愿退籍和自愿选择放弃两种做法。

(2)非自愿丧失——导致非自愿丧失国籍的事实一般有涉外婚姻、收养、已归化加入外国国籍等。

3. 国籍的冲突和解决:由于各国的国籍立法不同,在实践中,可能会出现两个或两个以上国家,根据各自国家的法律,同时都给予一个人其国家的国籍,则该人就会拥有双重或多重国籍;反之,也可能出现任何国家都不给予某个人国籍,则该人成为无国籍人。前一种情况称为国籍的积极冲突,后一种情况称为国籍的消极冲突。在国际实践中,一般采取的防止和消除国籍冲突的方式有两种:通过国内立法对国籍冲突解决加以规定和通过双边条约防止和解决有关国家间的双重国籍问题。

4.《国籍法》关于国籍取得的规定:因出生取得——采取混合制;因加入取得——采取申请和审批相结合等原则。

5. 防止和消除国籍冲突的规定——不承认双重国籍、在中国出生的无国籍人子女具有中国国籍等。

考点9 引渡和庇护

【大纲要求解读】大纲要求**熟悉**引渡及庇护制度。

【命题要点归纳】

1. 引渡的主体:国家。

2. 引渡的对象:被请求国指控为犯罪或被其判刑的人,可能是请求国人、被请求国人和第三国人。

3. 可引渡的罪行:"双重犯罪原则"和"政治犯罪不引渡"是被一般接受的原则。国际法规定了一些不应视为政治犯罪的行为,包括:(1)战争罪、反和平罪和反人类罪;(2)种族灭绝或种族隔离罪行;(3)非法劫持航空器;(4)侵害包括外交代表在内的受国际保护人员罪行等。

4. 引渡的程序:引渡请求的提出和答复、负责引渡的机构、引渡文件材料的传送、移交被引渡人的条件方式等。

5. 引渡罪名特定原则:以什么罪名提出引渡要求,就应该以该罪名审判处罚。这也称为"罪名特定原则"。如果以其他罪名进行审判或将被引渡人转引给第三国,则一般应经原引出国的同意。

6. 庇护的性质:属地管辖权的体现,在本国领土内方可庇护;庇护的对象:主要是政治犯,国际罪犯不得庇护;域外庇护不合法:利用在外国的使领馆馆舍、船舶、飞机等场所进行的庇护不合法。

考点10 外交关系法

【大纲要求解读】大纲要求**理解**外交代表机关的构成、职务、等级和外交职衔,外交特权豁免的依据。**熟悉**外交特权豁免的主要规则,对相关案例正确适用规则作出分析判定。

【命题要点归纳】

1. 中央外交机关:

(1)国家元首——最高代表、享有完全的外交特权与豁免、无须出示外交全权证书。

(2)政府——一国最高行政机关,其政府首脑无须出示全权证书。

(3)外交部门——处理日常外交事务的机关,部长无须出示全权证书。

2. 外交代表机关:

(1)常驻外交代表机关——使馆(大使级、公使级、代办级)、驻国际组织常驻代表;

(2)临时外交代表机关——特别使团(事务性使团、礼节性使团)。

3. 使馆由使馆馆长、一般外交人员、行政技术人员及服务人员等组成。

(1)馆长:大使、公使、代办。

(2)一般外交人员:参赞、武官、外交秘书、随员。

(3)行政技术人员(不是外交官):译员、工程师、行政主管、会计等。

(4)服务人员(不是外交官):司机、清洁工、修理工等。

4. 使馆的特权与豁免:

(1)使馆馆舍不得侵犯:非经馆长允许,接受国人员不得进入使馆任何地方,即使是送达司法文书、遇到火灾、流行病发作等紧急情况。

(2)使馆财产及档案不得侵犯:使馆馆舍及一切财产免予搜查、征用、扣押和强制执行。

(3)通讯自由:接受国应允许使馆为公务目的的一切通讯,但非经接受国同意,不得使用无线电发报机。外交邮袋、来往公文不可拆开。

(4)使馆免纳捐税:储存、运送等服务费,以及因提供特定服务而应缴纳的费用不在免除之列。

(5)使馆人员有行动和旅行自由。

(6)使用派遣国的国家标志。

5. 外交人员的特权与豁免:

(1)人身不可侵犯;(2)寓所、财产和文书信件不可侵犯;(3)管辖豁免:绝对的刑事司法管辖豁免、原则上享有民事和行政管辖豁免;(4)某些方面免税和免验;(5)其他特权与豁免。

6. 使馆及享有外交特权与豁免人员的义务:

(1)尊重接受国的法律规章;(2)不得干涉接受国的内政;(3)使馆馆舍不得用于与使馆职务不相符合的其他用途;(4)使馆与接受国洽谈公务,应经接受国外交部或另经商定的其他部门按照相关程序办理;(5)外交代表不应在接受国内为私人利益从事任何专业或商业活动。

| 考点扩展 |

特别使团:是一国经另一国的同意或邀请,派往该另一国,代表派遣国进行谈判或完成某项特定外交任务的临时机构。

(1)特别使团派遣——需事先取得接受国同意。

(2)特别使团职务——由派遣国与接受国约定,也适用"不受欢迎的人"和"不能接受"的制度。

(3)特别使团的外交特权与豁免——特别使团及其各类人员大体上分别享有《维也纳外交关系公约》中规定的使馆及其相应的各类人员的外交特权与豁免,但有区别:特别使团的房舍不可侵犯,但在遇到火灾或其他严重的灾难而无法获得使团团长明确答复的情况下,接受国可以推定获得同意而进入房舍;使团外交人员的司法及行政豁免的例外中,比照使馆外交人员,又增加了有关人员公务以外使用车辆的交通肇事引起的诉讼接受国可以管辖。

(4)特别使团及其人员对接受国的义务——与使馆及其人员的相应义务基本相同。

考点11 条约的缔结

【大纲要求解读】大纲要求**理解**条约缔结的一般程序、条约的保留,**熟悉**中国缔结条约的国内法程序。

【命题要点归纳】

1. 条约的缔结程序:约文的议定(全权代表进行谈判缔结条约须具备全权证书)、约文的认证(一般方式:草签、待核准的签署或暂签、签署、通过)和表示同意受条约拘束(实践中采用的主要方式有签署、批准、加入和接受等)。具体所采用的缔约方式和程序取决于缔约方的约定和选择。

2. 条约保留的除外。《维也纳条约法公约》规定,不得提出保留的情形有:条约规定禁止保留;条约准许特定的保留,而有关保留不在条约准许的保留范围内;保留与条约的目的和宗旨不符。

3. 条约保留接受规定。《维也纳条约法公约》规定:(1)条约明文准许保留的,一般不需要其他缔约国事后予以接受;(2)如果从谈判国有限数目以及条约的目的和宗旨看,该条约在全体当事国的全部适用是每一当事国同意受该条约拘束的必要条件时,保留须经全体当事国接受;(3)条约若是一个国际组织的组织约章,保留一般须经该组织的有权机关接受;(4)不属于上述情况的,由缔约国决定是否接受一项保留。

4. 保留的法律效果:(1)在保留国与接受保留国之间,按保留的范围,改变该保留所涉及的一些条约规定;(2)在保留国与反对保留国之间,若反对保留国并不反对该条约在保留国与反对保留国之间生效,则保留所涉及的规定,在保留的范围内,不适用于该两国之间;(3)在未提出保留的国家之间,按照原来条约的规定,无论未提出保留的国家是否接受另一缔约国的保留。

5. 条约登记:(1)联合国任何会员国所缔结的任何条约,一经生效,应尽速在秘书处登记公布,生效之前不得登记;(2)一缔约国登记,免除其他缔约国的登记义务;(3)未在秘书处登记的条约,不得在联合国任何机关援引。

考点12 国际争端与解决办法

【大纲要求解读】大纲要求**理解**解决国际争端的原则和传统方式,和平解决争端政治方法的性质和特点。

【命题要点归纳】

1. 国际争端类型:政治性争端、法律性争端、事实性争端。

2. 解决国际争端的传统方式:强制性方法和非强制性方法。

(1)强制性方法:

①战争与武力方法——武力只能在符合《联合国宪章》的条件下才能运用。因此,战争不再成为解决争端的合法方式;

②平时封锁——平时封锁只能由安理会决定;

③干涉——现代国际法认为干涉是非法的;

④反报与报复——现代国际法上可以采取的合法解决争端的方法,但现代国际法不提倡。

(2)非强制方法:政治解决方法(谈判、协商、斡旋、调停、调查、和解)和法律解决方法(仲裁和法院解决)称为和平解决方法,是现代国际法所要求的解决国际争端的方法。

考点13 国际争端的法律解决方法

【大纲要求解读】大纲要求**理解**国际争端解决的法律方法及主要国际司法机构,**熟悉**国际法院的管辖权、诉讼程序和相关规则,对有关事件正确适用规则作出判定。

【命题要点归纳】

1. 仲裁:国际常设仲裁法院(在海牙设立),当事国将争端仲裁协议提交仲裁法院时,可以在仲裁员名单中各自选定 1 ~ 2 名仲裁员,再由这些选定的仲裁员选定首席仲裁员。仲裁一般经过书面程序和口头程序两个阶段。然后仲裁庭进行秘密评议并以多数票作出裁决。裁决为终局性的,但如果争端方对裁决的意义和范围不明,可以在裁决作出 3 个月内,请求仲裁庭作出解释。

2. 司法方式:国家法院、《海洋法公约》的争端解决机制和国际海洋法法庭。

(1)国际法院。

①组成:法院由15名法官组成;专案法官(涉及本国案件不回避,除非就任法官前曾参与该案);书记处。

②国际法院的管辖权:诉讼管辖和咨询管辖,其中诉讼管辖是其最主要的职权。

③诉讼主体:国际组织、法人或个人都不能成为国际法院的诉讼当事国。根据《国际法院规约》的规定,有三类国家可以作为国际法院的诉讼当事国:联合国的会员国;非联合国的会员国但为《国际法院规约》的当事国;既非联合国的会员国也非《国际法院规约》的当事国,但根据安理会决定的条件,预先向国际法院书记处交存一份声明,表示愿意接受国际法院管辖、保证执行法院判决及履行相关其他义务的国家。

④管辖范围:A. 自愿管辖(当事国在争端发生后,达成协议,将争端提交国际法院);B. 协定管辖(在现行条约或协定中,规定各方同意将有关的争端提交国际法院解决);C. 任择强制管辖(《国际法院规约》的当事国,可以通过发表声明,就具有下列性质之一的争端,对于接受同样义务的任何其他当事国,接受法院的管辖为当然具有强制性,而不需要再有特别的协定。当事国自愿选择是否作出声明;一旦作出声明,在声明接受的范围内,国际法院就具有了强制的管辖权,而无须其他协定)。

⑤咨询管辖权:有权提出咨询的主体——联合国大会及大会临时委员会、安理会、经社理事会、托管理事会、要求复核行政法庭所作判决的申请委员会以及经大会授权的联合国专门机构或其他机构。

⑥国际法院的诉讼程序:起诉、书面程序和口头程序、附带程序(包括初步反对主张、临时保全、参加或共同诉讼、中止诉讼等)。

⑦国际法院判决:国际法院的判决是终局性的。判决一经作出即对本案及本案当事国产生拘束力,当事国必须履行。如有一方拒不履行判决,他方得向安理会提出申诉,安理会可以作出有关建议或决定采取措施执行判决;当事国对判决的意义或范围发生争执时,可以请求国际法院作出解释。当事国在判决作出后,如发现能够影响判决的、决定性的且在诉讼过程中不可能获知的新事实,可申请法院复核判决,复核程序与诉讼程序相同。申请复核至迟应于新事实发现后的6个月内,并在判决之日起不超过10年内提出。

(2)《海洋法公约》的争端解决机制和国际海洋法法庭。

①《海洋法公约》的争端解决机制:《联合国海洋法公约》通过其第15部分(争端的解决)的条款以及相关四个附件:附件五(调解)、附件六(国际海洋法法庭规约)、附件七(仲裁)、附件八(特别仲裁)强调了和平解决争端的原则。

②国际海洋法法庭:法庭由21名法官组成。每个缔约国可以提出不超过两名法官候选人,在全体缔约国会议上,用无记名投票方式选举产生。获得最多票者依次当选。法庭设在德国汉堡。

司法制度和法律职业道德

考点 1 法官职业道德的主要内容

【大纲要求解读】大纲要求**熟悉并能够运用**法官职业道德的主要内容，可结合具体事例，进行判断。

【命题要点归纳】

按照《法官法》规定，法官职业道德的主要内容包括忠诚司法事业、保证司法公正、确保司法廉洁、坚持司法为民、维护司法形象。

考点 2 检察官职业道德的主要内容

【大纲要求解读】大纲要求**熟悉并能够运用**检察官职业道德的主要内容，可以结合具体事例进行判断。

【命题要点归纳】

检察官职业道德的主要内容可以概括为“忠诚、为民、担当、公正、廉洁”。

考点 3 律师职业道德的主要内容

【大纲要求解读】大纲要求**熟悉并能够运用**律师职业道德主要内容，并结合具体事例，进行判断。

【命题要点归纳】

1. 律师职业道德基本准则：《律师法》第 2 条第 2 款规定，律师应当维护当事人合法权益，维护法律正确实施，维护社会公平和正义。《律师法》第 3 条规定，律师执业必须遵守宪法和法律，恪守律师职业道德和执业纪律；律师执业必须以事实为根据，以法律为准绳；律师执业应当接受国家、社会和当事人的监督。为贯彻落实司法部《关于进一步加强律师职业道德建设的意见》，切实加强律师职业道德建设，促进律师依法规范诚信执业，2014 年 6 月 5 日中华全国律师协会发布了《律师职业道德基本准则》。根据《律师职业道德基本准则》的规定，律师职业道德的基本行为规范包括忠诚、为民、法治、正义、诚信、敬业，具体如下：

基本行为规范	内　容
忠诚	律师应当坚定中国特色社会主义理想信念，坚持中国特色社会主义律师制度的本质属性，拥护党的领导，拥护社会主义制度，自觉维护宪法和法律尊严。加强律师队伍思想政治建设，把拥护中国共产党领导、拥护社会主义法治作为律师从业的基本要求，增强广大律师走中国特色社会主义法治道路的自觉性和坚定性
为民	律师应当始终把执业为民作为根本宗旨，全心全意为人民群众服务，通过执业活动努力维护人民群众的根本利益，维护公民、法人和其他组织的合法权益。认真履行法律援助义务，积极参加社会公益活动，自觉承担社会责任
法治	律师应当坚定法治信仰，牢固树立法治意识，模范遵守宪法和法律，切实维护宪法和法律尊严。在执业中坚持以事实为根据，以法律为准绳，严格依法履责，尊重司法权威，遵守诉讼规则和法庭纪律，与司法人员建立良性互动关系，维护法律正确实施，促进司法公正
正义	律师应当把维护公平正义作为核心价值追求，为当事人提供勤勉尽责、优质高效的法律服务，努力维护当事人合法权益。引导当事人依法理性维权，维护社会大局稳定。依法充分履行辩护或代理职责，促进案件依法、公正解决

续表

基本行为规范	内容
诚信	律师应当牢固树立诚信意识，自觉遵守执业行为规范，在执业中恪尽职守、诚实守信、勤勉尽责、严格自律。积极履行合同约定义务和法定义务，维护委托人合法权益，保守在执业活动中知悉的国家机密、商业秘密和个人隐私
敬业	律师应当热爱律师职业，珍惜律师荣誉，树立正确的执业理念，不断提高专业素质和执业水平，注重陶冶个人品行和道德情操，忠于职守，爱岗敬业，尊重同行，维护律师的个人声誉和律师行业形象

2. 律师的执业职责：《律师法》第 38 条规定："律师应当保守在执业活动中知悉的国家秘密、商业秘密，不得泄露当事人的隐私。律师对在执业活动中知悉的委托人和其他人不愿泄露的有关情况和信息，应当予以保密。但是，委托人或者其他人准备或者正在实施危害国家安全、公共安全以及严重危害他人人身安全的犯罪事实和信息除外。"第 39 条规定："律师不得在同一案件中为双方当事人担任代理人，不得代理与本人或者其近亲属有利益冲突的法律事务。"第 40 条规定："律师在执业活动中不得有下列行为：（一）私自接受委托、收取费用，接受委托人的财物或者其他利益；（二）利用提供法律服务的便利牟取当事人争议的权益；（三）接受对方当事人的财物或者其他利益，与对方当事人或者第三人恶意串通，侵害委托人的权益；（四）违反规定会见法官、检察官、仲裁员以及其他有关工作人员；（五）向法官、检察官、仲裁员以及其他有关工作人员行贿，介绍贿赂或者指使、诱导当事人行贿，或者以其他不正当方式影响法官、检察官、仲裁员以及其他有关工作人员依法办理案件；（六）故意提供虚假证据或者威胁、利诱他人提供虚假证据，妨碍对方当事人合法取得证据；（七）煽动、教唆当事人采取扰乱公共秩序、危害公共安全等非法手段解决争议；（八）扰乱法庭、仲裁庭秩序，干扰诉讼、仲裁活动的正常进行。"

根据《律师执业行为规范（试行）》的规定，律师应当履行以下执业职责：(1)律师在执业期间不得以非律师身份从事法律服务。律师只能在一个律师事务所执业。律师不得在受到停止执业处罚期间继续执业，或者在律师事务所被停业整顿期间、注销后继续以原所名义执业。(2)律师不得在同一案件中为双方当事人担任代理人，不得代理与本人或者其近亲属有利益冲突的法律事务。(3)律师担任各级人民代表大会常务委员会组成人员的，任职期间不得从事诉讼代理或者辩护业务。(4)律师不得有以下行为：产生不良社会影响，有损律师行业声誉的行为；妨碍国家司法、行政机关依法行使职权的行为；参加法律所禁止的机构、组织或者社会团体；其他违反法律、法规、律师协会行业规范及职业道德的行为；其他违反社会公德，严重损害律师职业形象的行为。

考点 4 公证员职业道德的概念与主要内容

【大纲要求解读】大纲要求**了解或理解**公证员职业道德的概念，**熟悉并能够运用**公证员职业道德的主要内容，并可结合具体事例进行判断。

【命题要点归纳】

1. 公证员职业道德的概念：公证员职业道德是指公证员在履行职务活动中应遵循的行为规范的总和。

2. 公证员职业道德的主要内容：忠于法律、尽职履责，爱岗敬业、规范服务，加强修养、提高素质，廉洁自律、尊重同行等方面。

考点 5 仲裁员职业道德的主要内容

【大纲要求解读】大纲要求**熟悉并能够运用**仲裁员职业道德的主要内容，并可结合具体事例进行判断。

【命题要点归纳】

1. 独立公正。《仲裁法》规定，仲裁应该根据事实、法律规定，公平合理地解决纠纷；仲裁依法独立进行，不受行政机关、社会团体和个人的干涉。独立公正是仲裁的灵魂和生命。为了保证独立公正地审理案件，仲裁员要做到以下几点：保持廉洁；保持独立；主动披露。

2. 诚实信用。仲裁员作为纠纷的裁决者，判定当事人之间的权利与义务关系，应当秉承善意、恪守诚信。

3. 勤勉高效。

4. 保守秘密。仲裁员要忠实地履行保密义务。

5. 尊重同行。相互尊重主要是指仲裁员之间的相互配合与支持。

刑　法

考点1 刑法的适用范围

【大纲要求解读】大纲要求**理解**刑法的适用范围,即刑法的时间效力和空间效力。

【命题要点归纳】

1. 刑法的空间效力:刑法对地和人的效力,它解决一个国家的刑事管辖权的范围问题。刑法的空间效力在理论上一般认为具有以下原则。

(1)属地管辖原则:一个国家的刑法在这个国家的领域范围之内是有效的。“属地”是一个立体的概念,既包括这个国家的领陆,也包括这个国家的领海和领空,根据《刑法》规定,领域不仅包括领陆、领海、领空,还包括刑法上所说的浮动领土。《刑法》第6条第2款还规定:“凡在中华人民共和国船舶或者航空器内犯罪的,也适用本法。”当然这种规定也导致了两个不同国家的管辖权竞合的问题。

(2)属人管辖原则:就是按照国籍的原则来管辖。《刑法》第7条第1款规定:“中华人民共和国公民在中华人民共和国领域外犯本法规定之罪的,适用本法,但是按本法规定的最高刑为三年以下有期徒刑的,可以不予追究。”第7条第2款规定:“中华人民共和国国家工作人员和军人在中华人民共和国领域外犯本法规定之罪的,适用本法。”当然这种规定同样存在与国外刑法管辖权的竞合。

(3)保护管辖原则:《刑法》第8条规定:“外国人在中华人民共和国领域外对中华人民共和国国家或者公民犯罪,而按本法规定的最低刑为三年以上有期徒刑的,可以适用本法,但是按照犯罪地的法律不受处罚的除外。”

(4)普遍管辖原则,这是对国际犯罪惩治的管辖原则。《刑法》第9条规定:“对于中华人民共和国缔结或者参加的国际条约所规定的罪行,中华人民共和国在所承担条约义务的范围内行使刑事管辖权的,适用本法。”

2. 刑法的时间效力:该问题中主要掌握的是刑法的溯及力的问题,即刑法生效以后,对于其生效以前未经审判或者尚未确定的行为是否具有溯及既往效力的问题。如果适用,就是有溯及力;如果不适用就是没有溯及力。我国《刑法》是坚持从旧兼从轻的原则。从旧就是按照行为时的法律规定处罚。从轻有两种情况:旧法规定为犯罪而新法不认为是犯罪,从新法也就是不认定为犯罪;旧法新法都认为是犯罪,但新法处罚较轻则从处罚轻的法律规定即从新法。

考点2 罪刑法定原则

【大纲要求解读】大纲要求**熟悉并能够运用**罪刑法定原则的具体要求。

【命题要点归纳】

1. 禁止溯及既往(事前的罪刑法定)。这是指犯罪及其惩罚必须在行为前预先规定,刑法不得对在其公布、施行前的行为进行追溯适用。

2. 排斥习惯法(成文的罪刑法定)。根据预测可能性原理,罪刑规范应当具有明确性、稳定性。刑事司法应当以成文法为准,排斥习惯法。

3. 禁止类推适用(严格的罪刑法定)。类推适用,是指对于法律没有明文规定的行为,适用有类似规定的其他条文予以处罚。类推适用实际上是对事先在法律上没有明文规定要处罚的行为比照其他类似规定进行处罚,凡是处理结果对被告人不利的类推适用,都在禁止之列。但是,有利于被告人的类推被允许。

4. 刑罚法规的适当,包含刑法明确性、禁止不确定刑和禁止处罚不当罚的行为三项内容(确定的罪刑法定)。

考点3 犯罪构成要件

【大纲要求解读】大纲要求**理解**犯罪构成要件要素的分类、犯罪构成要件的具体内容。

【命题要点归纳】

1. 构成要件要素的分类:客观的构成要件要素与主观的构成要件要素;记述的构成要件要素与规范的构成要件要素;积极的构成要件要素与消极的构成要件要素;共同的构成要件要素与非共同的构成要件要素;成文的构成要件要素与不成文的构成要件要素。

2. 犯罪构成要件的具体内容:

(1)犯罪客体:指我国刑法所保护而为犯罪行为所侵犯的社会关系,是犯罪构成的必要要件。

(2)犯罪客观要件:指刑法规定的成立犯罪所必须具备的客观事实特征;它说明某种犯罪是通过什么行为、在什么情况下对刑法所保护的社会关系造成了什么危害,是成立犯罪所必须具备的要件。它包括危害行为,危害结果,行为的时间、地点与方法,刑法上的因果关系。

(3)犯罪主体:由刑法明文规定,分为自然人犯罪主体(刑事责任年龄、刑事责任能力、特殊身份)与单位犯罪主体。

(4)犯罪主观要件:指刑法规定成立犯罪必须具备的、犯罪主体对其实施的危害行为及其危害结果所持的心理态度。犯罪主观要件包括,犯罪故意(故意的认识因素、故意的意志因素、故意的认定、事实认识错误),犯罪过失(过失的概念、过失的种类、过失的认定),犯罪主观要件的其他问题(无罪过事件、犯罪的动机与目的)。

考点4 危害行为

【大纲要求解读】大纲要求**熟悉并能够运用**犯罪构成要件的具体内容,“危害行为”属于犯罪客观要件。

【命题要点归纳】

1. 概念:犯罪客观要件的内容首先是危害社会的行为,危害行为是一切犯罪的共同要件,任何犯罪的成立都必须有刑法规定的危害行为,分为“作为”(即积极的行为,指以积极的身体举动实施刑法所禁止的行为)和“不作为”(消极行为,指行为人在能够履行自己应尽义务的情况下不履行该义务)两种基本形式。

2. 不作为犯的成立条件:

(1)行为人负有实施特定积极行为的具有法律性质的义务,义务来源:①法律、法规明文规定的义务;②职务或者业务要求的义务;③法律行为引起的义务;④先前行为引起的义务。

(2)行为人能够履行特定义务。

(3)行为人不履行特定义务,造成或者可能造成危害结果。

考点5 刑法上的因果关系

【大纲要求解读】大纲要求**熟悉并能够运用**犯罪构成要件的具体内容,“刑法上的因果关系”属于犯罪客观要件。

【命题要点归纳】

1. 因果关系的认定:(1)必然因果关系说的特点。(2)条件说的特点。(3)认定因果关系时注意的两点:①多因一果。②介入因素。

2. 不作为犯的因果关系:刑法理论一般肯定不作为与危害结果之间具有因果关系。

3. 刑法上的因果关系与刑事责任:认定因果关系不等于认定刑事责任。

考点6 自然人犯罪主体

【大纲要求解读】大纲要求**熟悉并能够运用**犯罪构成要件的具体内容,“自然人犯罪主体”属于犯罪主体。

【命题要点归纳】

自然人犯罪主体的一般要件是:达到刑事责任年龄,具有刑事责任能力。但某些犯罪除了要求行为人具有这两个条件外,还必须具有特殊身份。

1. 刑事责任年龄:

(1)不满 12 周岁的人,一律不负刑事责任,即不满 12 周岁的人所实施的任何行为,都不构成犯罪。刑法理论称为绝对无刑事责任时期或完全无刑事责任时期。

(2)已满 12 周岁不满 14 周岁的人,犯故意杀人罪、故意伤害罪,致人死亡或者以特别残忍手段致人重伤造成严重残疾,情节恶劣,经最高人民检察院核准追诉的,应当负刑事责任。

(3)已满 14 周岁不满 16 周岁的人,犯故意杀人、故意伤害致人重伤或者死亡、强奸、抢劫、贩卖毒品、放火、爆炸、投放危险物质罪的,应当负刑事责任。

(4)已满 16 周岁的人犯罪,应当负刑事责任。

(5)不满 18 周岁的人犯罪,应当从轻或者减轻处罚。此外,根据《刑法》第 17 条之一的规定:“已满七十五周岁的人故意犯罪的,可以从轻或者减轻处罚;过失犯罪的,应当从轻或者减轻处罚。”

2. 刑事责任能力:指行为人对自己行为的辨认能力和控制能力。辨认能力是指行为人认识自己特定行为的性质、结果与意义的能力;控制能力是指行为人支配自己实施或者不实施特定行为的能力。判断行为人是否具有刑事责任能力,首先判断行为人是否患有精神病,其次判断是否因为患有精神病而不能辨认或者不能控制自己的行为。

3. 特殊身份:指行为人在身份上的特殊资格,以及其他与一定的犯罪行为有关的、行为人在社会关系上的特殊地位或者状态,如亲属关系、国家工作人员等。这些特殊身份不是自然人犯罪主体的一般要件,只是某些犯罪的自然人主体必须具备的要件。根据我国刑法分则的规定,特殊身份主要包括:

(1)以特定公职为内容的特殊身份,如司法工作人员、邮政工作人员、税务机关工作人员等国家工作人员;

(2)以特定职业为内容的特殊身份,如航空人员、铁路职工、医务人员等;

(3)以特定法律义务为内容的特殊身份,如纳税人、扣缴义务人等;

(4)以特定法律地位为内容的特殊身份,如证人、鉴定人、记录人、翻译人等;

(5)以持有特定物品为内容的特殊身份,如依法配备公务用枪的人员等;

(6)以参与某种活动为内容的特殊身份,如投标人、公司发起人等;

(7)以患有特定疾病为内容的特殊身份,如严重性病患者;

(8)以居住地和特定组织成员为内容的特殊身份,如境外黑社会组织的人员等。

考点7 犯罪故意

【大纲要求解读】大纲要求**熟悉并能够运用**犯罪构成要件的具体内容,“犯罪故意”属于犯罪主观要件。

【命题要点归纳】

1. 犯罪故意的认定:犯罪故意的认识因素和犯罪故意的意志因素。

2. 犯罪故意的分类:

(1)直接故意:指行为人明知自己的行为会发生危害社会的结果,并且希望这种结果发生的心理态度。根据认识因素的不同内容,直接故意又可以区分为两种情况:一种是行为人明知自己的行为必然发生危害社会的结果,并且希望这种结果发生的心理态度;另一种是行为人明知自己的行为可能发生危害社会的结果,并且希望这种结果发生的心理态度。

(2)间接故意:指行为人明知自己的行为可能发生危害社会的结果,并且有意放任,以致发生这种结果的心理态度。

| **考点扩展** |

故意是认识因素与意志因素的统一,因此,对客观事实的认识错误就可能影响故意。错误是指行为人的认识与实际情况不一致。对事实的认识错误分为具体的事实认识错误与抽象的事实认识错误。

1. 具体事实认识错误:指行为人认识的事实与实际发生的事实虽然不一致,但没有超出同一犯罪构成的范围,即行为人只是在某个犯罪构成范围内发生了对事实的认识错误,因而也被称为同一犯罪构成内的错误。对具体事实认识错误存在具体符合说和法定符合说的争论。具体符合说认为,行为人所认识的事实与实际发生的事实具体地相一致,才成立故意的既遂犯;法定符合说认为,行为人所认识的事实与实际发生的事实,只要在犯罪构成范围内是一致的,就成立故意的既遂犯。我国的刑法理论采取法定符合说。

(1)对象错误:指行为人误把甲对象当成乙对象加以侵害,而甲对象与乙对象体现相同的法益,行为人的认识内容与客观事实仍属于同一犯罪构成的情况。注意:具体符合说与法定符合说的结论完全相同,按照一个犯罪的既遂处理。

(2)打击错误:也称方法错误,指由于行为人本身的差误,导致行为人所欲攻击的对象与实际受害的对象不一致,但这种不一致仍然没有超出同一犯罪构成。注意:采取法定符合说或具体符合说,案件的处理结论会有所不同。根据法定符合说中的数故意说,只要行为人所认识的事实,与实际发生的事实在犯罪构成范围内主客观一致,就成立故意犯罪的既遂。采取数故意说并不意味着成立数个故意犯罪,因为只有一个行为,所以应按想象竞合犯以一罪论处。所以,打击错误时仍然成立故意犯罪的既遂。

(3)因果关系的错误:

①狭义的因果关系错误:狭义的因果关系的错误,是指结果的发生不是按照行为人对因果关系的发展所预见的进程来实现的情况。

②事前的故意:指行为人误认为第一个行为已经造成结果,出于其他目的实施第二个行为,实际上是第二个行为才导致预期的结果的情况。

③犯罪构成的提前实现:指提前实现了行为人所预想的结果。

2. 抽象的事实认识错误:有对象错误和打击错误两种情况。前者是指行为人误把甲对象当作乙对象加以侵害,而甲对象与乙对象体现不同的法益,分属不同的犯罪构成。后者是指,由于行为本身的差误,导致行为人所欲攻击的对象与实际受害的对象不一致,而且这种不一致超出了同一犯罪构成。

考点8 犯罪过失

【大纲要求解读】大纲要求**熟悉并能够运用**犯罪构成要件的具体内容,“犯罪过失”属于犯罪主观要件。

【命题要点归纳】

1. 疏忽大意的过失:指应当预见自己的行为可能发生危害社会的结果,因为疏忽大意而没有预见,以致发生这种结果的心理状态。

2. 过于自信的过失:指已经预见自己的行为可能发生危害社会的结果,但轻信能够避免,以致发生这种结果的心理状态。

考点9 正当防卫

【大纲要求解读】大纲要求**理解**正当防卫的本质、成立条件，**熟悉并能够运用**正当防卫的成立条件，特殊正当防卫、防卫过当的刑事责任。

【命题要点归纳】

1. 概念：为了使国家、公共利益、本人或者他人的人身、财产和其他权利免受正在进行的不法侵害，而采取的制止不法侵害的行为，对不法侵害人造成损害的，属于正当防卫。

2. 正当防卫的成立条件：

(1)防卫起因是具有社会危害性和侵害紧迫性；

(2)防卫对象是不法侵害人；

(3)防卫意图，即具有正当防卫的认识因素和意志因素两方面的内容；

(4)防卫时间是不法侵害正在进行；

(5)防卫限度要从不法侵害的强度、不法侵害的缓急和不法侵害的权益三方面进行判断。

3. 防卫过当的认定：

(1)一般的超过必要限度并不必然成立防卫过当，只有"明显"超过必要限度并造成重大损害的，才能认定为防卫过当。只有在防卫行为明显超过必要限度并造成重大损害的，才属于防卫过当。防卫是否"明显超过必要限度"，应当综合不法侵害的性质、手段、强度、危害程度和防卫的时机、手段、强度、损害后果等情节，考虑双方力量对比，立足防卫人防卫时所处情境，结合社会公众的一般认知作出判断。

(2)"明显超过必要限度"与"造成重大损害"是认定防卫过当所必须满足的两项缺一不可的法定标准。"造成重大损害"指造成不法侵害人重伤、死亡。造成轻伤及以下损害的，不属于重大损害。如果防卫行为没有明显超过必要限度，纵使造成重大损害，或者防卫行为虽然明显超过必要限度但没有造成重大损害的，均不构成防卫过当。

| 考点扩展 |

1. 特殊正当防卫的概念：鉴于严重危及人身安全的暴力犯罪的严重社会危害性，为了更好地保护公民的人身权利，《刑法》第20条第3款规定，对正在进行行凶、杀人、抢劫、强奸、绑架以及其他严重危及人身安全的暴力犯罪，采取防卫行为，造成不法侵害人伤亡的，不属于防卫过当，不负刑事责任。

2. 特殊正当防卫的条件：除了要求不法侵害正在进行、防卫人有防卫意识、针对不法侵害人进行防卫外，更重要的条件是，对正在进行行凶、杀人、抢劫、强奸、绑架以及其他严重危及人身安全的暴力犯罪进行防卫。对此应注意以下几点：

(1)对于非暴力犯罪以及作为一般违法行为的暴力行为，不适用上述规定。

(2)对于轻微暴力犯罪或者一般暴力犯罪，不适用上述规定。只有对严重危及人身安全的暴力犯罪进行正当防卫，才没有防卫过当的问题。

(3)只有当上述暴力犯罪严重危及人身安全时，才适用上述规定。例如，对于采取不会造成他人伤亡的一般麻醉方法进行抢劫的不法侵害进行防卫的，就不能适用上述规定。

(4)严重危及人身安全的暴力犯罪，也并不限于刑法条文所列举的上述犯罪，还包括其他与杀人、抢劫、强奸、绑架行为相当，并具有致人重伤或者死亡的紧迫危险和现实可能的暴力犯罪，如抢劫枪支弹药、劫持航空器等。

(5)在严重危及人身安全的暴力犯罪已经结束后，行为人将不法侵害人杀死、杀伤的，不适用上述规定。例如，甲使用严重暴力抢劫乙的财物，乙进行防卫已经制止了甲的抢劫行为。在这种情况下，乙不得继续"防卫"造成甲的伤亡，否则属于事后防卫。

(6)准确理解和把握"行凶"。"行凶"一般是指杀人与伤害的界限不清的暴力犯罪。根据《刑法》第20条第3款的规定和相关司法解释，下列行为应当认定为“行凶”：使用致命性凶器，严重危及他人人身安全的；未使用凶器或者未使用致命性凶器，但是根据不法侵害的人数、打击部位和力度等情况，确已严重危及他人人身安全的。虽然尚未造成实际损害，但已对人身安全造成严重、紧迫危险的，可以认定为“行凶”。

考点10 紧急避险

【大纲要求解读】大纲要求**理解**紧急避险的本质、成立条件，**熟悉并能够运用**避险过当的刑事责任。

【命题要点归纳】

1. 概念：指在法律所保护的权益遇到危险而不可能采用其他措施加以避免时，不得已而采用的损害另一个较小的权益以保护较大的权益免遭损害的行为。

2. 紧急避险的成立条件：(1)避险起因；(2)避险对象；(3)避险意图；(4)避险时间；(5)避险可行性；(6)避险限度。

3. 避险过当的处罚：《刑法》第21条第2款规定，紧急避险超过必要限度造成不应有的损害的，应当负刑事责任，但是应当减轻或者免除处罚。

| 考点扩展 |

其他犯罪排除事由包括：法令行为、正当业务行为、被害人承诺、自救行为。

考点11 犯罪预备

【大纲要求解读】大纲要求**熟悉并能够运用**犯罪预备的成立条件，**理解**犯罪预备的刑事责任。

【命题要点归纳】

1. 概念：为了犯罪，准备工具、制造条件的，是犯罪预备。

2. 犯罪预备的特征：(1)主观上为了犯罪，既包括为自己实行犯罪，也包括为他人实行犯罪；(2)客观上实施了犯罪预备行为；(3)事实上未能着手实行犯罪；(4)未能着手实行犯罪是由于行为人意志以外的原因。

3. 犯罪预备的类型：(1)自己预备犯罪与他人预备罪；(2)从属预备罪与独立预备罪。如《刑法》第120条之二将原本是恐怖活动的预备行为，规定为独立的准备实施恐怖活动罪，就是典型的独立预备罪。

4. 犯罪预备的刑事责任：对于预备犯，可以比照既遂犯从轻、减轻或者免除处罚。

考点12 犯罪未遂

【大纲要求解读】大纲要求**熟悉并能够运用**犯罪未遂的成立条件，**理解**犯罪未遂的刑事责任。

【命题要点归纳】

1. 概念：已经着手实行犯罪，由于犯罪分子意志以外的原因而未得逞的，是犯罪未遂。

2. 犯罪未遂的特征：(1)已经着手实行犯罪。我国刑法理论认为，实行行为是刑法分则所规定的具体犯罪构成要件的行为，着手意味着开始实施刑法分则所规定的具体犯罪构成要件的行为；(2)犯罪未得逞；(3)犯罪未得逞是由于犯罪分子意志以外的原因。

3. 犯罪未遂的类型：(1)实行终了的未遂与未实行终了的未遂；(2)能犯未遂与不能犯未遂。能犯未遂是指犯罪人所实施的行为本身可能达到既遂，但由于犯罪人意志以外的原因而未能得逞。不能犯未遂是指犯罪人所实施的行为本身就不可能达到既遂因而未得逞。其中，不能犯未遂又可以分为对象不能犯未遂与手段不能犯未遂。

4. 犯罪未遂的刑事责任：对于未遂犯，可以比照既遂犯从轻或者减轻处罚。

考点13 犯罪中止

【大纲要求解读】大纲要求**熟悉并能够运用**犯罪中止的成立条件,**理解**犯罪中止的刑事责任。

【命题要点归纳】

1. 概念:在犯罪过程中,自动放弃犯罪或者自动有效地防止犯罪结果发生的,是犯罪中止。其存在两种情况:在犯罪预备阶段或者在实行行为还没有实行终了的情况下,自动放弃犯罪;在实行行为实行终了的情况下,自动有效地防止犯罪结果的发生。

2. 中止犯的特征:

(1)中止的时间性:中止必须发生在"犯罪过程中"。

(2)中止的自动性:成立犯罪中止,要求行为人"自动"放弃犯罪或者"自动"有效地防止犯罪结果发生。

(3)中止的客观性:中止不只是一种内心状态的转变,还要求客观上有中止行为。

(4)中止的有效性:不管是哪一种中止,都必须是没有发生作为既遂标志的犯罪结果。行为人虽然自动放弃犯罪或者自动采取措施防止结果发生,但如果发生了作为既遂标志的犯罪结果,就不成立犯罪中止。

3. 中止犯的刑事责任:对于中止犯,没有造成损害的,应当免除处罚;造成损害的,应当减轻处罚。

考点14 共同犯罪概述

【大纲要求解读】大纲要求**理解**共同犯罪的概念及其与犯罪构成的关系,共同犯罪的成立条件,共犯人的分类;**熟悉并能够运用**共同犯罪的法律规定与共同犯罪理论。

【命题要点归纳】

1. 共同犯罪的成立条件:(1)必须二人以上;(2)必须有共同故意;(3)必须有共同行为。

2. 共犯人的分类及其刑事责任:

(1)主犯:组织、领导犯罪集团进行犯罪活动的犯罪分子,即犯罪集团中的首要分子、其他在共同犯罪中起主要作用的犯罪分子。首要分子分为犯罪集团中的首要分子和聚众犯罪中的首要分子。但犯罪集团中的主犯不一定是首要分子,除了首要分子是主犯外,其他起主要作用的犯罪分子也是主犯。

对于组织、领导犯罪集团进行犯罪活动的首要分子,按照集团所犯的全部罪行处罚。

(2)从犯:在共同犯罪中起次要或者辅助作用的人,从犯包括在共同犯罪中起次要作用的犯罪分子和在共同犯罪中起辅助作用的犯罪分子,即为共同犯罪提供有利条件的犯罪分子,通常是指帮助犯。

从犯也应对自己参与的全部犯罪承担刑事责任,但根据《刑法》第 27 条第 2 款的规定,对于从犯,应当从轻、减轻或者免除处罚。

(3)胁从犯:被胁迫参加犯罪的人,即在他人威胁下不完全自愿地参加共同犯罪,并且在共同犯罪中起较小作用的人。如果行为人起先是因为被胁迫而参加共同犯罪,但后来发生变化,积极主动实施犯罪行为,在共同犯罪中起主要作用,则不宜认定为胁从犯。

胁从犯应当按照他的犯罪情节减轻处罚或者免除处罚。

(4)教唆犯:以授意、怂恿、劝说、利诱或者其他方法故意唆使他人犯罪的人。

教唆他人犯罪的,应当按照他在共同犯罪中所起的作用处罚,即在教唆犯与被教唆的人构成共同犯罪的情况下,以及被教唆的人虽然没有犯被教唆的罪,但在二人以上共同故意教唆他人犯罪因而构成共同犯罪的情况下,对于教唆犯应当按照其在共同犯罪中所起的主次作用来处罚。如果起主要作用,就按主犯处罚;如果起次要作用,则按从犯从轻、减轻或者免除处罚。教唆不满 18 周岁的人犯罪的，应当从重处罚。如果被教唆的人没有犯被教唆的罪，对于教唆犯可以从轻或者减轻处罚。

｜考点扩展｜

1. 教唆犯的成立条件：教唆犯所教唆的对象必须是达到刑事责任年龄、具有刑事责任能力的人；必须有教唆行为；必须有教唆故意。

2. 教唆犯的认定：

(1)按照刑法理论，对于教唆犯，应当按照教唆行为所符合的犯罪构成定罪，而不能笼统地定为教唆罪。如果被教唆的人对被教唆的罪理解错误，实施了其他犯罪，或者在犯罪时超出了被教唆之罪的范围，教唆犯只对自己所教唆的犯罪承担刑事责任。

(2)对于间接教唆的也应按教唆犯处罚。间接教唆是指教唆教唆者的情况。如甲教唆乙，(让)乙教唆丙实施抢劫罪，甲的行为便是间接教唆。对于间接教唆，也应按教唆犯处罚，即按照所教唆的罪定罪。因为"教唆他人犯罪的"是教唆犯，教唆行为本身也是犯罪行为，故教唆他人实施教唆犯罪的，仍然是教唆犯。

(3)当刑法分则条文将教唆他人实施特定犯罪的行为规定为独立犯罪时，对教唆者不能依所教唆的罪定罪，而应直接依照刑法分则的规定定罪，不再适用刑法总则关于教唆犯的规定。

考点15 共同犯罪与犯罪形态

【大纲要求解读】大纲要求**理解**共同犯罪的不同形态，**熟悉并能够运用**共同犯罪的法律规定与共同犯罪理论。

【命题要点归纳】

1. 基于"部分行为承担全部责任"的共犯处理原则，一人既遂，全体既遂。如果共犯人中的一人着手实行犯罪，其他共犯人不可能成立犯罪预备。

2. 共同正犯已经着手实行犯罪，由于意志以外的原因而未得逞的，就是共同正犯的未遂。

3. 就共同正犯而言，当所有正犯都自动中止犯罪时，均成立中止犯。共同正犯中的一部分正犯自动停止犯罪，并阻止其他正犯实行犯罪或防止结果发生时，这部分正犯就是中止犯；其他没有自动中止意图与中止行为的正犯，则是未遂犯。如果共同正犯中的一部分正犯中止自己的行为，但其他正犯的行为导致结果发生时，均不成立中止犯，而是均成立既遂犯。

4. 教唆犯、帮助犯自动中止教唆行为、帮助行为，并阻止实行犯的行为或者结果时，成立教唆犯、帮助犯的中止犯，实行犯是未遂犯。如果实行犯自动中止犯罪，对于教唆犯、帮助犯来说属于意志以外的原因时，实行犯是中止犯，教唆犯、帮助犯是未遂犯。

考点16 单位犯罪的定罪

【大纲要求解读】大纲要求**理解**单位犯罪的概念，单位犯罪的定罪与处罚；**熟悉并能够运用**单位犯罪的判断及处罚。

【命题要点归纳】

1. 主体要件：公司、企业、事业单位、机关、团体。公司、企业、事业单位，既包括国有、集体所有的公司、企业、事业单位，也包括依法设立的合资经营、合作经营企业和具有法人资格的独资、私营等公司、企业、事业单位。个人为进行犯罪违法活动而设立的公司、企业、事业单位实施犯罪的，或者公司、企业、事业单位设立后，以实施犯罪为主要活动的，不以单位犯罪论处。符合我国法人资格条件的外国公司、企业、事业单位，在我国领域内实施危害社会的行为，依照我国《刑法》构成犯罪的，应当依照我国《刑法》关于单位犯罪的规定追究刑事责任。

2. 客观要件：纯正的单位犯罪，是指只能由单位构成的犯罪。不纯正的单位犯罪是指单位和自然人都能构成的犯罪。要将一定的行为及其结果，认定为单位的行为及其结果，就要求该行为由单位的决策机构按照单位的决策程序决定,并由直接责任人员实施。注意,自然人以单位名义实施的犯罪,既不符合单位犯罪的主体条件,也不符合单位犯罪的客观要件。

3. 主观要件:认定单位犯罪的故意,要求单位的决策机构按照单位的决策程序作出了故意犯罪的决定。认定单位犯罪的过失,也要求构成过失犯罪的行为本身,是由单位的决策机构按照单位的决策程序作出的。

| 考点扩展 |

单位犯罪的处罚原则:以双罚制为原则、单罚制为例外。双罚制,是指除处罚单位本身外,还要处罚单位直接负责的主管人员和其他直接责任人员。单罚制,是指刑法规定只处罚直接责任人员,而不处罚单位本身。

考点17 区分罪数的标准

【大纲要求解读】大纲要求**理解**区分罪数的意义,罪数的区分标准与区分方法。

【命题要点归纳】

1. 区分标准:通常采取犯罪构成说,即行为符合一个犯罪构成的就是一罪,行为符合数个犯罪构成的就是数罪,行为数次符合同一个犯罪构成的也是数罪。

2. 特殊规定:《刑法》第196条第3款规定,盗窃他人信用卡并使用的,以盗窃罪论处。因此,不能将这种行为认定为盗窃罪与信用卡诈骗罪。再如,《刑法》第198条规定,行为人故意造成财产损失的保险事故或者被保险人死亡、伤残、疾病,骗取保险金的,依照数罪并罚的规定处理,故不能将这种行为从一重罪处罚。又如,《刑法》第399条规定,司法工作人员贪赃枉法,同时触犯受贿罪与徇私枉法、民事、行政枉法裁判等罪的,依照处罚较重的规定定罪处罚,而不能实行数罪并罚。

考点18 想象竞合犯

【大纲要求解读】大纲要求**熟悉并能够运用**实质的一罪、法定的一罪、处断的一罪中各种具体罪数形态的特征与处理原则。重点掌握想象竞合犯的特征,并且熟悉刑法中常见的想象竞合犯。

【命题要点归纳】

1. 想象竞合犯:也称为想象的数罪、观念的竞合、一行为数罪,是指一个行为触犯了数个罪名的情况,属于实质的一罪。

2. 想象竞合犯的特征:

(1)行为人只实施了一个行为。所谓一个行为,不是从构成要件的评价上看是一个行为,而是基于自然的观察,在社会的一般观念上被认为是一个行为。

(2)一个行为必须触犯数个罪名,即在犯罪构成的评价上,该行为符合数个犯罪构成。

3. 想象竞合犯的处理原则:从一重罪论处,而不以数罪论处。

考点19 结果加重犯

【大纲要求解读】大纲要求**熟悉并能够运用**实质的一罪中各种具体罪数形态的特征与处理原则。重点掌握结果加重犯的特征,并且熟悉刑法中常见的结果加重犯。

【命题要点归纳】

1. 结果加重犯:指法律规定的一个犯罪行为(基本犯罪),由于发生了严重结果而加重其法定刑的情况,属于实质的一罪。

2. 结果加重犯的特征:

(1)行为人实施了基本犯罪行为,但造成了加重结果;(2)行为人对基本犯罪一般持故意,对加重结果至少有过失;(3)刑法就发生的加重结果加重了法定刑。如果刑法没有加重法定刑,结果再严重也不是结果加重犯。如强制猥亵、侮辱妇女致其重伤的,因刑法没有加重法定刑,故不是结果加重犯。

3. 结果加重犯的处理原则:只能认定为一罪,并且根据加重的法定刑量刑。

考点20 结合犯

【大纲要求解读】大纲要求**熟悉并能够运用**法定的一罪中各种具体罪数形态的特征与处理原则。重点掌握结合犯的概念和特征,熟悉刑法分则中典型的结合犯的罪名。

【命题要点归纳】

1. 结合犯:指数个原本独立的犯罪行为,根据刑法分则的明文规定,结合成为另一独立的新罪的情况,属于法定的一罪。

2. 结合犯的特征:

(1)结合犯所结合的数罪,原本为刑法上数个独立的犯罪。

(2)典型的结合犯是将数个原本独立的犯罪,结合成为另一个独立的新罪。刑法中将数个独立的犯罪结合成为其中的一个罪的,也可谓结合犯。如刑法规定,绑架他人并杀害被绑架人的,仍以绑架罪论处。

对于结合犯,当然以所结合的新罪论处,即以一罪论处,而不能以数罪论处。

考点21 集合犯

【大纲要求解读】大纲要求**熟悉并能够运用**集合犯的特征与处理原则,主要掌握集合犯的三种类型。

【命题要点归纳】

1. 集合犯:指犯罪构成预定了数个同种类的行为的犯罪。一般认为,包括常习犯、职业犯与营业犯。

(1)常习犯:犯罪构成预定具有常习性的行为人反复多次实施行为的,称为常习犯。我国刑法没有规定常习犯。

(2)职业犯:犯罪构成预定将一定的犯罪行为作为职业或业务反复实施的,称为职业犯,如《刑法》第 336 条规定的非法行医罪。

(3)营业犯:犯罪构成预定以营利为目的反复实施一定犯罪的,称为营业犯,如《刑法》第 303 条所规定的"以赌博为业的"行为,就属于营业犯。

2. 区分:营业犯与职业犯的关键区别在于,刑法是否要求行为人主观上出于营利目的,要求具有营利目的的,属于营业犯;不要求具有营利目的的,属于职业犯。

考点22 吸收犯

【大纲要求解读】大纲要求**熟悉并能够运用**吸收犯的特征与处理原则。重点掌握吸收犯的认定和吸收犯与不可罚的事后行为的区分。

【命题要点归纳】

1. 吸收犯:指事实上存在数个不同的行为,其中一行为吸收其他行为,仅成立吸收行为一个罪名的犯罪。吸收犯是处断的一罪。

2. 吸收犯的特征:

(1)具有数个独立的符合构成要件的犯罪行为。

(2)数个行为必须触犯不同罪名。如果数个行为触犯同一罪名,则不可能是吸收犯,而可能是连续犯。

(3)数个行为之间具有吸收关系,即前行为是后行为发展的所经阶段,后行为是前行为发展的当然结果。吸收犯的吸收关系有三种情况：

①重行为吸收轻行为；

②针对同一客体的犯罪的，实行行为吸收预备行为；

③主行为吸收从行为。

3. 吸收犯的处理原则：只能以一罪论处，不能认定为数罪。

考点23 牵连犯

【大纲要求解读】大纲要求**熟悉并能够运用**牵连犯的特征与处理原则。

【命题要点归纳】

1. 牵连犯：指以实施某一犯罪为目的，其方法行为或结果行为又触犯其他罪名的犯罪形态。

2. 牵连犯的特征：

(1)以实施一个犯罪为目的；

(2)行为人必须实施了数行为，且数行为之间存在手段行为与目的行为、原因行为与结果行为的牵连关系；

(3)在目的行为或者原因行为触犯了一个罪名的情况下，手段行为或者结果行为又触犯了另一个罪名。

3. 牵连犯的处理原则：牵连犯一般情况下从一重罪处罚。

考点24 无期徒刑

【大纲要求解读】大纲要求**熟悉并能够运用**无期徒刑的适用条件及刑期计算。

【命题要点归纳】

1. 适用条件：由于对未成年人不得适用死刑，所以，未成年人犯罪只有罪行极其严重的，才可以适用无期徒刑。根据司法解释，对已满14周岁不满16周岁的犯罪分子，一般不判处无期徒刑。

2. 刑期计算：根据刑法有关减刑和假释的规定，被判处无期徒刑的犯罪分子在执行期间，认罪服法，接受教育、改造，确有悔改或者立功表现的，可获得减刑（由无期徒刑减为有期徒刑）；如果实际执行13年以上，还可以获得假释，但累犯以及因杀人、爆炸、抢劫、强奸、绑架等暴力犯罪被判处无期徒刑的犯罪分子除外。在司法实践中，大多数被判处无期徒刑的犯罪分子，经过一段时间的改造，依法被减为有期徒刑，有的还得到假释。无期徒刑减为有期徒刑的，刑期从人民法院裁定减刑之日起计算。

| 考点扩展 |

由于无期徒刑是剥夺终身自由，故判决确定前的羁押时间不可能折抵刑期。对于判处无期徒刑的犯罪分子，应当附加剥夺政治权利终身。

考点25 死刑

【大纲要求解读】大纲要求**熟悉并能够运用**死刑的适用条件及刑期计算。

【命题要点归纳】

1. 死刑的适用：死刑只适用于罪行极其严重的犯罪分子。犯罪的时候不满18周岁的人和审判的时候怀孕的妇女，不适用死刑；审判的时候已满75周岁的人，不适用死刑，但以特别残忍手段致人死亡的除外。

2. 死缓期满后的处理：

(1)在死刑缓期执行期间，如果没有故意犯罪，2年期满后，减为无期徒刑。

(2)在死刑缓期执行期间，如果确有重大立功表现，2年期满后，减为25年有期徒刑。

(3)在死刑缓期执行期间,如果故意犯罪,情节恶劣的,由最高人民法院核准,执行死刑。这里的"故意犯罪",需要经过法院的审判才能确定。

(4)在死刑缓期执行期间,故意犯罪未执行死刑的,死刑缓期执行的期间重新计算,并报最高人民法院备案。

考点26 非刑罚处罚措施

【大纲要求解读】大纲要求**理解**非刑罚惩罚措施的种类。

【命题要点归纳】

非刑罚处罚措施的适用前提是对罪犯免予刑事处罚。所谓免予刑事处罚,是指对犯罪情节轻微不需要判处刑罚的行为作有罪宣告,但对行为人不给予刑罚处罚。根据我国《刑法》第 37 条的规定,非刑罚处罚措施主要包括以下类型:

1. 教育措施:

(1)训诫:人民法院以口头的方式对犯罪人当庭公开批评、遣责和训教,责令其改正,不再犯罪的教育方法。训诫多以口头方式进行。对于训诫,记录在案即可,可不载于判决书中。

(2)具结悔过:人民法院责令犯罪人用书面方式保证悔过,以后不再重新犯罪的教育方法。悔罪书应当庭宣读。

(3)赔礼道歉:人民法院责令犯罪人公开向被害人当面承认罪行,表示歉意,请求谅解的教育方法。这种非刑罚处罚措施,具有教育罪犯和安抚被害人的双重功能。

2. 民事处罚措施:责令赔偿损失,是民事性质的非刑罚处罚措施,是指人民法院对免予刑事处罚的犯罪人,责令其向被害人支付一定数额的金钱的处理方法。

3. 行政处罚措施:

(1)行政处罚:人民法院根据案件的情况,向特定的主管部门提出司法建议,由主管部门给予犯罪人行政制裁的方法。

(2)行政处分:人民法院根据案件的情况,向特定的主管部门提出司法建议,由主管部门给予犯罪人内部纪律处分的行政惩戒措施。

4. 从业禁止:《刑法修正案(九)》规定,因利用职业便利实施犯罪,或者实施违背职业要求的特定义务的犯罪被判处刑罚的,人民法院可以根据犯罪情况和预防再犯罪的需要,禁止其自刑罚执行完毕之日或者假释之日起从事相关职业,期限为 3 年至 5 年。被禁止从事相关职业的人违反人民法院作出的从业禁止决定的,由公安机关依法给予处罚;情节严重的,依照《刑法》第 313 条的规定定罪处罚。适用从业禁止的条件是:

(1)因利用职业便利实施犯罪,或者实施违背职业要求的特定义务的犯罪被判处刑罚;

(2)根据犯罪情况,在刑罚执行完毕或者假释后仍有预防犯罪分子再犯罪的需要。当然,如果其他法律、行政法规对其从事相关职业另有禁止或者限制性规定的,从其规定。从业禁止的期限为 3 年至 5 年,自刑罚执行完毕之日或者假释之日起开始计算。如果其他法律、行政法规对从业禁止的期限另有规定的,人民法院应当根据其他法律、行政法规规定宣告从业禁止的时间。

考点27 累犯

【大纲要求解读】大纲要求**熟悉并能够运用**累犯的成立条件及其法律效果。重点掌握一般累犯与特别累犯的成立条件,并能够判断。

【命题要点归纳】

1. 一般累犯的成立条件。

(1)罪过条件:前罪与后罪都是故意犯罪。

(2)刑度条件:前罪被判处有期徒刑以上刑罚,后罪应当被判处有期徒刑以上刑罚。

(3)时间条件:后罪发生在前罪的刑罚执行完毕或者赦免以后5年之内。这里的“刑罚执行完毕”,一般认为是指主刑执行完毕,不包括附加刑在内。注意,如果前罪因适用假释而执行完毕的,5年的期间应当从假释期满之日起计算,而非从假释之日起计算。

(4)年龄条件:不满18周岁的人犯罪的,不成立累犯。这说明,累犯必须是前后两次犯罪都已满18周岁的人。因此,以下两种情形都不成立累犯:

①行为人前后两次犯罪都不满18周岁的;

②行为人第一次犯罪时未满18周岁,第二次犯罪时已满18周岁的。换言之,行为人的前后两罪中,只要犯其中一罪时不满18周岁的,就不成立累犯。

2. 特别累犯的成立条件:成立特别累犯要求行为人所犯的前后两个罪是危害国家安全犯罪、恐怖活动犯罪、黑社会性质的组织犯罪。刑罚执行完毕或者赦免以后再犯罪,前后两罪不受刑罚的种类和轻重的限制,也不受相隔时间的限制。前后罪的主体不要求是已满18周岁的人。

3. 累犯的处罚:对累犯“应当”从重处罚,而不是“可以”从重处罚,对累犯不适用缓刑,对累犯不得假释。在最近两次的特赦中,对累犯也不得特赦。对被判处死刑缓期执行的累犯,人民法院根据犯罪情节等情况可以同时决定对其限制减刑。

考点28 自首

【大纲要求解读】大纲要求**熟悉并能够运用**自首的成立条件及其法律效果。重点掌握一般自首与特别自首的成立条件,并能够判断。

【命题要点归纳】

1. 一般自首的成立条件:

(1)自动投案:

①自动投案须发生在尚未归案之前;②自动投案必须有实际行动;③自动投案必须是基于犯罪分子本人的自愿意志;④自行投于有关机关或个人;⑤承认自己所犯的特定之罪;⑥必须置于有关机关或个人的控制之下并等待交代犯罪事实。

(2)如实供述自己的罪行:

①如实供述自己的罪行,指的是主要犯罪事实,而不是指犯罪的全部事实细节;

②如实供述自己的罪行,除供述自己的主要犯罪事实外,还应包括姓名、年龄、职业、住址、前科等情况。犯罪嫌疑人供述的身份等情况与真实情况虽有差别,但不影响定罪量刑的,应认定为如实供述自己的罪行;

③犯罪嫌疑人多次实施同种罪行的,应当综合考虑已交代的犯罪事实与未交代的犯罪事实的危害程度,决定是否认定为如实供述主要犯罪事实。

2. 特别自首的成立条件:

(1)特别自首的主体必须是被采取强制措施的犯罪嫌疑人、被告人和正在服刑的罪犯。

(2)必须如实供述办案机关还未掌握的本人其他罪行,即在犯罪性质或者罪名上与办案机关已经掌握的罪行不同。

3. 自首的处罚:对于自首的犯罪分子,可以从轻或者减轻处罚。其中,犯罪较轻的,可以免除处罚。

考点29 立功

【大纲要求解读】大纲要求**熟悉并能够运用**立功的成立条件及其法律效果。熟悉一般立功的认定,并能够判断。

【命题要点归纳】

1. 一般立功的认定:

(1)犯罪分子揭发他人的犯罪行为,并经查证属实的;

(2)犯罪分子提供重要线索,使办案机关从而得以侦破其他案件的。

2.不能认定为立功的情形:

(1)本人通过非法手段或者非法途径获取的;

(2)本人因原担任的查禁犯罪等职务获取的;

(3)他人违反监管规定向犯罪分子提供的;

(4)负有查禁犯罪活动职责的国家机关工作人员或者其他国家工作人员利用职务便利提供的。

3.立功后的从宽处罚:

(1)犯罪分子有一般立功表现的,可以从轻或者减轻处罚;

(2)有重大立功表现的,可以减轻或者免除处罚。

考点30 数罪并罚制度

【大纲要求解读】大纲要求**熟悉并能够运用**数罪并罚的具体运用。重点掌握数罪并罚的方法。

【命题要点归纳】

1.判决宣告前一人犯数罪的并罚:除判处死刑和无期徒刑的以外,应当在总和刑期以下、数刑中最高刑期以上,酌情决定执行的刑期,但是管制最高不能超过3年,拘役最高不能超过1年,有期徒刑总和刑期不满35年的,最高不能超过20年,总和刑期在35年以上的,最高不能超过25年。对判处死刑或无期徒刑的,采取吸收原则。数罪中宣告几个死刑或最重刑为死刑的,仅应决定执行一个死刑,而不得决定执行两个以上的死刑或其他主刑;数罪中宣告几个无期徒刑或最重为无期徒刑的,执行一个无期徒刑,不执行其他刑罚。根据《刑法修正案(九)》第4条规定,数罪中有判处有期徒刑和拘役的,仅执行有期徒刑,立法上采用的也是吸收原则。数罪中有判处附加刑的,附加刑仍须执行,其中附加刑种类相同的,合并执行,种类不同的,分别执行。

2.判决宣告后发现漏罪的并罚:“先并后减”。

3.判决宣告后又犯新罪的并罚:“先减后并”。

考点31 缓刑制度

【大纲要求解读】大纲要求**理解**缓刑的概念具体内容,**熟悉并能够运用**缓刑的成立条件及其法律效果。重点理解缓刑的适用条件、缓刑的考验期限以及缓刑的撤销,熟悉累犯和缓刑的关系。

【命题要点归纳】

1.缓刑的概念:对于判处拘役、3年以下有期徒刑的犯罪分子,根据其犯罪情节和悔罪表现,如果暂缓执行刑罚没有再犯罪的危险,对所居住社区没有重大不良影响的,就规定一定的考验期限,暂缓刑罚的执行;在考验期内,如果遵守一定条件,原判刑罚就不再执行的一项制度。

2.缓刑的适用条件:

(1)对象条件:对于判处拘役、3年以下有期徒刑的犯罪分子,可以宣告缓刑;对其中不满18周岁的人、怀孕的妇女和已满75周岁的人,应当宣告缓刑;

(2)根本性条件:犯罪情节较轻,有悔罪表现,无再犯可能性,宣告缓刑对所居住社区没有重大不良影响;

(3)限制性条件:对于累犯和犯罪集团的首要分子,不适用缓刑。

3.宣告缓刑,可以根据犯罪情况,同时禁止犯罪分子在缓刑考验期限内从事特定活动,进入特定区域、场所,接触特定的人。

4.缓刑的考验期限与考察:参见《刑法》第73条规定;《刑法》第72条第2款、第75条、第76条规定。

5.缓刑考验期满与撤销:缓刑考验期满,原判的刑罚就不再执行,并公开予以宣告;参见《刑法》

第69条、第76条、第77条的规定。

考点32 减刑制度

【大纲要求解读】大纲要求**理解**减刑的概念、程序、限度与幅度；**熟悉并能够运用**减刑的条件。重点掌握减刑的对象和减刑的实质条件、减刑后实际执行的刑期、减刑的具体程序和减刑后刑期计算方法。

【命题要点归纳】

1. 减刑的对象：管制、拘役、有期徒刑和无期徒刑。对死缓依法减为无期徒刑或有期徒刑的，不是《刑法》第78条规定的减刑。附加刑的减轻也不是《刑法》第78条规定的减刑。减刑不同于改判。

2. 减刑实质条件：

(1) 可以减刑的实质条件：犯罪分子在刑罚执行期间，认真遵守监规，接受教育改造，确有悔改表现；或者有立功表现。

(2) 应当减刑的实质条件：犯罪分子在刑罚执行期间，有"重大立功表现"。

3. 减刑的限度与幅度：

(1) 管制、拘役、有期徒刑减刑后，实际执行的刑期不能少于原判刑期的1/2。

(2) 无期徒刑，经过一次或几次减刑，实际执行的刑期不能少于13年。对上述规定罪犯有重大立功表现的，可以不受减刑起始时间和间隔时间的限制。

(3) 对被判处死刑缓期执行的累犯以及因故意杀人、强奸、抢劫、绑架、放火、爆炸、投放危险物质或者有组织的暴力性犯罪被限制减刑的，缓刑执行期满后依法减为无期徒刑的，实际执行的刑期不能少于25年；缓刑执行期满后依法减为25年有期徒刑的，实际执行的刑期不能少于20年。

4. 减刑的程序：对于犯罪分子的减刑，由执行机关向中级以上人民法院提出减刑建议书。人民法院应当组成合议庭进行审理，对确有悔改或者立功事实的，裁定予以减刑。非经法定程序不得减刑。

5. 减刑后的刑期计算：

(1) 管制、拘役、有期徒刑的减刑，减刑后的刑期从"原判决执行之日起计算"，原判刑期已经执行的部分时间，应计算到减刑后的刑期以内。

(2) 无期徒刑减为有期徒刑的，有期徒刑的刑期从"裁定减刑之日"起计算。无期徒刑经过一次或几次减刑后，实际执行的刑期不得少于13年，"实际执行的刑期"的起始时间从无期徒刑判决确定之日起计算。

| 考点扩展 |

1. 减刑对象条件的限制：《刑法》第50条第2款对减刑的对象条件进行了限制，即对被判处死刑缓期执行的累犯以及因故意杀人、强奸、抢劫、绑架、放火、爆炸、投放危险物质或者有组织的暴力性犯罪被判处死刑缓期执行的犯罪分子，人民法院根据犯罪情节等情况可以同时决定对其限制减刑。对部分犯罪分子不得减刑。根据《刑法》第383、386条的规定，犯贪污罪、受贿罪的犯罪分子被判处死刑缓期执行，且人民法院根据犯罪情节等情况同时决定在其死刑缓期执行2年期满依法减为无期徒刑后，终身监禁的，不得减刑。

2. 减刑与改判的区别：改判是指原判决有错误，撤销原判决而重新作出判决；改判的结果是多种多样的。减刑并不改变原判决，而是在肯定原判决的基础上，基于法定原因将原判决的刑罚予以减轻。减刑与减轻处罚的区别则更为明显。

考点33 假释的概念

【大纲要求解读】大纲要求**理解**假释的概念，重在理解减刑与假释的区别。

【命题要点归纳】

1. 假释：对于被判处有期徒刑、无期徒刑的部分犯罪分子，在执行一定刑罚之后，确有悔改表现，不致再危害社会，附条件地予以提前释放的制度。

2. 假释与减刑的区别：

(1)假释适用于被判处有期徒刑或无期徒刑的犯罪分子，减刑适用于被判处管制、拘役、有期徒刑和无期徒刑的犯罪分子；

(2)假释只能适用1次，减刑可以适用多次；

(3)假释有考验期，存在撤销假释的问题，减刑没有考验期，减刑后不存在撤销的问题；

(4)假释的直接结果是提前释放犯罪分子，减刑的直接结果只是减轻原判刑罚。

考点34 假释制度

【大纲要求解读】大纲要求**理解**假释的条件、假释的程序；**熟悉并能够运用**假释的条件、假释的考验期限、假释的撤销条件。

【命题要点归纳】

1. 假释的条件：

(1)对象条件：假释只适用于被判处有期徒刑、无期徒刑的犯罪分子。对累犯以及因故意杀人、强奸、抢劫、绑架、放火、爆炸、投放危险物质或者有组织的暴力性犯罪被判处10年以上有期徒刑、无期徒刑的犯罪分子，不得假释。根据《刑法》第383条第4款、第386条的规定，犯贪污罪、受贿罪的犯罪分子被判处死刑缓期执行，且人民法院根据犯罪情节等情况同时决定在其死刑缓期执行2年期满依法减为无期徒刑后，终身监禁的，不得假释。

(2)限制条件：被判处有期徒刑的犯罪分子，执行原判刑期1/2以上，被判处无期徒刑的犯罪分子，实际执行13年以上，才可以假释。如果有特殊情况，经最高人民法院核准，可以不受上述执行刑期的限制。这里的“特殊情况”，是指涉及与国家和社会利益有重要关系的情况。对于生效裁判中有财产性判项，罪犯确有履行能力而不履行或者不全部履行的，不予假释。

(3)实质条件：假释只适用于在刑罚执行期间，认真遵守监规、接受教育改造的、确有悔改表现、提前释放不致再危害社会的犯罪分子。

2. 假释的程序：根据《刑法》第82条的规定，对于犯罪分子假释的，由执行机关向中级以上人民法院提出假释建议书，人民法院应当组成合议庭进行审理，对符合假释条件的，裁定予以假释。非经法定程序不得假释。

3. 假释的考验期限：有期徒刑的假释考验期限为没有执行完毕的刑期，无期徒刑的假释考验期限为10年。假释考验期限，从假释之日起计算。假释考验期满，就认为原判刑罚已经执行完毕。

4. 假释的撤销：

(1)被假释的犯罪分子，在假释考验期限内犯新罪，应当撤销假释，按照《刑法》第71条规定的先减后并的方法实行并罚；

(2)在假释考验期限内，被假释的犯罪分子在判决宣告以前还有其他罪没有判决的，应当撤销假释，按照《刑法》第70条规定的先并后减的方法实行并罚；

(3)被假释的犯罪分子，在假释考验期限内，有违反法律、行政法规或者国务院有关部门关于假释的监督管理规定的行为，尚未构成新的犯罪的，应当撤销假释，收监执行未执行完毕的刑罚。

考点35 我国特赦制度的特点

【大纲要求解读】大纲要求**理解**我国特赦制度的特点。

【命题要点归纳】

1. 特赦时机：在国家重大纪念日进行特赦。与此相应，对中华人民共和国的诞生与建设作出过重要贡献的人员，是首要的特赦对象。

2. 特赦的范围：仅限于全国各地某类罪犯中的一部分人，主要是年满75周岁的老年人、犯罪时不满18周岁的人、有子女确需本人扶养的妇女以及其他宣告刑期或者剩余刑期较短的服刑罪犯。在刑事政策上属于严厉打击的犯罪分子，不予特赦。如在第九次特赦中，对于危害国家安全犯罪、恐怖活动犯罪、黑社会性质的组织犯罪、贩卖毒品犯罪、贪污受贿犯罪等犯罪的罪犯分子，不得特赦。

3. 特赦的条件：罪犯经过服刑改造，确已认罪悔改、改恶从善，经评估不再具有现实社会危险性。

4. 特赦的效力：只及于刑罚，不及于罪行。

5. 特赦的程序：由党中央提出建议，经全国人大常委会审议决定，由国家主席发布特赦令，对于符合特赦条件的服刑罪犯，经人民法院依法作出裁定后，予以释放。

考点36 以危险方法危害公共安全罪

【大纲要求解读】大纲要求**理解**以危险方法危害公共安全罪的概念，**熟悉并能够运用**本罪的认定以及与相关罪名的区分。

【命题要点归纳】

1. 概念：故意使用放火、决水、爆炸、投放危险物质以外的危险方法危害公共安全的行为。犯本罪的，应视具体情节，分别根据《刑法》第114条与第115条的规定处罚。

2. 本罪的犯罪构成：

(1)“以其他危险方法”仅限于与放火、决水、爆炸、投放危险物质相当的方法，而不是泛指任何具有危害公共安全性质的方法。如醉酒后驾驶机动车在高速公路上逆向高速行驶的行为，即使没有造成人员伤亡，也应适用《刑法》第114条。

(2)单纯造成多数人心理恐慌或者其他轻微后果，不足以造成《刑法》第114条、第115条第1款规定的具体的公共危险或者侵害结果的行为，不得认定为以危险方法危害公共安全罪。

(3)如果某种行为符合其他犯罪的构成要件，且符合罪刑相适应原则的，应尽量认定为其他犯罪，不宜认定为本罪。本罪主观上只能由故意构成。

考点37 投放危险物质罪

【大纲要求解读】大纲要求**理解**投放危险物质罪的概念，**熟悉并能够运用**本罪的认定以及与相关罪名的区分。

【命题要点归纳】

1. 概念：故意投放毒害性、放射性、传染病病原体等物质，危害公共安全的行为。犯本罪的，根据《刑法》第114条与第115条的规定处罚。

2. 犯罪构成：

(1)客观方面：①行为人投放的必须是毒害性、放射性、传染病病原体等危险物质，包括危险气体、液体、固体。②必须有投放行为。投放行为的主要方式：一是将危险物质投放于供不特定或多数人饮食的食品或饮料中；二是将危险物质投放于供人、畜等使用的河流、池塘、水井等中；三是释放危险物质，如将沙林、传染病病原体释放于一定场所。③投放危险物质的行为必须危害公共安全。

(2)主观方面：必须出于故意，行为人明知自己投放危险物质的行为会发生危害不特定或多数人的生命、健康或重大财产的结果，并且希望或者放任这种结果的发生。

| 考点扩展 |

投放危险物质罪与危险物品肇事罪的区别：

(1)客观方面不同：危险物品肇事罪是在生产、储存、运输、使用危险物品过程中，由于违反危险物品的管理规定而发生的重大事故；投放危险物质罪则没有任何条件的限制。

(2)犯罪主体不同：危险物品肇事罪的主体是特殊主体，投放危险物质罪的主体是一般主体。

(3)主观方面不同：危险物品肇事罪的主观方面是过失，投放危险物质罪的主观方面是故意。

考点38 交通肇事罪

【大纲要求解读】大纲要求**理解**交通肇事罪的概念，**熟悉并能够运用**本罪的认定以及与相关罪名的区分。

【命题要点归纳】

1. 概念：本罪是指违反交通运输管理法规，因而发生重大交通事故，致人重伤、死亡或者使公私财产遭受重大损失的行为。

2. 犯罪构成：

(1)犯罪客体：公共交通安全。

(2)客观方面：违反交通运输管理法规，因而发生重大交通事故，致人重伤、死亡或者使公私财产遭受重大损失的行为。

(3)犯罪主体：一般主体。从法律规定上看，本罪不属于身份犯。

(4)主观方面：过失。即应当预见自己违反交通运输管理法规的行为可能发生重大交通事故，因为疏忽大意而没有预见或者已经预见而轻信能够避免，以致发生这种结果。

3. 数罪的认定：在盗窃他人机动车过程中或者盗窃后，违反交通运输管理法规，造成交通事故，构成犯罪的，应当以交通肇事罪与盗窃罪实行并罚。先前的行为构成交通肇事罪，后来的行为构成以危险方法危害公共安全罪或者故意杀人等罪的，应当实行数罪并罚。

4. 共犯的认定：最高人民法院《关于审理交通肇事刑事案件具体应用法律若干问题的解释》(简称《交通案件解释》)第5条第2款规定："交通肇事后，单位主管人员、机动车辆所有人、承包人或者乘车人指使肇事人逃逸，致使被害人因得不到救助而死亡的，以交通肇事罪的共犯论处。"根据《刑法》第133条的规定，犯本罪的，处3年以下有期徒刑或者拘役；交通运输肇事后逃逸或者有其他特别恶劣情节的，处3年以上7年以下有期徒刑；因逃逸致人死亡的，处7年以上有期徒刑。《交通案件解释》指出，"交通运输肇事后逃逸"，是指行为人在发生了构成交通肇事罪的交通事故后，为逃避法律追究而逃跑的行为。交通肇事具有下列情形之一的，属于"其他特别恶劣情节"：

(1)死亡2人以上或者重伤5人以上，负事故全部或者主要责任的。

(2)死亡6人以上，负事故同等责任的。

(3)造成公共财产或者他人财产直接损失，负事故全部或者主要责任，无能力赔偿数额在60万元以上的。

司法解释将交通运输肇事后"逃逸"解释为"为逃避法律追究而逃跑"，但理论上对此还有不同看法。

| 考点扩展 |

交通肇事罪与(过失)以危险方法危害公共安全罪的关系：

(1)从客观方面来说，交通肇事罪与(过失)以危险方法危害公共安全罪不是对立关系。只要行为违反交通运输管理法规，造成了伤亡实害结果，行为人对伤亡实害结果具有过失，就成立交通肇事罪；但是，倘若行为人违反交通运输管理法规的驾驶行为，产生了与放火、爆炸、投放危险物质相当的具体的公共危险，且行为人对具体的公共危险具有故意，就不能仅认定为交通肇事罪，而应认定为以危险方法危害公共安全罪。所以，(过失)以危险方法危害公共安全罪的成立，并不是对交通肇事罪的否定。

(2)从罪过形式来说，虽然交通肇事罪是过失犯罪，以危险方法危害公共安全罪是故意犯罪，但二者不是对立关系，而是高低度关系。据此，可以得出如下结论：①行为人实施高度危险驾驶行为，对具体的公共危险与伤亡的实害结果仅有过失时，可能同时触犯交通肇事罪与过失以危险方法危害公共安全罪。例如,行为人应当预见到刹车存在缺陷,仍然以危险的高速度驾驶车辆的,属于一个行为同时触犯交通肇事罪与(过失)以危险方法危害公共安全罪,一般宜认定为交通肇事罪。②行为人实施高度危险驾驶行为,客观上存在与放火、爆炸、投放危险物质相当的具体的公共危险,行为人对具体的公共危险具有认识和希望或放任态度,但对已经发生的伤亡实害结果仅有过失的,同时触犯交通肇事罪与以危险方法危害公共安全罪,应当认定为以危险方法危害公共安全罪。概言之,任何危险驾驶行为,凡是造成伤亡实害结果的,只要不是意外事件,首先成立交通肇事罪;在此前提下,还需要作出进一步的判断:其一,行为是否已经产生了与放火、爆炸、投放危险物质相当的具体的公共危险,行为人对具体的公共危险是否具有故意,如得出肯定结论,就应认定为以危险方法危害公共安全罪;其二,在行为产生了与放火、爆炸、投放危险物质相当的具体的公共危险且发生了伤亡实害结果的前提下,如果行为人对伤亡实害结果持过失,则是过失的结果加重犯,适用《刑法》第 115 条第 1 款;如果行为人对伤亡实害结果有故意,则是结果犯(也可能被人们认定为故意的结果加重犯),依然适用《刑法》第 115 条第 1 款;不过,对二者的量刑是应当有区别的。下列行为不可能成立以危险方法危害公共安全罪,但在发生伤亡实害结果的情况下,能成立交通肇事罪:行为违反交通运输法规,虽然具有公共危险,但不具有与放火、爆炸、投放危险物质相当的具体的公共危险;行为虽然具有与放火、爆炸、投放危险物质相当的具体的公共危险,但行为人对该具体的公共危险仅有过失。

考点39 危险驾驶罪

【大纲要求解读】大纲要求**理解**危险驾驶罪的概念,**熟悉并能够运用**本罪的认定以及与相关罪名的区分。

【命题要点归纳】

1. 概念:本罪是指在道路上驾驶机动车追逐竞驶,情节恶劣;或者在道路上醉酒驾驶机动车,以及从事校车业务或者旅客运输,严重超过额定乘员载客或者严重超过规定时速行驶;或者违反危险化学品安全管理规定运输危险化学品,危及公共安全的行为,本罪分为四个类型:

(1)追逐竞驶:行为人在道路上高速、超速行驶,随意追逐、超越其他车辆,频繁、突然并线,近距离驶入其他车辆之前的危险驾驶行为。本罪不要求行为发生在公共道路(公路)上,只需要发生在道路上即可。在校园内、大型厂矿内的道路上,以及在人行道上追逐竞驶的,因为对不特定或者多数人的生命、身体产生了抽象的危险,依然可能成立本罪。

(2)醉酒驾驶:在醉酒状态下在道路上驾驶机动车的行为。通说认为,醉酒驾驶属于故意犯罪,行为人必须认识到自己是在醉酒状态下驾驶机动车。但是,对于醉酒状态的认识不需要十分具体(不需要认识到血液中的酒精具体含量),只要有大体上的认识即可。

(3)超员、超速行驶:从事校车业务或者旅客运输,严重超过额定乘员载客,或者严重超过规定时速行驶的行为。本类型的危险驾驶罪属于抽象危险犯。

(4)违规运输危险化学品:违反危险化学品安全管理规定运输危险化学品,危及公共安全的行为。本类型的危险驾驶罪属于具体危险犯。

2. 罪数:危险驾驶行为同时构成其他犯罪的,依照处罚较重的规定定罪处罚。但是,如果致人伤亡的交通事故不是由追逐竞驶或醉酒驾驶行为引起,而是由其他违反交通运输管理法规的行为所引起,则应对危险驾驶罪与交通肇事罪实行数罪并罚。危险驾驶行为具有与放火、爆炸等相当的具体的公共危险,行为人对该具体的公共危险具有故意的,应当认定以危险方法危害公共安全罪。实施危险驾驶行为,以暴力、威胁方法阻碍公安机关依法检查,又构成妨害公务罪等其他犯罪的,依照数罪并罚的规定处罚。

考点40 妨害安全驾驶罪

【大纲要求解读】大纲要求**理解**妨害安全驾驶罪的概念,**熟悉并能够运用**本罪的认定以及与相关罪名的区分。

【命题要点归纳】

1. 概念:对行驶中的公共交通工具的驾驶人员使用暴力或者抢控驾驶操纵装置,干扰公共交通工具正常行驶,危及公共安全,或者驾驶人员在行驶的公共交通工具上擅离职守,与他人互殴或者殴打他人,危及公共安全的行为。犯本罪的,根据《刑法》第133条之二的规定处罚。

2. 本罪的成立:要求行为发生在行驶中的车辆、船舶、飞机等公共交通工具上。如果公共交通工具处于停止状态,如司机将公交车停在公交站台,然后起身殴打乘客的,不构成本罪。妨害安全驾驶行为有两种:一是驾驶人员以外的其他人员(主要是乘客),对行驶中的公共交通工具的驾驶人员使用暴力或者抢控驾驶操纵装置,干扰公共交通工具正常行驶;二是驾驶人员,其在行驶的公共交通工具上擅离职守,与他人互殴或者殴打他人。妨害安全驾驶行为,必须危及公共安全,才能成立本罪。乘客在公共交通工具行驶过程中,随意殴打其他乘客,追逐、辱骂他人,或者起哄闹事,不危及公共安全,但妨害公共交通工具运营秩序,符合《刑法》第293条规定的,只能以寻衅滋事罪定罪处罚,不成立本罪。驾驶人员遭到妨害安全驾驶行为侵害时,为避免公共交通工具倾覆或者人员伤亡等危害后果发生,采取紧急制动或者躲避措施,造成公共交通工具、交通设施损坏或者人身损害,符合法定条件的,应当认定为紧急避险。

| 考点扩展 |

本罪是具体危险犯,但对危险程度的要求低于本章其他具体危险犯的要求。妨害安全驾驶行为完全可能具有危害公共安全的紧迫危险,此时妨害安全驾驶行为还构成诸如以危险方法危害公共罪等其他犯罪。对此,《刑法》第133条之二第3款规定:同时构成其他犯罪的,依照处罚较重的规定定罪处罚。如公交车在弯道处与其他车辆会车时,乘客忽然抢控公交车的方向盘,致使公交车与对面车辆相撞的,乘客构成本罪与以危险方法危害公共罪的想象竞合犯,应按以危险方法危害公共安全罪定罪处罚。

考点41 生产、销售、提供假药罪

【大纲要求解读】大纲要求**理解**生产、销售、提供假药罪的概念,**熟悉并能够运用**本罪的认定以及与相关罪名的区分。

【命题要点归纳】

1. 概念:故意生产、销售假药,以及药品使用单位的人员明知是假药而提供给他人使用的行为。本罪是抽象危险犯。犯本罪的,根据《刑法》第142条、第150条的规定处罚。只要具有生产、销售、提供假药的行为,即构成本罪。至于所生产、销售、提供的假药是否足以严重危害人体健康,在所不问。因为只要生产、销售、提供了假药,就会破坏国家的药品监管秩序。如果生产、销售、提供的假药对人体健康造成严重危害或者有其他严重情节,则是本罪法定刑升格的条件。根据司法解释,销售少量根据民间传统配方私自加工的药品,没有造成他人伤害后果或者延误诊治,情节显著轻微危害不大的,不认为是犯罪。

2. 犯罪构成:

(1)犯罪客体:国家药品监管秩序和人体健康。

(2)客观方面:生产、销售、提供的必须是假药;具有生产、销售、提供假药的行为。

(3)犯罪主体:自然人与单位(非身份犯)。提供假药的主体是药品使用单位及其工作人员(身份犯)。单位犯本罪的,依照自然人犯罪的定罪量刑标准处罚。

(4)主观方面:故意。行为人明知自己生产、销售、提供的是假药,会危害国家药品监管秩序与人体健康,并且希望或者放任这种结果发生。

| 考点扩展 |

1. 关于"假药"的认定：

(1)药品所含成分与国家药品标准规定的成分不符。

(2)以非药品冒充药品或者以他种药品冒充此种药品。

(3)变质的药品。

(4)药品所标明的适应症或者功能主治超出规定范围。

《刑法》对生产、销售假农药、假兽药的行为另设了规定，故本罪中的假药只限于人用药品与非药品，但这又不意味着上述药品客观上都能够用于人体，有些物品本来不能用于人体，但行为人将其假冒为药品而提供给人使用的，就是本罪中的假药。行为人生产、销售国务院药品监督管理部门禁止使用的药品，未取得药品相关批准证明文件生产、进口药品或者明知是上述药品而销售，足以严重危害人体健康的，如该药品不能认定为假药的，对行为人应按《刑法》第142条之一妨害药品管理罪定罪量刑；如该药品属于假药的，同时构成生产、销售、提供假药罪与妨害药品管理罪，应以生产、销售、提供假药罪论处。还需要注意的是，出售民间有效偏方的，不应以本罪论处。

2. 关于"生产、销售、提供"的认定：

(1)生产假药，是指以生产、销售、提供假药为目的，合成、精制、提取、储存、加工炮制药品原料，或者在将药品原料、辅料、包装材料制成成品过程中，进行配料、混合、制剂、储存、包装的行为。对于印制包装材料、标签、说明书的行为，如果是生产行为人同时实施的附随行为，应当一并纳入"生产"予以评价；如果属于其他人为生产药品者实施的行为，则属于帮助行为，应当按照生产假药罪的共同犯罪予以处理。

(2)销售假药，是指一切向不特定或者多数人有偿提供假药的行为。销售的方式既可能是公开的，也可能是秘密的；既可能是批量销售，也可能是零散销售；既可能是行为人请求对方购买，也可能是对方请求行为人转让；既可能是直接交付对方，也可能是间接交付对方；有偿转让假药既可能是获取金钱，也可能是获取其他利益；既可能是在交付假药的同时获得利益，也可能是先交付假药后获取利益或者先获取利益后交付假药。假药的来源既可能是自己生产的，也可能是自己购买的，还可能是通过其他方法取得的。销售的对方(购买者)没有限制。

(3)提供假药，是指药品使用单位及其工作人员明知是假药、劣药而无偿提供给他人使用的行为；如果是有偿提供给他人使用，属于销售假药。

3. 关于罪数：《刑法》第149条第2款规定：生产、销售本节第141条至第148条所列产品，构成各该条规定的犯罪，同时又构成本节第140条规定之罪的，依照处罚较重的规定定罪处罚。从竞合原理出发，实施生产、销售、提供假药行为，同时构成本罪与生产、销售伪劣产品，侵犯知识产权、非法经营、非法行医、非法采供血等犯罪的，依照处罚较重的规定定罪处罚。

4. 关于共犯：明知他人生产、销售、提供假药，而有下列情形之一的，以生产、销售、提供假药罪的共犯论处：

(1)提供资金、贷款、账号、发票、证明、许可证件的；

(2)提供生产、经营场所、设备或者运输、储存、保管、邮寄、销售渠道等便利条件的；

(3)提供生产技术或者原料、辅料、包装材料、标签、说明书的；

(4)提供虚假药物非临床研究报告、药物临床试验报告及相关材料的；

(5)提供广告宣传的；

(6)提供其他帮助的。

需要注意的是，以提供给他人生产、销售、提供药品为目的，违反国家规定，生产、销售不符合药用要求的原料、辅料，符合《刑法》第140条规定的，司法解释主张以生产、销售伪劣产品罪从重处罚(同时构成其他犯罪的，依照处罚较重的规定定罪处罚)，不以共同犯罪论处。犯本罪的，根据《刑法》第141条、第150条的规定处罚。

考点42 走私普通货物、物品罪

【大纲要求解读】大纲要求**理解**走私普通货物、物品罪的概念，**熟悉并能够运用**本罪的认定以及与相关罪名的区分。

【命题要点归纳】

1. 概念：本罪是指违反海关法规，走私《刑法》第151条、第152条、第347条规定以外的货物、物品，偷逃应缴税额较大或者一年内曾因走私被给予二次行政处罚后又走私的行为。

2. 犯罪构成：

(1)犯罪客体：国家海关监管秩序。

(2)客观方面：违反海关法规，走私"普通"货物、物品，数量较大的行为。如走私成品油，构成犯罪的，应以走私普通货物罪定罪处罚。根据司法解释，取得许可，但超过许可数量进出口国家限制进出口的货物、物品，构成犯罪的，以走私普通货物、物品罪定罪处罚。

(3)犯罪主体：既可以是自然人，也可以是单位。

(4)主观方面：只能是故意，故意的认识因素的具体内容，因走私行为的具体方式以及走私对象的不同而有所区别。

| 考点扩展 |

1. "走私对象"的认定：《刑法》第151条、第152条、第347条规定以外的货物、物品，包括限制进出口的货物、物品，应当缴纳关税的货物、物品以及特殊情况下的特定免税货物、物品。根据司法解释，在走私的货物、物品中藏匿《刑法》第151条、第152条、第347条、第350条规定的货物、物品，构成犯罪的，以实际走私的货物、物品定罪处罚；构成数罪的，实行数罪并罚。

2. "走私行为"的认定：

(1)未经国务院或国务院授权的部门批准，不经过设立海关的地点，非法运输、携带国家禁止或限制进出口的货物、物品或者依法应当缴纳关税的货物、物品进出国(边)境的。

(2)虽然通过设立海关的地点进出国(边)境，但采取隐匿、伪装、假报等欺骗手段，逃避海关监管、检查，非法盗运、偷带或者非法邮寄国家禁止或限制进出口的货物、物品或者依法应当缴纳关税的货物、物品的。

(3)未经国务院批准或者海关许可并补缴关税，擅自将批准进口的来料加工、来件装配、补偿贸易的原材料、零件、制成品、设备等保税货物或者海关监管的其他货物、进境的海外运输工具等，非法在境内销售牟利的。其中的"保税货物"，是指经海关批准，未办理纳税手续进境，在境内储存、加工、装配后应予复运出境的货物，包括通过加工贸易、补偿贸易等方式进口的货物，以及在保税仓库、保税工厂、保税区或者免税商店内等储存、加工、寄售的货物。"销售牟利"，是指行为人主观上为了牟取非法利益而擅自销售海关监管的保税货物、特定减免税货物。该种行为是否构成犯罪，应当根据偷逃的应缴税额是否达到《刑法》第153条及相关司法解释规定的数额标准予以认定。实际获利与否或者获利多少并不影响其定罪。

(4)假借捐赠名义进口货物、物品，或者未经海关许可并补缴关税，擅自将减税、免税进口捐赠货物、物品或者其他特定减税、免税进口用于特定企业、特定地区、特定用途的货物、物品，非法在境内销售牟利的。

(5)直接向走私人非法收购国家禁止进口物品的，或者直接向走私人非法收购走私进口的其他货物、物品，数额较大的。"直接向走私人非法收购走私进口的其他货物、物品"，是指明知是走私行为人而向其非法收购走私进口的其他货物、物品。如收购人直接向走私人购买走私的成品油，数额较大的，应以走私犯罪论处(但向非直接走私人购买走私的成品油的，根据其主观故意，分别依照洗钱罪或者掩饰、隐瞒犯罪所得、犯罪所得收益罪定罪处罚)。

(6)在内海、领海、界河、界湖运输、收购、贩卖国家禁止进出口物品的，或者运输、收购、贩卖国家限制进出口货物、物品,数额较大,没有合法证明的。“内海”包括内河的入海口水域。

(7)与走私罪犯通谋,为其提供贷款、资金、账号、发票、证明,或者为其提供运输、保管、邮寄或者其他方便的。

3. 偷逃应缴税额较大或者1年内曾因走私被给予二次行政处罚后又走私的,才以本罪论处。“应缴税额”,包括进出口货物、物品应当缴纳的进出口关税和进口环节海关代征税的税额。应缴税额以走私行为实施时的税则、税率、汇率和完税价格计算;多次走私的,以每次走私行为实施时的税则、税率、汇率和完税价格逐票计算;走私行为实施时间不能确定的,以案发时的税则、税率、汇率和完税价格计算。

4. 犯罪既遂的认定。根据司法解释,实施走私犯罪,具有下列情形之一的,应当认定为犯罪既遂:

(1)在海关监管现场被查获的;

(2)以虚假申报方式走私,申报行为实施完毕的;

(3)以保税货物或者特定减税、免税进口的货物、物品为对象走私,在境内销售的,或者申请核销行为实施完毕的。

5. 罪数:经许可进口国家限制进口的可用作原料的废物时,偷逃应缴税额,构成犯罪的,以走私普通货物罪定罪处罚;既未经许可,又偷逃应缴税额,同时构成走私废物罪和走私普通货物罪的,应当按照刑法处罚较重的规定定罪处罚。虽经许可,但超过许可数量进口国家限制进口的可用作原料的废物,超过部分以未经许可论。犯本罪的,根据《刑法》第153条、第157条的规定处罚;对于多次走私未经处理(未经行政处罚处理)的,按照累计走私货物、物品的偷逃应缴税额处罚。以暴力、威胁方法抗拒缉私的,实行数罪并罚。

考点43 徇私舞弊低价折股、出售公司、企业资产罪 2024 New

【大纲要求解读】大纲要求**理解**徇私舞弊低价折股、出售公司、企业资产罪的概念,**熟悉并能够运用**本罪的认定以及与相关罪名的区分。

【命题要点归纳】

本罪是指国有公司、企业或者其上级主管部门直接负责的主管人员,徇私舞弊,将国有资产低价折股或者低价出售,致使国家利益遭受重大损失,或者其他公司、企业直接负责的主管人员,徇私舞弊,将公司、企业资产低价折股或者低价出售,致使公司、企业利益遭受重大损失的行为。《刑法修正案(十二)》将本罪主体扩大至国有公司、企业之外的其他公司、企业直接负责的主管人员。构成本罪,要求行为人徇私舞弊,将公司、企业资产低价折股或者低价出售。这意味着本罪为故意犯罪,过失不构成本罪。如在公司、企业资产重组、收购过程中,行为人由于经验不足、决策失误或者市场行情变化,致使公司、企业资产在折股、出售过程中价格偏低的,不构成本罪。国有公司、企业或者其上级主管部门直接负责的主管人员,与他人串通,私自将国有资产低价折股或者低价出售给他人,同时触犯本罪与贪污罪的,对行为人应以贪污罪论处。犯本罪的,根据《刑法》第169条的规定处罚。

考点44 伪造货币罪

【大纲要求解读】大纲要求**理解**伪造货币罪的概念,**熟悉并能够运用**本罪的认定以及与相关罪名的区分。

【命题要点归纳】

1. 概念:本罪是指没有货币发行权的人,非法制造外观上足以使一般人误认为是货币的假货币,妨害货币的公共信用的行为。犯本罪的,根据《刑法》第170条的规定处罚。

2. 犯罪构成:

(1)犯罪客体:国家货币管理秩序。

(2)客观方面:行为表现为制造外观上足以使一般人误认为是货币的假货币。

①伪造,是指制造外观上足以使一般人误认为是货币的假货币的行为。根据司法解释,伪造货币必须是仿照真币的图案、形状、色彩等特征非法制造假币来冒充真币。在这种情况下,存在与伪造的货币相对应的(或相当的)真币。至于伪造的方法,则没有任何限制,如机器印制、石印、影印、复印、手描等。同时采用伪造和变造手段,制造真伪拼凑货币的,以伪造货币罪定罪处罚。

②伪造货币包括伪造正在流通的中国货币、外国货币(包括香港特别行政区、澳门特别行政区、台湾地区的货币),包括硬币(含普通纪念币和贵金属纪念币)与纸币。伪造正在流通的境外货币,即使该境外货币不可在境内市场流通或者兑换,同样构成本罪。行为人所伪造的货币必须是正在流通的货币,如果伪造已经停止流通的古钱、废钞,则不成立本罪。以使用为目的,伪造停止流通的货币,或者使用伪造的停止流通的货币的,以诈骗罪定罪处罚。

③所伪造以及可能伪造出来的货币应在外观上足以使一般人误认为是货币,即对于所伪造的货币必须特别加以注意,或者具有一定检测手段、具有专业知识方能发现(这只是对伪造行为的限定,并不意味着本罪不存在未遂犯。只要实施了伪造行为,客观上可能制造出足以使一般人误认为真币的假币,即使没有完成全部印制工序,也构成伪造货币罪)。行为人制造出来的物品完全不可能被人们误认为是货币的,不可能成立伪造货币罪。但是,也不要求伪造的货币与真币完全相同,且不以与真币所具有的特征完全一致为条件。如不具有真币的号码或印章的,也是伪造的货币。

(3)犯罪主体:必须是没有货币发行权的自然人,单位不能成为本罪主体。行为人制造货币版样或者与他人事前通谋,为他人伪造货币提供版样的,以本罪论处。

(4)主观方面:只能是故意,即明知自己的行为会发生妨害货币的公共信用的结果,并且希望或者放任这种结果发生。

考点45 非法吸收公众存款罪

【大纲要求解读】大纲要求**理解**非法吸收公众存款罪的概念,**熟悉并能够运用**本罪的认定以及与相关罪名的区分。

【命题要点归纳】

1. 概念:本罪是指非法吸收公众存款或者非法变相吸收公众存款,扰乱金融秩序的行为。犯本罪的,根据《刑法》第176条的规定处罚。

(1)行为人在提起公诉前积极退赃退赔,减少损害结果发生的,可以从轻或者减轻处罚;在提起公诉后退赃退赔的,可以作为量刑情节酌情考虑。

(2)所吸收资金的用途,不影响本罪的认定,但非法吸收或者变相吸收公众存款,主要用于正常的生产经营活动,能够在提起公诉前清退所吸收资金,可以免予刑事处罚;情节显著轻微危害不大的,不作为犯罪处理。

2. 犯罪构成:

(1)犯罪客体:国家的金融管理秩序。

(2)客观方面:非法吸收公众存款或者变相吸收公众存款,扰乱金融秩序的行为。

(3)犯罪主体:既可以是自然人,也可以是单位。单位犯本罪的,适用自然人犯本罪的定罪量刑标准。

(4)主观方面:故意,不要求有非法占有目的。如果行为人具有非法占有目的,则应以集资诈骗罪论处。

考点扩展

本罪成立需要:

1. 要求行为具有非法性。认定"非法性",应以国家金融管理法律法规作为依据。对于国家金融管理法律法规仅作原则性规定的,可以根据法律规定的精神并参考中国人民银行、中国证券监督管理委员会等行政主管部门依照国家金融管理法律法规制定的部门规章或者国家有关金融管理的规定、办法、实施细则等规范性文件的规定予以认定。行政部门对于非法集资的性质认定,不是非法集资刑事案件进入刑事诉讼程序的必经程序。违反国家金融管理法律规定,向社会公众(包括单位和个人)吸收资金的行为,同时具备下列四个条件的,除刑法另有规定的以外,应当认定为“非法”吸收公众存款或者变相吸收公众存款:(1)未经有关部门依法许可或者借用合法经营的形式吸收资金;(2)通过网络、媒体、推介会、传单、手机信息等途径向社会公开宣传;(3)承诺在一定期限内以货币、实物、股权等方式还本付息或者给付回报;(4)向社会公众即社会不特定对象吸收资金。未向社会公开宣传,在亲友或者单位内部针对特定对象吸收资金的,不属于非法吸收或者变相吸收公众存款。但是,在向亲友或者单位内部人员吸收资金的过程中,明知亲友或者单位内部人员向不特定对象吸收资金而予以放任的,或者以吸收资金为目的,将社会人员吸收为单位内部人员,并向其吸收资金的,属于向社会公众吸收资金。

2. 必须存在非法吸收公众存款或者非法变相吸收公众存款的行为。非法吸收公众存款,是指以存款的形式非法吸收公众资金,表现为行为人没有吸收存款的主体资格,却以存款的形式非法吸收公众资金,或者虽有吸收存款的主体资格,但超出允许范围非法吸收公众资金。变相吸收公众存款,是指不以存款的名义,而是承诺通过出资可以获得回报,从而吸收公众资金的行为。如单位或个人假借开展网络借贷信息中介业务之名,未经依法许可,归集不特定公众的资金设立资金池,控制、支配资金池中的资金,并承诺还本付息的,构成本罪。非法吸收公众存款或者非法变相吸收公众存款行为的本质是非法吸收公众资金,具体行为形式不限,从实务看主要表现为:(1)不具有房产销售的真实内容或者不以房产销售为主要目的,以返本销售、售后包租、约定回购、销售房产份额等方式非法吸收资金的;(2)以转让林权并代为管护等方式非法吸收资金的;(3)以代种植(养殖)、租种植(养殖)、联合种植(养殖)等方式非法吸收资金的;(4)不具有销售商品、提供服务的真实内容或者不以销售商品、提供服务为主要目的,以商品回购、寄存代售等方式非法吸收资金的;(5)不具有发行股票、债券的真实内容,以虚假转让股权、发售虚构债券等方式非法吸收资金的;(6)不具有募集基金的真实内容,以假借境外基金、发售虚构基金等方式非法吸收资金的;(7)不具有销售保险的真实内容,以假冒保险公司、伪造保险单据等方式非法吸收资金的;(8)以网络借贷、投资入股、虚拟币交易等方式非法吸收资金的;(9)以委托理财、融资租赁等方式非法吸收资金的;(10)以提供“养老服务”、投资“养老项目”、销售“老年产品”等方式非法吸收资金的;(11)利用民间“会”“社”等组织非法吸收资金的;(12)其他非法吸收资金的行为。需要注意的是,司法解释规定,违反国家规定,未经依法核准擅自发行基金份额募集基金,情节严重的,不以本罪定罪处罚,而以非法经营罪定罪处罚。

3. 非法吸收公众存款或者变相吸收公众存款,扰乱金融秩序,涉嫌下列情形之一的,应予立案追诉:(1)非法吸收或者变相吸收公众存款数额在100万元以上的;(2)非法吸收或者变相吸收公众存款对象150人以上的;(3)非法吸收或者变相吸收公众存款,给集资参与人造成直接经济损失数额在50万元以上的。非法吸收或者变相吸收公众存款数额在50万元以上或者给集资参与人造成直接经济损失数额在25万元以上,同时涉嫌下列情形之一的,应予立案追诉:(1)因非法集资受过刑事追究的;(2)2年内因非法集资受过行政处罚的;(3)造成恶劣社会影响或者其他严重后果的。

犯本罪的手段不限。通过传销手段向社会公众非法吸收资金,构成本罪的同时,又构成组织、领导传销活动罪的,依照处罚较重的规定定罪处罚。

考点46 洗钱罪

【大纲要求解读】大纲要求**理解**洗钱罪的概念,**熟悉并能够运用**本罪的认定以及与相关罪名的区分。

【命题要点归纳】

1. 概念:本罪是指为掩饰、隐瞒毒品犯罪、黑社会性质的组织犯罪、恐怖活动犯罪、走私犯罪、贪污贿赂犯罪、破坏金融管理秩序犯罪、金融诈骗犯罪的所得及其产生的收益的来源和性质,而提供资金账户，将财产转换为现金、金融票据、有价证券，通过转账或者其他支付结算方式转移资金，跨境转移资产，或者以其他方法掩饰、隐瞒犯罪所得及其收益的来源和性质的行为。犯本罪的，根据《刑法》第191条的规定处罚。

2. 犯罪构成：

(1)犯罪客体：国家对金融资产的来源与性质的监管秩序。

(2)客观方面：实施了特定的洗钱行为。

3. 犯罪主体：既包括自然人，也包括单位。《刑法修正案(十一)》第14条对《刑法》第191条的修改，将特定的"自洗钱"行为纳入洗钱罪的规制范围，即上游犯罪的行为人也可以成为洗钱罪的主体。

4. 主观方面：故意。

| **考点扩展** |

1. 洗钱的上游犯罪仅限于毒品犯罪(指刑法分则第六章第七节所规定的犯罪)、黑社会性质的组织犯罪(指以黑社会性质组织及其成员为主体实施的各种犯罪)、恐怖活动犯罪(主要指以恐怖活动组织及其成员为主体实施的各种犯罪)、走私犯罪(刑法分则第三章第二节所规定的全部走私犯罪)、贪污贿赂犯罪(除刑法分则第八章贪污贿赂罪外，还包括非国家工作人员受贿罪等犯罪)、破坏金融管理秩序犯罪(刑法分则第三章第四节规定的犯罪)、金融诈骗犯罪(刑法分则第三章第五节规定的犯罪)这七类犯罪。"犯罪的所得"，是指由这七类犯罪行为所获取的非法利益以及利用该非法利益所产生的经济利益，包括犯罪行为的直接所得与间接所得，还包括犯罪行为所取得的报酬。例如，帮助他人实施金融诈骗犯罪所获得的报酬，也是犯罪所得。"产生的收益"既包括上游犯罪所得产生的收益，也包括没有犯罪所得的上游犯罪行为直接产生的收益。构成洗钱罪，应以上游犯罪事实成立为认定前提。上游犯罪尚未依法裁判但查证属实的，上游犯罪事实可以确认但因行为人死亡等原因依法不予追究刑事责任的，上游犯罪事实可以确认但依法以其他罪名定罪处罚的，均不影响洗钱罪的认定。

2. 洗钱行为具体表现为：(1)提供资金账户；(2)将财产转换为现金、金融票据、有价证券；(3)通过转账或者其他支付结算方式转移资金；(4)跨境转移资产；(5)以其他方法掩饰、隐瞒犯罪所得及其收益的来源和性质。情形(5)中的"以其他方法掩饰、隐瞒犯罪所得及其收益的来源和性质"，包括但不限于通过典当、租赁、买卖、投资等方式，协助转移、转换犯罪所得及其收益；通过与商场、饭店、娱乐场所等现金密集型场所的经营收入相混合的方式，协助转移、转换犯罪所得及其收益；通过虚构交易、虚设债权债务、虚假担保、虚报收入等方式，协助将犯罪所得及其收益转换为"合法"财物；通过买卖彩票、奖券等方式，协助转换犯罪所得及其收益；通过赌博方式，协助将犯罪所得及其收益转换为赌博收益，等等。明知是犯罪所得及其产生的收益而予以掩饰、隐瞒，同时构成本罪与掩饰、隐瞒犯罪所得、犯罪所得收益罪等犯罪的，依照处罚较重的规定定罪处罚。

3. 罪数问题：为他人洗钱的行为同时触犯《刑法》第312条的掩饰、隐瞒犯罪所得、犯罪所得收益罪的，宜认定为想象竞合，从一重罪处罚。需要讨论的是对上游犯罪人"自洗钱"的情形，是实行数罪并罚，还是仅按上游犯罪处罚或者仅按重罪处罚。如果在"自洗钱"的场合，对行为人仅按上游犯罪处罚，刑法处罚"自洗钱"的范围就极为有限。如果在某些情况下仅按洗钱罪处罚，则完全没有评价上游犯罪行为，明显不当。所以，上游犯罪人"自洗钱"的，原则上应对上游犯罪与洗钱罪实行数罪并罚。行为人与上游犯罪人事前通谋，事后与上游犯罪人共同实施洗钱行为的，对行为人与上游犯罪人均应按上游犯罪与洗钱罪实行数罪并罚。当然，不排除上游犯罪与洗钱罪构成想象竞合的情形。

考点47 信用卡诈骗罪

【大纲要求解读】大纲要求**理解**信用卡诈骗罪的概念，**熟悉并能够运用**本罪的认定以及与相关罪名的区分。

【命题要点归纳】

1. 概念：本罪是指以非法占有为目的，利用信用卡进行诈骗活动，骗取数额较大财物的行为。犯本罪的，根据《刑法》第 196 条的规定处罚。量刑时，既要考虑诈骗数额，也要考虑其他情节。

2. 犯罪构成：

(1)客观上必须利用信用卡进行诈骗活动，骗取数额较大的财物。利用信用卡进行诈骗是指：

①使用伪造的信用卡或者使用以虚假的身份证明骗领的信用卡。使用所谓变造的信用卡(如磁条内的信息被变更的信用卡)的，应认定为使用伪造的信用卡。使用，是指按照信用卡的通常使用方法，将伪造的信用卡作为真实有效的信用卡予以利用。

②使用作废的信用卡。使用者不限于持卡人。

③冒用他人信用卡。即非持卡人以持卡人名义使用合法持卡人的信用卡进行骗取财物的行为。如拾得他人信用卡后使用的；骗取他人信用卡后使用的；窃取、收买、骗取或者以其他非法方式获取他人信用卡信息资料，并通过互联网、通讯终端等使用的；等等。使用伪造的信用卡、以虚假的身份证明骗领的信用卡、作废的信用卡或者冒用他人信用卡，进行诈骗活动，数额在 5000 元以上的，属于本罪的数额较大。

④恶意透支。根据司法解释，持卡人以非法占有为目的，超过规定限额或者规定期限透支，经发卡银行两次有效催收后超过 3 个月仍不归还的，应当认定为恶意透支。这里的"持卡人"，应指向发卡银行申领、取得信用卡的人。对于是否以非法占有为目的，应当综合持卡人信用记录、还款能力和意愿、申领和透支信用卡的状况、透支资金的用途、透支后的表现、未按规定还款的原因等情节作出判断，不得单纯依据持卡人未按规定还款的事实认定非法占有目的。"有效催收"，是指催收应当同时符合下列条件，即在透支超过规定限额或者规定期限后进行，催收应当采用能够确认持卡人收悉的方式，但持卡人故意逃避催收的除外，两次催收至少间隔 30 日，符合催收的有关规定或者约定。恶意透支，数额在 5 万元以上的，属于本罪的数额较大。恶意透支的数额，是指公安机关刑事立案时尚未归还的实际透支的本金数额，不包括利息、复利、滞纳金、手续费等发卡银行收取的费用。归还或者支付的数额，应当认定为归还实际透支的本金。恶意透支，数额在 5 万元以上不满 50 万元的，在提起公诉前全部归还或者具有其他情节轻微情形的，可以不起诉；在一审判决前全部归还或者具有其他情节轻微情形的，可以免予刑事处罚。但是，曾因信用卡诈骗受过两次以上处罚的除外。

(2)主观方面必须是故意，而且必须具有非法占有的目的。

| 考点扩展 |

认定信用卡诈骗罪，应注意区分罪与非罪的界限。对于误用他人信用卡，或者经过持卡人同意而使用他人信用卡的，不能认定为犯罪。善意透支行为，不成立本罪。正确区分善意透支与恶意透支的关键，是看行为人是否具有非法占有目的，而是否具有这种目的，又需要根据客观事实认定。一般来说，有以下情形之一的，应当认定为《刑法》第 196 条第 2 款规定的"以非法占有为目的"：(1)明知没有还款能力而大量透支，无法归还的；(2)使用虚假资信证明申领信用卡后透支，无法归还的；(3)透支后通过逃匿、改变联系方式等手段，逃避银行催收的；(4)抽逃、转移资金，隐匿财产，逃避还款的；(5)使用透支的资金进行犯罪活动的；(6)其他非法占有资金，拒不归还的情形。

根据《刑法》第 196 条第 3 款的规定，盗窃信用卡并使用的，依照《刑法》第 264 条关于盗窃罪的规定定罪处罚(盗窃数额根据行为人盗窃信用卡后使用的数额认定)。这里的信用卡仅限于他人的真实有效的信用卡，如果是盗窃伪造或作废的信用卡并使用的，应认定为信用卡诈骗罪；盗窃了他人真实有效的信用卡但并不使用的行为，目前还难以成立盗窃罪，也不能构成信用卡诈骗罪。行为人盗窃他人信用卡后在自动取款机(ATM)上使用的，理所当然成立盗窃罪。行为人盗窃他人信用卡并对自然人使用(如在特约商户刷卡)的，虽然属于"冒用他人信用卡"，但根据《刑法》第 196 条第 3

款的规定,应按盗窃罪定罪处罚。

考点48 故意杀人罪

【大纲要求解读】大纲要求**理解**故意杀人罪的概念,**熟悉并能够运用**本罪的认定以及与相关罪名的区分。

【命题要点归纳】

1. 概念:本罪是指故意非法剥夺他人生命的行为。犯本罪的,根据《刑法》第232条的规定处罚。

2. 犯罪构成:

(1)犯罪客体:他人的生命权。

(2)客观方面:非法剥夺他人生命的行为。

(3)犯罪主体:在2020年《刑法修正案(十一)》之前,故意杀人罪的犯罪主体为年满14周岁,具有辨认控制能力的自然人。经《刑法修正案(十一)》修改后的《刑法》第17条第3款规定:已满12周岁不满14周岁的人,犯故意杀人、故意伤害罪,致人死亡或者以特别残忍手段致人重伤造成严重残疾,情节恶劣,经最高人民检察院核准追诉的,应当负刑事责任。据此,在符合该款规定时,故意杀人罪的犯罪主体的年龄被下调到12周岁。对于这一刑法修改,应当注意其时间效力问题,即对于2021年3月1日以前的故意杀人行为,即使杀人手段残忍,杀人动机卑劣,社会反响强烈,已满12周岁不满14周岁的人对此也不负刑事责任;对于2021年3月1日以后的故意杀人行为,已满12周岁不满14周岁的人才有可能成为故意杀人罪的犯罪主体。

(4)主观方面:故意,即明知自己的行为会发生他人死亡的危害结果,并且希望或者放任这种结果的发生。故意杀人的动机多种多样,不同的杀人动机,对构成故意杀人罪没有影响,但对量刑具有一定意义。

3. 故意伤害罪与故意杀人罪的界限:主观上是否具有杀人的故意,通过考察客观事实来认定。对于使用枪支、匕首等凶器行凶,打击他人致命部位,放任他人死亡并造成死亡结果的,通常可以认定为故意杀人罪。

4. 故意伤害罪与过失致人死亡罪的区别要点在于造成死亡结果的行为性质不同:一个是行为本身具有伤害性质;另一个是行为本身不具有伤害性质。如果行为人具有伤害的故意并实施了相应的伤害行为,导致死亡结果的,应当认定为故意伤害罪。如果行为本身不具有伤害性质,而是由于日常生活和工作中粗心、轻率行为不慎造成死亡结果的,是过失致人死亡罪。

| 考点扩展 |

认定本罪应注意以下问题:

1. 注意相关条文对故意杀人罪的特殊规定。根据《刑法》第238条、第247条、第248条、第289条、第292条的规定,对非法拘禁使用暴力致人死亡的,刑讯逼供或暴力取证致人死亡的,虐待被监管人致人死亡的,聚众"打砸抢"致人死亡的,聚众斗殴致人死亡的,应以故意杀人罪论处。这些条文属于拟制规定,而非注意规定。

2. 对实施积极的安乐死的行为,应以故意杀人罪论处。所谓安乐死,通常是指为免除患有不治之症、濒临死亡患者的痛苦,受患者嘱托而使其无痛苦地死亡。刑法上所讨论的安乐死,限于积极的安乐死,即为了免除患者的痛苦,而提前结束其生命的方法。

3. 对与自杀有关的案件应具体分析,区别处理。自杀是自愿结束自己生命的行为,本身不构成犯罪,但引起、促成自杀的原因比较复杂,其中有的人对他人的自杀应当承担刑事责任。下面对涉及刑事责任的几种情况作些说明:

(1)相约自杀。即二人以上相互约定自愿共同自杀的行为。如果相约双方均自杀身亡,自不存在刑事责任问题;如果相约双方各自实施自杀行为,其中一方死亡,另一方自杀未逞,未逞一方也不负刑事责任；如果相约自杀，由其中一方杀死对方，继而自杀未逞的，应以故意杀人罪论处，但量刑时可以从轻处罚。

(2)引起他人自杀。即行为人所实施的某种行为引起他人自杀身亡。第一，正当行为引起他人自杀的，不存在犯罪问题。第二，错误行为或者轻微违法行为引起他人自杀的，也不成立犯罪。不能因为引起了他人自杀，就将其错误行为或者轻微违法行为当作犯罪行为处理。第三，严重违法行为引起他人自杀身亡，将严重违法行为与引起他人自杀身亡的后果进行综合评价，达到了犯罪程度时，应当追究刑事责任。例如，诽谤他人引起他人自杀身亡的，可综合起来认定行为的情节严重，将该行为以诽谤罪论处。第四，犯罪行为引起他人自杀身亡，但对自杀身亡结果不具有故意时，应按先前的犯罪行为定罪并从重处罚。例如，强奸妇女引起被害妇女自杀的，以强奸罪从重处罚。

(3)教唆或帮助自杀。教唆自杀，是指行为人故意用引诱、怂恿、欺骗等方法，使他人产生自杀意图。以相约自杀为名诱骗他人自杀的，也是一种教唆自杀的行为。帮助自杀，是指在他人已有自杀意图的情况下，帮助他人实现自杀意图。我国刑法对杀人罪规定得比较简单，没有将教唆、帮助自杀的行为规定为独立的犯罪。在这种立法体例之下，是认为教唆、帮助自杀的行为根本不成立犯罪，还是认为教唆、帮助自杀的行为成立普通的故意杀人罪，的确是需要研究的问题。但可以肯定的是，对以下几种行为应认定为故意杀人罪：首先，欺骗不能理解死亡意义的儿童或者精神病患者等，使其自杀的，属于故意杀人罪的间接正犯。其次，凭借某种权势或利用某种特殊关系，以暴力、威胁或者其他心理强制方法，使他人自杀身亡的，应以故意杀人罪论处。例如，组织和利用邪教组织制造、散布迷信邪说，指使、胁迫其成员或者其他人实施自杀行为的，邪教组织成员组织、策划、煽动、教唆、帮助邪教组织人员自杀的，应以故意杀人罪论处。最后，行为人教唆自杀的行为使被害人对权益的有无、程度、情况等产生错误认识，其对死亡的同意无效时，也应认定为故意杀人罪。例如，医生欺骗患者说："你最多只能活三个月，而且一周后开始剧烈疼痛"，进而导致患者自杀的，患者对自杀的同意无效，对医生应认定为故意杀人罪。

4. 对所谓"大义灭亲"的行为，应以故意杀人罪论处。我国不承认"家法"，行为人对违法犯罪的亲属，也只能交由司法机关处理，私自处死违法犯罪亲属的，同样构成故意杀人罪，但量刑时可以从轻处罚。

考点49 非法拘禁罪

【大纲要求解读】大纲要求**理解**非法拘禁罪的概念，**熟悉并能够运用**本罪的认定以及与相关罪名的区分。

【命题要点归纳】

1. 概念：本罪是指故意非法拘禁他人或者以其他方法非法剥夺他人人身自由的行为。注意：

(1)非法拘禁是一种持续行为，该行为在一定时间内处于继续状态，使他人在一定时间内失去身体自由。时间持续的长短原则上不影响本罪的成立，只影响量刑。但时间过短、瞬间性的剥夺人身自由的行为，则难以认定为本罪。

(2)剥夺人身自由的行为必须具有非法性。

2. 犯罪构成：

(1)犯罪客体：人的身体活动的自由。

(2)客观方面：非法剥夺他人身体自由的行为。

(3)主观方面：只能是故意。行为人明知自己的行为会发生剥夺他人身体自由权利的危害结果，并希望或者放任这种结果的发生。

3. 本罪认定：根据《刑法》第238条的规定，犯非法拘禁罪的，处3年以下有期徒刑、拘役、管制或者剥夺政治权利。在拘禁过程中具有殴打、侮辱情节的，从重处罚。非法拘禁致人重伤的，处3年以上10年以下有期徒刑；致人死亡的，处10年以上有期徒刑。非法拘禁他人，使用暴力致人伤残、死亡的,应分别以故意伤害罪、故意杀人罪论处。国家机关工作人员利用职权犯《刑法》第238条前3款规定之罪的,从重处罚。

| **考点扩展** |

认定本罪需要注意如下问题:

1. 严格区分本罪与合法拘捕而发生错误的界限:如司法机关依照法定程序拘捕了重大犯罪嫌疑分子,但后经查证该人无罪,予以释放的,只能认为是错误拘捕,不能认定为非法拘禁。

2. 非法拘禁情节显著轻微的,不宜认定为本罪。如拘禁时间短且没有暴力与侮辱情节的,不宜认定为非法拘禁罪。

3. 非法拘禁行为与结果又触犯其他罪名的,应根据其情节与有关规定处理。如以非法绑架、扣留他人的方法勒索财物的,成立绑架罪;以出卖为目的非法绑架妇女、儿童的,构成拐卖妇女、儿童罪;收买被拐卖的妇女、儿童后,非法剥夺其人身自由的,应实行数罪并罚。

考点50 绑架罪

【大纲要求解读】大纲要求**理解**绑架罪的概念,**熟悉并能够运用**本罪的认定以及与相关罪名的区分。

【命题要点归纳】

1. 概念:本罪是指以勒索财物或满足其他不法要求为目的,绑架他人作为人质的行为。

2. 犯罪构成:

(1)犯罪客体:被绑架人的人身自由与安全。

(2)客观方面:表现为利用被绑架人的近亲属或其他人对被绑架人安危的忧虑,使用暴力、胁迫或者麻醉等方法劫持或以实力控制他人。绑架的对象是任何他人,包括妇女、儿童和婴幼儿乃至行为人的子女或者父母。绑架的实质是使被害人处于行为人或第三者的实力支配下,事实上存在使未成年人的父母离开生活场所而将未成年人控制在行为人实力范围内的情况,也存在使被害人滞留在本来的生活场所但使其丧失行动自由的绑架案件,所以,绑架不要求使被害人离开原来的生活场所。绑架行为应具有强制性,即使用暴力、胁迫或者麻醉方法控制他人。对于缺乏或者丧失行动能力的被害人,行为人采取偷盗、引诱等方法使其处于行为人或第三者实力支配下的,也可能成立绑架罪。例如,以勒赎为目的,偷盗婴幼儿的,成立绑架罪。

(3)犯罪主体:必须是已满16周岁,具有辨认控制能力的自然人。已满14周岁不满16周岁的人实施绑架行为,故意杀害被绑架人的,应认定为故意杀人罪。已满12周岁不满14周岁的人故意杀害被绑架人、故意伤害被绑架人并致其死亡或者以特别残忍手段致其重伤造成严重残疾,情节恶劣的,虽不构成绑架罪,但在报请最高人民检察院核准追诉后,应以故意杀人罪、故意伤害罪追究刑事责任。

(4)主观方面:只能出于故意,必须具有勒索财物或满足其他不法要求的目的。

3. 罪数:根据《刑法》第239条第2款的规定,行为人绑架他人后,杀害被绑架人的,或者故意伤害被绑架人,致人重伤、死亡的,应以绑架罪一罪论处。绑架他人后,故意实施强奸等行为的,则应实行数罪并罚。

考点51 刑讯逼供罪

【大纲要求解读】大纲要求**理解**刑讯逼供罪的概念,**熟悉并能够运用**本罪的认定以及与相关罪名的区分。

【命题要点归纳】

1. 概念:本罪是指司法工作人员对犯罪嫌疑人、被告人使用肉刑或者变相肉刑,逼取口供的行为。犯本罪的，根据《刑法》第247条的规定处罚；刑讯逼供致人伤残、死亡的，以故意伤害罪、故意杀人罪定罪从重处罚。

2. 犯罪构成：

(1) 犯罪客体：犯罪嫌疑人、被告人的健康权和司法机关的正常活动。

(2) 客观方面：客观上表现为对犯罪嫌疑人、被告人使用肉刑或者变相肉刑，逼取口供的行为。

3. 主体是司法工作人员，即有侦查、检察、审判、监管职责的工作人员。监察人员办理职务犯罪案件或者监管职务犯罪嫌疑人时，行使的是侦查、监管职责，在刑法上也属于司法人员，可以成为本罪主体。企业事业单位的公安机构在机构改革过程中虽尚未列入公安机关建制，其工作人员在行使侦查职责时，可以成为本罪主体。未受公安机关正式录用，受委托履行侦查、监管职责的人员或者合同制民警，也可以成为本罪主体。其他人员与司法工作人员伙同刑讯逼供的，以刑讯逼供罪的共犯论处。

4. 主观上只能出于故意，并且具有逼取口供的目的。至于行为人是否得到供述，犯罪嫌疑人、被告人的供述是否符合事实，均不影响本罪成立。犯罪动机不影响本罪成立。

| 考点扩展 |

1. “刑讯的对象”的认定：

(1) 侦查过程中的犯罪嫌疑人和起诉、审判过程中的刑事被告人。犯罪嫌疑人、被告人的行为实际上是否构成犯罪，对本罪的成立没有影响。

(2) 刑讯方法必须是使用肉刑或者变相肉刑。所谓肉刑，是指对被害人的肉体施行暴力，如吊打、捆绑、殴打以及其他折磨肉体的方法。所谓变相肉刑，一般是指对被害人使用非暴力的摧残和折磨，如冻、饿、烤、晒等。二者不存在实质区别，无论是使用肉刑还是变相肉刑，均可成立本罪。

(3) 必须有逼供行为，即逼迫犯罪嫌疑人、被告人作出行为人所期待的口供。没有使用肉刑与变相肉刑的诱供、指供，是错误的审讯方法，但不是刑讯逼供。

2. 本罪与非法拘禁罪的犯罪构成的区别：

(1) 对象不同：前者的对象是犯罪嫌疑人与被告人；后者的对象没有特别限制。

(2) 行为表现不同：前者是使用肉刑或者变相肉刑；后者是非法拘禁或以其他方法剥夺他人人身自由。

(3) 主观内容不同：前者以逼取口供为目的；后者不要求以逼取口供为目的。

(4) 主体不同：前者是司法工作人员；后者是一般主体。一般公民将他人非法拘禁后进行“审问”的，应以非法拘禁罪论处，而不能认定为本罪。

3.《刑法》第247条明文规定：刑讯逼供“致人伤残、死亡的”，依照故意伤害罪、故意杀人罪定罪并从重处罚。这里的“伤残”应理解为重伤或残废，不包括轻伤在内。因为一般伤害的法定刑与刑讯逼供的法定刑相同，故对刑讯逼供造成轻伤的，可以在刑讯逼供罪的法定刑内从重处罚，无须以故意伤害罪从重处罚。刑讯逼供致人死亡，是指由于暴力摧残或者其他虐待行为，致使被害人当场死亡或者经抢救无效死亡。刑讯逼供导致被害人自杀的，一般不宜认定为刑讯逼供致人死亡。

考点52 抢劫罪

【大纲要求解读】大纲要求**理解**抢劫罪的概念，**熟悉并能够运用**本罪的认定以及与相关罪名的区分。

【命题要点归纳】

1. 概念：以非法占有为目的，以暴力、胁迫或者其他方法，强行劫取公私财物的行为。

2. 犯罪构成：

(1) 犯罪客体：他人的财产权和人身权利。本罪的对象为他人的公私财物。抢劫、盗窃等侵犯财产罪中的公私财物,包括虚拟财产在内的无形财物及财产性利益。

(2)客观方面:表现为当场使用暴力、胁迫或者其他强制方法,强行劫取公私财物。暴力、胁迫或者其他强制方法,是抢劫罪的手段行为;强行劫取公私财物,是抢劫罪的目的行为。

(3)犯罪主体:主体是已满14周岁,具有辨认控制能力的自然人。

(4)主观方面:除具有抢劫的故意外,还要求有非法占有目的。

| 考点扩展 |

1.抢劫罪的既遂与未遂的界限。根据有关司法解释,抢劫罪侵犯的是复杂客体,既侵犯财产权利又侵犯人身权利,具备劫取财物或者造成他人轻伤以上后果之一的,均属抢劫既遂;既未劫取财物,又未造成他人人身伤害后果的,属抢劫未遂。据此,《刑法》第263条规定的8种处罚情节中除"抢劫致人重伤、死亡的"这一结果加重情节之外,其余7种处罚情节同样存在既遂、未遂问题,其中属抢劫未遂的,应当根据刑法关于加重情节的法定刑规定,结合未遂犯的处理原则量刑。

2.抢劫罪的共犯。在普通抢劫的场合,甲先实施暴力、胁迫行为压制了被害人的反抗,没有共谋的乙知道真相后,与甲共同强取被害人财物的,对乙宜认定为抢劫罪的共犯,而不应认定为盗窃罪。

对于事后抢劫的共犯,应按照总论关于共同犯罪的原理认定和处理。根据司法解释,两人以上共同实施盗窃、诈骗、抢夺犯罪,其中部分行为人为窝藏赃物、抗拒抓捕或者毁灭罪证而当场使用暴力或者以暴力相威胁的,对于其余行为人是否以抢劫罪共犯论处,主要看其对实施暴力或者以暴力相威胁的行为人是否形成共同犯意、提供帮助。基于一定意思联络,对实施暴力或者以暴力相威胁的行为人提供帮助或实际成为帮凶的,可以抢劫共犯论处。

3.抢劫罪的罪数。行为人实施伤害、强奸等犯罪行为,在被害人未失去知觉的情况下,利用被害人不能反抗、不敢反抗的处境(以能够评价为抢劫罪的手段行为为前提),临时起意劫取他人财物的,应以此前所实施的具体犯罪与抢劫罪实行数罪并罚;在被害人失去知觉或者没有发觉的情形下,以及实施故意杀人犯罪行为之后,临时起意拿走他人财物的,应以此前所实施的具体犯罪与侵占罪(或者盗窃罪)实行数罪并罚。抢劫违禁品后又以违禁品实施其他犯罪的,应以抢劫罪与具体实施的其他犯罪实行数罪并罚。例如,抢劫毒品后又贩卖该毒品的,应当以抢劫罪与贩卖毒品罪实行数罪并罚。又如,行为人对被害人实施暴力,压制被害人反抗,迫使其交付信用卡并说出密码,在验证密码无误后杀害被害人的,应认定为抢劫罪(对象为信用卡)与故意杀人罪(事后利用信用卡在自动取款机或者银行柜台取款的,另成立盗窃罪或者信用卡诈骗罪)。行为人盗窃或者侵占他人信用卡后,使用暴力迫使他人说出密码然后取款的,也应认定为抢劫。但是,抢劫的对象并不是密码本身(因为难以将密码本身评价为财物),而应认为是现金。虽然现金是银行管理者占有,但从交易规则来看,被害人事实上可以通过告知密码的方式处分自己对银行享有的债权,进而使行为人获得现金。

4.抢劫罪的加重犯。根据《刑法》第263条的规定,犯抢劫罪的,处3年以上10年以下有期徒刑,并处罚金。犯抢劫罪有下列情形之一的,处10年以上有期徒刑、无期徒刑或者死刑,并处罚金或者没收财产:(1)入户抢劫的;(2)在公共交通工具上抢劫的;(3)抢劫银行或者其他金融机构的;(4)多次抢劫或者抢劫数额巨大的;(5)抢劫致人重伤、死亡的;(6)冒充军警人员抢劫的;(7)持枪抢劫的;(8)抢劫军用物资或者抢险、救灾、救济物资的。

考点53 盗窃罪

【大纲要求解读】大纲要求**理解**盗窃罪的概念,**熟悉并能够运用**本罪的认定以及与相关罪名的区分。

【命题要点归纳】

1.概念:盗窃罪的对象必须是他人占有的财物,对于自己占有的他人财物不可能成立盗窃罪,盗窃罪的行为是窃取他人占有的财物。

2. 犯罪构成：

(1)犯罪客体：公私财产权。

(2)客观方面：窃取公私财物数额较大，或者多次盗窃、入户盗窃、携带凶器盗窃、扒窃的行为。

(3)犯罪主体：只能是已满16周岁，具有辨认控制能力的自然人。单位组织、指使盗窃，符合盗窃罪相关规定的，以盗窃罪追究组织者、指使者、直接实施者的刑事责任。

(4)主观方面：只能是故意，即明知自己的盗窃行为会发生侵害公私财产的结果，并且希望或者放任这种结果的发生，还具有非法占有目的。

｜ **考点扩展** ｜

窃取公私财物，数额较大，或者多次盗窃、入户盗窃、携带凶器盗窃、扒窃。根据宽严相济的刑事政策，并非只要窃取了公私财物，即构成盗窃罪。盗窃行为在以下5种情形下构成盗窃罪：

1. 盗窃公私财物，数额较大：根据《最高人民法院、最高人民检察院关于办理盗窃刑事案件适用法律若干问题的解释》，盗窃公私财物价值1000元至3000元以上的，为"数额较大"。

2. 多次盗窃：2年内盗窃3次以上的，应当认为"多次盗窃"。

3. 入户盗窃：非法进入供他人家庭生活，与外界相对隔离的住所盗窃的，应当认定为"入户盗窃"。

4. 携带凶器盗窃：不要求行为人明示、暗示带有凶器，更不要求行为人使用凶器。对被害人使用凶器而取得财物的，成立抢劫罪。

5. 扒窃：行为须发生在公共场所或公共交通工具上。

考点54 诈骗罪

【大纲要求解读】大纲要求**理解**诈骗罪的概念，**熟悉并能够运用**本罪的认定以及与相关罪名的区分。

【命题要点归纳】

1. 概念：以非法占有为目的，使用虚构事实或者隐瞒真相的方法，骗取数额较大的公私财物的行为。《刑法》第266条规定了普通诈骗罪，其他章规定了12种特殊诈骗罪。前者与后者是法条竞合的关系，在适用中采取特别法条优于普通法条的原则。诈骗犯罪有特定的行为构造：行为人以非法占有为目的实施欺诈行为→对方产生或者继续维持错误认识→对方基于错误认识处分财物→行为人取得财物→被害人遭受损失。犯本罪的，根据《刑法》第266条的规定处罚。

2. 犯罪构成：

(1)客观方面：表现为使用欺骗方法骗取数额较大的公私财物，成立诈骗罪要求被害人基于错误认识处分财产。

(2)主观方面：故意，并具有非法占有目的。

｜ **考点扩展** ｜

认定诈骗罪时，需要注意特殊类型的诈骗行为：

1. 三角诈骗。通常的诈骗行为只有行为人与被害人，被害人因为被欺骗而产生认识错误，自己处分自己的财物。在这种情况下，被害人与被骗人是同一人。但诈骗罪也可能存在被害人与被骗人不是同一人的情况。例如，乙上班后，其保姆丙在家做家务。被告人甲敲门后欺骗保姆说："你们家的主人让我上门取他的西服去干洗。"丙信以为真，将乙的西服交给甲。乙回家后才知保姆被骗。丙为被骗人，但不是被害人；乙是被害人，但没有被骗。这种财物处分人与被害人不同一的情况称为三角诈骗。所应指出的是，在三角诈骗中，虽然被骗人与被害人可以不是同一人，但被骗人与财物处分人必须是同一人。因为如果被骗人与财物处分人不是同一人，就缺乏"基于错误而处分财物"这一诈骗罪的本质要素。

2. 无钱饮食、住宿。原本没有支付饮食、住宿费用的意思，而伪装具有支付费用的意思，欺骗对方,使对方提供饮食、住宿的,如果数额较大,成立诈骗罪。值得研究的问题是,行为人原本具有支付饮食、住宿费用的意思,但在饮食、住宿后,采取欺骗手段不支付费用的,是否成立诈骗罪?例如,行为人在高档酒店吃完后,声称送走朋友后回来付款。但在将朋友送出酒店后产生了不支付费用的意思,于是趁机逃走。由于被害人并没有因此而免除行为人的债务,即没有处分行为,故对该行为难以认定为诈骗罪。

3. 二重买卖。如甲先将自己的不动产卖给乙,在乙经过登记取得不动产所有权之后,甲为了骗取丙的财物,又隐瞒真相,将该不动产卖给丙,使丙遭受损害。甲的行为成立诈骗罪,丙为被骗人与被害人。但是,如果A将自己的钢琴出卖给B,同时约定,A继续占有钢琴一个月(所有权已转移给B);A在此期间又将该钢琴卖给C(A与C无通谋),使B遭受损失的,对A应认定为侵占罪(A不法处分了自己占有但归B所有的财物)。

4. 电信网络诈骗。电信网络诈骗构成诈骗罪。在处理电信网络诈骗犯罪时,需要正确处理罪数问题。使用非法获取的公民个人信息实施电信网络诈骗,构成侵犯公民个人信息罪与诈骗罪的,应当依法予以并罚。冒充国家机关工作人员实施电信网络诈骗,同时构成诈骗罪和招摇撞骗罪的,依照处罚较重的规定定罪处罚。电信网络诈骗行为人实施《刑法》第287条之一、第287条之二规定之行为,构成非法利用信息网络罪、帮助信息网络犯罪活动罪,同时构成诈骗罪的,依照处罚较重的规定定罪处罚。

5. "套路贷"。"套路贷"并非一律构成诈骗罪。根据相关规定,"套路贷",是对以非法占有为目的,假借民间借贷之名,诱使或迫使被害人签订"借贷"或变相"借贷""抵押""担保"等相关协议,通过虚增借贷金额、恶意制造违约、肆意认定违约、毁匿还款证据等方式形成虚假债权债务,并借助诉讼、仲裁、公证或者采用暴力、威胁以及其他手段非法占有被害人财物的相关违法犯罪活动的概括性称谓。这一概念仅是描述了"套路贷"的手法与步骤,并未将其直接定性为诈骗罪,因为在有些"套路贷"中,被害人确实被欺骗,基于认识错误实施了处分行为(签订了使自己负债的合同),对此应以诈骗罪论处;而在有些"套路贷"中,被害人并未被欺骗,对签订相关协议将会产生何种后果有明确认识,因而不属于被害人基于认识错误处分财物,对此就不能以诈骗罪论处。尤其是,不能因为存在阴阳合同,就认定"套路贷"的出借人构成诈骗罪。出借人为了使高利贷形成合法借贷的假象,自然会与借款人签订阴阳合同;借款人知道阴阳合同的真相,并且按约定的高利贷还款,或者虽未还款,但出借人只是向借款人催讨债务的,不成立诈骗罪。

考点55 抢夺罪

【大纲要求解读】大纲要求**理解**抢夺罪的概念,**熟悉并能够运用**本罪的认定以及与相关罪名的区分。

【命题要点归纳】

1. 概念:以非法占有为目的,直接夺取他人紧密占有的数额较大的公私财物,或者多次夺取他人紧密占有的公私财物的行为。犯本罪的,根据《刑法》第267条的规定处罚。

2. 犯罪构成:

(1)客观方面:直接夺取他人紧密占有的数额较大的财物,或者多次夺取他人紧密占有的公私财物。抢夺行为是直接夺取财物的行为,即直接对财物实施暴力。行为人在被害人当场可以得知财物被抢的情况下实施抢夺行为,被害人可以当场发觉但通常来不及抗拒。抢夺行为不必在不特定人或多数人面前实施。抢夺的对象仅限于他人占有的动产。多次夺取,在与多次盗窃、多次敲诈勒索相平衡的意义上,应指2年内抢夺3次以上。

(2)主观方面:只能是故意,并具有非法占有目的。

3. 抢夺罪与抢劫罪的区别:抢夺行为主要表现为直接对物使用暴力(对物暴力);行为人实施抢夺行为时,被害人通常来不及抗拒,而不是被暴力压制不能抗拒,也不是受胁迫不敢抗拒。这是抢夺罪与抢劫罪的关键区别。对于驾驶机动车、非机动车夺取他人财物的行为性质，不宜一概而论，关键在于利用行驶的机动车、非机动车辆夺取他人财物的行为是否具有对人暴力的性质。如果得出肯定结论，则应认定为抢劫罪。夺取他人财物时因被害人不放手而强行夺取的，驾驶车辆逼挤、撞击或者强行逼倒他人夺取财物的，明知会致人伤亡仍然强行夺取并放任造成财物持有人轻伤以上后果的应当认定为抢劫罪。《刑法》第267条第2款规定，携带凶器抢夺的，以抢劫罪定罪处罚。

(1)只要行为人携带凶器抢夺的，就以抢劫罪论处，而不要求行为人使用暴力、胁迫或者其他方法。

(2)所谓凶器，是指在性质上或者用法上，足以杀伤他人的器物。凶器必须是用于杀伤他人的物品，与犯罪工具不是等同概念。

(3)所谓携带，是指在从事日常生活的住宅或者居室以外的场所，将某种物品带在身上或者置于身边附近，将其置于现实的支配之下的行为。携带凶器应具有随时可能使用或当场能够及时使用的特点，即具有随时使用的可能性。但是，不要求行为人显示凶器(将凶器暴露在身体外部)，也不要求行为人向被害人暗示自己携带着凶器，更不要求行为人使用所携带的凶器。

考点56 侵占罪

【大纲要求解读】大纲要求**理解**侵占罪的概念，**熟悉并能够运用**本罪的认定以及与相关罪名的区分。

【命题要点归纳】

1. 概念：将代为保管的他人财物非法占为己有，数额较大，拒不退还的，或者将他人的遗忘物或者埋藏物非法占为己有，数额较大，拒不交出的行为。犯本罪的，告诉的才处理，根据《刑法》第270条第1款的规定处罚。

2. 侵占罪分为普通侵占与侵占脱离占有物两种类型：

(1)普通侵占，是指将代为保管的他人财物非法占为己有，数额较大，拒不退还的行为。

①本罪客体是他人的财产所有权。

②客观上必须有侵占行为。

③主体必须是代为保管他人财物的人，或者说是他人财物的占有者，因而本罪属于身份犯。

④主观方面表现为故意，即明知是代为保管的他人财物，而不法据为己有。不具有不法所有目的的行为，不可能成立侵占罪。

(2)侵占脱离占有物，是指将他人的遗忘物或者埋藏物非法占为己有，数额较大，拒不交出的行为。遗忘物，是指非基于他人本意而脱离他人占有，偶然(不是基于委托关系)由行为人占有或者占有人不明的财物。民法上的遗失物，也属于刑法上的遗忘物。埋藏物，是指埋藏于地下，所有人不明或应由国家所有的财物。如果是他人有意埋藏于地下的财物，则属于他人占有的财物，而非埋藏物。行为人不法取得的，成立盗窃罪；如果行为人不知道有所有人，则属于事实认识错误，虽不成立盗窃罪，但成立侵占罪。

| 考点扩展 |

1. 侵占罪与盗窃罪的关系：盗窃罪只能是盗窃他人占有的财物，对自己占有的财物不可能成立盗窃罪；普通侵占是侵占自己占有的他人财物，侵占脱离占有物是侵占遗忘物或者埋藏物。判断财物由谁占有、是否脱离占有，是判断行为成立侵占罪还是盗窃罪的关键。

2. 侵占罪与诈骗罪的关系：行为人出于非法占有目的，欺骗被害人，使其将财物交付给行为人"代为保管"，进而非法占为己有的，应认定为诈骗罪。通说认为，行为人接受委托代为保管他人财物，非法将财物占为己有后，在被害人请求返还时，虚构财物被盗等理由，使被害人免除行为人的返还义务的，仅成立侵占罪。因为该行为仅侵害了被害人的同一法益，事后的欺骗行为属于为了确保对同一侵占物的不法占有而实施的共罚的事后行为，故不另成立诈骗罪。

考点57 敲诈勒索罪

【大纲要求解读】大纲要求**理解**敲诈勒索罪的概念，**熟悉并能够运用**本罪的认定以及与相关罪名的区分。

【命题要点归纳】

1. 概念：以非法占有为目的，对他人实行威胁，索取公私财物数额较大或者多次索取公私财物的行为。敲诈勒索罪的基本结构是：行为人以非法占有为目的对他人实行威胁→对方产生恐惧心理→对方基于恐惧心理处分财产→行为人或第三者取得财产→被害人遭受财产损失。犯本罪的，根据《刑法》第274条的规定处罚。

2. 犯罪构成：

(1) 客观方面：表现为威胁他人，使之处分财产，从而索得数额较大的公私财物，或者多次向他人索取公私财物。威胁，是指以恶害相通告迫使被害人处分财产，即如果不按照行为人的要求处分财产，就会当场或在将来的某个时间遭受恶害(如果当场遭受的恶害是足以压制他人反抗的暴力，则成立抢劫罪)。威胁内容的种类没有限制，包括对被害人及其亲属等人的生命、身体、自由、名誉等进行威胁。成立本罪，行为人必须敲诈勒索了数额较大的财物。在敲诈勒索的财物数额不大时，如果属于多次敲诈勒索，同样可以构成本罪。根据司法解释，2年内敲诈勒索3次以上的，属于多次敲诈勒索。

(2) 主观方面：只能是故意，并具有非法占有目的。

| 考点扩展 |

注意正确处理“碰瓷”案件。所谓“碰瓷”，是指行为人通过故意制造或者编造其被害假象，采取诈骗、敲诈勒索等方式非法索取财物的行为。实施“碰瓷”，具有下列行为之一，敲诈勒索他人财物，符合《刑法》第274条规定的，以敲诈勒索罪定罪处罚：(1) 实施撕扯、推搡等轻微暴力或者围困、阻拦、跟踪、贴靠、滋扰、纠缠、哄闹、聚众造势、扣留财物等软暴力行为的；(2) 故意制造交通事故，进而利用被害人违反道路通行规定或者其他违法违规行为相要挟的；(3) 以揭露现场掌握的当事人隐私相要挟的；(4) 扬言对被害人及其近亲属人身、财产实施侵害的。

考点58 破坏生产经营罪 2024 New

【大纲要求解读】大纲要求**理解**破坏生产经营罪的概念，**熟悉并能够运用**本罪的认定以及与相关罪名的区分。

【命题要点归纳】

本罪是指出于泄愤报复或者其他个人目的，毁坏机器设备、残害耕畜或者以其他方法破坏生产经营的行为。行为人实施了破坏生产经营的行为，这是构成本罪的核心。这里的“生产经营”，包括一切经济形式的生产经营，不问其所有制性质。破坏生产经营的方法，包括毁坏机器设备、残害耕畜或者其他方法。“其他方法”是指与毁坏机器设备、残害耕畜具有相当性的方法，即能够导致生产经营的某个环节难以正常进行的破坏性方法，如损毁设计图纸、污损原材料、切断生产所需电力等。破坏的对象是进行正常生产经营活动所需的物质条件。破坏不属于正常生产经营所需的物质条件，如破坏已经报废的机器设备的，不构成本罪。对本罪客观要件的把握，应与网络时代的社会现实相适应。例如，行为人通过在网络交易平台恶意大量购买他人商品或服务，导致商家被网络交易平台认定为虚假交易进而被采取商品搜索降权的管控措施，造成商家损失严重的，该行为属于以其他方法破坏生产经营，构成本罪。成立本罪要求行为人主观上具有泄愤报复或者其他个人目的。只要破坏生产经营行为无正当理由，就可以认定行为人存在“其他个人目的”。如为打击、排挤对手或者掩盖自己业绩不达标，而破坏生产经营的行为，成立本罪。以放火、爆炸等方法破坏厂矿、企业的机器设备、生产设施和耕畜、农具以及其他生产资料等，足以危害公共安全的，成立放火罪、爆炸罪等犯罪与破坏生产经营罪的想象竞合犯，从一重罪处断，对行为人应以放火罪、爆炸罪等犯罪论处。犯本罪的，根据《刑法》第276条的规定处罚。

考点59 冒名顶替罪

【大纲要求解读】大纲要求**理解**冒名顶替罪的概念，**熟悉并能够运用**本罪的认定以及与相关罪名的区分。

【命题要点归纳】

盗用、冒用他人身份，顶替他人取得的高等学历教育入学资格、公务员录用资格、就业安置待遇的行为。如果行为人顶替他人取得前述三种资格、待遇之外的其他资格、待遇的，如盗用、冒用他人身份，顶替他人取得重点中学的入学资格、私营企业的录用资格、荣誉称号待遇的，不构成本罪。被顶替人同意行为人使用其身份，顶替其取得的高等学历教育入学资格、公务员录用资格、就业安置待遇的，属于违法行为，但不构成本罪。

根据《刑法》第280条之二第2款的规定，组织、指使行为人盗用、冒用他人身份，顶替他人取得的高等学历教育入学资格、公务员录用资格、就业安置待遇的，以本罪从重处罚。根据《刑法》第280条之二第3款的规定，国家工作人员实施冒名顶替行为，或者组织、指使他人实施冒名顶替行为，又构成其他犯罪的，依照数罪并罚的规定处罚。

犯本罪的，根据《刑法》第280条之二的规定处罚。

考点60 非法获取计算机信息系统数据、非法控制计算机信息系统罪

【大纲要求解读】大纲要求**理解**非法获取计算机信息系统数据、非法控制计算机信息系统罪的概念，**熟悉并能够运用**本罪的认定以及与相关罪名的区分。

【命题要点归纳】

本罪是指自然人或者单位违反国家规定，侵入国家事务、国防建设、尖端科学技术领域的计算机信息系统以外的其他计算机信息系统或者采用其他技术手段，获取该计算机信息系统中存储、处理或者传输的数据，或者对该计算机信息系统实施非法控制，情节严重的行为。通过植入木马程序的方式，非法获取网站服务器的控制权限，进而通过修改、增加计算机信息系统数据，向相关计算机信息系统上传网页链接代码的，属于“采用其他技术手段”非法控制计算机信息系统的行为。只要是通过非法侵入方式或者其他技术手段，违反他人意志，获取他人计算机信息系统中存储、处理或者传输的部分数据或者全部数据的，均属于本罪的“获取”；获取后是否利用该数据，不影响本罪的成立。因此，侵入计算机信息系统后下载其储存的数据，可以认定为非法获取计算机信息系统数据。通过非法侵入方式或者通过修改、增加计算机信息系统数据等其他技术手段，违反他人意志完全控制或者部分控制他人计算机信息系统的（能够接受行为发出的指令，完成相应的操作），均属于“非法控制”。明知是他人非法控制的计算机信息系统，而对该计算机信息系统的控制权加以利用的，也属于“非法控制”。犯本罪的，根据《刑法》第285条第2款的规定处罚。

考点61 高空抛物罪

【大纲要求解读】大纲要求**理解**高空抛物罪的概念，**熟悉并能够运用**本罪的认定以及与相关罪名的区分。

【命题要点归纳】

1. 概念：从建筑物或者其他高空抛掷物品，情节严重的行为。犯本罪的，根据《刑法》第291条之二的规定处罚。

2. 犯罪构成：本罪在客观方面表现为从建筑物或者其他高空抛掷物品，情节严重。本罪只能由故意构成，过失导致物品坠落的，不成立本罪。

3. 实施高空抛物行为同时构成其他犯罪的，属于想象竞合，从一重罪处罚：

(1)故意从高空抛掷燃烧物或者爆炸物，足以或者已经引起火灾或者爆炸，危害公共安全的，按放火罪、爆炸罪定罪处罚；过失行为引起火灾或者爆炸，符合《刑法》第115条第2款规定的，按失火罪、过失爆炸罪定罪处罚。

(2)在高空下有人的情形下，故意实施的高空抛物行为已经致人死亡的，应当认定为故意杀人既遂，按故意杀人罪定罪处罚。因为任何人都知道高空抛物可能致人死亡，既然如此，就可以肯定行为人对被害人的死亡至少具有间接故意。

(3)在高空下有人的情形下，故意实施的高空抛物行为具有致人死亡的具体危险的，应当认定为故意杀人未遂，按故意杀人罪(未遂)定罪处罚。同时具备以下两个条件的，应当认定为高空抛物行为具有致人死亡的具体危险：一是物品可能砸中他人，亦即，在行为人高空抛物时，高空下有具体的人；二是所抛之物产生了剥夺他人生命的危险。至于高空下的具体人数是多少，则不影响故意杀人罪的认定。换言之，即使高空下的人员众多，即使行为人所抛之物很多，也只需要认定为故意杀人罪，一般不应认定为以危险方法危害公共安全罪，因为高空抛物行为通常只能危害特定的个人，不足以危害公共安全。

(4)过失实施的高空抛物行为致人死亡的，应按过失致人死亡罪定罪处罚；致人重伤的，按过失致人重伤罪定罪处罚。

(5)在生产、作业中违反有关安全管理的规定，从高空坠落物品，发生重大伤亡事故或者造成其他严重后果的，按重大责任事故罪定罪处罚。强令工人违章高空抛物，因而发生重大伤亡事故或者造成其他严重后果的，按强令、组织他人违章冒险作业罪定罪处罚。

(6)故意实施的高空抛物行为，没有致人伤亡的危险，导致财物毁坏，达到数额较大或者情节严重标准的，应按故意毁坏财物罪定罪处罚。

(7)故意实施的高空抛物行为，导致他人身体伤害的，应按故意伤害罪定罪处罚。

考点62 窝藏、包庇罪

【大纲要求解读】大纲要求**理解**窝藏、包庇罪的概念，**熟悉并能够运用**本罪的认定以及与相关罪名的区分。

【命题要点归纳】

1. 概念：本罪可分解为窝藏罪与包庇罪。窝藏罪，是指明知是犯罪的人而为其提供隐藏处所、财物，帮助其逃匿的行为；包庇罪，是指明知是犯罪的人而作假证明包庇的行为。犯本罪的，根据《刑法》第310条的规定处罚。

2. 犯罪构成：

(1)犯罪客体：国家的刑事司法秩序。

(2)客观方面：必须实施了窝藏或包庇犯罪人的行为。首先，行为人所窝藏或者包庇的必须是“犯罪的人”。其次，行为人必须实施了窝藏、包庇行为。

(3)犯罪主体：为一般主体。犯罪的人自己窝藏、逃匿的，不能成立本罪。共同犯罪人之间互相实施的窝藏、包庇行为，不以窝藏、包庇罪定罪处罚，但对共同犯罪以外的犯罪人实施窝藏、包庇行为的，以所犯共同犯罪和窝藏、包庇罪并罚。犯罪的人教唆他人对自己实施窝藏、包庇罪时，实施了窝藏、包庇的人构成本罪，但犯罪的人不成立本罪的教唆犯。

(4)主观方面：必须出于故意，即明知是犯罪的人而实施窝藏、包庇行为。

| 考点扩展 |

1. 正确区分本罪与事前有通谋的共同犯罪。窝藏、包庇行为是在被窝藏、包庇的人犯罪后实施的,其犯罪故意也是在他人犯罪后产生的,即只有在与犯罪人没有事前通谋的情况下,实施窝藏、包庇行为的,才成立本罪。如果行为人事前与犯罪人通谋,商定待犯罪人实行犯罪后予以窝藏、包庇的,则成立共同犯罪。因此,《刑法》第310条第2款规定,犯窝藏、包庇罪,事前通谋的,以共同犯罪论处。在这种情况下,即使共同犯罪所犯之罪的法定刑低于窝藏、包庇罪的法定刑,也应以共同犯罪论处。

2. 正确区分本罪与伪证罪。(1)本罪为一般主体;而伪证罪是特殊主体,只限于证人、鉴定人、记录人与翻译人;(2)本罪发生的时间没有限制;而伪证罪必须发生在刑事诉讼中;(3)本罪是通过使犯罪人逃匿或者采取其他庇护方法,使其逃避刑事制裁;伪证罪掩盖的是与案件有重要关系的犯罪情节;(4)窝藏、包庇的对象既可以是犯罪嫌疑人、被告人,也可以是受有罪宣告的犯罪人;而伪证罪所包庇的对象只能是犯罪嫌疑人、被告人。

3. 正确认定罪数。为帮助同一个犯罪的人逃避刑事处罚,实施窝藏、包庇行为,又实施洗钱行为,或者掩饰、隐瞒犯罪所得及其收益行为,或者帮助毁灭证据行为,或者作伪证行为的,依照处罚较重的犯罪定罪,并从重处罚,不实行数罪并罚。

考点63 掩饰、隐瞒犯罪所得、犯罪所得收益罪

【大纲要求解读】大纲要求**理解**掩饰、隐瞒犯罪所得、犯罪所得收益罪的概念,**熟悉并能够运用**本罪的认定以及与相关罪名的区分。

【命题要点归纳】

1. 概念:指明知是犯罪所得及其产生的收益,而予以窝藏、转移、收购、代为销售或者以其他方法掩饰、隐瞒的行为。本罪名属于选择性罪名。刑法理论上一般将本罪简称为赃物犯罪。犯本罪的,根据《刑法》第312条的规定处罚。

2. 犯罪构成:

(1)犯罪客体:司法机关(包括监察机关)的正常活动。具体而言,掩饰、隐瞒犯罪所得及其收益的行为,妨害了司法机关顺利进行刑事案件的侦查、起诉、审判以及追缴赃物的活动。

(2)客观方面:对犯罪所得及其产生的收益,予以窝藏、转移、收购、代为销售或者以其他方法掩饰、隐瞒的行为。

(3)犯罪主体:既可以是自然人,也可以是单位,但不包括本犯,即上游犯罪人窝藏、转移、销售、掩饰、隐瞒自己犯罪所得及其产生的收益的行为,不成立本罪。

(4)主观方面:故意,即明知是犯罪所得及其产生的收益,而予以窝藏、转移、收购、代为销售或者以其他方法掩饰、隐瞒。

| 考点扩展 |

本罪与洗钱罪的区别:首先,洗钱罪只限于掩饰、隐瞒毒品犯罪、黑社会性质的组织犯罪、恐怖活动犯罪、走私犯罪、贪污贿赂犯罪、破坏金融管理秩序犯罪、金融诈骗犯罪的所得及其产生的收益的来源和性质行为,而本罪包括对其他犯罪所得及其产生收益的掩饰与隐瞒。其次,两罪的行为不完全相同。洗钱罪包括各种掩饰、隐瞒犯罪所得及其收益的来源和性质的行为,而本罪是对犯罪所得及其产生的收益本身实行窝藏、转移、收购、代为销售等掩饰与隐瞒行为。但是,不排除一个行为同时触犯本罪与洗钱罪的情形。明知是犯罪所得及其产生的收益而予以掩饰、隐瞒,既构成本罪,同时又构成洗钱罪等其他犯罪的,依照处罚较重的规定定罪处罚。

考点64 走私、贩卖、运输、制造毒品罪

【大纲要求解读】大纲要求**理解**走私、贩卖、运输、制造毒品罪的概念,**熟悉并能够运用**本罪的认

定以及与相关罪名的区分。

【命题要点归纳】

1. 概念：本罪是指违反毒品管理法规，走私、贩卖、运输、制造毒品的行为。犯本罪的，根据《刑法》第347条的规定处罚。

2. 犯罪构成：

（1）犯罪客体：国家对麻醉药品和精神药品的监管秩序。

（2）客观方面：行为人实施了走私、贩卖、运输、制造毒品的行为。

（3）犯罪主体：既可以是自然人，也可以是单位。在自然人主体中，已满14周岁不满16周岁，具有辨认控制能力的人，可以成为贩卖毒品罪的主体；走私、运输、制造毒品罪的主体必须是已满16周岁，具有辨认控制能力的人。

（4）主观方面：本罪只能由故意构成，过失不能构成本罪。成立本罪，要求行为人认识到自己走私、贩卖、运输、制造的是毒品，但不要求行为人认识到毒品的名称、化学成分、效用等具体性质。而且，不管行为人是认识到肯定是毒品，还是认识到可能是毒品，都属于认识到是毒品，不影响犯罪的成立。对毒品种类产生错误认识的，也不影响本罪的成立（但有时可能影响到量刑）。

3. 从重处罚的情形：

（1）利用、教唆未成年人走私、贩卖、运输、制造毒品或者向未成年人出售毒品的，从重处罚。这里的未成年人是指未满18周岁的人。

（2）因走私、贩卖、运输、制造、非法持有毒品被判过刑，又犯走私、贩卖、运输、制造毒品罪的，从重处罚。这是关于再犯从重处罚的规定。不论前罪何时受处罚，不论判处何种刑罚，不论处刑轻重，对新罪一律从重处罚。

｜ 考点扩展 ｜

1. 正确区分本罪的既遂与未遂：走私、贩卖、运输、制造毒品罪有四种行为方式，其既遂与未遂的标准因行为方式而异。

（1）走私毒品主要分为输入毒品与输出毒品，只要明确了输入毒品的既遂与未遂标准，输出毒品的既遂与未遂标准就容易解决了。关于输入毒品的既遂标准，宜采取到达说，即装载毒品的船舶到达本国港口或航空器到达本国领土内时为既遂，否则为未遂。

（2）刑法理论一般认为，贩卖以毒品实际上转移给买方为既遂，转移毒品后行为人是否已经获取了利益，则并不影响既遂的成立。毒品实际上没有转移时，即使已经达成转移的协议，或者行为人已经获得了利益，也不宜认定为既遂。

（3）行为人为了运输而开始搬运毒品时，是运输毒品罪的着手，由于行为人意志以外的原因不能或没有进入正式的运输状态时为未遂；否则即为既遂。例如，行为人以邮寄方式运输毒品时，在邮件包装过程中被查获的，属于未遂；如果已将装有毒品的邮件交付给邮局，则为既遂。再如，使用交通工具运输毒品的，当毒品置入交通工具内，交通工具已经进入行驶状态时，即为既遂。

（4）制造毒品罪应以实际上制造出毒品为既遂标准，至于所制造出来的毒品数量多少、纯度高低等，都不影响既遂的成立。着手制造毒品后，没有实际上制造出毒品的，则是制造毒品未遂。需注意的是，行为人以为自己所使用的原料与配料能够制造出毒品，但事实上未能制造出毒品，且客观上也没有制造出毒品的具体危险的，不能以犯罪论处。

2. 单位犯走私、贩卖、运输、制造毒品罪的，对单位判处罚金，并对其直接负责的主管人员和其他直接责任人员，依照《刑法》第347条的规定处罚。

3. 共同犯罪的认定：办理贩卖毒品案件，应当准确认定居间介绍买卖毒品行为。居间介绍者在毒品交易中处于中间人地位，发挥介绍联络作用，通常与交易一方构成共同犯罪，但不以牟利为要件。居间介绍者受贩毒者委托，为其介绍联络购毒者的，与贩毒者构成贩卖毒品罪的共同犯罪；明知购毒者以贩卖为目的购买毒品，受委托为其介绍联络贩毒者的，与购毒者构成贩卖毒品罪的共同犯罪；受以吸食为目的的购毒者委托，为其介绍联络贩毒者，毒品数量达到法定标准的，一般与购毒者构成非法持有毒品罪的共同犯罪；同时与贩毒者、购毒者共谋，联络促成双方交易的，通常认定与贩毒者构成贩卖毒品罪的共同犯罪。

两人以上同行运输毒品的，应当从是否明知他人带有毒品，有无共同运输毒品的意思联络，有无实施配合、掩护他人运输毒品的行为等方面综合审查认定是否构成共同犯罪。受雇于同一雇主同行运输毒品，但受雇者之间没有共同犯罪故意，或者虽然明知他人受雇运输毒品，但各自的运输行为相对独立，既没有实施配合、掩护他人运输毒品的行为，又分别按照各自运输的毒品数量领取报酬的，不应认定为共同犯罪。受雇于同一雇主分段运输同一宗毒品，但受雇者之间没有犯罪共谋的，也不应认定为共同犯罪。雇用他人运输毒品的雇主，及其他对受雇者起到一定组织、指挥作用的人员，与各受雇者分别构成运输毒品罪的共同犯罪，对运输的全部毒品数量承担刑事责任。

考点65 非法持有毒品罪

【大纲要求解读】大纲要求**理解**非法持有毒品罪的概念，**熟悉并能够运用**本罪的认定以及与相关罪名的区分。

【命题要点归纳】

1. 概念：明知是毒品而非法持有且数量较大的行为。犯本罪的，根据《刑法》第 348 条的规定处罚。量刑时，既要考虑行为人所持有的毒品数量与种类，也要考虑其他情节，还应注意适用《刑法》第 356 条关于再犯从重处罚的规定。

2. 犯罪构成：

（1）客观方面表现为非法持有数量较大的毒品。

（2）主观要件是故意，行为人必须明知自己持有的是毒品或者可能是毒品，但不要求行为人明确知道毒品的具体种类与数量。

3. 罪数：走私、贩卖、运输、制造毒品的犯罪人，都必然非法持有毒品，因此，如果行为人是因为走私、贩卖、运输、制造毒品而非法持有毒品的，不能认定为本罪，而应认定为走私、贩卖、运输、制造毒品罪，也不能将该罪与非法持有毒品罪实行并罚。因为，在走私、贩卖、运输、制造毒品的情况下，非法持有毒品要么是其行为的当然结果或者必经阶段，因而属于吸收犯；要么是一行为触犯数罪名，因而只需从一重罪论处。

考点66 贪污罪

【大纲要求解读】大纲要求**理解**贪污罪的概念，**熟悉并能够运用**本罪的认定以及与相关罪名的区分。

【命题要点归纳】

1. 概念：国家工作人员利用职务上的便利，侵吞、窃取、骗取或者以其他手段非法占有公共财物的行为。

2. 犯罪构成：

（1）犯罪客体：国家工作人员的职务廉洁性和公共财产权。

（2）客观方面：国家工作人员利用职务上的便利，侵吞、窃取、骗取或者以其他手段非法占有公共财物，数额较大或者有其他较重情节。

（3）犯罪主体：应是国家工作人员，此外，一般公民与上述人员勾结，伙同贪污的，以贪污罪的共犯论处。

（4）主观方面：只能是故意，并具有非法占有目的。

| **考点扩展** |

1. 本罪既遂标准：贪污罪是一种以非法占有为目的的财产性职务犯罪，与盗窃、诈骗、抢夺等侵犯财产罪一样，应当以行为人是否实际控制财物作为区分贪污罪既遂与未遂的标准。对于行为人利用职务上的便利，实施了虚假平账等贪污行为，但公共财物尚未实际转移，或者尚未被行为人控制就被查获的，应当认定为贪污未遂。行为人控制公共财物后，是否将财物据为己有，不影响贪污既遂的认定。

2. 贪污罪与盗窃罪、诈骗罪、侵占罪的区分。贪污罪的行为包括了侵占、窃取、骗取公共财物的行为，它们之间的主要区别在于：前者的对象仅限于公共财物，后者的对象既可以是公共财物，也可以是公民私人所有的财物；前者的行为包括利用职务之便的侵吞、窃取、骗取及其他手段，后者的行为分别是特定的窃取、骗取与侵占行为，不要求利用职务之便；前者的主体是特殊主体，后者的主体为一般主体。

3. 贪污罪与职务侵占罪的区分：区分贪污罪与职务侵占罪的关键在于行为主体是否为国家工作人员。此外，贪污的对象只能是公共财物，其中主要是国有财物；而职务侵占罪的对象虽然可以是公共财物（如集体所有的财物），但还包括私营公司、企业的财物。当行为人将基于职务占有的单位财物据为己有时，贪污罪中的侵吞行为与职务侵占罪是一种特别关系（贪污罪对身份与对象的要求高于职务侵占罪），侵吞类型的贪污行为也必然符合职务侵占罪的犯罪构成，但应当认定为贪污罪，而不能认定为职务侵占罪。

考点67 挪用公款罪

【大纲要求解读】大纲要求**理解**挪用公款罪的概念，**熟悉并能够运用**本罪的认定以及与相关罪名的区分。

【命题要点归纳】

1. 概念：本罪是指国家工作人员利用职务上的便利，挪用公款归个人使用，进行非法活动的；或者挪用公款数额较大、进行营利活动的；或者挪用公款数额较大、超过3个月未还的行为。

2. 犯罪构成：

（1）犯罪客体：国家工作人员职务行为的廉洁性和公共财产权。

（2）客观方面：国家工作人员利用职务上的便利挪用公款归个人使用，在此前提下分为三种情况：①挪用公款进行非法活动；②挪用公款数额较大、进行营利活动；③挪用公款进行营利活动、非法活动以外的活动，数额较大，挪用时间超过3个月。

（3）犯罪主体：国家工作人员。挪用公款给他人使用，使用人与挪用人共谋，指使或者参与策划取得挪用款的，以挪用公款罪的共犯定罪处罚。

（4）主观方面：故意，但不要求行为人具有将公款不法据为己有的目的。构成本罪，要求行为人明知自己的行为侵犯了公款的占有权、使用权与收益权以及职务行为的廉洁性，并希望或者放任这种结果的发生。如果具有非法占有目的（不归还公款的意思或不法所有的意思），则以贪污罪论处。

| **考点扩展** |

挪用公款归个人使用分为3种类型，各种类型的成立条件不完全相同。根据《刑法》的规定以及《最高人民法院关于审理挪用公款案件具体应用法律若干问题的解释》（简称《挪用案件解释》）和《最高人民法院、最高人民检察院关于办理贪污贿赂刑事案件适用法律若干问题的解释》（简称《贪污贿赂案件解释》），挪用公款的3种类型是：

（1）挪用公款归个人使用，进行赌博、走私等非法活动的，构成挪用公款罪，不受“数额较大”和挪用时间的限制。但根据《贪污贿赂案件解释》，“挪用公款归个人使用，进行非法活动的”，数额在3万元以上的，应当追究刑事责任。挪用公款给他人使用，不知道使用人将公款用于非法活动，数额较大、超过3个月未还的，构成挪用公款罪；明知使用人将公款用于非法活动的，应当认定为挪用人挪用公款进行非法活动。

(2)挪用公款数额较大，归个人进行营利活动的，构成挪用公款罪，不受挪用时间和是否归还的限制。在案发前部分或者全部归还本息的，可以从轻处罚；情节轻微的，可以免除处罚。挪用公款存入银行、用于集资、购买股票、国债等，属于挪用公款进行营利活动。所获取的利息、收益等违法所得，应当追缴，但不计入挪用公款的数额。根据司法实践，挪用公款归还个人欠款的，应当根据产生欠款的原因，分别认定属于挪用公款的何种情形。归还个人进行非法活动或者进行营利活动产生的欠款，应当认定为挪用公款进行非法活动或者进行营利活动。申报注册资本是为进行生产经营活动作准备，属于成立公司、企业进行营利活动的组成部分。因此，挪用公款归个人用于公司、企业注册资本验资证明的，应当认定为挪用公款进行营利活动。根据《贪污贿赂案件解释》，挪用公款归个人使用，"数额较大、进行营利活动的"，以5万元为"数额较大"的起点。挪用公款给他人使用，不知道使用人将公款用于营利活动，数额较大、超过3个月未还的，构成挪用公款罪；明知使用人将公款用于营利活动的，应当认定为挪用人挪用公款进行营利活动。

(3)挪用公款归个人使用(进行其他活动)，数额较大、超过3个月未还的，构成挪用公款罪。"超过3个月未还"，实际上是指行为人挪用公款后在3个月之内没有归还，或者说，行为人挪用公款的时间超过了3个月。根据《挪用案件解释》，挪用正在生息或者需要支付利息的公款归个人使用，数额较大，超过3个月但在案发前全部归还本金的，可以从轻处罚或者免除处罚。给国家、集体造成的利息损失应予追缴。挪用公款数额巨大，超过3个月，案发前全部归还的，可以酌情从轻处罚。根据《贪污贿赂案件解释》，挪用公款归个人使用，"数额较大、超过3个月未还的"，以5万元为"数额较大"的起点。

此外，挪用救灾、抢险、防汛、优抚、扶贫、移民、救济款物归个人使用的数额标准，参照挪用公款归个人使用进行非法活动的数额标准。

考点68 受贿罪

【大纲要求解读】大纲要求**理解**受贿罪的概念，**熟悉并能够运用**本罪的认定以及与相关罪名的区分。

【命题要点归纳】

1. 概念：国家工作人员，利用职务上的便利，索取他人财物的，或者非法收受他人财物为他人谋取利益，数额较大或者有其他较重情节的行为。

2. 犯罪构成：

(1)犯罪客体：国家工作人员职务行为的廉洁性。

(2)客观方面：利用职务上的便利，索取他人财物，或者非法收受他人财物为他人谋取利益，数额较大或者有其他较重情节的行为。

(3)犯罪主体：国家工作人员。

(4)主观方面：故意。

3. 斡旋受贿的认定：根据《刑法》第388条的规定，国家工作人员利用本人职权或者地位形成的便利条件，通过其他国家工作人员职务上的行为，为请托人谋取不正当利益，索取请托人财物或者收受请托人财物的，以受贿论处。这在刑法理论上称为斡旋受贿。斡旋受贿不是国家工作人员就自身的职务行为索取或者收受财物，而是利用国家工作人员的职权或者地位形成的便利条件，就其他国家工作人员的职务行为进行斡旋，使其他国家工作人员利用职务上的便利为请托人谋取不正当利益，从而索取或者收受财物。构成斡旋受贿，需要具备如下条件：

(1)利用本人职权或者地位形成的便利条件，并不要求行为人积极地利用其职权或地位，只要立于国家工作人员的立场实施斡旋行为即可。

(2)接受他人请托,使其他国家工作人员实施(包括放弃)职务上的行为,为请托人谋取不正当利益。与普通受贿相对应,只要请托人的事项不正当,行为人对此有认识即可,不要求已经为请托人谋取了不正当利益,也不要求其他国家工作人员认识到行为人索取、收受财物,但要求行为人对其他国家工作人员提出了为请托人谋取不正当利益的请求、约定。至于其他国家工作人员是否许诺、答应行为人的请求,是否为请托人谋取了不正当利益,则不影响斡旋受贿的成立。因为斡旋受贿中的财物,是指斡旋行为的对价(不正当报酬),而不是其他国家工作人员职务行为的对价。

(3)向请托人索取财物或者收受请托人的财物,这种财物是行为人使其他国家工作人员为请托人谋取不正当利益的行为的不正当报酬。

4. 受贿罪的共犯:

(1)一般公民或者国家工作人员的亲属教唆或者帮助国家工作人员受贿的,成立受贿罪的共犯(教唆犯或者帮助犯),但不可能成立间接正犯与共同正犯。

(2)国家工作人员的家属事前接受请托人的财物后,将实情告知国家工作人员,国家工作人员不要求家属及时退还或者上交的,成立受贿罪的共同犯罪;国家工作人员要求家属及时退还或者上交,家属隐瞒真相没有退还或者上交的,国家工作人员不构成受贿罪,对家属也不能以受贿罪的共犯论处。

(3)在请托人有求于国家工作人员的职务行为时,国家工作人员要求请托人将财物交付给第三者时,如果第三者知情并接收财物的,应以受贿罪的共犯论处。

(4)国家工作人员将收受的房屋、汽车等登记在第三人名下时,第三人在登记前或者登记时知情并提供相关证件等帮助的,对第三人应以受贿罪的共犯论处。第三人事后才知情,不能认定为受贿罪的共犯。

(5)国家工作人员索取、收受储蓄卡、购物卡、现金支票以及其他债权凭证后,第三者帮助国家工作人员将债权凭证转换为现金或者其他财物的,由于国家工作人员的受贿行为已经既遂,故第三者的行为不成立受贿罪的共犯;如果第三者知情,则应以洗钱罪或者掩饰、隐瞒犯罪所得罪论处。

(6)国家工作人员与公司、企业等单位的工作人员(非国家工作人员)通谋,利用国家工作人员的职务便利,或者同时利用双方的职务便利,索取或者收受财物的,对双方均应认定为受贿罪。

5. 罪数:国家工作人员既可能先收受财物而后实施为他人谋取利益的行为,也可能先实施为他人谋取利益的行为而后收受财物。国家工作人员所实施的为他人谋取利益的行为构成犯罪时,除刑法有特别规定的以外,应当认定为数罪,实行并罚。例如,国有公司中从事公务的人员收受他人财物后,私自将公司的公款挪出给他人使用的,成立受贿罪与挪用公款罪,实行并罚。

考点69 利用影响力受贿罪

【大纲要求解读】大纲要求**理解**利用影响力受贿罪的概念,**熟悉并能够运用**本罪的认定以及与相关罪名的区分。

【命题要点归纳】

1. 概念:本罪是指国家工作人员的近亲属或者其他与该国家工作人员关系密切的人,通过该国家工作人员职务上的行为,或者利用该国家工作人员职权或者地位形成的便利条件,通过其他国家工作人员职务上的行为,为请托人谋取不正当利益,索取请托人财物或者收受请托人财物,数额较大或者有其他较重情节的行为。犯本罪的,根据《刑法》第388条之一的规定处罚。

2. 本罪包括两种类型:

(1)国家工作人员的近亲属或者其他与该国家工作人员关系密切的人,通过该国家工作人员职务上的行为,或者利用该国家工作人员职权或者地位形成的便利条件,通过其他国家工作人员职务上的行为,为请托人谋取不正当利益,索取请托人财物或者收受请托人财物,数额较大或者有其他较重情节的行为。

(2)离职的国家工作人员或者其近亲属以及其他与其关系密切的人,利用该离职的国家工作人员原职权或者地位形成的便利条件，通过其他国家工作人员职务上的行为，为请托人谋取不正当利益，索取请托人财物或者收受请托人财物，数额较大或者有其他较重情节的行为。

考点70 行贿罪

【大纲要求解读】大纲要求**理解**行贿罪的概念，**熟悉并能够运用**本罪的认定以及与相关罪名的区分。

【命题要点归纳】

1. 概念：为谋取不正当利益，给予国家工作人员以财物的行为。犯本罪的，根据《刑法》第390条的规定处罚。

2. 犯罪构成：

(1)客观方面：给予国家工作人员以财物的行为。

(2)主观方面：故意，并且具有谋取不正当利益的目的。

3. 罪数：行贿人反复要求国家工作人员接受自己给予的财物的，仅成立行贿罪，不同时成立受贿罪的教唆犯。但是，行为人不仅自己向国家工作人员行贿，而且劝说国家工作人员接受第三者给予的财物的，则成立行贿罪与受贿罪的共犯，实行数罪并罚。行贿人谋取不正当利益的行为构成犯罪的，应当与行贿犯罪实行数罪并罚。

考点71 滥用职权罪

【大纲要求解读】大纲要求**理解**滥用职权罪的概念，**熟悉并能够运用**本罪的认定以及与相关罪名的区分。

【命题要点归纳】

1. 概念：国家机关工作人员滥用职权，致使公共财产、国家和人民利益遭受重大损失的行为。犯本罪的，根据《刑法》第397条的规定处罚。

2. 犯罪构成：

(1)犯罪客体：国家机关职权的不可亵渎性。

(2)客观方面：滥用职权致使公共财产、国家和人民利益遭受重大损失的行为。

(3)犯罪主体：国家机关工作人员。

(4)主观方面：故意，行为人明知自己滥用职权的行为会发生破坏国家机关的正常活动，损害公众对国家机关工作人员职务活动的合法性、客观公正性的信赖的危害结果，并且希望或者放任这种结果发生。

3. 罪数：国家机关工作人员滥用职权犯罪并收受贿赂，同时构成受贿罪的，除刑法另有规定外，以滥用职权罪和受贿罪数罪并罚。

考点72 玩忽职守罪

【大纲要求解读】大纲要求**理解**玩忽职守罪的概念，**熟悉并能够运用**本罪的认定以及与相关罪名的区分。

【命题要点归纳】

1. 概念：国家机关工作人员玩忽职守，致使公共财产、国家和人民利益遭受重大损失的行为。犯本罪的，根据《刑法》第397条的规定处罚。

2. 犯罪构成：

(1)客观方面：玩忽职守致使公共财产、国家和人民利益遭受重大损失的行为。玩忽职守行为致使公共财产、国家和人民利益遭受重大损失的，才成立本罪。

(2)犯罪主体：国家机关工作人员。

(3)主观方面:过失。

3. 玩忽职守罪与一般玩忽职守行为的区分:二者的关键区别在于是否造成了公共财产、国家和人民利益的重大损失。

4. 玩忽职守罪与滥用职权罪的区分:二者的关键区别在于行为方式与主观要件不同:滥用职权罪是一种积极利用、违背职责的行为(但不限于作为),玩忽职守罪是疏忽、不认真履行职责的行为(但不限于不作为);玩忽职守罪是过失犯罪,滥用职权罪是故意犯罪。

| 考点扩展 |

1. 法条竞合:《刑法》第397条关于滥用职权、玩忽职守罪的规定属于普通法条,此外,刑法还规定了其他一些特殊的滥用职权、玩忽职守的犯罪即特别法条。国家机关工作人员滥用职权、玩忽职守的行为触犯特别法条时,也可能同时触犯《刑法》第397条的普通法条。在这种情况下,应按照特别法条优于普通法条的原则来处理。例如,监狱、拘留所、看守所等监管机构的监管人员对被监管人进行殴打或者体罚虐待,情节严重的行为,实际上也是滥用职权的行为,但由于刑法对此作了特别规定,故对这种行为只能认定为虐待被监管人罪,不能认定为滥用职权罪。再如,司法工作人员失职致使在押人脱逃的,也是玩忽职守行为,由于刑法对该行为作了特别规定,故应严格适用特别法条优于普通法条的原则,认定这种行为构成失职致使在押人员脱逃罪。

2. 注意:国家机关工作人员滥用职权或者玩忽职守,因不具备特殊主体身份或者不具备徇私舞弊等情形,不符合渎职罪特别法条的规定,但符合《刑法》第397条规定的,应以滥用职权罪或者玩忽职守罪定罪处罚。

刑事诉讼法

考点1 刑事诉讼法的基本原则

【大纲要求解读】大纲要求了**解或理解**刑事诉讼法基本原则的概念与特点,《刑事诉讼法》规定的主要基本原则的含义、内容和基本要求。

【命题要点归纳】

1. 侦查权、检察权、审判权由专门机关依法行使。

(1)办理刑事案件的职权具有专属性和排他性。

(2)各专门机关在办理刑事案件时有明确的职权分工。

(3)专门机关必须依法行使侦查权、检察权、审判权。

2. 严格遵守法律程序。

(1)人民法院、人民检察院和公安机关在进行刑事诉讼活动时,必须严格遵守刑事诉讼法和其他有关法律的规定,不得违反法律规定的程序和规则,更不得侵害各方当事人和其他诉讼参与人的合法权益。

(2)违反法律程序严重的,应当依法承担相应的法律后果。

3. 人民法院、人民检察院依法独立行使职权。

(1)人民法院行使审判权,人民检察院行使检察权,在法律规定的职责范围内都是独立的,不受行政机关、社会团体和个人的干涉。

(2)人民法院行使审判权和人民检察院行使检察权,必须严格遵守宪法和法律的各项规定。

(3)人民法院、人民检察院作为一个组织整体,集体对审判权、检察权的行使负责。

4. 分工负责,互相融合,互相制约。人民法院、人民检察院和公安机关进行刑事诉讼,应当分工负责,互相配合,互相制约,以保证准确有效地执行法律。

5. 人民检察院依法对刑事诉讼实行法律监督。

(1)立案监督;(2)侦查监督;(3)审判监督;(4)执行监督。

6. 各民族公民有权使用本民族语言文字进行诉讼。

(1)各民族公民,无论是当事人,还是辩护人、证人、鉴定人,都有权使用本民族的语言进行陈述、辩论,有权使用本民族文字书写有关诉讼文书。

(2)公、检、法机关在少数民族聚居或者杂居的地区,要用当地通用的语言进行侦查、起诉和审判,用当地通用的文字发布判决书、公告、布告和其他文件。

(3)如果诉讼参与人不通晓当地通用语言文字,公、检、法机关有义务为其指定或者聘请翻译人员进行翻译。

7. 犯罪嫌疑人、被告人有权获得辩护。

(1)犯罪嫌疑人、被告人享有辩护的权利。辩护权是犯罪嫌疑人、被告人最基本的诉讼权利,我国法律赋予犯罪嫌疑人、被告人辩护权,并在制度和程序上充分保障犯罪嫌疑人、被告人行使辩护权。

(2)公、检、法机关有义务保障犯罪嫌疑人、被告人享有辩护权。

8. 未经人民法院依法判决,对任何人都不得确定有罪。

(1)明确规定了确定被告人有罪的权力由人民法院统一行使,其他任何机关、团体和个人都无权行使。定罪权是刑事审判权的核心,人民法院作为我国唯一的审判机关,代表国家统一独立行使刑事审判权。

(2)人民法院判决被告人有罪，必须严格依照法定程序，在保障被告人享有充分辩护权和其他权利的基础上，依法组成审判庭进行公开、公正地审理。

9. 保障诉讼参与人的诉讼权利。

(1)诉讼权利是诉讼参与人享有的法定权利，法律予以保护，公安司法机关不得以任何方式加以剥夺。诉讼参与人在诉讼权利受到侵害时，有权采用法律手段依法保护自己的诉讼权利，如控告或请求公安司法机关予以制止，有关机关对于侵犯公民诉讼权利的行为应当认真查处。

(2)公安司法机关有义务保障诉讼参与人充分行使诉讼权利，对于刑事诉讼中妨碍诉讼参与人行使诉讼权利的各种行为，公安司法机关有义务采取措施予以制止。

(3)诉讼参与人在享有诉讼权利的同时，还应当承担法律规定的诉讼义务。公安司法机关有义务保障诉讼参与人的诉讼权利，也有权力要求诉讼参与人履行相应的诉讼义务。

10. 认罪认罚从宽。对于自愿认罪并自愿接受司法机关给予的刑罚处罚的，可以从宽处理。所谓“认罪”，是指犯罪嫌疑人、被告人自愿如实供述自己的罪行，对指控的犯罪事实没有异议。承认指控的主要犯罪事实，仅对个别事实情节提出异议，或者虽然对行为性质提出辩解但表示接受司法机关认定意见的，也属于“认罪”。

考点2 法律规定的六种不予追究刑事责任的情形及处理

【大纲要求解读】大纲要求熟悉并能够运用《刑事诉讼法》以及相关法律解释对基本原则的规定，该原则的理论基础和具体运用。

【命题要点归纳】

1. 不予追究刑事责任的情形：(1)情节显著轻微，危害不大，不认为是犯罪的；(2)犯罪已过追诉时效期限的；(3)经特赦令免除刑罚的；(4)依据刑法告诉才处理的，没有告诉或者撤回告诉的；(5)犯罪嫌疑人、被告人死亡的；(6)其他免予刑事责任的。

2. 不予追究刑事责任的处理：(1)在立案阶段的不立案或者不受理；(2)在侦查阶段的撤销案件；(3)在审查起诉阶段的不起诉；(4)在审判阶段的终止审理或者宣告无罪。

考点3 当事人的诉讼权利

【大纲要求解读】大纲要求**了解或理解**当事人在刑事诉讼中的地位及诉讼权利，**熟悉并能够运用**《刑事诉讼法》以及相关法律解释对当事人在刑事诉讼中的诉讼权利的规定。

【命题要点归纳】

当事人是指与案件的结局有着直接利害关系，对刑事诉讼进程发挥着较大影响作用的诉讼参与人。根据刑事诉讼法的规定，当事人包括被害人、自诉人、犯罪嫌疑人、被告人、附带民事诉讼的原告人和被告人。

1. 被害人权利：(1)报案与控告权；(2)申诉权；(3)委托诉讼代理人的权利；(4)自诉权；(5)程序参与权；(6)申请抗诉权；(7)受到保护权；(8)财产发还与赔偿权。

2. 自诉人权利：(1)提起自诉权；(2)委托诉讼代理权；(3)调解、和解、撤诉权；(4)程序参与权；(5)申请法院调查取证权；(6)上诉权；(7)申诉权。

3. 犯罪嫌疑人、被告人权利：

(1)防御性权利：辩护权、拒绝回答权、被告人有权在开庭前10日内收到起诉书副本、参加法庭调查权、参加法庭辩论权、最后陈述权、反诉权。

(2)救济性权利：申请复议权，控告权，申请变更、解除强制措施权，申诉权，上诉权，对缺席审判的异议权。

(3)程序保障权：在未经人民法院依法判决的情况下，不得被确定有罪；获得人民法院的公开、独立、公正的审判；在刑事诉讼过程中，不受审判人员、检察人员、侦查人员以刑讯逼供、威胁、引诱、欺骗及其他非法方法进行的讯问,不得强迫自证其罪,以及有权申请排除非法取得的证据;不受侦查人员实施的非法逮捕、拘留、取保候审、监视居住等强制措施;不受侦查人员的非法搜查、扣押等侦查行为;第二审人民法院在审理只有被告人一方提出上诉的案件时,不得加重被告人的刑罚,等等。

4. 附带民事诉讼原告人权利:(1)提起附带民事诉讼,要求赔偿物质损失;(2)申请回避权;(3)委托诉讼代理人;(4)要求公安司法机关采取保全措施;(5)申请先予执行;(6)参加法庭调查,对于附带民事诉讼部分的事实和证据作出陈述和发表意见,参加法庭辩论;(7)请求人民法院主持调解或者与附带民事诉讼被告人自行和解;(8)对地方各级人民法院第一审尚未发生法律效力的判决和裁定的附带民事诉讼部分提出上诉;(9)对地方各级人民法院发生法律效力的判决和裁定的附带民事诉讼部分提出申诉。

5. 附带民事诉讼被告人权利:(1)委托诉讼代理人;(2)有权提起反诉;(3)有权申请回避;(4)有权参加附带民事诉讼部分的法庭调查和法庭辩论;(5)有权要求人民法院主持调解或者与附带民事诉讼原告人自行和解;(6)对于地方各级人民法院第一审尚未发生法律效力的判决、裁定的附带民事诉讼部分不服的,有权提出上诉;(7)对于地方各级人民法院已经发生法律效力的判决、裁定的附带民事诉讼部分不服的,有权提出申诉。

| **考点扩展** |

所有当事人都享有的诉讼权利包括:(1)用本民族语言文字进行诉讼。(2)申请回避权。在具有法定理由时申请侦查人员、检察人员、审判人员或者书记员、鉴定人、翻译人员回避,对于驳回申请回避的决定,有权申请复议一次。(3)控告权。对于侦查人员、检察人员、审判人员侵犯其诉讼权利或者对其人身进行侮辱的行为,有权提出控告。(4)有权参加法庭调查和法庭辩论,向证人发问并质证,辨认物证和其他证据,并就证据发表意见,申请通知新的证人到庭和调取新的物证,申请重新勘验或者鉴定,互相辩论等。(5)申诉权。对已经发生法律效力的判决、裁定不服的,向人民法院或者人民检察院提出申诉。

考点4 公安机关立案侦查的刑事案件

【大纲要求解读】大纲要求**了解或理解**划分立案管辖的依据和原则,**熟悉并能够运用**《刑事诉讼法》以及相关法律解释对立案管辖的规定。

【命题要点归纳】

《刑事诉讼法》第19条第1款规定:刑事案件的侦查由公安机关进行,法律另有规定的除外。

法律的例外规定是指:(1)《刑事诉讼法》第19条第2款规定的由人民检察院直接立案侦查的案件;(2)《刑事诉讼法》第4条规定,国家安全机关依照法律规定,办理危害国家安全的刑事案件,行使与公安机关相同的职权;(3)《刑事诉讼法》第308条规定,军队保卫部门对军队内部发生的刑事案件行使侦查权。中国海警局对海上发生的刑事案件行使侦查权。对罪犯在监狱内犯罪的案件由监狱进行侦查。军队保卫部门、中国海警局、监狱办理刑事案件,适用本法的有关规定。

除上述"法律另有规定"的案件外,绝大多数的刑事案件由公安机关负责立案侦查。

考点5 监察机关立案调查的案件

【大纲要求解读】大纲要求**了解或理解**划分立案管辖的依据和原则,**熟悉并能够运用**《刑事诉讼法》以及相关法律解释对立案管辖的规定。

【命题要点归纳】

根据《监察法》的规定,之前由检察机关直接受理并立案侦查的绝大部分公职人员职务犯罪案件,将由监察机关立案调查,而监察机关立案调查本身不属于刑事诉讼程序的一部分。根据《监察法》第15条的规定,监察机关对下列公职人员和有关人员进行监察:(1)中国共产党机关、人民代表大会及其常务委员会机关、人民政府、监察委员会、人民法院、人民检察院、中国人民政治协商会议各级委员会机关、民主党派机关和工商业联合会机关的公务员，以及参照《公务员法》管理的人员；(2)法律、法规授权或者受国家机关依法委托管理公共事务的组织中从事公务的人员；(3)国有企业管理人员；(4)公办的教育、科研、文化、医疗卫生、体育等单位中从事管理的人员；(5)基层群众性自治组织中从事管理的人员；(6)其他依法履行公职的人员。根据《监察法》第 11 条的规定，对于上列监察对象涉嫌贪污贿赂、滥用职权、玩忽职守、权力寻租、利益输送、徇私舞弊以及浪费国家资财等职务犯罪，由监察机关进行立案调查。监察机关经过调查认为涉嫌职务犯罪的，将调查结果移送人民检察院审查起诉。

考点 6 人民检察院立案侦查的刑事案件

【大纲要求解读】大纲要求**了解或理解**划分立案管辖的依据和原则，**熟悉并能够运用**《刑事诉讼法》以及相关法律解释对立案管辖的规定。

【命题要点归纳】

根据《刑事诉讼法》第 19 条的规定，基于检察机关国家法律监督机关的地位，对于以下两类国家机关工作人员涉嫌犯罪的案件，可以由人民检察院直接立案受理并进行侦查：

1. 人民检察院在对诉讼活动实行法律监督中发现的司法工作人员利用职权实施的非法拘禁、刑讯逼供、非法搜查等侵犯公民权利、损害司法公正的犯罪。具体包括司法工作人员利用职权实施的下列 14 种罪名：(1)非法拘禁罪（《刑法》第 238 条）；(2)非法搜查罪（《刑法》第 245 条）；(3)刑讯逼供罪（《刑法》第 247 条）；(4)暴力取证罪（《刑法》第 247 条）；(5)虐待被监管人罪（《刑法》第 248 条）；(6)滥用职权罪（《刑法》第 397 条）；(7)玩忽职守罪（《刑法》第 397 条）；(8)徇私枉法罪（《刑法》第 399 条第 1 款）；(9)民事、行政枉法裁判罪（《刑法》第 399 条第 2 款）；(10)执行判决、裁定失职罪（《刑法》第 399 条第 3 款）；(11)执行判决、裁定滥用职权罪（《刑法》第 399 条第 3 款）；(12)私放在押人员罪（《刑法》第 400 条第 1 款）；(13)失职致使在押人员脱逃罪（《刑法》第 400 条第 2 款）；(14)徇私舞弊减刑、假释、暂予监外执行罪（《刑法》第 401 条）。

2. 对于原本属于公安机关立案管辖的国家机关工作人员利用职权实施的重大犯罪案件，需要由人民检察院直接受理的时候，经省级以上人民检察院决定，可以由人民检察院立案侦查。

对于上述人民检察院直接立案侦查的案件，由设区的市级人民检察院立案侦查。基层人民检察院发现犯罪线索的，应当报设区的市级人民检察院决定立案侦查。设区的市级人民检察院也可以将案件交由基层人民检察院立案侦查，或者由基层人民检察院协助侦查。对于刑事执行派出检察院辖区内与刑事执行活动有关的犯罪线索，可以交由刑事执行派出检察院立案侦查。最高人民检察院、省级人民检察院发现犯罪线索的，可以自行决定立案侦查，也可以将案件线索交由指定的省级人民检察院、设区的市级人民检察院立案侦查。对于上述第二类案件，省级人民检察院可以决定由设区的市级人民检察院立案侦查，也可以自行立案侦查。

考点 7 人民法院直接受理的刑事案件

【大纲要求解读】大纲要求**了解或理解**划分立案管辖的依据和原则，**熟悉并能够运用**《刑事诉讼法》以及相关法律解释对立案管辖的规定。

【命题要点归纳】

由人民法院直接受理的刑事案件，也称自诉案件，是指被害人及其法定代理人、近亲属，为追究被告人的刑事责任，直接向人民法院提起诉讼的案件。《刑事诉讼法》第 19 条第 3 款规定：自诉案件，由人民法院直接受理。自诉案件包括以下 3 种情况：

1. 告诉才处理的案件，是指只有经被害人及其法定代理人提出控告和起诉，人民法院才予受理的案件。我国《刑法》规定的告诉才处理的案件包括：(1)第 246 条规定的侮辱、诽谤罪，但严重危害社会秩序和国家利益的除外;(2)第 257 条规定的暴力干涉婚姻自由案;(3)第 260 条规定的虐待案,但被害人没有能力告诉或者因受到强制、威吓无法告诉的除外;(4)第 270 条规定的侵占案。如果被害人及其法定代理人没有告诉或者告诉后又撤回告诉的,人民法院不予受理。被害人不予告诉或撤回告诉必须体现被害人本人的真实意思,如果被害人因受到强制、威吓等原因无法告诉,或者没有能力告诉的,人民检察院或者被害人的近亲属也可以告诉。此外,依据《刑事诉讼法》第 114 条的规定,告诉才处理的案件,如果被害人死亡或者丧失行为能力,他的法定代理人、近亲属有权向人民法院起诉,人民法院应当依法受理。

2. 被害人有证据证明的轻微刑事案件。这类案件包括:故意伤害案(轻伤);非法侵入他人住宅案;妨害通信自由案;重婚案;遗弃案;生产、销售伪劣商品案(严重危害社会秩序和国家利益的除外);侵犯知识产权案(严重危害社会秩序和国家利益的除外);属于《刑法》分则第四章、第五章规定的,对被告人可以判处 3 年有期徒刑以下刑罚的其他轻微刑事案件。这类自诉案件必须符合两个条件:(1)必须是轻微的刑事案件;(2)被害人必须有相应的证据证明被告人有罪。

上述 8 类案件中,被害人直接向人民法院起诉的,人民法院应当依法受理,对于其中证据不足、可由公安机关受理的,或者认为对被告人可能判处 3 年有期徒刑以上刑罚的,应当告知被害人向公安机关报案或者移送公安机关立案侦查。被害人向公安机关控告的,公安机关应当受理。

3. 被害人有证据证明对被告人侵犯自己人身、财产权利的行为应当依法追究刑事责任,而公安司法机关不予追究的案件。这类自诉案件必须具备以下条件:(1)被告人的行为侵犯的是被害人的人身权利或财产权利;(2)被告人的行为应当依法追究刑事责任;(3)被害人有证据证明被告人的行为构成犯罪;(4)被害人有证据证明曾经向公安机关等提出控告,但公安机关等其他机关不予追究被告人刑事责任。这类自诉案件也被称为“公诉转自诉”案件,其目的是维护被害人的诉讼权利,解决司法实践中被害人“告状难”的问题。

考点 8 级别管辖

【大纲要求解读】大纲要求**了解或理解**级别管辖的依据和原则,**熟悉并能够运用**《刑事诉讼法》以及相关法律解释对级别管辖的规定。

【命题要点归纳】

1. 基层人民法院管辖的第一审刑事案件:《刑事诉讼法》第 20 条规定,基层人民法院管辖第一审普通刑事案件,但是依照本法由上级人民法院管辖的除外。

2. 中级人民法院管辖的第一审刑事案件:(1)危害国家安全、恐怖活动案件;(2)可能判处无期徒刑、死刑的案件;(3)贪污贿赂犯罪案件和需要及时进行审判并经最高人民检察院核准的严重危害国家安全犯罪、恐怖活动犯罪案件,犯罪嫌疑人、被告人在境外而采用缺席审判的;(4)犯罪嫌疑人、被告人逃匿、死亡案件没收违法所得的申请。

3. 高级人民法院管辖的第一审刑事案件:全省(自治区、直辖市)性的重大刑事案件。

4. 最高人民法院管辖的第一审刑事案件:最高人民法院管辖的第一审刑事案件,是全国性的重大刑事案件。

注意:一人犯数罪、共同犯罪或者其他需要并案审理的案件,只要其中一人或者一罪属于上级人民法院管辖,全案由上级人民法院管辖。

考点 9 移送管辖与指定管辖

【大纲要求解读】大纲要求**了解或理解**移送管辖与指定管辖的依据和原则,**熟悉并能够运用**《刑事诉讼法》以及相关法律解释对移送管辖与指定管辖的规定。

【命题要点归纳】

1. 移送管辖,是指本来受理案件的人民法院,出于实践中某些特殊情况的需要,将案件移送其他法院管辖。指定管辖，是指当管辖权有争议、管辖不明、有管辖权的法院不宜行使管辖权或者由犯罪地、被告人居住地以外的人民法院审判更为适宜时，由上级人民法院以指定的方式确定案件的管辖。指定管辖的结果通常要通过移送管辖来实现，主要包括以下情况：

(1)上级人民法院可以决定审判依法应当由下级人民法院一审的案件。

(2)基层人民法院将自己受理的案件请求移送中级人民法院审判。这种移送管辖区分为应当移送和请求移送。应当移送的情形是指，基层人民法院对可能判处无期徒刑、死刑的第一审刑事案件，应当移送中级人民法院审判。请求移送的情形，是指基层人民法院对下列第一审刑事案件，可以请求移送中级人民法院审判：重大、复杂案件；新类型的疑难案件；在法律适用上具有普遍指导意义的案件。

(3)管辖权有争议和管辖不明时的指定管辖。两个以上同级人民法院都有管辖权的案件，由最初受理的人民法院审判。必要时，可以移送主要犯罪地的人民法院审判。对管辖权发生争议的，应当在审限内协商解决；协商不成的，由争议的人民法院分别层报共同的上级人民法院指定管辖。管辖不明的案件，上级人民法院可以指定下级人民法院审判。

(4)有管辖权的法院不宜行使管辖权时的指定管辖。有管辖权的人民法院因案件涉及本院院长需要回避或者其他原因，不宜行使管辖权的，可以请求移送上一级人民法院管辖；上一级人民法院可以管辖，也可以指定与提出请求的人民法院同级的其他人民法院管辖。

(5)由犯罪地、被告人居住地以外的人民法院审判更为适宜的指定管辖。有关案件，由犯罪地、被告人居住地以外的人民法院审判更为适宜的，上级人民法院可以指定下级人民法院管辖。

(6)第二审人民法院发回重新审判的案件，人民检察院撤回起诉后，又向原第一审人民法院的下级人民法院重新提起公诉的，下级人民法院应当将有关情况层报原第二审人民法院。原第二审人民法院根据具体情况，可以决定将案件移送原第一审人民法院或者其他人民法院审判。

2. 指定管辖：上级人民法院指定管辖的，应当将指定管辖决定书分别送达被指定管辖的人民法院和其他有关的人民法院。原受理案件的人民法院，在收到上级人民法院指定其他人民法院管辖的决定书后，不再行使管辖权。对于公诉案件，应当书面通知提起公诉的人民检察院，并将全部案卷材料退回，同时书面通知当事人；对于自诉案件，应当将全部案卷材料移送被指定管辖的人民法院，并书面通知当事人。指定管辖案件的审理期限，自被指定管辖的人民法院收到指定管辖决定书和有关案卷、证据材料之日起计算。

考点10 特殊情况的管辖

【大纲要求解读】大纲要求**熟悉并能够运用**《刑事诉讼法》以及相关法律解释对特殊情况管辖的规定。

【命题要点归纳】

1. 对于贪污贿赂犯罪案件和需要及时进行审判并经最高人民检察院核准的严重危害国家安全犯罪、恐怖活动犯罪案件，犯罪嫌疑人、被告人在境外而采用缺席审判的，由犯罪地、被告人离境前居住地或者最高人民法院指定的中级人民法院组成合议庭进行审理。

2. 对于中华人民共和国缔结或者参加的国际条约所规定的罪行，中华人民共和国在所承担条约义务的范围内，行使刑事管辖权。这类案件由被告人被抓获地、登陆地或者入境地的人民法院管辖。

3. 在中华人民共和国内水、领海发生的犯罪，由犯罪地或者被告人登陆地的人民法院管辖，如果由被告人居住地的人民法院审判更为适宜的，可以由被告人居住地的人民法院管辖。这里的“内水”指的是领海基线向陆一侧的海上水域，而不包括领陆内的河流、湖泊等水域。

4. 在中华人民共和国领域外的中国船舶内的犯罪，由该船舶最初停泊的中国口岸所在地或者被告人登陆地、入境地的人民法院管辖。

5. 在中华人民共和国领域外的中国航空器的犯罪，由该航空器在中国最初降落地的人民法院管辖。

6. 在列车上的犯罪,被告人在列车运行途中被抓获的,由前方停靠站所在地负责审判铁路运输刑事案件的人民法院管辖。必要时,也可以由始发站或者终点站所在地负责审判铁路运输刑事案件的人民法院管辖。被告人不是在列车运行途中被抓获的,由负责该列车乘务的铁路公安机关对应的审判铁路运输刑事案件的人民法院管辖;被告人在列车运行途经车站被抓获的,也可以由该车站所在地负责审判铁路运输刑事案件的人民法院管辖。

7. 在国际列车上的犯罪,按照我国与相关国家签订的协定确定管辖。没有协定的,由该列车始发或者前方停靠的中国车站所在地负责审判铁路运输刑事案件的人民法院管辖。

8. 中国公民在驻外的中国使领馆内的犯罪,由该公民主管单位所在地或者他的原户籍地的人民法院管辖。

9. 中国公民在中华人民共和国领域外的犯罪,由其登陆地、入境地、离境前居住地或者现居住地的人民法院管辖;被害人是中国公民的,也可以由被害人离境前居住地或者现居住地的人民法院管辖。

10. 外国人在中华人民共和国领域外对中华人民共和国国家或者公民犯罪,依照刑法应受处罚的,由该外国人登陆地、入境地或者入境后居住地的人民法院管辖,也可以由被害人离境前居住地或者现居住地的人民法院管辖。

11. 发现正在服刑的罪犯在判决宣告前还有其他犯罪没有判决的,由原审地人民法院管辖;如果由罪犯服刑地或者犯罪地的人民法院管辖更为适宜的,可以由服刑地或者犯罪地的人民法院管辖。正在服刑的罪犯在服刑期间又犯罪的,由服刑地的人民法院管辖。正在服刑的罪犯在脱逃期间犯罪的,由服刑地的人民法院管辖。但在犯罪地抓获罪犯并发现其在脱逃期间犯罪的,由犯罪地的人民法院管辖。

12. 信息网络犯罪案件的管辖。信息网络犯罪案件由犯罪地公安机关立案侦查。必要时,可以由犯罪嫌疑人居住地公安机关立案侦查。信息网络犯罪案件的犯罪地包括用于实施犯罪行为的网络服务使用的服务器所在地,网络服务提供者所在地,被侵害的信息网络系统及其管理者所在地,犯罪过程中犯罪嫌疑人、被害人或者其他涉案人员使用的信息网络系统所在地,被害人被侵害时所在地以及被害人财产遭受损失地等。

考点11 回避的理由

【大纲要求解读】大纲要求了**解或理解**回避的理由,**熟悉并能够运用**《刑事诉讼法》以及相关法律解释对回避的规定。

【命题要点归纳】

回避的理由有以下几种:

1. 是本案当事人或者当事人的近亲属。

2. 本人或者他的近亲属和本案有利害关系。所谓利害关系,是指本案的处理结果会影响审判人员、检察人员、侦查人员以及书记员、翻译人员、鉴定人或其近亲属的利益。证人不适用回避制度,无论证人与案件是否有利害关系,只要知道案件情况且能够辨别是非、正确表达,就有作证的义务,其证言都可以作为定案的依据。

3. 担任过本案的证人、鉴定人、辩护人或者诉讼代理人。

4. 与本案当事人有其他关系,可能影响公正处理案件。

5. 接受当事人及其委托的人的请客送礼,或者违反规定会见当事人及其委托的人。

6. 参加过本案调查、侦查、起诉的监察、侦查、检察人员,不能再担任本案的审判人员,或者参加过本案调查、侦查的监察、侦查人员,不能再担任本案的检察人员。

7. 在一个审判程序中参与过本案审判工作的合议庭成员独任审判员,不能再参与本案其他程序的审判。

8.《法官法》和《检察官法》所规定的“任职回避”也是一种广义的回避理由，即法官、检察官的配偶、父母和子女有下列两种情形的，实行任职回避：(1)担任该法官或检察官所任职人民法院或人民检察院辖区内律师事务所的合伙人或者设立人的；(2)在该法官或检察官所任职人民法院或人民检察院辖区内以律师身份担任诉讼代理人、辩护人，或者为诉讼案件当事人提供其他有偿法律服务的。任职回避不是个案中的回避，而是一种担任法官和检察官办理案件资格上的回避。

考点12 回避的适用人员

【大纲要求解读】大纲要求了**解或理解**回避的适用人员，**熟悉并能够运用**《刑事诉讼法》以及相关法律解释对回避的规定。

【命题要点归纳】

1. 审判人员。审判人员指各级人民法院院长、副院长、审判委员会委员、庭长、副庭长、审判员和人民陪审员。

2. 检察人员。根据《人民检察院刑事诉讼规则》(简称《高检规则》)的规定，应当回避的检察人员包括检察长、副检察长、检察委员会委员、检察员和检察官助理。

3. 侦查人员。包括具体侦查人员和对具体案件的侦查有权参与讨论和作出决定的负责人。

4. 参与侦查、起诉、审判活动的书记员、翻译人员、鉴定人以及其他参与刑事诉讼的具有专门知识的人。

考点13 拒绝辩护

【大纲要求解读】大纲要求了**解或理解**拒绝辩护与其他辩护的区别，拒绝辩护的各种情形及其法律后果。

【命题要点归纳】

1. 犯罪嫌疑人、被告人拒绝辩护人为其辩护。《刑事诉讼法》第45条规定，在审判过程中，被告人可以拒绝辩护人继续为其辩护，也可以另行委托辩护人辩护。辩护权的主体是犯罪嫌疑人和被告人，辩护权从根本上讲是犯罪嫌疑人、被告人的诉讼权利，辩护人的辩护权源于犯罪嫌疑人、被告人。所以，刑事诉讼法对犯罪嫌疑人、被告人的拒绝辩护权没有作出理由限制，一经提出，就应当生效。虽然刑事诉讼法未对侦查、审查起诉阶段拒绝辩护作出规定，但由于犯罪嫌疑人在侦查阶段即可委托辩护人，如果犯罪嫌疑人在侦查阶段、审查起诉阶段拒绝辩护人继续辩护或要求更换辩护人，也应当参照本条规定进行处理。对于由法律援助机构指派律师担任辩护人的，犯罪嫌疑人、被告人坚持自己行使辩护权，拒绝法律援助机构指派的律师为其辩护，有正当理由的，应当准许。《最高人民法院关于适用〈中华人民共和国刑事诉讼法〉的解释》(简称《刑诉解释》)第50条第2款规定，属于应当提供法律援助的情形，被告人拒绝指派的律师为其辩护的，人民法院应当查明原因。理由正当的，应当准许，但被告人应当在5日以内另行委托辩护人；被告人未另行委托辩护人的，人民法院应当在3日以内通知法律援助机构另行指派律师为其提供辩护。

2. 律师拒绝继续为犯罪嫌疑人、被告人辩护。《律师法》第32条第2款规定，律师接受委托后，无正当理由的，不得拒绝辩护或者代理。但是，委托事项违法、委托人利用律师提供的服务从事违法活动或者委托人故意隐瞒与案件有关的重要事实的，律师有权拒绝辩护或者代理。可见，与犯罪嫌疑人、被告人拒绝辩护不同，律师拒绝继续为犯罪嫌疑人、被告人辩护具有严格的法定条件。法庭审理过程中，辩护律师因法定情形拒绝为被告人辩护或者被告人拒绝辩护律师为其辩护的，辩护律师可以向法庭申请休庭，以便更换辩护律师后继续协助被告人行使辩护权。

考点14 辩护的种类

【大纲要求解读】大纲要求了**解或理解**辩护的种类，**熟悉并能够运用**《刑事诉讼法》以及相关法律解释对辩护的规定。

【命题要点归纳】

1. 自行辩护:自行辩护指犯罪嫌疑人、被告人自己针对指控进行反驳、申辩和辩解的行为。自行辩护是犯罪嫌疑人、被告人行使辩护权的重要方式,它贯穿刑事诉讼的始终,无论是在侦查阶段,还是在起诉、审判阶段,犯罪嫌疑人、被告人都有权自行辩护。

2. 委托辩护:委托辩护是指犯罪嫌疑人、被告人依法委托律师或其他公民担任辩护人,协助其进行辩护。犯罪嫌疑人、被告人可以自己委托辩护人,犯罪嫌疑人、被告人在押的,也可以由其监护人、近亲属代为委托辩护人。委托辩护人可分为以下两种情形:(1)公诉案件的犯罪嫌疑人在被侦查机关第一次讯问或者采取强制措施之日,有权委托辩护人。但侦查期间,只能委托律师担任辩护人。(2)被告人有权随时委托辩护人为自己辩护。此外,由监察机关立案调查的职务犯罪案件移送检察机关审查后,犯罪嫌疑人可以委托辩护人。

3. 法律援助辩护:犯罪嫌疑人、被告人及其近亲属因经济困难或者其他原因没有委托辩护人而向法律援助机构申请的,或者具备法定情形时由公检法机关直接通知法律援助机构,由法律援助机构指派律师担任其辩护人并提供辩护。法律援助辩护具有以下 3 个特点:(1)法律援助辩护必须以犯罪嫌疑人、被告人没有委托辩护人为前提;(2)法律援助辩护适用于从侦查、审查起诉到审判的整个刑事诉讼过程;(3)法律援助辩护只能由律师担任,其他人不得担任。

考点15 辩护人的范围

【大纲要求解读】大纲要求**了解或理解**辩护人的范围,**熟悉并能够运用**《刑事诉讼法》以及相关法律解释对辩护人范围的规定。

【命题要点归纳】

1. 可以担任辩护人的人:(1)律师;(2)人民团体或者犯罪嫌疑人、被告人所在单位推荐的人;(3)犯罪嫌疑人、被告人的监护人、亲友。

2. 不能担任辩护人的人:(1)正在被执行刑罚或者处于缓刑、假释考验期间的人;(2)依法被剥夺、限制人身自由的人;(3)无行为能力或限制行为能力的人;(4)人民法院、人民检察院、监察机关、公安机关、国家安全机关、监狱的现职人员;(5)人民陪审员;(6)与本案审理结果有利害关系的人;(7)外国人或者无国籍人;(8)被开除公职和被吊销律师、公证员执业证书的人。第(4)(5)(6)(7)(8)项规定的人员,如果是被告人的监护人或者近亲属,由被告人委托担任辩护人的,也可以准许。在我国进行的刑事诉讼中,外国人、无国籍人委托律师为其进行辩护的,依法只能委托中国律师。

| 考点扩展 |

根据《法官法》和《检察官法》有关任职回避的规定,法官从人民法院离任后,或者检察官从人民检察院离任后,不得担任原任职法院或检察院所办理案件的辩护人。审判人员和人民法院其他工作人员的配偶、子女或者父母不得担任其任职法院所审理案件的辩护人。《律师法》第 41 条规定,曾担任法官、检察官的律师,从人民法院、人民检察院离任后 2 年内,不得担任辩护人或者诉讼代理人。但上述情况中如果是被告人的监护人、近亲属的,可以担任辩护人。

考点16 辩护人的权利

【大纲要求解读】大纲要求**了解或理解**辩护人的权利,**熟悉并能够运用**《刑事诉讼法》以及相关法律解释对辩护人的规定,本考点比较重要。

【命题要点归纳】

1. 阅卷权。辩护律师行使阅卷权,不需要办案机关的批准,而其他辩护人行使阅卷权则需要人民法院或人民检察院的许可。《刑事诉讼法》第 40 条规定,辩护律师自人民检察院对案件审查起诉之日起,可以查阅、摘抄、复制本案的案卷材料。其他辩护人经人民法院、人民检察院许可,也可以查阅、摘抄、复制上述材料。这里需要注意:(1)案卷材料是指包括诉讼文书和证据材料在内的案卷中的所有材料。但合议庭、检察委员会、审判委员会的讨论记录以及其他依法不公开的材料不得查阅、摘抄、复制。辩护律师查阅、摘抄、复制的案卷材料属于国家秘密的,应当经过人民检察院、人民法院同意并遵守国家保密规定。《刑诉解释》第 54 条规定,对作为证据材料向人民法院移送的讯问录音录像,辩护律师申请查阅的,人民法院应当准许。但对于是否准许复制讯问录音录像,未予明确规定。(2)复制案卷材料的具体方法包括复印、拍照、扫描、刻录、电子数据拷贝等,辩护律师可以根据需要带律师助理协助阅卷。(3)辩护人行使阅卷权的起始时间是人民检察院对案件审查起诉之日起。在审查起诉阶段,辩护人应当到人民检察院阅卷;案件起诉到人民法院后,辩护人应当到人民法院阅卷。辩护律师办理申诉、抗诉案件,在人民检察院、人民法院经审查决定立案后,可以持律师执业证书、律师事务所证明和委托书或者法律援助公函到案卷档案管理部门、持有案卷档案的办案部门查阅、摘抄、复制已经审理终结案件的案卷材料。(4)人民检察院和人民法院应当为辩护人查阅、摘抄、复制案卷材料提供便利和充分的时间。辩护律师提出阅卷要求的,人民检察院、人民法院应当当时安排辩护律师阅卷,无法当时安排的,应当向辩护律师说明并安排其在 3 个工作日以内阅卷,不得限制辩护律师阅卷的次数和时间。辩护人、诉讼代理人复制案卷材料的,人民检察院和人民法院不收取费用。

2. 会见通信权。根据《刑事诉讼法》第 39 条的规定,辩护律师可以同在押的犯罪嫌疑人、被告人会见和通信。其他辩护人经人民法院、人民检察院许可,也可以同在押的犯罪嫌疑人、被告人会见和通信。辩护律师要求会见在押的犯罪嫌疑人、被告人的,应当携带律师执业证书、律师事务所证明和委托书或者法律援助公函,对于辩护律师携带上述材料的,看守所应当及时安排会见,保证辩护律师在 48 小时以内见到在押的犯罪嫌疑人、被告人。看守所安排会见不得附加其他条件或者变相要求辩护律师提交法律规定以外的其他文件、材料,不得以未收到办案机关通知或未预约会见为由拒绝安排辩护律师会见。犯罪嫌疑人、被告人委托 2 名律师担任辩护人的,2 名辩护律师可以共同会见,也可以单独会见。辩护律师可以带 1 名律师助理协助会见。对于危害国家安全犯罪案件和恐怖活动犯罪案件,辩护律师在侦查期间要求会见在押的犯罪嫌疑人,应当向侦查机关提出申请并经侦查机关许可。侦查机关应当依法及时审查辩护律师提出的会见申请,在 3 日以内将是否许可的决定书面答复辩护律师,并明确告知负责与辩护律师联系的部门及工作人员的联系方式。对许可会见的,应当向辩护律师出具许可决定文书;因有碍侦查或者可能泄露国家秘密而不许可会见的,应当向辩护律师说明理由。有碍侦查或者可能泄露国家秘密的情形消失后,应当许可会见,并及时通知看守所和辩护律师。辩护律师会见在押的犯罪嫌疑人、被告人,可以了解有关案件情况,提供法律咨询等;自案件移送审查起诉之日起,可以向犯罪嫌疑人、被告人核实有关证据。辩护律师会见犯罪嫌疑人、被告人时不被监听。其他辩护人经人民法院、人民检察院许可,也可以与在押的犯罪嫌疑人、被告人会见、通信。对于辩护律师与犯罪嫌疑人、被告人的往来信件,看守所应当及时传递。看守所可以对信件进行必要的检查,但不得截留、复制、删改信件,不得向办案机关提供信件内容,但信件内容涉及危害国家安全、公共安全、严重危害他人人身安全以及涉嫌串供、毁灭证据等情形的除外。辩护律师可以同被监视居住的犯罪嫌疑人、被告人会见和通信,除在侦查期间会见涉嫌危害国家安全犯罪案件、恐怖活动犯罪案件的犯罪嫌疑人外,其他情形不需要经办案机关许可,会见同样不被监听。律师担任辩护人和其他人员担任辩护人在审前程序中所享有的会见通信权并不完全一致。人民检察院许可律师以外的辩护人同在押或者被监视居住的犯罪嫌疑人通信的,可以要求看守所或者公安机关将书信送交人民检察院进行检查。对于律师以外的辩护人申请查阅、摘抄、复制案卷材料或者申请同在押、被监视居住的犯罪嫌疑人会见和通信,具有下列情形之一的,人民检察院可以不予许可:(1)同案犯罪嫌疑人在逃的;(2)案件事实不清,证据不足,或者遗漏罪行、遗漏同案犯罪嫌疑人需要补充侦查的;(3)涉及国家秘密或者商业秘密的;(4)有事实表明存在串供、毁灭、伪造证据或者危害证人人身安全可能的。

3. 调查取证权。辩护人的调查取证权包括下列情形：

(1)辩护律师向证人或者其他有关单位和个人取证。辩护律师经证人或者其他有关单位和个人同意，可以向他们收集与本案有关的材料。根据《最高人民检察院关于依法保障律师执业权利的规定》第19条第1款的规定，辩护律师申请向正在服刑的罪犯收集与案件有关的材料的，监狱和其他监管机关在查验律师执业证书、律师事务所证明和犯罪嫌疑人、被告人委托书或法律援助公函后，应当及时安排并提供合适的场所和便利。

(2)辩护律师向被害人或者其近亲属、被害人提供的证人取证。辩护律师经人民检察院或者人民法院许可，并且经被害人或者其近亲属、被害人提供的证人同意，可以向他们收集与本案有关的材料。辩护律师提出申请的，人民检察院、人民法院应当在5日以内作出是否许可的决定，并通知辩护律师。辩护律师书面提出有关申请时，办案机关不许可的，应当书面说明理由；辩护律师口头提出申请的，办案机关可以口头答复。

(3)辩护律师申请人民检察院、人民法院代为调查取证。辩护律师申请人民检察院、人民法院收集、调取证据的，人民检察院、人民法院应当在3日以内作出是否同意的决定，并通知辩护律师。辩护律师书面提出有关申请时，办案机关不同意的，应当书面说明理由；辩护律师口头提出申请的，办案机关可以口头答复。

(4)辩护人申请人民检察院和人民法院调取未随案移送的证明犯罪嫌疑人、被告人无罪或罪轻的证据。辩护人认为在调查、侦查、审查起诉期间监察机关、公安机关、人民检察院收集的证明犯罪嫌疑人、被告人无罪或者罪轻的证据材料未随案移送的，可以申请人民检察院、人民法院调取。辩护律师书面提出申请的，人民检察院、人民法院经审查，认为辩护律师申请调取的证据材料已收集并且与案件事实有联系的，应当及时调取。相关证据材料提交后，人民检察院、人民法院应当及时通知辩护律师查阅、摘抄、复制。经审查决定不予调取的，应当书面说明理由。辩护人还有权申请调取与证据收集合法性有联系的讯问录音录像等证据。犯罪嫌疑人、被告人及其辩护人向人民法院、人民检察院申请调取公安机关、国家安全机关、人民检察院收集但未提交的讯问录音录像、体检记录等证据材料，人民法院、人民检察院经审查认为犯罪嫌疑人、被告人及其辩护人申请调取的证据材料与证明证据收集的合法性有联系的，应当予以调取；认为与证明证据收集的合法性没有联系的，应当决定不予调取并向犯罪嫌疑人、被告人及其辩护人说明理由。

4. 申请解除期限届满的强制措施的权利。《刑事诉讼法》第99条规定，犯罪嫌疑人、被告人及其法定代理人、近亲属或者辩护人对于人民法院、人民检察院或者公安机关采取强制措施期限届满的，有权要求解除强制措施。辩护人书面申请变更或者解除强制措施的，办案机关应当在3日以内作出处理决定。辩护人的申请符合法律规定的，办案机关应当及时变更或者解除强制措施；经审查认为不应当变更或者解除强制措施的，应当告知辩护人，并书面说明理由。

5. 获得通知权。获得通知权是指辩护人在办案机关进行相应诉讼活动时有接获相应通知的权利。《刑事诉讼法》第162条规定，公安机关侦查终结移送审查起诉时，应当同时将案件移送情况告知犯罪嫌疑人及其辩护律师。《刑事诉讼法》第187条规定，人民法院决定开庭审判后，应当将人民检察院的起诉书副本至迟在开庭10日以前送达被告人及其辩护人。人民法院应当在开庭3日以前将开庭的时间、地点通知辩护人。根据《刑诉解释》第49条的规定，对于人民法院通知法律援助机构指派律师提供辩护的，应当将法律援助通知书、起诉书副本或者判决书送达法律援助机构；决定开庭审理的，除适用简易程序或者速裁程序审理的以外，应当在开庭15日以前将上述材料送达法律援助机构。法律援助通知书应当写明案由、被告人姓名、提供法律援助的理由、审判人员的姓名和联系方式；已确定开庭审理的，应当写明开庭的时间、地点。《刑事诉讼法》第202条规定，人民法院应当将判决书送达辩护人和诉讼代理人。根据《高检规则》第47条第2款的规定，人民检察院直接受理侦查案件移送起诉，审查起诉案件退回补充侦查、改变管辖、提起公诉的，应当及时告知辩护律师。

6. 参加法庭调查和辩论权。在法庭调查阶段，辩护人在公诉人讯问被告人后经审判长许可，可以向被告人发问；经审判长许可，可以对证人、鉴定人发问；法庭审理中，辩护人有权申请通知新的证人到庭，调取新的物证，重新鉴定或者勘验。在法庭辩论阶段，辩护人可以对证据和案件情况发表意见并且可以和控方展开辩论。根据《刑诉解释》第 68 条的规定，律师担任辩护人的，经人民法院准许，可以带 1 名律师助理参加庭审。律师助理参加庭审的，可以从事辅助工作，但不得发表辩护意见。

7. 提出意见权。提出意见权是指辩护人在不同诉讼阶段向办案机关提出辩护意见的权利。根据《刑事诉讼法》第 88 条和第 280 条的规定，人民检察院审查批准逮捕，可以听取辩护律师的意见；辩护律师提出要求的，应当听取辩护律师的意见。对未成年人审查批捕，应当听取辩护人意见。根据《刑事诉讼法》第 161 条的规定，在案件侦查终结前，辩护律师提出要求的，侦查机关应当听取辩护律师的意见，并记录在案。辩护律师提出书面意见的，应当附卷。根据《刑事诉讼法》第 173 条第 1 款的规定，人民检察院审查案件，应当讯问犯罪嫌疑人，听取辩护人或者值班律师、被害人及其诉讼代理人的意见，并记录在案。辩护人、被害人及其诉讼代理人提出书面意见的，应当附卷。《高检规则》第 54 条规定，在人民检察院侦查、审查逮捕、审查起诉过程中，辩护人要求听取其意见的，办案部门应当及时安排。辩护人提出书面意见的，办案部门应当接收并登记。听取辩护人意见应当制作笔录或者记录在案，辩护人提出的书面意见应当附卷。辩护人提交案件相关材料的，办案部门应当将辩护人提交材料的目的、来源及内容等情况记录在案，一并附卷。对于犯罪嫌疑人认罪认罚的案件，人民检察院还应当听取辩护人对下列事项的意见：(1) 涉嫌的犯罪事实、罪名及适用的法律规定；(2) 从轻、减轻或者免除处罚等从宽处罚的建议；(3) 认罪认罚后案件审理适用的程序；(4) 其他需要听取意见的事项。根据《刑事诉讼法》第 224 条第 1 款的规定，速裁程序虽然一般不进行法庭调查和法庭辩论，但在判决宣告前应当听取辩护人的意见。根据《刑诉解释》第 353 条的规定，辩护人还可以对认罪认罚案件中检察机关提出的量刑建议提出异议。根据《刑事诉讼法》第 251 条第 1 款的规定，最高人民法院复核死刑案件，应当讯问被告人，辩护律师提出要求的，应当听取辩护律师的意见。

8. 程序选择适用申请权。辩护人可以基于对被告人利益的考量代表被告人申请适用较为简化的程序。根据《刑诉解释》第 359 条和第 369 条的规定，被告人及其辩护人可以向人民法院提出适用简易程序或者速裁程序的申请。

9. 申诉控告权。根据《刑事诉讼法》第 49 条的规定，辩护人、诉讼代理人认为公安机关、人民检察院、人民法院及其工作人员阻碍其依法行使诉讼权利的，有权向同级或者上一级人民检察院申诉或者控告。人民检察院对申诉或者控告应当及时进行审查，情况属实的，通知有关机关予以纠正。《高检规则》第 57 条规定了可以申诉和控告的具体情形。对于直接向上一级人民检察院申诉或者控告的，上一级人民检察院可以交下级人民检察院办理，也可以直接办理。根据《高检规则》第 58 条的规定，辩护人、诉讼代理人认为其依法行使诉讼权利受到阻碍向人民检察院申诉或者控告的，人民检察院应当及时受理并调查核实，在 10 日以内办结并书面答复。情况属实的，通知有关机关或者本院有关部门、下级人民检察院予以纠正。

10. 人身保障权。对于辩护人在履行辩护职责时涉嫌犯罪的，在应当追究刑事责任的同时，也应从保障犯罪嫌疑人、被告人辩护权的角度给予辩护人相应的人身保障。根据《刑事诉讼法》第 44 条第 2 款的规定，辩护人涉嫌犯罪的，应当由办理辩护人所承办案件的侦查机关以外的侦查机关办理。辩护人是律师的，应当及时通知其所在的律师事务所或者所属的律师协会。根据《最高人民法院、最高人民检察院、公安部、国家安全部、司法部、全国人大常委会法制工作委员会关于实施刑事诉讼法若干问题的规定》第 9 条的规定，公安机关、人民检察院发现辩护人涉嫌犯罪，或者接受报案、控告、举报、有关机关的移送，依照侦查管辖分工进行审查后认为符合立案条件的，应当按照规定报请办理辩护人所承办案件的侦查机关的上一级侦查机关指定其他侦查机关立案侦查，或者由上一级侦查机关立案侦查。不得指定办理辩护人所承办案件的侦查机关的下级侦查机关立案侦查。侦查机关依法对在诉讼活动中涉嫌犯罪的律师采取强制措施后，应当在48小时以内通知其所在的律师事务所或者所属的律师协会。

11. 保密权。根据《刑事诉讼法》第48条的规定，辩护律师对于在执业活动中知悉的委托人的有关情况和信息，有权予以保密。从保守委托人秘密的角度，辩护律师的这项权利同时也是其应当履行的义务。

12. 拒绝辩护权。如果遇有当事人委托事项违法或者委托人利用律师提供的服务从事违法活动或者委托人隐瞒事实的情形，律师有权拒绝辩护。

考点17 值班律师制度

【大纲要求解读】大纲要求了**解或理解**值班律师制度的内涵与具体职责。

【命题要点归纳】

1. 值班律师提供的法律帮助包括：

(1)提供法律咨询，即结合案情介绍刑法、刑事诉讼法等法律规定，使犯罪嫌疑人、被告人理解自己所涉案件的性质、可能的法律后果与相应的诉讼程序。

(2)程序选择建议，即在向犯罪嫌疑人、被告人说明刑事诉讼法规定的不同程序和相应法律后果的基础上，向其提出程序选择的建议。这里主要指的是根据案件的具体情况建议犯罪嫌疑人、被告人认罪认罚或者适用速裁程序。

(3)申请变更强制措施，即代表犯罪嫌疑人、被告人向公安司法机关申请变更其强制措施，从拘留、逮捕等羁押性强制措施变更为取保候审、监视居住等非羁押性强制措施。值班律师还可以帮助已经被逮捕的犯罪嫌疑人、被告人向人民检察院提出羁押必要性审查的申请。

(4)对案件处理提出意见，即根据案件具体情况，为犯罪嫌疑人、被告人对本案的定罪、量刑和程序适用等问题向办案机关提出处理意见，这种提出意见职责的履行应该覆盖侦查、审查起诉和审判等不同的诉讼阶段。

(5)帮助犯罪嫌疑人、被告人及其近亲属申请法律援助。

2. 在认罪认罚从宽案件中，值班律师的总体职责是维护犯罪嫌疑人、被告人的合法权益，确保犯罪嫌疑人、被告人在充分了解认罪认罚性质和法律后果的情况下，自愿认罪认罚。犯罪嫌疑人、被告人认罪认罚的，除了前述法律帮助外，值班律师应当在了解犯罪嫌疑人、被告人对被指控的犯罪事实和罪名是否有异议的基础上，提供下列法律帮助：

(1)向犯罪嫌疑人、被告人释明认罪认罚的性质和法律规定，告知被指控罪名的法定量刑幅度，释明从宽从重处罚的情节以及认罪认罚的从宽幅度；

(2)对人民检察院指控罪名、量刑建议、诉讼程序适用等事项提出意见，并可以结合案件情况提供程序选择建议；

(3)犯罪嫌疑人签署认罪认罚具结书时在场。

3. 值班律师享有的权利：会见权、了解情况权、阅卷权、提出意见权。

4. 值班律师的保障措施：

(1)告知约见值班律师的权利。公安机关、人民检察院、人民法院应当在侦查、审查起诉和审判各阶段分别告知没有辩护人的犯罪嫌疑人、被告人有权约见值班律师获得法律帮助，并为其约见值班律师提供便利。看守所应当告知犯罪嫌疑人、被告人有权约见值班律师，并为其约见值班律师提供便利。看守所应当将值班律师制度相关内容纳入在押人员权利义务告知书，在犯罪嫌疑人、被告人入所时告知其有权获得值班律师的法律帮助。

(2)法律帮助活动记录在案。值班律师提供法律咨询、查阅案卷材料、会见犯罪嫌疑人或者被告人、提出书面意见等法律帮助活动的相关情况应当记录在案，并随案移送。公安机关(看守所)、人民检察院、人民法院应当与法律援助机构确定工作台账格式，将值班律师履行职责情况记录在案，并定期移送法律援助机构。

(3)尽量保障不同诉讼阶段值班律师的同一。对于被羁押的犯罪嫌疑人、被告人,在不同诉讼阶段,可以由派驻看守所的同一值班律师提供法律帮助。对于未被羁押的犯罪嫌疑人、被告人,前一诉讼阶段的值班律师可以在后续诉讼阶段继续为犯罪嫌疑人、被告人提供法律帮助。

(4)人民法院、人民检察院、看守所应当为派驻值班律师提供必要办公场所和设施。

考点18 证据的法定形式

【大纲要求解读】大纲要求**了解或理解**证据的各法定形式的概念,**了解或理解**它们的特点和相互间的区别。

【命题要点归纳】

1. 证据的法定形式,或者说证据的种类,是指表现证据事实内容的各种外部形式。证据的种类是证据在法律上的分类。根据《刑事诉讼法》的规定,证据有物证,书证,证人证言,被害人陈述,犯罪嫌疑人、被告人供述和辩解,鉴定意见,勘验、检查、辨认、侦查实验等笔录,视听资料、电子数据。

2. 证据的法定形式:

(1)物证(外部特征):物证是以其外部特征、物品属性、存在状况等来发挥证明作用的,因此,与其他证据相比,物证具有较强的客观性、稳定性。另外,物证所包含的信息内容通常只能反映案件中的某些片段或个别情节,而不能一步到位地直接证明案件中的主要事实,通常只能作为间接证据。

(2)书证(思想内容):①书证必须以一定的物质材料为载体,属于实物证据范围,客观性较强。②该项材料所记载的内容或者所表达的思想,必须与待证明的案件事实有关联,能够被用来证明案件事实。并非一切记载有思想内容的文字材料都是书证。例如,盗窃的图书、录像带等所记载的内容与盗窃案件无关,它们便只是物证而不是书证。但如果在制作、贩卖、传播淫秽物品案件中,所缴获的图书、录像带等因所记载的内容(系淫秽内容)与该案有关,因而属于书证。

(3)证人证言:①证人是犯罪嫌疑人、被告人、被害人以外的人,一般而言,与犯罪嫌疑人、被告人、被害人相比,其陈述受利害关系影响较小。②陈述的是亲身感知的事实。《刑诉解释》第 88 条第 2 款规定,证人的猜测性、评论性、推断性的证言,不得作为证据使用,但根据一般生活经验判断符合事实的除外。③容易受到其他因素的影响。证人证言是证人对感知情况的反映,往往会受到证人的主观因素和客观条件的影响。④证人证言不可替代。证人既不能由公安司法机关自由选择和指定,也不能由别人代替和更换。凡没有亲身经历或闻知案件情况的人,都不具有证人资格;即使共同经历了同一案件的人,也不得互相代替作证。

(4)被害人陈述:①对犯罪有较多了解。被害人直接受到犯罪行为侵害,特别是有的被害人同犯罪人有过接触,一般对犯罪地点、犯罪经过、犯罪分子的体貌特征有较多了解,其陈述对于揭露犯罪、查获犯罪人、认定案情有重要作用。②受各种主客观因素的影响,被害人的陈述可能是虚假的、不真实的。例如,由于深受犯罪行为的侵害,而产生了报复心理,夸大事实情节;由于被害人情绪高度紧张或记忆模糊,导致陈述不清,甚至主观臆断;个别被害人出于个人私利或其他不可告人的目的,无事生非,陷害他人,制造虚假陈述诬告陷害他人;有的被害人出于种种考虑,不敢或者不愿意揭露犯罪;等等。

(5)犯罪嫌疑人、被告人供述和辩解:重证据,重调查研究,不轻信口供,仅有口供不能定案。

(6)鉴定意见:①具有特定的书面形式。②是鉴定人对专门性问题从科学、技术或者专门知识的角度提出的鉴别判断意见,虽然采用书面的形式,但本身属于一种言词证据。③内容仅限于解决案件所涉及的专门性问题,而不是就法律问题提供意见。④受利害关系影响较小。由于鉴定人必须与案件事实和当事人没有利害关系且适用回避制度,因此较少受利害关系影响。⑤鉴定意见必须是由公安司法机关指派或者聘请的具有这方面专业知识和技能的人作出的。仅仅具有相关方面的专业知识和技能,而非公安司法机关指派或者聘请的人,不能作为鉴定人。

(7)勘验、检查、辨认、侦查实验等笔录:勘验、检查笔录存在明显不符合法律、有关规定的情形,不能作出合理解释的,不得作为定案的根据。《刑诉解释》第105条规定,辨认笔录具有下列情形之一的,不得作为定案的根据:①辨认不是在调查人员、侦查人员主持下进行的;②辨认前使辨认人见到辨认对象的;③辨认活动没有个别进行的;④辨认对象没有混杂在具有类似特征的其他对象中,或者供辨认的对象数量不符合规定的;⑤辨认中给辨认人明显暗示或者明显有指认嫌疑的;⑥违反有关规定、不能确定辨认笔录真实性的其他情形。侦查实验的条件与事件发生时的条件有明显差异,或者存在影响实验结论科学性的其他情形的,侦查实验笔录不得作为定案的根据。

(8)视听资料、电子数据:形式多样,直观性强,客观实在,内容丰富;既有易于发现、提取、保存的一面,又有容易被损坏、覆盖、灭失的一面;占用空间少,传送和运输方便;可以反复重现,作为证据易于使用,审查核实时便于操作;被伪造、变造的可能性较高,常常需要鉴定其真实性、系统性和完整性;对技术要求高,伴随科技发展的进程而不断更新、变化。

| 考点扩展 |

1. 书证与物证的联系与区别:书证以内容证明案件事实,物证则以物质属性和外观特征证明案件事实。书证与物证的联系主要是都要有实物载体,属于实物证据。如果一个物体同时以上述两种方式发挥证明作用,它就既是书证又是物证。例如,发案现场收集到一封书信,内容与被害人死亡原因有关,属于书证,同时又需要鉴定是否为被害人本人所写,则为物证。

2. 对涉及国家秘密、商业秘密、个人隐私的证据,应当保密。

考点19 刑事证据的分类

【大纲要求解读】大纲要求**了解或理解**理论上对证据分类的依据。

【命题要点归纳】

1. 原始证据与传来证据:按照证据材料来源不同的划分。凡是来自原始之处,即直接来源于案件事实的证据材料,叫原始证据,也称为第一手资料。凡不是直接源于案件事实,而是从间接的非第一来源获得的证据材料,称为传来证据。

2. 有罪证据与无罪证据:根据证据的证明作用是肯定还是否定犯罪嫌疑人、被告人实施了犯罪行为来划分:凡是可以肯定犯罪嫌疑人、被告人实施犯罪行为,以及可以证明犯罪行为轻重情节的证据,是有罪证据;凡是可以证明犯罪事实不存在,或者否定犯罪嫌疑人、被告人实施犯罪行为的证据,是无罪证据。

3. 言词证据与实物证据:根据证据事实的表现形式可以将证据划分为言词证据与实物证据。凡是通过人的陈述,即以言词作为表现形式的证据,是言词证据。凡是以物品的性质或外部形态、存在状况以及其内容表现证据价值的证据,都是实物证据。

4. 直接证据与间接证据:根据证据与案件主要事实的证明关系的不同划分:凡是可以单独直接证明案件主要事实的证据,属于直接证据;凡是必须与其他证据相结合才能证明案件主要事实的证据,属于间接证据。

考点20 刑事证据规则

【大纲要求解读】大纲要求**了解或理解**刑事证据规则的基本内容,**熟悉并能够运用**非法证据排除规则。

【命题要点归纳】

1. 关联性规则:也称相关性规则,是指只有与案件事实有关的材料,才能作为证据使用。

2. 非法证据排除规则:违反法定程序,以非法方法获取的证据,原则上不具有证据能力,应当予以排除,不能采纳为定案的依据。既包括非法言词证据的排除,也包括非法实物证据的排除。

（1）绝对排除，言词证据（犯罪嫌疑人、被告人供述，证人证言，被害人陈述）；有条件排除，书证、物证（可能严重影响司法公正，不能补正或作出合理解释）。

（2）当事人及其辩护人、诉讼代理人申请法院排除以非法方法收集的证据的，应当承担初步证明责任，提供相关线索或者材料。

（3）检察院承担最终的证明责任，应当对证据收集的合法性加以证明。

（4）侦查人员经法院通知，应当出庭作证。

（5）法庭审理中排除非法证据的使用。

3. 自白任意规则：又称非任意自白排除规则或自白规则，是指在刑事诉讼中，只有基于被追诉人自由意志而作出的自白（承认有罪的供述），才具有可采性。

4. 传闻证据规则：也称传闻证据排除规则，即法律排除传闻证据作为认定犯罪事实的根据的规则。

5. 意见证据规则：指证人只能陈述自己亲身感受和经历的事实，而不得陈述对该事实的意见或者结论。

6. 补强证据规则：指用以增强另一证据证明力的证据。一开始收集到的对证实案情有重要意义的证据，称为“主证据”，而用以印证该证据真实性的其他证据，就称为“补强证据”。

7. 最佳证据规则：又称原始证据规则，是指以文字、符号、图形等方式记载的内容来证明案情时，原件才是最佳证据。

考点21 拘传

【大纲要求解读】大纲要求**了解或理解**拘传的概念与特点、适用对象或者条件、适用机关、审批程序和执行程序，**熟悉并能够运用**《刑事诉讼法》以及相关法律解释对拘传的规定。

【命题要点归纳】

1. 拘传的特点：（1）拘传的对象是未被羁押的犯罪嫌疑人、被告人，对于已经被拘留、逮捕的犯罪嫌疑人，可以直接进行讯问，不需要适用拘传；（2）拘传的目的是强制犯罪嫌疑人、被告人到案接受讯问，没有羁押的效力，拘传不得超过法定的期限，在讯问后，应当将被拘传人立即放回。

2. 拘传和传唤的区别：（1）强制力不同。传唤是自动到案，拘传则是强制到案。（2）适用的对象不同。传唤适用于所有当事人，包括犯罪嫌疑人、被告人、自诉人、被害人、附带民事诉讼的原告人和被告人；拘传则仅适用于犯罪嫌疑人、被告人。（3）适用时是否一定需要法律文书不同。拘传时必须出示拘传证，传唤在大多数情况下也需要出示传唤通知书，但《刑事诉讼法》第119条规定，对在现场发现的犯罪嫌疑人，侦查人员经出示工作证件，可以口头传唤，但应当在讯问笔录中注明。传唤不是拘传的必经程序，人民法院、人民检察院和公安机关根据案件的具体情况，可以不经传唤，直接拘传犯罪嫌疑人、被告人。

考点22 取保候审

【大纲要求解读】大纲要求**了解或理解**取保候审的概念与特点、适用对象或者条件、适用机关、审批程序和执行程序，**熟悉并能够运用**《刑事诉讼法》以及相关法律解释对取保候审的规定。

【命题要点归纳】

1. 取保候审的适用情形：（1）可能判处管制、拘役或者独立适用附加刑的；（2）可能判处有期徒刑以上刑罚，采取取保候审不致发生社会危险性的；（3）患有严重疾病、生活不能自理，怀孕或者正在哺乳自己婴儿的妇女，采取取保候审不致发生社会危险性的；（4）羁押期限届满，案件尚未办结，需要采取取保候审的。

2. 取保候审的保证方式：保证人保证、保证金保证。

3. 取保候审的执行：取保候审由公安机关执行，具体由被取保候审人居住地的派出所执行。居住地包括户籍所在地、经常居住地。经常居住地是指被取保候审人离开户籍所在地最后连续居住1年以上的地方。取保候审一般应当在户籍所在地执行，但已形成经常居住地的，可以在经常居住地执行。

4. 取保候审的解除：取保候审期限届满，决定机关应当作出解除取保候审或者变更强制措施的决定，并送交执行机关。决定机关未解除取保候审或者未对被取保候审人采取其他刑事强制措施的，被取保候审人及其法定代理人、近亲属或者辩护人有权要求决定机关解除取保候审。对于发现不应当追究被取保候审人刑事责任并作出撤销案件或者终止侦查决定的，决定机关应当及时作出解除取保候审决定，并送交执行机关。有下列情形之一的，取保候审自动解除，不再办理解除手续，决定机关应当及时通知执行机关：(1)取保候审依法变更为监视居住、拘留、逮捕，变更后的强制措施已经开始执行的；(2)人民检察院作出不起诉决定的；(3)人民法院作出的无罪、免予刑事处罚或者不负刑事责任的判决、裁定已经发生法律效力的；(4)被判处管制或者适用缓刑，社区矫正已经开始执行的；(5)被单处附加刑，判决、裁定已经发生法律效力的；(6)被判处监禁刑，刑罚已经开始执行的。

5. 被取保候审人的义务：

(1)法定义务：①未经执行机关批准不得离开所居住的市、县；②住址、工作单位和联系方式发生变动的，在24小时以内向执行机关报告；③在传讯的时候及时到案；④不得以任何形式干扰证人作证；⑤不得毁灭、伪造证据或者串供。

(2)酌定义务：①不得进入特定的场所。特定的场所包括：可能导致其再次实施犯罪的场所，可能导致其实施妨害社会秩序、干扰他人正常活动行为的场所，与其所涉嫌犯罪活动有关联的场所，可能导致其实施毁灭证据、干扰证人作证等妨害诉讼活动的场所和其他可能妨害取保候审执行的特定场所。②不得与特定的人员会见或者通信。特定的人员包括：证人、鉴定人、被害人及其法定代理人和近亲属，同案违法行为人、犯罪嫌疑人、被告人以及与案件有关联的其他人员，可能遭受被取保候审人侵害、滋扰的人员，可能实施妨害取保候审执行、影响诉讼活动的人员。"通信"包括以信件、短信、电子邮件、通话，通过网络平台或者网络应用服务交流信息等各种方式直接或者间接通信。③不得从事特定的活动。特定的活动包括：可能导致其再次实施犯罪的活动，可能对国家安全、公共安全、社会秩序造成不良影响的活动，与所涉嫌犯罪相关联的活动，可能妨害诉讼的活动和其他可能妨害取保候审执行的特定活动。④将护照等出入境证件、驾驶证件交执行机关保存。办案机关应当根据犯罪嫌疑人、被告人涉嫌犯罪的性质、危害后果、社会影响，犯罪嫌疑人、被害人的具体情况等，有针对性地确定被取保候审人的一项或多项酌定义务。

6. 被取保候审人在取保候审期间违反法定义务和酌定义务的处理：应视情节轻重没收保证金的全部或者一部分，并根据案件的具体情况，责令犯罪嫌疑人、被告人具结悔过，重新交纳保证金或提出保证人。对于不宜再取保候审的，可以监视居住或者予以逮捕。对需要予以逮捕的，可以对犯罪嫌疑人、被告人先行拘留。

考点23 监视居住

【大纲要求解读】大纲要求**了解或理解**监视居住的概念与特点、适用对象或者条件、适用机关、审批程序和执行程序，**熟悉并能够运用**《刑事诉讼法》以及相关法律解释对监视居住的规定。

【命题要点归纳】

1. 监视居住的适用情形：(1)患有严重疾病、生活不能自理的。(2)怀孕或者正在哺乳自己婴儿的妇女。(3)系生活不能自理的人的唯一扶养人。这种情况一般指的是犯罪嫌疑人、被告人是年老、年幼、严重残疾人或者患有严重疾病人的唯一扶养人。(4)因为案件的特殊情况或者办理案件的需要，采取监视居住措施更为适宜的。(5)羁押期限届满，案件尚未办结，需要采取监视居住措施的。人民法院、人民检察院和公安机关对符合逮捕条件，有上述情形之一的犯罪嫌疑人、被告人，可以监视居住。此外，对符合取保候审条件，但犯罪嫌疑人、被告人不能提出保证人，也不交纳保证金的,也可以监视居住。

2. 监视居住的期限:监视居住期限最长不超过 6 个月,在此期限内不得中断对案件的侦查、起诉和审理。公安机关已经对犯罪嫌疑人采取监视居住的,案件移交到人民检察院后,以及人民检察院、公安机关已对犯罪嫌疑人监视居住,案件起诉到人民法院后,办案机关对于符合监视居住条件的,应当依法对被告人重新办理监视居住手续。监视居住的期限重新计算。

3. 指定居所监视居住执行程序的特殊规定:(1)对于侦查期间,涉嫌危害国家安全犯罪、恐怖活动犯罪,在住处执行可能有碍侦查的而需要指定居所的,需经上一级公安机关批准。(2)指定居所监视居住的,除无法通知的以外,应当在执行监视居住后 24 小时以内,通知被监视居住人的家属,通知的内容包括指定居所监视居住的原因和地点。无法通知的具体情形限于:犯罪嫌疑人、被告人不讲真实姓名,住址、身份不明,没有家属,提供的家属联系方式无法取得联系,因自然灾害等不可抗力导致无法通知。(3)由人民检察院对指定居所监视居住的决定和执行是否合法实行监督。(4)指定居所监视居住可以折抵刑期:被判处管制的,监视居住 1 日折抵刑期 1 日;被判处拘役、有期徒刑的,监视居住 2 日折抵刑期 1 日。

4. 被监视居住的人应当履行的义务:

(1)未经执行机关批准不得离开执行监视居住的处所。(2)未经执行机关批准不得会见他人或者通信。这里的他人是指与被监视居住人共同居住的家庭成员和辩护律师以外的人。被监视居住的犯罪嫌疑人、被告人会见辩护律师不需要经过批准,但危害国家安全犯罪、恐怖活动犯罪案件在侦查阶段会见辩护律师除外。被监视居住人如果要会见他人,必须经过执行机关批准方能会见。(3)在传讯的时候及时到案。(4)不得以任何形式干扰证人作证。(5)不得毁灭、伪造证据或者串供。(6)将护照等出入境证件、身份证件、驾驶证件交执行机关保存。被监视居住的犯罪嫌疑人、被告人有违反上述义务情形,情节严重的,可以予以逮捕;需要予以逮捕的,可以对犯罪嫌疑人、被告人先行拘留。

考点24 逮捕

【大纲要求解读】大纲要求**了解或理解**逮捕的概念与特点、适用对象或者条件、适用机关、审批程序和执行程序。**熟悉并能够运用**《刑事诉讼法》以及相关法律解释对逮捕的规定。

【命题要点归纳】

1. 逮捕的权限:逮捕犯罪嫌疑人、被告人的批准权或者决定权属于人民检察院和人民法院。对于公安机关移送要求审查批准逮捕的案件,人民检察院有批准权。人民检察院在侦查和审查起诉中,认为犯罪嫌疑人符合法律规定的逮捕条件,应予逮捕的,依法有权自行决定逮捕。这其中包括监察机关移送起诉的案件,人民检察院有决定逮捕权。人民法院直接受理的自诉案件中,对被告人需要逮捕的,人民法院有决定权。对于人民检察院提起公诉的案件,人民法院在审判阶段发现需要逮捕被告人的,有权决定逮捕。公安机关无权自行决定逮捕。逮捕的执行权属于公安机关,人民检察院和人民法院决定或批准逮捕的都必须交付公安机关执行。

2. 逮捕的执行程序:

(1)对于人民检察院批准或者决定,人民法院决定逮捕的犯罪嫌疑人、被告人,应当由县级以上公安机关负责人签发逮捕证,立即执行。

(2)执行逮捕的人员不得少于 2 人。执行逮捕时,必须向被逮捕人出示逮捕证,并责令被逮捕人在逮捕证上签名、捺指印。被逮捕人拒绝在逮捕证上签字、捺指印的,应在逮捕证上注明。

(3)逮捕犯罪嫌疑人、被告人后,应当立即送看守所羁押。除无法通知的以外,应当在逮捕后 24 小时以内,通知被逮捕人的家属。人民法院、人民检察院对于各自决定逮捕的人,公安机关对于经人民检察院批准逮捕的人,都必须在逮捕后的 24 小时以内进行讯问。在发现不应当逮捕的时候,必须立即释放或者变更强制措施。

(4)到异地逮捕的,公安机关应当通知被逮捕人所在地的公安机关,被逮捕人所在地的公安机关应当协助执行。

| **考点扩展** |

1. 羁押必要性审查的概念:犯罪嫌疑人、被告人被逮捕后,人民检察院仍应当对羁押的必要性进行审查。对不需要继续羁押的,应当建议予以释放或者变更强制措施。有关机关应当在10日以内将处理情况通知人民检察院。检察机关对羁押必要性的审查是依职权进行的,不以有关诉讼参与人提出审查的申请为前提。但犯罪嫌疑人、被告人及其法定代理人、近亲属或者辩护人也有权申请人民检察院进行羁押必要性审查,申请时应当说明不需要继续羁押的理由,有相关证据或者其他材料的,应当提供。看守所根据在押人员身体状况,也可以建议人民检察院进行羁押必要性审查。需要注意的是,已经逮捕的犯罪嫌疑人认罪认罚的,人民检察院应当及时对羁押必要性进行审查。

2. 人民检察院进行羁押必要性审查,可以采取以下方式:(1)审查犯罪嫌疑人、被告人不需要继续羁押的理由和证明材料;(2)听取犯罪嫌疑人、被告人及其法定代理人、辩护人的意见;(3)听取被害人及其法定代理人、诉讼代理人的意见,了解是否达成和解协议;(4)听取办案机关的意见;(5)调查核实犯罪嫌疑人、被告人的身体状况;(6)需要采取的其他方式。必要时,除涉及国家秘密、商业秘密、个人隐私的案件外,人民检察院可以依照有关规定对羁押必要性审查案件进行公开审查,邀请与案件没有利害关系的人大代表、政协委员、人民监督员、特约检察员参加。

3. 人民检察院经审查,发现犯罪嫌疑人、被告人具有下列情形之一的,应当向办案机关提出释放或者变更强制措施的建议:(1)案件证据发生重大变化,没有证据证明有犯罪事实或者犯罪行为系犯罪嫌疑人、被告人所为的;(2)案件事实或者情节发生变化,犯罪嫌疑人、被告人可能被判处拘役、管制、独立适用附加刑、免予刑事处罚或者判决无罪的;(3)继续羁押犯罪嫌疑人、被告人,羁押期限将超过依法可能判处的刑期的;(4)案件事实基本查清,证据已经收集固定,符合取保候审或者监视居住条件的。

4. 人民检察院经审查,发现犯罪嫌疑人、被告人具有下列情形之一,且具有悔罪表现,不予羁押不致发生社会危险性的,可以向办案机关提出释放或者变更强制措施的建议:(1)预备犯或者中止犯;(2)共同犯罪中的从犯或者胁从犯;(3)过失犯罪的;(4)防卫过当或者避险过当的;(5)主观恶性较小的初犯;(6)系未成年人或者年满75周岁的人;(7)与被害方依法自愿达成和解协议,且已经履行或者提供担保的;(8)认罪认罚的;(9)患有严重疾病、生活不能自理的;(10)系怀孕或者正在哺乳自己婴儿的妇女;(11)系生活不能自理的人的唯一扶养人;(12)可能被判处1年以下有期徒刑或者宣告缓刑的;(13)其他不需要继续羁押犯罪嫌疑人、被告人的情形。

考点25 讯问犯罪嫌疑人

【大纲要求解读】大纲要求**理解**该侦查行为的概念,**熟悉并能够运用**《刑事诉讼法》以及相关法律解释对侦查程序的规定。

【命题要点归纳】

1. 讯问的地点:被羁押在看守所,讯问应当在看守所内进行;对不需要逮捕、拘留的犯罪嫌疑人,可以传唤到犯罪嫌疑人所在市、县内的指定地点或者住处进行讯问;对在现场发现的犯罪嫌疑人,增加口头传唤,要出示工作证件。传唤、拘传持续的时间不得超过12小时;案情特别重大、复杂,需要采取拘留、逮捕措施的,传唤、拘传持续的时间不得超过24小时。

2. 录音录像:对无期、死刑或其他重大案件,应当对讯问过程进行全程录音或录像。

考点26 询问证人、被害人

【大纲要求解读】大纲要求**理解**该侦查行为的概念,**熟悉并能够运用**《刑事诉讼法》以及相关法律解释对侦查程序的规定。

【命题要点归纳】

1. 询问证人的地点：现场（应当出示工作证件）和证人提出的地点；另外，可以在证人所在单位、住处询问，但是要出示侦查机关的证明文件。在必要的时候，侦查人员可以书面、电话或当场通知证人到侦查机关提供证言。侦查人员询问证人，不得另行指定其他地点。侦查人员询问证人地点的选择，应当从有利于获取证言、保证证人作证的积极性方面考虑。询问证人，侦查人员不得少于2人。

2. 询问证人应当遵守下列程序：（1）询问证人只能由侦查人员进行；（2）侦查人员询问证人，可以在现场进行，也可以到证人的所在单位、住处或者证人提出的地点进行；（3）侦查人员询问证人，应当分别进行；（4）询问证人时，侦查人员应当告知其如实地提供证据、证言和有意作伪证或者隐匿罪证要负的法律责任；（5）询问证人，应当制作笔录；（6）侦查机关应当保障证人依法享有的诉讼权利，保障证人及其近亲属的安全。

3. 证人保护制度：对于危害国家安全犯罪、恐怖活动犯罪、黑社会性质的组织犯罪、毒品犯罪等案件，证人、鉴定人、被害人因在诉讼中作证，本人或者其近亲属的人身安全面临危险的，法院、检察院和公安机关应当采取以下一项或者多项保护措施：不公开真实姓名、住址和工作单位等个人信息；采取不暴露外貌、真实声音等出庭作证措施；禁止特定的人员接触证人、鉴定人、被害人及其近亲属；对人身和住宅采取专门性保护措施；其他必要的保护措施。证人因履行作证义务而支出的交通、住宿、就餐等费用，应当给予补助。

4. 证人强制出庭：适用对象是证人、鉴定人、警察目击证人。适用条件是对证言有异议，该证言对定罪量刑有重大影响，法院认为有必要出庭。不出庭的后果：予以训诫，经院长批准，处10日以下的拘留。不服，可以向上一级法院申请复议。注意：证人是被告人的配偶、父母、子女不能强制出庭。鉴定人拒不出庭，后果是不采纳鉴定意见。

考点27 补充侦查

【大纲要求解读】大纲要求**理解**补充侦查的概念，**熟悉并能够运用**《刑事诉讼法》以及相关法律解释对补充侦查的种类的规定。

【命题要点归纳】

1. 审查批捕阶段的补充侦查：人民检察院对于公安机关提请批准逮捕的案件进行审查后，应当根据情况分别作出批准逮捕或者不批准逮捕的决定。对于批准逮捕的决定，公安机关应当立即执行，并且将执行情况通知人民检察院。对于不批准逮捕的，人民检察院应当说明理由，需要补充侦查的，应当同时通知公安机关。

2. 审查起诉阶段的补充侦查：

（1）补充侦查的形式：人民检察院审查案件，对于需要补充侦查的，可以退回公安机关补充侦查，也可以自行侦查。

（2）补充侦查的期限和次数：对于补充侦查的案件，应当在1个月以内补充侦查完毕。补充侦查以两次为限。

（3）经过一次补充侦查的案件，人民检察院仍然认为证据不足，不符合起诉条件的，且没有再次退回补充调查或者补充侦查必要的，可以作出不起诉决定。如果案件经过两次补充侦查，仍然证据不足，不符合起诉条件的，人民检察院应当作出不起诉决定。

（4）公安机关对人民检察院退回补充侦查的案件，根据不同情况，报县级以上公安机关负责人批准，分别作如下处理：①原认定犯罪事实不清或者证据不够充分的，应当在查清事实、补充证据后，制作补充侦查报告书，移送人民检察院审查；对确实无法查明的事项或者无法补充的证据，应当书面向人民检察院说明情况；②在补充侦查过程中，发现新的同案犯或者新的罪行，需要追究刑事责任的，应当重新制作起诉意见书，移送人民检察院审查；③发现原认定的犯罪事实有重大变化，不应当追究刑事责任的，应当撤销案件或者对犯罪嫌疑人终止侦查，并将有关情况通知退查的人民检察院；④原认定犯罪事实清楚，证据确实、充分，人民检察院退回补充侦查不当的，应当说明理由，移送人民检察院审查。

3. 法庭审理阶段的补充侦查：

（1）补充侦查的形式：①在法庭审判过程中，检察人员发现提起公诉的案件需要补充侦查，提出延期审理建议的，法院可以延期审理。根据《刑诉解释》第 274 条的规定，审判期间，公诉人发现案件需要补充侦查，建议延期审理的，合议庭可以同意，但建议延期审理不得超过两次。②审判期间，合议庭发现被告人可能有自首、坦白、立功等法定量刑情节，而人民检察院移送的案卷中没有相关证据材料的，应当通知人民检察院在指定时间内移送。审判期间，被告人提出新的立功线索的，人民法院可以建议人民检察院补充侦查。人民检察院应当审查有关理由，并作出是否补充侦查的决定。人民检察院不同意的，可以要求人民法院就起诉指控的犯罪事实依法作出裁判。

（2）补充侦查的期限：依照《刑事诉讼法》第 204 条第 2 项的规定延期审理的案件，人民检察院应当在 1 个月以内补充侦查完毕。

（3）对公安机关的要求：对于人民检察院在审查起诉过程中以及在人民法院作出生效判决前，要求公安机关提供法庭审判所必需的证据材料的，后者应当及时收集和提供。

考点28 不起诉

【大纲要求解读】大纲要求**理解**不起诉的概念，**熟悉并能够运用**不起诉的条件、附条件不起诉制度。

【命题要点归纳】

1. 应当不起诉：犯罪嫌疑人没有犯罪事实，或者有《刑事诉讼法》第 16 条规定情形之一的，人民检察院应当作出不起诉决定。

2. 酌定不起诉：对于犯罪情节轻微，依照《刑法》规定不需要判处刑罚或者免除刑罚的人，检察院可以作出不起诉决定。案件经过两次补充侦查，具有下列情形之一，不能确定犯罪嫌疑人构成犯罪和需要追究刑事责任的，属于证据不足，不符合起诉条件：（1）犯罪构成要件事实缺乏必要的证据予以证明的；（2）据以定罪的证据存在疑问，无法查证属实的；（3）据以定罪的证据之间、证据与案件事实之间的矛盾不能合理排除的；（4）根据证据得出的结论具有其他可能性，不能排除合理怀疑的；（5）根据证据认定案件事实不符合逻辑和经验法则，得出的结论明显不符合常理的。人民检察院根据上述情形作出不起诉决定后，如果发现了新的证据，证明案件符合起诉条件时，可以撤销不起诉决定，提起公诉。

3. 存疑不起诉：经过二次补充侦查的案件，仍然证据不足，经检察长批准，依法作出不起诉决定。

4. 附条件不起诉：检察机关在审查起诉时，对于未成年人涉嫌《刑法》分则第四章、第五章、第六章规定的侵犯人身权利、民主权利、侵犯财产、妨害社会管理秩序犯罪，可判处 1 年有期徒刑以下刑罚，符合起诉条件，但有悔罪表现的，人民检察院可以作出附条件不起诉的决定。

考点29 刑事审判的原则

【大纲要求解读】大纲要求**理解**刑事审判各项原则的概念，**熟悉并能够运用**各项审判原则的内容。

【命题要点归纳】

1. 审判公开原则：应当不公开审理的情形：涉及国家秘密的案件，涉及个人隐私的案件，审判的时候被告人不满 18 周岁的案件，当事人提出申请的的确属涉及商业秘密的案件。

2. 直接言词原则：包括直接原则和言词原则。直接原则是指法官必须于诉讼当事人和诉讼参与人直接接触，直接审查有关案件事实材料和证据。言词原则，是指法庭审理须以口头陈述的方式进行。

3. 辩论原则：辩论的主体是控辩双方和其他当事人。处于对抗地位的控诉方和辩护方、附带民事诉讼的原告方和被告方是辩论的主体，都享有辩论的权利。辩论的内容包括证据问题、事实问题、程序问题和法律适用问题。从法律性质分，辩论的内容包括实体问题和程序问题。围绕案件实体事实和程序事实的辩论，主要针对证据能力和证据的证明力、证据的充分性以及程序的合法性展开。实体法和程序法的适用问题也是辩论的内容。

4. 集中审理原则：又称不中断审理原则，是指法院开庭审理案件，应在不更换审判人员的条件下连续进行，不得中断审理的诉讼原则。

考点30 审判组织

【大纲要求解读】大纲要求**理解**审判组织的概念，**熟悉并能够运用**审判组织的组成和运行。

【命题要点归纳】

1. 独任制：指由审判员 1 人独任审判的制度。独任庭仅限于基层人民法院适用简易程序、速裁程序审判的案件（案情比较简单，情节比较轻微）。适用独任审判，须按照《刑事诉讼法》规定的简易程序、速裁程序进行，依法应当公开审理的案件，都应当公开审理。

2. 合议庭：基层、中级人民法院一审。

（1）基层人民法院和中级人民法院审判第一审案件，应当由审判员 3 人或者审判员和人民陪审员共 3 人或者 7 人组成合议庭进行。但是基层人民法院适用简易程序、速裁程序的案件可以由审判员 1 人独任审判。

（2）高级人民法院审判第一审案件，应当由审判员 3 人至 7 人或者由审判员和人民陪审员共 3 人或者 7 人组成合议庭进行。最高人民法院审判第一审案件，应当由审判员 3 人至 7 人组成合议庭进行。

（3）人民法院审判上诉和抗诉案件，由审判员 3 人或者 5 人组成合议庭进行。

（4）最高人民法院复核死刑案件，高级人民法院复核死刑缓期执行的案件，应当由审判员 3 人组成合议庭进行。

| 考点扩展 |

1. 人民陪审员制度：

（1）人大常委会的组成人员，监察委员会、人民法院、人民检察院、公安机关、司法行政机关、国家安全机关的工作人员和执业律师、公证员、仲裁员、基层法律服务工作者等以及其他因职务原因不适宜担任人民陪审员的人员，不得担任人民陪审员。因犯罪受过刑事处罚的或被开除公职的人员，不得担任人民陪审员。

（2）人大常委会的产生和任期：推荐或者申请。基层人民法院院长提请同级人民代表大会常务委员会任命。中级人民法院、高级人民法院审判案件时，在其所在城市的基层人民法院的人民陪审员名单中随机抽取。任期为 5 年，一般不得连任。合议庭由法官担任审判长，可以组成 3 人合议庭，也可以由法官 3 人与人民陪审员 4 人组成 7 人合议庭。

2. 审判委员会：拟判处死刑的案件、人民检察院抗诉的案件，合议庭应当提请院长决定提交审判委员会讨论决定。对合议庭成员意见有重大分歧的案件、新类型案件、社会影响重大的案件，以及其他疑难、复杂、重大的案件，合议庭认为难以作出决定的，可以提请院长决定提交审判委员会讨论决定。人民陪审员可以要求合议庭将案件提请院长决定是否提交审判委员会讨论决定。对提请院长决定提交审判委员会讨论决定的案件，院长认为不必要的，可以建议合议庭复议一次。独任审判的案件，审判员认为有必要的，也可以提请院长决定提交审判委员会讨论决定。审判委员会召开全体会议和专业委员会会议，应当有其组成人员的过半数出席。审判委员会会议由院长或者院长委托的副院长主持。审判委员会实行民主集中制。审判委员会举行会议时，同级人民检察院检察长或者检察长委托的副检察长可以列席。审判委员会表决案件，应当在合议庭审理的基础之上进行，并应充分听取合议庭成员关于审理和评议情况的说明，慎重地考虑合议庭的评议结论。审判委员会的决定，合议庭、独任审判员应当执行；有不同意见的，可以建议院长提交审判委员会复议。复议后作出的决定，合议庭必须执行。

考点31 认罪认罚案件的审理

【大纲要求解读】大纲要求**理解**认罪认罚案件的审理概念，**熟悉并能够运用**《刑事诉讼法》以及相关法律解释对认罪认罚案件的审理的规定。

【命题要点归纳】

1. 人民法院对认罪认罚案件的审理程序并不唯一，对该类案件，人民法院应当根据案件情况，依法适用速裁程序、简易程序或者普通程序审理。

2. 对人民检察院提起公诉的认罪认罚案件，人民法院应当重点审查以下内容：(1)人民检察院讯问犯罪嫌疑人时，是否告知其诉讼权利和认罪认罚的法律规定；(2)是否随案移送听取犯罪嫌疑人、辩护人或者值班律师、被害人及其诉讼代理人意见的笔录；(3)被告人与被害人达成调解、和解协议或者取得被害人谅解的，是否随案移送调解、和解协议、被害人谅解书等相关材料；(4)需要签署认罪认罚具结书的，是否随案移送具结书。未随案移送前述材料的，人民法院应当要求人民检察院补充。

3. 对认罪认罚案件，法庭审理时应当告知被告人享有的诉讼权利和认罪认罚的法律规定，审查认罪认罚自愿性和认罪认罚具结书内容的真实性、合法性。对人民检察院起诉指控的事实清楚，但指控的罪名与审理认定的罪名不一致的，人民法院应当听取人民检察院、被告人及其辩护人对审理认定罪名的意见，依法作出判决。

4. 对于认罪认罚案件，人民法院依法作出判决时，一般应当采纳人民检察院指控的罪名和量刑建议，但有下列情形的除外：(1)被告人的行为不构成犯罪或者不应当追究其刑事责任的；(2)被告人违背意愿认罪认罚的；(3)被告人否认指控的犯罪事实的；(4)起诉指控的罪名与审理认定的罪名不一致的；(5)其他可能影响公正审判的情形。

5. 人民法院经审理认为量刑建议明显不当，或者被告人、辩护人对量刑建议提出异议的，人民检察院可以调整量刑建议。人民检察院不调整或者调整后仍然明显不当的，人民法院应当依法作出判决。对量刑建议是否明显不当，应当根据审理认定的犯罪事实、认罪认罚的具体情况，结合相关犯罪的法定刑、类似案件的刑罚适用等作出审查判断。

6. 对认罪认罚案件，人民法院一般应当对被告人从轻处罚；符合非监禁刑适用条件的，应当适用非监禁刑；具有法定减轻处罚情节的，可以减轻处罚。对认罪认罚案件，应当根据被告人认罪认罚的阶段早晚以及认罪认罚的主动性、稳定性、彻底性等，在从宽幅度上体现差异。共同犯罪案件，部分被告人认罪认罚的，可以依法对该部分被告人从宽处罚，但应当注意全案的量刑平衡。

7. 被告人在人民检察院提起公诉前未认罪认罚，在审判阶段认罪认罚的，人民法院可以不再通知人民检察院提出或者调整量刑建议。

8. 案件审理过程中，被告人不再认罪认罚的，人民法院应当根据审理查明的事实，依法作出裁判。需要转换程序的，依照相关规定处理。

考点32 中止审理与延期审理的区别、终止审理

【大纲要求解读】大纲要求**理解**中止审理、延期审理、终止审理的情形与区别。

【命题要点归纳】

1. 中止审理的情形：被告人患有严重疾病，无法出庭的；被告人脱逃的；自诉人患有严重疾病，无

法出庭，未委托诉讼代理人出庭的；由于不能抗拒的原因。中止审理的期间不计入审理期限。

2. 延期审理的情形：有新证据，需要补充侦查，回避，变更辩护人，需要补充、变更、追加起诉。

3. 终止审理的情形：人民法院在案件审判过程中，遇有法律明确规定的情形时终结诉讼程序的活动。《刑事诉讼法》第16条规定了应当终止审理的情形。终止审理不同于延期审理和中止审理。终止审理是由于出现了诉讼不应当继续进行下去的理由或者诉讼不需要继续进行下去。终止审理后，诉讼即告结束，不再恢复。

考点33 简易程序

【大纲要求解读】大纲要求**理解**简易程序的概念，**熟悉并能够运用**简易程序的内容，判决、裁定、决定的区别与制作。

【命题要点归纳】

1. 简易程序的特点：

(1) 只适用于第一审程序，简易程序不适用于第二审程序、死刑复核程序和审判监督程序。

(2) 只适用于基层人民法院。

(3) 简易程序的具体内容是对第一审普通程序的相对简化。

(4) 审理期限短。适用简易程序审理案件，人民法院应当在受理后20日以内审结；对可能判处的有期徒刑超过3年的，可以延长至一个半月。

2. 简易程序的适用范围：

(1) 案件事实清楚、证据充分的。无论公诉案件还是自诉案件，适用简易程序时，都必须具备"事实清楚、证据充分"这一条件。如果案件属于事实不清、证据不充分的，不应当适用简易程序。

(2) 被告人承认自己所犯罪行，对指控的犯罪事实没有异议的。

(3) 被告人对适用简易程序没有异议的。适用简化程序必须获得被告人的同意，即要求被告人对适用简易程序没有异议。

(4) 不适用简易程序的情形：①被告人是盲、聋、哑人的；②被告人是尚未完全丧失辨认或者控制自己行为能力的精神病人的；③案件有重大社会影响的；④共同犯罪案件中部分被告人不认罪或者对适用简易程序有异议的；⑤辩护人作无罪辩护的；⑥被告人认罪但经审查认为可能不构成犯罪的；⑦不宜适用简易程序审理的其他情形。

| 考点扩展 |

1. 简易程序与普通程序的转换：人民法院在审理过程中，发现不宜适用简易程序的，应当按照刑事诉讼法其他有关规定重新审理。适用简易程序审理的案件，在审理过程中如果发现不宜适用简易程序的情形，可以由简易程序转换为普通程序。但是，一经确定为适用普通程序审理的案件，不得转换为适用简易程序。依据有关规定，适用简易程序审理案件，在法庭审理过程中，具有下列情形之一的，应当转为普通程序审理：(1) 被告人的行为可能不构成犯罪的；(2) 被告人可能不负刑事责任的；(3) 被告人当庭对起诉指控的犯罪事实予以否认的；(4) 案件事实不清、证据不足的；(5) 不应当或者不宜适用简易程序的其他情形。决定转为普通程序审理的案件，审理期限应当从作出决定之日起计算。

2. 自诉案件的审判程序：自诉人宣读起诉书后，被告人可以就起诉书指控的犯罪事实进行陈述，并自行辩护。自诉人应当出示主要证据。被告人有证据出示的，审判员应当准许。经审判员准许，被告人及其辩护人可以同自诉人及其诉讼代理人进行辩论。适用简易程序审理的案件，将普通程序中的许多程序予以简化，唯独被告人最后陈述这一程序未予简化。被告人可以就起诉书所指控的犯罪事实、性质和情节、所适用的法律以及对法庭的请求等进行陈述。被告人作最后陈述后，人民法院一般应当当庭宣判。

考点34 速裁程序

【大纲要求解读】大纲要求**理解**速裁程序的概念、特点，**熟悉并能够运用**《刑事诉讼法》以及相关法律解释对速裁程序的规定。

【命题要点归纳】

1. 速裁程序的特点：

(1)只适用于第一审程序。与简易程序一样，速裁程序不适用于第二审程序、死刑复核程序和审判监督程序。

(2)只适用于基层人民法院。速裁程序仅适用于判处3年有期徒刑以下刑罚的案件，这类案件皆由基层人民法院管辖。

(3)速裁程序的具体内容是对第一审简易程序的进一步简化。比如实行独任审判，一般不进行法庭调查、法庭辩论。

(4)审理期限短。适用速裁程序审理案件，人民法院应当在受理后10日以内审结；对可能判处的有期徒刑超过1年的，可以延长至15日。

2. 速裁程序的适用范围：

(1)基层人民法院管辖的可能判处3年有期徒刑以下刑罚的案件，案件事实清楚，证据确实、充分，被告人认罪认罚并同意适用速裁程序的，可以适用速裁程序，由审判员一人独任审判。人民检察院在提起公诉的时候，可以建议人民法院适用速裁程序。

(2)不适用速裁程序的情形：①被告人是盲、聋、哑人，或者是尚未完全丧失辨认或者控制自己行为能力的精神病人；②被告人是未成年人的；③案件有重大社会影响的；④共同犯罪案件中部分被告人对指控的犯罪事实、罪名、量刑建议或者适用速裁程序有异议的；⑤被告人与被害人或者其法定代理人没有就附带民事诉讼赔偿等事项达成调解或者和解协议的；⑥其他不宜适用速裁程序审理的。

3. 速裁程序的启动方式：

(1)人民检察院建议适用。

(2)人民法院决定适用。

(3)被告人及其辩护人申请适用：①对人民检察院在提起公诉时建议适用速裁程序的案件，基层人民法院经审查认为案件事实清楚，证据确实、充分，可能判处3年有期徒刑以下刑罚的，在将起诉书副本送达被告人时，应当告知被告人适用速裁程序的法律规定，询问其是否同意适用速裁程序。被告人同意适用速裁程序的，可以决定适用速裁程序，并在开庭前通知人民检察院和辩护人。②对人民检察院未建议适用速裁程序的案件，人民法院经审查认为符合速裁程序适用条件的，可以决定适用速裁程序，并在开庭前通知人民检察院和辩护人。③被告人及其辩护人可以向人民法院提出适用速裁程序的申请。《刑事诉讼法》第224条第1款规定，适用速裁程序审理案件，不受送达期限的限制。因此，适用速裁程序审理案件，人民法院应当在开庭前将开庭的时间、地点通知人民检察院、被告人、辩护人，也可以通知其他诉讼参与人，但通知时间并不受“开庭三日前”的时间限制。通知可以采用简便方式，但应当记录在案。

| 考点扩展 |

1. 适用速裁程序审理案件，不受公诉案件一审程序关于送达期限规定的限制，一般不进行法庭调查、法庭辩论，裁判文书也可以简化，但在判决宣告前应当听取辩护人的意见和被告人的最后陈述意见。适用速裁程序审理案件，应当当庭宣判。

2. 适用速裁程序审理案件，在法庭审理过程中，具有下列情形之一的，应当转为普通程序或者简易程序审理：

(1)被告人的行为可能不构成犯罪或者不应当追究刑事责任的。

(2)被告人违背意愿认罪认罚的。

(3)被告人否认指控的犯罪事实的。

(4)案件疑难、复杂或者对适用法律有重大争议的。

(5)其他不宜适用速裁程序的情形。决定转为普通程序或者简易程序审理的案件,审理期限应当从作出决定之日起计算。

3. 适用速裁程序审理的案件,第二审人民法院因为原判决事实不清楚或者证据不足发回原审人民法院重新审判的,原审人民法院应当适用第一审普通程序重新审判。

考点35 第二审程序的提起

【大纲要求解读】大纲要求**理解**第二审程序的概念、审理方式、程序和审理后的处理,二审对刑事附带民事诉讼案件和自诉案件的处理,对查封、扣押、冻结在案财物的处理程序,在法定刑以下判处刑罚的核准程序;**熟悉并能够运用**《刑事诉讼法》以及相关法律解释对第二审程序的规定。

【命题要点归纳】

1. 上诉的主体:(1)被告人;(2)自诉人;(3)被告人与自诉人的法定代理人;(4)附带民事诉讼的当事人;(5)附带民事诉讼当事人的法定代理人;(6)被告人的辩护人和近亲属,经被告人同意方可上诉。

2. 抗诉的主体:地方各级人民检察院。

3. 上诉的提出与程序:

(1)上诉可以以书状形式,也可以以口头形式提出。

(2)上诉既可以通过原审人民法院提出,也可以直接向第二审人民法院提出。上诉人通过第一审人民法院提出上诉的,第一审人民法院应当审查。上诉人直接向第二审人民法院提出上诉的,第二审人民法院应当在收到上诉状后3日以内将上诉状交第一审人民法院。第一审人民法院应当审查上诉是否符合法律规定。符合法律规定的,应当在接到上诉状后3日以内将上诉状连同案卷、证据移送上一级人民法院,并将上诉状副本送交同级人民检察院和对方当事人。

(3)上诉人在上诉期限内要求撤回上诉的,人民法院应当准许。上诉人在上诉期满后要求撤回上诉的,第二审人民法院经审查,认为原判认定事实和适用法律正确,量刑适当的,应当裁定准许;认为原判确有错误的,应当不予准许,继续按照上诉案件审理。

4. 抗诉的提出与程序:

(1)抗诉应以书面形式提出,即必须制作抗诉书。

(2)人民检察院在抗诉期限内要求撤回抗诉的,人民法院应当准许。人民检察院在抗诉期满后要求撤回抗诉的,第二审人民法院可以裁定准许,但是认为原判存在将无罪判为有罪、轻罪重判等情形的,应当不予准许,继续审理。注意,"继续审理"是指继续按照抗诉案件开庭审理。此种案件本由抗诉启动,虽已提出撤回抗诉但法院因故不予准许,这属于诉讼程序上的重大事项,并且在实体上也可能发生重大变化(原判有罪改判无罪,或原审重判改为轻判),因此应当一律开庭审理。上级人民检察院认为下级人民检察院抗诉不当,向第二审人民法院要求撤回抗诉的,也适用前述程序要求。

考点36 第二审程序的审判原则

【大纲要求解读】大纲要求**理解**全面审查原则、上诉不加刑原则的内容。

【命题要点归纳】

1. 全面审查原则:全面审查事实和适用法律;上诉或抗诉的部分或未上诉或抗诉的部分,共同犯罪的案件,部分被告人上诉,全案审查。对于附带民事诉讼的上诉案件,应当全案进行审查,即不仅审查附带民事诉讼部分,而且审查刑事诉讼部分。全面审查原则的要求:

(1)既要审查一审判决认定的事实是否正确,证据是否确实、充分,又要审查一审判决适用法律有无错误；

(2)既要审查上诉或者抗诉的部分，又要审查没有上诉或者抗诉的部分；

(3)在共同犯罪中，只有部分被告人上诉的，或者人民检察院只就第一审法院对部分被告人的判决提出抗诉，第二审法院应当对全案进行审查，一并处理；

(4)审理附带民事纠纷的上诉、抗诉案件，应当对全案进行审查；

(5)既要审查实体问题，又要审查程序问题；

(6)第二审法院应当就第一审判决、裁定认定的事实和适用法律进行全面审查，不受上诉或者抗诉范围的限制。

2. 上诉不加刑原则：只有被告人一方提起上诉，才能适用上诉不加刑原则，不能加重刑期、不能加重数罪中一罪、不能虚刑变更为实刑。法院对原判认定事实清楚、证据充分，只是认定的罪名不当的，在不加重原判刑罚的情况下，可以改变罪名。注意：二审发回重审不得加重被告人的刑罚，除非是有新的犯罪事实，检察院补充起诉。

考点37 第二审程序的审理

【大纲要求解读】大纲要求**理解**第二审程序的审理方式、程序和审理后的处理，**熟悉并能够运用**《刑事诉讼法》以及相关法律解释对第二审程序的规定。

【命题要点归纳】

1. 二审法院必须开庭审理的情形：(1)被告人、自诉人及其法定代理人对第一审认定的事实、证据提出异议，可能影响定罪量刑的上诉案件；(2)被告人被判处死刑的上诉案件；(3)人民检察院抗诉的案件；(4)其他应当开庭审理的案件。

2. 第二审期间，人民检察院或者被告人及其辩护人提交新证据的，人民法院应当及时通知对方查阅、摘抄或者复制。

3. 第二审人民法院开庭审理上诉、抗诉案件，可以到案件发生地或者原审人民法院所在地进行。第二审期间，被告人除自行辩护外，还可以继续委托第一审辩护人或者另行委托辩护人辩护。共同犯罪案件，只有部分被告人提出上诉，或者自诉人只对部分被告人的判决提出上诉，或者人民检察院只对部分被告人的判决提出抗诉的，其他同案被告人也可以委托辩护人辩护。

4. 开庭审理上诉、抗诉案件，可以重点围绕对第一审判决、裁定有争议的问题或者有疑问的部分进行。

5. 第二审人民法院受理上诉、抗诉案件，应当在2个月以内审结。对于可能判处死刑的案件或者附带民事诉讼的案件，以及有《刑事诉讼法》第158条规定情形之一的，经省、自治区、直辖市高级人民法院批准或者决定，可以延长2个月；因特殊情况还需要延长的，报请最高人民法院批准。最高人民法院受理上诉、抗诉案件的审理期限，由最高人民法院决定。

| 考点扩展 |

对于认罪认罚的案件而言，被告人在第一审程序中未认罪认罚，在第二审程序中认罪认罚的，审理程序依照《刑事诉讼法》规定的第二审程序进行。第二审人民法院应当根据其认罪认罚的具体情况决定是否从宽，并依法作出裁判。确定从宽幅度时应当与第一审程序认罪认罚有所区别。

考点38 判处死刑立即执行案件的复核程序

【大纲要求解读】大纲要求**理解**死刑立即执行的核准权、报请复核的要求、复核后的处理方式；**熟悉并能够运用**《刑事诉讼法》以及相关法律解释对死刑复核程序的规定。

【命题要点归纳】

1. 判处死刑立即执行案件的复核程序：

(1)讯问被告人。对核准死刑的案件,应当讯问被告人,当面听取被告人的辩护意见。需要注意的是,高级人民法院复核死刑案件,应当讯问被告人。

(2)审查核实案卷材料。

(3)听取辩护人的意见。最高人民法院复核死刑案件,应当讯问被告人,辩护律师提出要求的,应当听取辩护律师的意见。

(4)最高人民检察院提出意见。在复核死刑案件过程中,最高人民检察院可以向最高人民法院提出意见。死刑复核期间,最高人民检察院提出意见的,最高人民法院应当审查,并将采纳情况及理由反馈最高人民检察院。

(5)制作复核审理报告。

(6)向最高人民检察院通报死刑复核结果。最高人民法院应当将死刑复核结果通报最高人民检察院。最高人民检察院同意最高人民法院核准或者不核准意见的,应当经检察长批准,书面回复最高人民法院。对于适用死刑存在较大分歧或者在全国有重大影响的死刑第二审案件,省级人民检察院应当及时报最高人民检察院备案。

2.判处死刑立即执行案件复核后的处理:

(1)原判认定事实和适用法律正确、量刑适当、诉讼程序合法的,应当裁定核准。

(2)原判认定的某一具体事实或者引用的法律条款等存在瑕疵,但判处被告人死刑并无不当的,可以在纠正后作出核准的判决、裁定。

(3)原判事实不清、证据不足的,应当裁定不予核准,并撤销原判,发回重新审判。

(4)复核期间出现新的影响定罪量刑的事实、证据的,应当裁定不予核准,并撤销原判,发回重新审判。

(5)原判认定事实正确、证据充分,但依法不应当判处死刑的,应当裁定不予核准,并撤销原判,发回重新审判;根据案件情况,必要时,也可以依法改判。

(6)原审违反法定诉讼程序,可能影响公正审判的,应当裁定不予核准,并撤销原判,发回重新审判。

考点39 审判监督程序

【大纲要求解读】大纲要求**理解**依照审判监督程序对案件的重新审判程序,**熟悉并能够运用**《刑事诉讼法》以及相关法律解释对审判监督程序的规定。

【命题要点归纳】

1.提起审判监督程序的方式:

(1)决定再审:各级人民法院院长对本院已经发生法律效力的判决和裁定,如果发现在认定事实或者在适用法律上确有错误,经提交审判委员会讨论决定再审从而提起审判监督程序的一种方式。

(2)指令再审:最高人民法院对各级人民法院已经发生法律效力的判决和裁定,上级人民法院对下级人民法院已经发生法律效力的判决和裁定,如果发现确有错误,可以指令下级人民法院再审从而提起审判监督程序的一种方式。

(3)决定提审:最高人民法院对各级人民法院发生法律效力的判决和裁定,上级人民法院对下级人民法院发生法律效力的判决和裁定,如果发现确有错误,需要重新审理,而直接组成合议庭,调取原审案卷和材料,并进行审判从而提起审判监督程序的一种方式。它是最高人民法院对地方各级人民法院、上级人民法院对下级人民法院已经发生法律效力的判决、裁定,向该院提起审判监督程序的方式。

(4)提出抗诉:最高人民检察院对各级人民法院发生法律效力的判决和裁定,上级人民检察院对下级人民法院已经发生法律效力的判决和裁定,如果发现确有错误,向同级人民法院提出抗诉从而提起审判监督程序的一种方式。

2. 指令再审与决定提审：两者都是上级人民法院对下级人民法院发生法律效力的判决和裁定提起审判监督程序的方式。为便于再审案件审理时传唤当事人和其他诉讼参与人出庭以及就地复查证据，核实案情，一般应由最高人民法院和上级人民法院指令原终审人民法院再审。对于原判决、裁定认定事实正确，但是在适用法律上有错误，或者案情疑难、复杂、重大的，或者有其他不宜由原审人民法院审理的情况的案件，也可以提审。

3. 人民检察院提出抗诉的情形：(1)有新的证据证明原判决、裁定认定的事实确有错误，可能影响定罪量刑的；(2)据以定罪量刑的证据不确实、不充分的；(3)据以定罪量刑的证据依法应当予以排除的；(4)据以定罪量刑的主要证据之间存在矛盾的；(5)原判决、裁定的主要事实依据被依法变更或者撤销的；(6)认定罪名错误且明显影响量刑的；(7)违反法律关于追诉时效期限的规定的；(8)量刑明显不当的；(9)违反法律规定的诉讼程序，可能影响公正审判的；(10)审判人员在审理案件的时候有贪污受贿、徇私舞弊、枉法裁判行为的。

4. 抗诉的后果：对人民检察院依照审判监督程序提出抗诉的案件，人民法院应当在收到抗诉书后1个月以内立案。但是，有下列情形之一的，应当区别情况予以处理：(1)不属于本院管辖的，应当将案件退回人民检察院。(2)按照抗诉书提供的住址无法向被抗诉的原审被告人送达抗诉书的，应当通知人民检察院在3日以内重新提供原审被告人的住址；逾期未提供的，将案件退回人民检察院。(3)以有新的证据为由提出抗诉，但未附相关证据材料或者有关证据不是指向原起诉事实的，应当通知人民检察院在3日以内补送相关材料；逾期未补送的，将案件退回人民检察院。决定退回的抗诉案件，人民检察院经补充相关材料后再次抗诉，经审查符合受理条件的，人民法院应当受理。

｜考点扩展｜

人民检察院依据审判监督程序提起的抗诉，亦称再审抗诉，它与人民检察院依照第二审程序提出的二审抗诉，都是人民检察院对人民法院的审判活动实施法律监督的重要方式。两种抗诉主要有以下区别：

1. 抗诉的对象不同。二审抗诉的对象是地方各级人民法院尚未发生法律效力的一审判决、裁定；而再审抗诉的对象是已经发生法律效力的判决和裁定。

2. 抗诉的权限不同。除最高人民检察院外，任何一级人民检察院都有权对同级人民法院的一审判决、裁定提出二审抗诉。而除最高人民检察院有权对同级的最高人民法院发生法律效力的判决、裁定提出再审抗诉外，其他各级人民检察院只能对其下级人民法院发生法律效力的判决、裁定提出再审抗诉。可见，基层人民检察院只能提出二审抗诉，无权提出再审抗诉；而最高人民检察院只能提出再审抗诉，无权提出二审抗诉。

3. 接受抗诉的审判机关不同。接受二审抗诉的是提出抗诉的人民检察院的上一级人民法院；而接受再审抗诉的是提出抗诉的人民检察院的同级人民法院。

4. 抗诉的期限不同。二审抗诉必须在法定期限内提出，而法律对再审抗诉的提起没有规定期限。

5. 抗诉的效力不同。二审抗诉将阻止第一审判决、裁定发生法律效力；而再审抗诉并不导致原判决、裁定在人民法院按照审判监督程序重新审判期间执行的停止。

考点40 死刑立即执行判决的执行

【大纲要求解读】大纲要求**理解**执行的依据，执行机关，人民检察院对执行的监督程序。

【命题要点归纳】

1. 执行死刑命令的签发：最高人民法院判处和核准的死刑立即执行的判决，应当由最高人民法院院长签发执行死刑的命令。

2. 执行死刑的机关和期限：最高人民法院的执行死刑命令，由高级人民法院交付第一审人民法院执行。第一审人民法院接到死刑执行命令后，应当在 7 日内执行。在死刑缓期执行期间故意犯罪，最高人民法院核准执行死刑的，由罪犯服刑地的中级人民法院执行。

3. 执行死刑的场所和方法：死刑可以在刑场或者指定的羁押场所内执行。死刑采用枪决或者注射等方法执行。采用注射方法执行死刑的，应当在指定的刑场或者羁押场所内执行。采用枪决、注射以外的其他方法执行死刑的，应当事先层报最高人民法院批准。

4. 执行死刑的具体程序：

(1)第一审人民法院在执行死刑前，应当告知罪犯有权会见其近亲属。

(2)第一审人民法院在执行死刑 3 日以前，应当通知同级人民检察院派员临场监督。

(3)执行死刑前，指挥执行的审判人员对罪犯应当验明正身，以防止错杀。

(4)执行死刑应当公布，禁止游街示众或者其他有辱罪犯人格的行为。

(5)执行死刑后，应当由法医验明罪犯确实死亡，在场书记员制作笔录。负责执行的人民法院应当在执行死刑后 15 日以内将执行情况，包括罪犯被执行死刑前后的照片，上报最高人民法院。

考点41 死刑执行的变更

【大纲要求解读】大纲要求**理解**执行的变更程序。

【命题要点归纳】

1. 应当停止执行，并且立即报告最高人民法院，由最高人民法院作出裁定的情形：

(1)在执行前发现判决可能有错误的；

(2)在执行前罪犯揭发重大犯罪事实或者有其他重大立功表现，可能需要改判的；

(3)罪犯正在怀孕。

上述(1)(2)情况下停止执行的原因消失后，必须报请最高人民法院院长再签发执行死刑命令才能执行；对于因上述第三种原因停止执行的，应当报请最高人民法院依法改判。《刑事诉讼法》第 263 条第 4 款规定，指挥执行的审判人员在执行前，如果发现可能有错误，应暂停执行，报请最高人民法院裁定。

2. 应当暂停执行，并立即将请求停止执行死刑的报告和相关材料层报最高人民法院的情形：

(1)罪犯可能有其他犯罪的；

(2)共同犯罪的其他犯罪嫌疑人到案，可能影响罪犯量刑的；

(3)共同犯罪的其他罪犯被暂停或者停止执行死刑，可能影响罪犯量刑的；

(4)罪犯揭发重大犯罪事实或者有其他重大立功表现，可能需要改判的；

(5)罪犯怀孕的；

(6)判决、裁定可能有影响定罪量刑的其他错误的。

《刑事诉讼法》第 500 条第 2 款规定，最高人民法院经审查，认为可能影响罪犯定罪量刑的，应当裁定停止执行死刑；认为不影响的，应当决定继续执行死刑。

考点42 未成年人刑事案件诉讼制度与程序的具体规定

【大纲要求解读】大纲要求**熟悉并能够运用**《刑事诉讼法》以及相关法律解释对未成年人刑事案件诉讼制度和程序的具体规定。

【命题要点归纳】

1. 未成年人刑事案件诉讼程序的方针与原则：教育、感化、挽救方针与教育为主、惩罚为辅原则；保护未成年人权利原则；分案处理原则；审理不公开原则与保密原则；全面调查原则与社会调查制度；社会参与原则。

2. 辩护与法律援助制度：

(1)《刑事诉讼法》第278条规定,未成年犯罪嫌疑人、被告人没有委托辩护人的,人民法院、人民检察院、公安机关应当通知法律援助机构指派律师为其提供辩护。根据该条规定,在侦查、起诉、审判阶段,只要未成年犯罪嫌疑人、被告人没有委托辩护人,公、检、法机关就有义务通知法律援助机构指派律师为其提供辩护,无论该未成年人是否因经济困难而没有委托辩护人。注意,判断是否需要通知法律援助机构为其指派律师是以到案和审判时的年龄为标准,而不是以实施涉嫌犯罪行为时的年龄为标准。

(2)根据《高检规则》第465条第1款规定,人民检察院在审查批捕和审查起诉中,应当听取辩护人的意见。辩护人提出书面意见的,应当附卷。对于辩护人提出犯罪嫌疑人无罪、罪轻或者减轻、免除刑事责任、不适宜羁押或者侦查活动有违法情形等意见的,检察人员应当进行审查,并在相关工作文书中叙明辩护人提出的意见,说明是否采纳的情况和理由。

(3)《刑诉解释》第564条规定,审判时不满18周岁的未成年被告人没有委托辩护人的,人民法院应当通知法律援助机构指派熟悉未成年人身心特点的律师为其提供辩护。在法庭审理过程中,未成年被告人或者其法定代理人当庭拒绝辩护人辩护的,适用《刑诉解释》第311条第2款、第3款的规定。重新开庭后,未成年被告人或者其法定代理人再次当庭拒绝辩护人辩护的,不予准许。重新开庭时被告人已满18周岁的,可以准许,但不得再另行委托辩护人或者要求另行指派律师,由其自行辩护。

3. 适用酌定不起诉:

(1)一般应当酌定不起诉:对于犯罪情节轻微,具有下列情形之一,依照刑法规定不需要判处刑罚或者免除刑罚的未成年犯罪嫌疑人,一般应当依法作出酌定不起诉决定:被胁迫参与犯罪的;犯罪预备、中止、未遂的;在共同犯罪中起次要或者辅助作用的;系又聋又哑的人或者盲人的;因防卫过当或者紧急避险过当构成犯罪的;有自首或者立功表现的;其他依照刑法规定不需要判处刑罚或者免除刑罚的情形。即只要具有上述7种情形之一,人民检察院一般"应当"作出不起诉的决定,而不是在成年人案件中适用《刑事诉讼法》第177条第2款"可以"作出不起诉的决定。

(2)可以酌定不起诉:对于未成年人实施的轻伤害案件、初次犯罪、过失犯罪、犯罪未遂的案件以及被诱骗或者被教唆实施的犯罪案件等,情节轻微,犯罪嫌疑人确有悔罪表现,当事人双方自愿就民事赔偿达成协议并切实履行或者经被害人同意并提供有效担保,符合《刑法》第37条规定的,人民检察院可以作出酌定不起诉,并可以根据案件的不同情况,予以训诫或者责令具结悔过、赔礼道歉、赔偿损失,或者由主管部门予以行政处罚。

4. 附条件不起诉:

(1)不满18周岁的未成年人涉嫌实施《刑法》分则第四章(侵犯公民人身权利、民主权利罪)、第五章(侵犯财产罪)和第六章(妨害社会管理秩序罪)规定的犯罪;

(2)根据具体犯罪事实、情节,可能判处1年有期徒刑以下刑罚;

(3)犯罪事实清楚,证据确实、充分,符合起诉条件;

(4)有悔罪表现的。

5. 在考验期内人民检察院应当撤销附条件不起诉的决定提起公诉的情形:

(1)实施新的犯罪的。

(2)发现决定附条件不起诉以前还有其他犯罪需要追诉的。

(3)违反治安管理规定,造成严重后果,或者多次违反治安管理规定的。

(4)违反有关附条件不起诉的监督管理规定,造成严重后果,或者多次违反有关附条件不起诉的监督管理规定的。对于未成年犯罪嫌疑人在考验期内实施新的犯罪或者在决定附条件不起诉以前还有其他犯罪需要追诉的,人民检察院应当移送侦查机关立案侦查。附条件不起诉的未成年犯罪嫌疑人,在考验期内没有上述情形,考验期满的,人民检察院应当作出不起诉的决定。考验期满作出不起诉决定以前,应当听取被害人意见。

6. 未成年人刑事案件适用认罪认罚从宽制度：

(1)听取意见：人民法院、人民检察院办理未成年人认罪认罚案件，应当告知未成年人及其法定代理人有关认罪认罚的法律规定，并听取未成年犯罪嫌疑人、被告人的法定代理人的意见，法定代理人无法到场的，应当听取合适成年人的意见，但受案时犯罪嫌疑人已经成年的除外。

(2)签署具结书：未成年犯罪嫌疑人签署认罪认罚具结书时，其法定代理人、辩护人应当到场并签字确认。法定代理人无法到场的，合适成年人应当到场签字确认。法定代理人无法到场的，合适成年人可以代替法定代理人行使到场的权利、了解案件情况和有关认罪认罚法律规定的权利，以及对认罪认罚提出异议的权利等。法定代理人未到场的原因以及听取合适成年人意见等情况应当记录在案。未成年人及其法定代理人、辩护人都对认罪认罚没有异议且愿意签署具结书的，应当签署具结书。未成年人本人同意认罪认罚，但法定代理人或辩护人对未成年人认罪认罚有异议的，不需要签署认罪认罚具结书。因法定代理人或辩护人有异议而未签署具结书的，不影响认罪认罚从宽制度的适用，但人民检察院应当对未成年人认罪认罚情况，法定代理人、辩护人的异议情况如实记录。提起公诉的，应当将该材料与其他案卷材料一并移送人民法院。

(3)程序适用：未成年人认罪认罚案件，不适用速裁程序，但应当贯彻教育、感化、挽救的方针，坚持从快从宽原则，确保案件及时办理，最大限度保护未成年人合法权益。

(4)法治教育：办理未成年人认罪认罚案件，应当做好未成年犯罪嫌疑人、被告人的认罪服法、悔过教育工作，实现惩教结合目的。

考点43 缺席审判程序

【大纲要求解读】大纲要求了**解**缺席审判程序的庭前准备、人民检察院如何依法缺席起诉、人民法院对缺席审判案件如何审理的程序性规定。**熟悉并能够运用**《刑事诉讼法》以及相关法律解释对犯罪嫌疑人、被告人不在案的案件进行缺席起诉、缺席审判相关程序的规定，缺席审判程序的案件范围。

【命题要点归纳】

1. 缺席审判程序的案件范围：

(1)贪污贿赂犯罪案件，以及需要及时进行审判，经最高人民检察院核准的严重危害国家安全犯罪、恐怖活动犯罪案件；

(2)被告人患有严重疾病无法出庭，中止审理超过6个月的案件；

(3)被告人死亡的案件。

2. 缺席审判程序的送达：送达方式可采取国际条约规定的或者外交途径提出的司法协助的方式，或者被告人所在地法律允许的其他方式。送达内容是传票和人民检察院的起诉书副本；送达对象是被告人。

3. 缺席审判程序的上诉主体：被告人本人及其近亲属，对案件判决不服的有权向上一级人民法院上诉。辩护人经被告人或近亲属同意，也可以提出上诉。

4. 被告人到案后的救济程序：根据《高检规则》第509条的规定，审查起诉期间，犯罪嫌疑人自动投案或者被抓获的，人民检察院应当重新审查。对严重危害国家安全犯罪、恐怖活动犯罪案件报请核准期间，犯罪嫌疑人自动投案或者被抓获的，报请核准的人民检察院应当及时撤回报请，重新审查案件。而《刑事诉讼法》第295条则规定，在审理过程中，被告人自动投案或者被抓获的，人民法院应当重新审理。罪犯在判决、裁定发生法律效力后到案的，人民法院应当将罪犯交付执行刑罚。交付执行刑罚前，人民法院应当告知罪犯有权对判决、裁定提出异议。罪犯对判决、裁定提出异议的，人民法院应当重新审理。依照生效判决、裁定对罪犯的财产进行的处理确有错误的，应当予以返还、赔偿。《高检规则》第510条规定，提起公诉后被告人到案，人民法院拟重新审理的，人民检察院应当商人民法院将案件撤回并重新审查。

| **考点扩展** |

1. 缺席审判的程序处理：人民法院审理人民检察院依照《刑事诉讼法》第291条第1款的规定提起公诉的案件，参照适用公诉案件第一审普通程序的有关规定。人民法院审理后应当参照一审公诉案件的相关程序规定作出判决、裁定。其中，作出有罪判决的，应当达到证据确实、充分的证明标准。经审理认定的罪名不属于《刑事诉讼法》第291条第1款规定的罪名的，应当终止审理。适用缺席审判程序审理案件，可以对违法所得及其他涉案财产一并作出处理。

2. 缺席审判程序的抗诉主体及程序：人民检察院认为人民法院的判决确有错误的，应当向上一级人民法院提出抗诉。

考点44 犯罪嫌疑人、被告人逃匿、死亡案件违法所得的没收程序

【大纲要求解读】大纲要求**了解**犯罪嫌疑人、被告人逃匿、死亡案件违法所得的没收程序的适用条件，**熟悉并能够运用**《刑事诉讼法》以及相关法律解释对犯罪嫌疑人、被告人逃匿、死亡案件违法所得的没收程序的规定。

【命题要点归纳】

1. 适用条件：对于贪污贿赂犯罪、恐怖活动犯罪等重大犯罪案件，犯罪嫌疑人、被告人逃匿，在通缉1年后不能到案，或者犯罪嫌疑人、被告人死亡，依照刑法规定应当追缴其违法所得及其他涉案财产的，人民检察院可以向人民法院提出没收违法所得的申请，即应当同时具备以下3个条件：

(1)该程序必须适用于贪污贿赂犯罪、恐怖活动犯罪等重大犯罪案件；

(2)犯罪嫌疑人、被告人必须是逃匿后在通缉1年后不能到案的，或者犯罪嫌疑人、被告人死亡的；

(3)依照刑法规定应当追缴其违法所得及其他涉案财产的。

《最高人民法院、最高人民检察院、公安部、国家安全部、司法部、全国人大常委会法制工作委员会关于实施刑事诉讼法若干问题的规定》第37条，当犯罪嫌疑人、被告人死亡时，案件范围不限于贪污贿赂犯罪、恐怖活动犯罪，也不限于重大犯罪案件，只要有违法所得及其他涉案财产需要追缴的，均可适用违法所得没收程序。

2. 没收对象：犯罪嫌疑人、被告人的违法所得及其他涉案财产。

3. 管辖与公告：没收违法所得的申请，由犯罪地或者犯罪嫌疑人、被告人居住地的中级人民法院组成合议庭进行审理。人民法院受理没收违法所得的申请后，应当发出公告。公告期间为6个月。

4. 送达：人民法院已经掌握境内利害关系人联系方式的，应当直接送达含有公告内容的通知；直接送达有困难的，可以委托代为送达、邮寄送达。经受送达人同意的，可以采用传真、电子邮件等能够确认其收悉的方式告知公告内容，并记录在案。人民法院已经掌握境外犯罪嫌疑人、被告人、利害关系人联系方式，经受送达人同意的，可以采用传真、电子邮件等能够确认其收悉的方式告知公告内容，并记录在案；受送达人未表示同意，或者人民法院未掌握境外犯罪嫌疑人、被告人、利害关系人联系方式，其所在国、地区的主管机关明确提出应当向受送达人送达含有公告内容的通知的，人民法院可以决定是否送达。决定送达的，应当依照相关规定请求所在国、地区提供司法协助。

考点45 强制医疗程序的适用条件、启动和决定程序及救济程序

【大纲要求解读】大纲要求**了解**强制医疗程序的概念、意义和特征；**熟悉并能够运用**《刑事诉讼法》关于强制医疗程序的规定。

【命题要点归纳】

1. 强制医疗程序的适用条件：

(1)实施了危害公共安全或者严重危害公民人身安全的暴力行为；

(2)经法定程序鉴定属依法不负刑事责任的精神病人；

(3)有继续危害社会的可能。

2. 强制医疗的启动程序：

(1)检察院的申请启动方式，即对于公安机关移送的强制医疗意见书或者在审查起诉过程中发现精神病人符合强制医疗条件的，人民检察院应当向人民法院提出强制医疗的申请。根据《高检规则》第543条的规定，在审查起诉中，犯罪嫌疑人经鉴定系依法不负刑事责任的精神病人的，人民检察院应当作出不起诉决定。认为其符合《刑事诉讼法》第302条规定条件的，应当向人民法院提出强制医疗的申请。

(2)法院的决定启动方式，即人民法院在审理案件过程中发现被告人符合强制医疗条件的，可以作出强制医疗的决定。根据《刑诉解释》第638条第1款的规定，第一审人民法院在审理刑事案件过程中，发现被告人可能符合强制医疗条件的，应当依照法定程序对被告人进行法医精神病鉴定。经鉴定，被告人属于依法不负刑事责任的精神病人的，应当适用强制医疗程序，对案件进行审理。如果公安机关发现精神病人符合强制医疗条件的，应当写成强制医疗意见书，移送人民检察院，并由人民检察院向人民法院提出强制医疗的申请。

3. 强制医疗的决定程序：

(1)强制医疗的决定主体：人民法院。

(2)强制医疗案件的管辖：人民检察院申请对依法不负刑事责任的精神病人强制医疗的案件，由被申请人实施暴力行为所在地的基层人民法院管辖；由被申请人居住地的人民法院审判更为适宜的，可以由被申请人居住地的基层人民法院管辖。

(3)法律援助制度：被申请人或者被告人没有委托诉讼代理人的，应当自受理强制医疗申请或者发现被告人符合强制医疗条件之日起3日以内，通知法律援助机构指派律师担任其诉讼代理人，为其提供法律帮助。

(4)临时的保护性约束措施：对实施暴力行为的精神病人，在人民法院决定强制医疗前，公安机关可以采取临时的保护性约束措施。

4. 强制医疗的审理时限：人民法院经审理，对于被申请人或者被告人符合强制医疗条件的，应当在1个月内作出强制医疗的决定。

5. 强制医疗的决定：

(1)符合《刑事诉讼法》第302条规定的强制医疗条件的，应当作出对被申请人强制医疗的决定；(2)被申请人属于依法不负刑事责任的精神病人，但不符合强制医疗条件的，应当作出驳回强制医疗申请的决定；被申请人已经造成危害结果的，应当同时责令其家属或者监护人严加看管和医疗；(3)被申请人具有完全或者部分刑事责任能力，依法应当追究刑事责任的，应当作出驳回强制医疗申请的决定，并退回人民检察院依法处理。

6. 由法院自行启动的强制医疗案件，经审理后应按下列情形分别处理：

(1)被告人符合强制医疗条件的，应当判决宣告被告人不负刑事责任，同时作出对被告人强制医疗的决定。

(2)被告人属于依法不负刑事责任的精神病人，但不符合强制医疗条件的，应当判决宣告被告人无罪或者不负刑事责任；被告人已经造成危害结果的，应当同时责令其家属或者监护人严加看管和医疗。

(3)被告人具有完全或者部分刑事责任能力，依法应当追究刑事责任的，应当依照普通程序继续审理。此外，第二审人民法院在审理刑事案件过程中，发现被告人可能符合强制医疗条件的，可以依照强制医疗程序对案件作出处理，也可以裁定发回原审人民法院重新审判。

7. 移送执行：人民法院决定强制医疗的，应当在作出决定后5日以内，向公安机关送达强制医疗决定书和强制医疗执行通知书，由公安机关将被决定强制医疗的人送交强制医疗。

行政法与行政诉讼法

考点1 行政法的法律渊源

【大纲要求解读】大纲要求**了解和理解**行政法法律渊源的等级效力。

【命题要点归纳】

我国行政法的成文法法律渊源的种类，根据法律文件的制定机关和等级效力有：宪法；法律；行政法规；地方性法规；民族自治条例和单行条例；行政规章；国际条约和协定；法律解释。

考点2 行政法各项基本原则的要求

【大纲要求解读】大纲要求**了解和理解**行政法基本原则的概念和作用，行政法基本原则与民法基本原则的区别，行政法各基本原则的要求；**熟悉并能够运用**基本原则分析判断行政法相关问题。

【命题要点归纳】

1. 合法行政原则：行政法的首要原则，其他原则可以理解为这一原则的延伸。我国合法行政原则在结构上包括：行政机关必须遵守现行有效的法律；行政机关应当依照法律授权活动。

2. 合理行政原则：公平公正原则；考虑相关因素原则；比例原则。比例原则有3方面的要求：(1)合目的性，行政机关行使裁量权所采取的具体措施必须符合法律目的；(2)适当性，行政机关所选择的具体措施和手段应当为法律所需，结果与措施和手段之间存在正当性；(3)损害最小，行政机关在可以采取多种方式实现某一行政目的的情况下，应当采用对当事人权益损害最小的方式。

3. 程序正当原则：(1)行政公开原则；(2)公众参与原则；(3)回避原则。

4. 高效便民原则：(1)行政效率原则；(2)便利当事人原则。

5. 诚实守信原则：(1)行政信息真实原则；(2)保护公民信赖利益原则。

6. 权责统一原则：(1)行政效能原则；(2)行政责任原则。

考点3 国务院机构的种类

【大纲要求解读】大纲要求**了解和理解**国务院机构的种类，**熟悉并能运用**行政组织法理论和制度分析判断机构的性质、行政职权的合法性。

【命题要点归纳】

国务院机构的种类。根据职能分为国务院办公厅、国务院组成部门、国务院直属机构、国务院办事机构、国务院组成部门管理的国家行政机构和国务院议事协调机构。

1. 国务院组成部门，是国务院领导下主管特定国家行政事务的行政机构，依法分别履行国务院的基本行政管理职能。国务院组成部门的设立、撤销或者合并，由国务院机构编制管理机关提出方案，经国务院常务会议讨论通过后，由国务院总理提请全国人民代表大会决定。

2. 国务院直属机构，是国务院主管某项专门业务的行政机构，具有独立的行政管理职能。该类机构的设立、撤销和合并，根据工作需要和精简的原则，由国务院决定。

3. 国务院办事机构，是协助国务院总理办理专门事项的行政机构，不具有独立的行政管理职能。它的设立、撤销和合并由国务院机构编制管理部门提出方案，报国务院决定。

4. 国务院组成部门管理的国家行政机构，是由国务院组成部门管理，主管特定业务，行使行政管理职能的行政机构。它的设立、撤销和合并由国务院机构编制管理部门提出方案，报国务院决定。

5. 国务院议事协调机构，是承担国务院行政机构重要业务工作组织协调任务的行政机构。它的设立、撤销和合并由国务院机构编制管理部门提出方案，报国务院决定。

6. 国务院行政机构的司级内设机构的增设、撤销或者合并，经国务院机构编制管理机关审核方案，报国务院批准。国务院行政管理机构的处级内设机构的设立、撤销或者合并由国务院行政机构根据国家有关规定决定，按年度报国务院机构编制管理机关备案。

考点4 地方国家行政机关的组成和职权

【大纲要求解读】大纲要求**了解和理解**地方各级人民政府机构的设置与编制，**熟悉并能运用**行政组织法理论和制度分析判断机构的性质、行政职权的合法性。

【命题要点归纳】

1. 地方各级人民政府行政机构的设立、撤销、合并或者变更规格、名称，由本级人民政府提出方案，经上一级人民政府机构编制管理机关审核后，报上一级人民政府批准。即省、自治区、直辖市人民政府的厅、局、委员会等职能部门的设立、增加、减少或者合并，由本级人民政府报请国务院批准。自治州、县、自治县、市、市辖区人民政府的局、科等职能部门的设立、减少或者合并，由本级人民政府报请上一级人民政府批准。同时，县级以上地方人民政府行政机构的设立、撤销或者合并，还应当依法报本级人民代表大会常务委员会备案。

2. 民族自治地方行政机关享有自治权：(1)管理地方财政的自治权；(2)管理本地区教育、科学、文化、卫生等行政事务的自治权；(3)经国务院批准，依法组织维护本地方社会治安公安部队的职权。

3. 派出机关种类：(1)省、自治区人民政府设立的派出机关(行政公署)，设立的主要条件是“在必要的时候”和“经国务院批准”；(2)县、自治县的人民政府设立的区公所，设立的主要条件是“在必要的时候”和“经省、自治区、直辖市的人民政府批准”；(3)市辖区、不设区的市的人民政府设立的街道办事处，设立的主要条件是“经上一级人民政府批准”。

考点5 公务员管理的基本制度

【大纲要求解读】大纲要求是**了解和理解**公务员的范围、公务员基本管理制度。

【命题要点归纳】

1. 公务员回避制度：分为任职回避和执行公务回避。

2. 公务员退出公职制度：分为退休、辞职、辞退，退休是因为客观原因或者条件的变化消灭公务员与国家之间公职关系的制度；辞职分为辞去公职和辞去领导职务两种。辞退是因为公务员担任公职存在缺陷，国家单方面解除公务员与机关之间公职关系的制度。注意：(1)辞退公务员时，应当告知辞退的依据和理由；(2)公务员接受监督调查时，不得辞去公职。

3. 行政处分的种类：警告、记过、记大过、降级、撤职、开除。

| **考点扩展** |

职务交流：国家实行公务员交流制度，交流方式包括调任、转任等。调任是国有企业、高等院校和科研院所以及其他不参照《公务员法》管理的事业单位中从事公务的人员调入机关担任领导职务或者四级调研员以上及其他相当层次的职级。转任是公务员在不同职位、不同地区、不同部门之间的职务变动。根据工作需要，机关可以采取挂职方式选派公务员承担重大工程、重大项目、重点任务或者其他专项工作。公务员在挂职期间，不改变与原机关的人事关系。

考点6 行政法规的制定程序

【大纲要求解读】大纲要求**理解**行政法规的制定程序。

【命题要点归纳】

1. 行政法规的制定程序：立项、起草、审查、决定与公布程序。

2. 行政法规的签署公布：国务院对行政法规草案提出审议意见后，由国务院法制机构对行政法规草案进行修改形成草案修改稿，报请总理签署国务院令公布施行。签署公布行政法规的国务院令应当载明该行政法规的施行日期。

3. 行政法规备案：行政法规在公布后的30日内由国务院办公厅报全国人民代表大会常务委员会备案。

| 考点扩展 |

1. 行政法规有下列情形之一的，由国务院解释：

(1)行政法规的规定需要进一步明确具体含义的。

(2)行政法规制定后出现新的情况，需要明确适用行政法规依据的。有权向国务院提出行政法规解释要求的，是国务院各部门和省、自治区、直辖市人民政府；国务院法制机构研究拟订行政法规解释草案，报国务院同意后，由国务院公布或者由国务院授权国务院有关部门公布；行政法规的解释与行政法规具有同等效力。

2. 属于行政工作中具体应用行政法规的问题的解释：省、自治区、直辖市人民政府法制机构以及国务院有关部门法制机构请求国务院法制机构解释的，国务院法制机构可以研究答复。其中涉及重大问题的，由国务院法制机构提出意见，报国务院同意后答复。

考点7 国务院部门规章的制定机关、制定权限、制定程序、监督程序

【大纲要求解读】大纲要求**理解**部门规章的制定机关、制定权限、程序和监督机制。

【命题要点归纳】

1. 制定主体：国务院各部、委员会、中国人民银行、审计署和具有行政管理职能的直属机构以及法律规定的机构，可以根据法律和国务院的行政法规、决定、命令，在本部门的权限范围内，制定规章。

2. 制定权限：部门规章规定的事项，应当属于执行法律或者国务院的行政法规、决定、命令的事项。超越一个国务院部门规章制定权限的，是涉及两个以上国务院部门职权范围的事项。对此有两种解决办法：(1)提请国务院制定行政法规，一般适用于：需要制定的事项涉及两个以上国务院部门的职权，但是对它们的职权范围尚有待于国务院作出明确划分；规章中将规定的措施只能由国务院规定或者采取的；法律规定应当由国务院作出规定的；国务院认为应当由国务院制定行政法规的。

(2)由国务院有关部门联合制定规章，一般适用于：需要规定的事项涉及两个以上部门职权，国务院已经对它们的职权划分作出了明确规定；涉及两个以上国务院部门职权的事项，法律规定由国务院有关部门作出规定的。涉及国务院两个以上部门职权范围的事项，制定行政法规条件尚不成熟，需要制定规章的，国务院有关部门应当联合制定规章，否则国务院有关部门单独制定的规章无效。

3. 制定程序：立项，起草，审查，决定和公布，备案与解释。

4. 监督程序：(1)部门规章和地方政府规章报国务院备案；地方政府规章应当同时报本级人民代表大会常务委员会备案；设区的市、自治州的人民政府制定的规章应当同时报省、自治区的人民代表大会常务委员会和人民政府备案。其他接受备案的机关对报送备案的地方性法规、自治条例和单行条例、规章的审查程序，按照维护法制统一的原则，由接受备案的机关规定。

(2)国家机关、社会团体、企业事业组织、公民认为部门规章同法律、行政法规相抵触的，可以向国务院书面提出审查的建议，由国务院法制机构研究并提出处理意见，按照规定程序处理。根据《立法法》第108条规定，国务院有权改变或者撤销不适当的部门规章和地方政府规章，地方人民代表大会常务委员会有权撤销本级人民政府制定的不适当的规章，省、自治区的人民政府有权改变或者撤销下一级人民政府制定的不适当的规章。根据《立法法》第107条规定，规章有下列情形之一

的，由有关机关依照《立法法》第108条规定的权限予以改变或者撤销：超越权限的；下位法违反上位法规定的；规章之间对同一事项的规定不一致，经裁决应当改变或者撤销一方的规定的；规章的规定被认为不适当，应当予以改变或者撤销的；违背法定程序的。

考点8 地方政府规章的制定机关、制定程序、监督程序

【大纲要求解读】大纲要求**理解**地方政府规章的制定机关、制定权限、程序和监督机制。

【命题要点归纳】

1. 制定主体：

(1)省、自治区、直辖市的人民政府。

(2)设区的市、自治州的人民政府。其中，设区的市、自治州的人民政府制定地方政府规章的权限要小，其权限仅在制定城乡建设与管理、环境保护、历史文化保护等事项的规章。

2. 制定程序：(1)立项；(2)起草；(3)审查；(4)决定和公布：地方政府规章签署公布后，及时在本级人民政府公报和中国政府法制信息网以及在本行政区域范围内发行的报纸上刊载，地方人民政府公报刊登的规章文本为标准文本。

3. 监督程序：国家机关、社会团体、企业事业组织、公民认为地方政府规章同法律、行政法规相抵触的，可以向国务院书面提出审查的建议，由国务院法制机构研究处理。国家机关、社会团体、企业事业组织、公民认为设区的市、自治州的人民政府规章同法律、行政法规相抵触或者违反其上位法的规定的，也可以由省、自治区的人民政府法制机构研究处理。

考点9 具体行政行为的分类

【大纲要求解读】大纲要求**理解**具体行政行为的常见分类。

【命题要点归纳】

1. 依职权的和须申请的具体行政行为：划分标准是行政机关是否以当事人的申请作为开始具体行政行为的条件。前者指行政机关不需要公民、法人或其他组织申请，直接依职权采取具体行政行为；后者则需要经过当事人的申请，行政机关才能作出具体行政行为。

2. 羁束的和裁量的具体行政行为：划分标准是具体行政行为受法律拘束的程度。立法对具体行政行为的范围、方法、手段等条件作出严格规定，行政机关采取时基本没有选择余地的，是羁束的具体行政行为；立法对具体行政行为的范围、方法、手段等方面给予行政机关根据实际情况裁量余地的，是裁量的具体行政行为。

3. 授益的和负担的具体行政行为：划分标准是具体行政行为与当事人之间的权益关系。为当事人授予权利、利益或者免除负担义务的，是授益的具体行政行为；为当事人设定义务或者剥夺其权益的，是负担的具体行政行为。

4. 要式的与不要式的具体行政行为：划分标准是具体行政行为是否需要具备法定的形式。需要具备书面文字等其他特定意义符号为生效必要条件的，是要式的具体行政行为；不需要具备书面文字或者其他特定意义符号就可以生效的，是不要式的具体行政行为。

考点10 具体行政行为的效力

【大纲要求解读】大纲要求**理解**具体行政行为效力的内容，**熟悉并能够运用**基本原则分析判断行政法相关问题。

【命题要点归纳】

1. 公定力：指具体行政行为一经作出，除非存在重大、明显违法情形，即假定其合法有效，任何机关、组织和个人未经法定程序不得否定其效力。

2. 拘束力：指具体行政行为一经生效，行政机关和对方当事人都必须遵守、其他国家机关和社会

成员必须予以尊重的效力。

3. 确定力：指具体行政行为不再争议、不得更改的效力，具体行政行为因此取得不可撤销性。

4. 执行力：指使用国家强制力迫使当事人履行义务或者以其他方式实现具体行政行为权利义务安排的效力。

考点11 行政处罚的设定

【大纲要求解读】大纲要求**理解**行政处罚的设定。

【命题要点归纳】

1. 法律。行政处罚分为有权可以设定的和必须行使权力进行设定的两类。全国人大及其常委会制定的法律，可以设定各种行政处罚。但限制人身自由的行政处罚，只能由法律设定。

2. 行政法规。国务院制定的行政法规，可以设定除限制人身自由以外的行政处罚。如果法律对违法行为已经作出行政处罚规定，行政法规需要作出具体规定的，不得超出法律规定的给予行政处罚的行为、种类和幅度的范围。

3. 地方性法规。地方人大有权制定的地方性法规可以设定除限制人身自由、吊销营业执照以外的行政处罚。如果法律、行政法规对违法行为已经作出行政处罚规定，地方性法规需要作出具体规定的，不得超出法律、行政法规规定的给予行政处罚的行为、种类和幅度的范围。

4. 部门规章。国务院部门规章可以在法律、行政法规规定的给予行政处罚的行为、种类和幅度的范围内作出具体规定。尚未制定法律、行政法规的，可以设定警告、通报批评或者一定数额罚款的行政处罚，罚款的限额由国务院规定。

5. 地方政府规章。地方政府规章可以在法律、法规规定的给予行政处罚的行为、种类和幅度的范围内作出具体规定。这里的法规包括行政法规和地方性法规。尚未制定法律、法规的，地方政府规章对违反行政管理秩序的行为，可以设定警告、通报批评或者一定数额罚款的行政处罚。罚款的限额由省、自治区、直辖市人大常委会规定。

注意：《行政处罚法》规定，除法律、法规和规章以外的其他规范性文件不得设定行政处罚。

考点12 行政处罚的实施机关

【大纲要求解读】大纲要求**理解**行政处罚的实施机关。

【命题要点归纳】

1. 行政主管机关，国家行政机关行使国家行政处罚权，应当符合法律的要求：只有法律规定享有处罚权的行政机关才能有行政处罚权；具有行政处罚权的行政机关只能在法定的职权范围内实施行政处罚；行政机关只能对自己主管业务范围内违反行政管理秩序的行为给予行政处罚。

2. 法律、法规授权的组织，其实施行政处罚的条件是：该组织具有管理公共事务的职能；法律、法规的明文授权；在法定授权范围内行使行政处罚权。

3. 行政机关委托的组织，实施行政处罚的条件是：具有法律、法规或者规章的依据；委托事项必须在该行政机关的法定权限以内；对被委托组织实施行政处罚的行为进行监督；对被委托组织实施行政处罚的行为后果承担法律责任。

考点13 行政强制措施的种类和设定

【大纲要求解读】大纲要求**理解**行政强制措施的种类、设定。

【命题要点归纳】

1. 行政强制执行的种类：限制公民人身自由，查封场所、设施或者财物，扣押财物，冻结存款、汇款，其他行政强制措施。

2. 行政强制执行的设定：

(1)法律的设定权。法律可以对所有的行政强制措施进行设定,但下列行政强制措施的设定由法律保留:限制公民人身自由的行政强制措施、冻结存款、汇款,以及其他应由法律设定的事项,这些措施只能由法律作出设定。

(2)行政法规的设定权。包括两种情形:①某一领域或事项尚未制定法律。在此情形下,如相关事项属于国务院行政管理职权事项的,行政法规可以设定由法律保留的行政强制措施之外的措施,即限制公民人身自由的行政强制措施、冻结存款、汇款,以及其他应由法律设定的行政强制措施以外的其他行政强制措施。②某一领域或事项已出台法律。在此情形下,如已制定的法律设定了行政强制措施,且对行政强制措施的对象、条件、种类作了规定的,行政法规只能对已创设的行政强制措施作出细化规定,不得作出扩大规定;如已制定的法律未设定行政强制措施,行政法规原则上不得设定行政强制措施。不过,在符合特定条件时行政法规可以设定行政强制措施,即单行法律规定特定事项由行政法规规定具体管理措施,那么,行政法规可以设定由法律保留设定的行政强制措施之外的其他行政强制措施。

(3)地方性法规的设定权。根据行政强制法的规定,地方性法规对行政强制措施的设定权为,尚未制定法律、行政法规,且属于地方性事务的,可以设定的行政强制措施有两类,即查封场所、设施或者财物和扣押财物。对法律已设定的行政强制措施,地方性法规只能对法律所规定的行政强制措施的对象、条件、种类作出细化规定,加以具体化,扩大规定无效。如法律中未设定行政强制措施的,地方性法规不得设定行政强制措施。

注意:除法律、法规以外的其他规范性文件,均不得设定行政强制措施。

考点14 行政强制执行的方式和设定

【大纲要求解读】大纲要求**理解**行政强制执行的种类、设定。

【命题要点归纳】

1. 行政强制执行的种类:

(1)代履行。也可称为代执行,指如当事人拒不履行的义务为可由他人代替履行的义务时,行政机关请他人代为履行,并要求当事人承担相应费用的执行方式。代履行有两个特征:第一,当事人应履行的义务为可替代义务,即此义务可以当事人亲自履行,也可以由他人履行,如排除妨碍、恢复原状属于此种义务。如某项义务必须当事人亲自履行,不能适用代履行。第二,代履行的费用应由当事人承担。

(2)执行罚。指在当事人逾期不履行义务时,行政机关要求当事人承担一定的金钱给付义务,促使其履行义务的执行方式。如当事人不缴纳罚款,行政机关依法加处罚款或者滞纳金。值得注意的是,这里虽用的是罚款,但不是行政处罚,而是一种行政强制执行方式。

(3)直接强制。指行政机关直接对当事人人身或财产实施强制,迫使其履行义务或实现与履行义务相同状态的执行方法。一般包括划拨存款、汇款,拍卖或者依法处理查封、扣押的场所、设施或者财物等。

2. 行政强制执行的方式:加处罚款或者滞纳金;划拨存款、汇款;拍卖或者依法处理查封、扣押的场所、设施或者财物;排除妨碍、恢复原状;代履行;其他强制执行方式。

3. 行政强制执行的设定:行政机关的自行强制执行必须由法律设定,包括行政法规、地方性法规不得设定行政机关强制执行。

考点15 行政许可的设定权限和形式

【大纲要求解读】大纲要求**理解**行政许可的设定权限。

【命题要点归纳】

设定行政许可是国家机关创制有关行政许可权利义务的活动,设定行政许可应当规定行政许可的实施机关、条件、程序和期限。设定权限是关于在相关国家机关中分配行政许可设定权的制度。设定形式是设定行政许可可以采取的文件形式,即只能采用法律、行政法规和地方性法规的形式,其他规范性文件一律不得设定行政许可。

1. 经常性行政许可的设定:经常性行政许可由全国人大及其常委会以法律、国务院以行政法规、有权地方人大及其常委会以地方性法规来设定。它们之间的相互关系,按照法律、行政法规和地方性法规的效力等级来确定,即上一个等级没有设定的,下一个等级才可以设定。对于国务院行政法规设定的有关经济事务的行政许可,省、自治区和直辖市人民政府可以根据本行政区域经济和社会发展情况,认为可以通过前述设定的优先原则所列方式解决的,经过报国务院批准的程序后,可以在本行政区域内停止实施该行政许可。

2. 非经常性行政许可的设定:国务院可以以决定形式,省、自治区和直辖市人民政府可以以规章形式设定非经常性行政许可。国务院设定非经常性行政许可的条件是:(1)尚未制定法律;(2)在有必要的时候;(3)实施后,除了临时行政许可事项以外,国务院应当及时提请全国人民代表大会及其常委会制定法律,或者自行制定行政法规。省、自治区和直辖市人民政府设定非经常性行政许可(临时性的行政许可)的条件是:(1)尚未制定法律、行政法规和地方性法规;(2)因行政管理的需要,确须立即实施行政许可;(3)实施满一年需要继续实施的,应当提请本级人民代表大会及其常委会制定地方性法规。

3. 实施行政许可具体规定的制定:行政法规、地方性法规和规章可以在上位法设定的行政许可事项范围内,对实施该行政许可作出具体规定。制定具体规定的规则:(1)不得增设行政许可;(2)对行政许可条件作出的具体规定,不得增设违反上位法的其他条件。

考点16 行政征收与征用

【大纲要求解读】大纲要求**理解**行政征收与征用的概念和特征。

【命题要点归纳】

1. 行政征收:

(1)界定和种类:行政机关依法向公民、法人或者其他组织强制性收取税费或私有财产的行政行为,具有处分性与强制性。行政征收有两种类型:税费征收、公益征收。

(2)主要方式:征税、行政征费、土地征收、房屋征收。

2. 行政征用:行政机关为了公共利益需要依法强制性使用公民、法人或者其他组织的财产,并给予补偿的行政行为,具有限制性、强制性、补偿性。

考点17 行政合同(行政协议)诉讼

【大纲要求解读】大纲要求**熟悉并能够运用**行政合同(行政协议)诉讼。

【命题要点归纳】

1. 受案范围:《最高人民法院关于审理行政协议案件若干问题的规定》第 2 条规定,公民、法人或者其他组织就下列行政协议提起行政诉讼的,法院应当依法受理:政府特许经营协议;土地、房屋等征收征用补偿协议;矿业权等国有自然资源使用权出让协议;政府投资的保障性住房的租赁、买卖等协议;符合本规定第 1 条规定的政府与社会资本合作协议;其他行政协议。在上述纳入肯定性列举范围的行政协议中,政府特许经营协议和土地、房屋征收补偿协议是行政诉讼法明确列出的事项。矿业权等国有自然资源使用权出让协议,政府投资的保障性住房的租赁、买卖等协议,符合本规定第 1 条规定的政府与社会资本合作协议,是此次司法解释加以明确的事项。针对上述行政协议,如行政协议约定仲裁条款的,这些条款原则上无效。《最高人民法院关于审理行政协议案件若干问题的规定》第 26 条规定:“行政协议约定仲裁条款的,人民法院应当确认该条款无效,但法律、行政法规或者我国缔结、参加的国际条约另有规定的除外。”《最高人民法院关于审理行政协议案件若干问题的规定》第3条规定，因行政机关订立的下列协议提起诉讼的，不属于人民法院行政诉讼的受案范围：行政机关之间因公务协助等事由而订立的协议；行政机关与其工作人员订立的劳动人事协议。

2. 裁判结果：

(1)确认协议无效或有效；(2)确认协议未生效及补救；(3)判决撤销协议；(4)判决撤销变更、解除协议的行政行为；(5)判决被告继续履行协议、采取补救措施；(6)判决解除协议；(7)确认变更、解除协议的行政行为合法及补救措施；(8)判决赔偿、补偿或采取补救措施。

考点18 政府信息公开制度的主要内容

【大纲要求解读】大纲要求**理解**政府信息公开制度的主要内容。

【命题要点归纳】

1. 适用范围：《政府信息公开条例》规定的政府信息公开的主体主要是行政机关和法律、法规授权的具有管理公共事务职能的组织。

2. 适用主体：《政府信息公开条例》规定的政府信息公开的主体主要是行政机关和法律、法规授权的具有管理公共事务职能的组织。

3. 基本要求：

(1)公开为常态、不公开为例外；(2)公正、公平、便民；(3)及时、准确。

4. 公开的范围。除下列信息外，政府信息应当公开：

(1)涉及国家秘密的政府信息。依法确定为国家秘密的政府信息，不予公开。

(2)法律、行政法规禁止公开的政府信息。依法禁止公开的政府信息，不予公开。

(3)公开后可能危及国家安全、公共安全、经济安全、社会稳定的政府信息。符合此要求的政府信息，不予公开。

(4)公开会对第三方合法权益造成损害的政府信息。涉及商业秘密、个人隐私等公开会对第三方合法权益造成损害的政府信息，行政机关不得公开。但是，第三方同意公开或者行政机关认为不公开会对公共利益造成重大影响的，予以公开。

(5)内部事务信息。行政机关的内部事务信息，包括人事管理、后勤管理、内部工作流程等方面的信息，可以不予公开。

(6)过程性信息。行政机关在履行行政管理职能过程中形成的讨论记录、过程稿、磋商信函、请示报告等过程性信息，可以不予公开。但是，法律、法规、规章规定应当公开的，从其规定。

(7)行政执法案卷信息。此类信息，可以不予公开。但是，法律、法规、规章规定应当公开的，从其规定。

5. 公开义务主体：行政机关制作的政府信息，由制作该政府信息的行政机关负责公开。行政机关从公民、法人和其他组织获取的政府信息，由保存该政府信息的行政机关负责公开；行政机关获取的其他行政机关的政府信息，由制作或者最初获取该政府信息的行政机关负责公开。法律、法规对政府信息公开的权限另有规定的，从其规定。行政机关设立的派出机构、内设机构依照法律、法规对外以自己名义履行行政管理职能的，可以由该派出机构、内设机构负责与所履行行政管理职能有关的政府信息公开工作。两个以上行政机关共同制作的政府信息，由牵头制作的行政机关负责公开。

6. 主动公开：

(1)主动公开的事项：对涉及公众利益调整、需要公众广泛知晓或者需要公众参与决策的政府信息，行政机关均应当主动公开。

(2)主动公开的具体方式：行政机关应当建立健全政府信息发布机制，将主动公开的政府信息通过政府公报、政府网站或者其他互联网政务媒体、新闻发布会以及报刊、广播、电视等途径予以公开。

(3)主动公开的时限:属于主动公开范围的政府信息,应当自该政府信息形成或者变更之日起20个工作日内及时公开。法律、法规对政府信息公开的期限另有规定的,从其规定。

7.依申请公开:

(1)当事人申请,行政机关对申请的答复:

①所申请公开信息已经主动公开的,告知申请人获取该政府信息的方式、途径。

②所申请公开信息可以公开的,向申请人提供该政府信息,或者告知申请人获取该政府信息的方式、途径和时间。行政机关依申请公开政府信息,应当根据申请人的要求及行政机关保存政府信息的实际情况,确定提供政府信息的具体形式;按照申请人要求的形式提供政府信息,可能危及政府信息载体安全或者公开成本过高的,可以通过电子数据以及其他适当形式提供,或者安排申请人查阅、抄录相关政府信息。

③行政机关依据《政府信息公开条例》的规定决定不予公开的,告知申请人不予公开并说明理由。

④经检索没有所申请的公开信息的,告知申请人该政府信息不存在。

⑤所申请公开信息不属于本行政机关负责公开的,告知申请人并说明理由;能够确定负责公开该政府信息的行政机关的,告知申请人该行政机关的名称、联系方式。

⑥行政机关已就申请人提出的政府信息公开申请作出答复、申请人重复申请公开相同政府信息的,告知申请人不予重复处理。

⑦所申请公开信息属于工商、不动产登记资料等信息,有关法律、行政法规对信息的获取有特别规定的,告知申请人依照有关法律、行政法规的规定办理。

(2)征求第三方的意见:依申请公开的政府信息公开会损害第三方合法权益的,行政机关应当书面征求第三方的意见。

(3)答复期限:行政机关收到政府信息公开申请,能够当场答复的,应当当场予以答复。行政机关不能当场答复的,应当自收到申请之日起20个工作日内予以答复;需要延长答复期限的,应当经政府信息公开工作机构负责人同意并告知申请人,延长的期限最长不得超过20个工作日。行政机关征求第三方和其他机关意见所需时间不计算在期限内。申请公开的政府信息由两个以上行政机关共同制作的,牵头制作的行政机关收到政府信息公开申请后可以征求相关行政机关的意见,被征求意见机关应当自收到征求意见书之日起15个工作日内提出意见,逾期未提出意见的视为同意公开。

(4)区分处理:申请公开的信息中含有不应当公开或者不属于政府信息的内容,但是能够作区分处理的,行政机关应当向申请人提供可以公开的政府信息内容,并对不予公开的内容说明理由。行政机关向申请人提供的信息,应当是已制作或者获取的政府信息。除前述能够作区分处理的外,需要行政机关对现有政府信息进行加工、分析的,行政机关可以不予提供。

(5)滥用申请权的规制:申请人申请公开政府信息的数量、频次明显超过合理范围的,行政机关可以要求申请人说明理由。行政机关认为申请理由不合理的,告知申请人不予处理;行政机关认为申请理由合理,但是无法在《政府信息公开条例》第33条规定的期限内答复申请人的,可以确定延迟答复的合理期限并告知申请人。行政机关依申请提供政府信息,不收取费用。但是,申请人申请公开政府信息的数量、频次明显超过合理范围的,行政机关可以收取信息处理费。行政机关收取信息处理费的具体办法由国务院价格主管部门会同国务院财政部门、全国政府信息公开工作主管部门制定。

考点19 行政复议的受案范围 2024 New

【大纲要求解读】大纲要求**理解**行政复议的范围。

【命题要点归纳】

1.可以申请行政复议的事项:(1)对行政机关作出的行政处罚决定不服;(2)对行政机关作出的

行政强制措施、行政强制执行决定不服;(3)申请行政许可,行政机关拒绝或者在法定期限内不予答复,或者对行政机关作出的有关行政许可的其他决定不服;(4)对行政机关作出的确认自然资源的所有权或者使用权的决定不服;(5)对行政机关作出的征收征用决定及其补偿决定不服;(6)对行政机关作出的赔偿决定或者不予赔偿决定不服;(7)对行政机关作出的不予受理工伤认定申请的决定或者工伤认定结论不服;(8)认为行政机关侵犯其经营自主权或者农村土地承包经营权、农村土地经营权;(9)认为行政机关滥用行政权力排除或者限制竞争;(10)认为行政机关违法集资、摊派费用或者违法要求履行其他义务;(11)申请行政机关履行保护人身权利、财产权利、受教育权利等合法权益的法定职责,行政机关拒绝履行、未依法履行或者不予答复;(12)申请行政机关依法给付抚恤金、社会保险待遇或者最低生活保障等社会保障,行政机关没有依法给付;(13)认为行政机关不依法订立、不依法履行、未按照约定履行或者违法变更、解除政府特许经营协议、土地房屋征收补偿协议等行政协议;(14)认为行政机关在政府信息公开工作中侵犯其合法权益;(15)认为行政机关的其他行政行为侵犯其合法权益。

2. 行政复议的排除事项:(1)国防、外交等国家行为;(2)抽象行政行为;(3)行政机关对行政机关工作人员的奖惩、任免等决定;(4)行政机关对民事纠纷作出的调解。

| 考点扩展 |

<table>
<tr><th>比较项目</th><th>依申请</th><th>依职权</th></tr>
<tr><td>审查条件</td><td>【对象】规范性文件:(1)国务院部门的规范性文件;(2)县级以上地方各级人民政府及其工作部门的规范性文件;(3)乡、镇人民政府的规范性文件;(4)法律、法规、规章授权的组织的规范性文件。
【关联性】该规范性文件是行政行为作出的依据。
【附带性】不能单独直接就该规范性文件申请行政复议,只能在对行政行为申请行政复议时一并请求附带审查</td><td>【对象】原则上没有限制,包括法律、法规、规章、其他规范性文件等。
【关联性】该规范性文件是行政行为作出的依据。
【附带性】行政复议机关审查行政行为时,一并对其依据进行附带审查</td></tr>
<tr><td>审查程序</td><td colspan="2">(1)行政复议机关有权处理的,应当在30日内依法处理;无权处理的,应当在7日内转送有权机关依法处理,接受转送的有权机关应当自收到转送之日起60日内,回复处理意见。
(2)行政复议机关有权处理的程序:
①行政复议机构应当自行政复议中止之日起3日内,书面通知该文件的制定机关就相关条款的合法性提出书面答复;
②制定机关应当自收到书面通知之日起10日内提交书面答复及相关材料;
③行政复议机构认为必要时,可以要求制定机关当面说明理由,制定机关应当配合</td></tr>
<tr><td>处理结果</td><td colspan="2">行政复议机关有权处理的:
(1)认为相关条款合法的,在行政复议决定书中一并告知;
(2)认为相关条款不合法(越权或违反上位法)的,决定停止该条款的执行,并责令制定机关予以纠正</td></tr>
</table>

考点20 行政复议被申请人 2024 New

【大纲要求解读】大纲要求**理解**行政复议的被申请人。

【命题要点归纳】

1. 独立被申请人:作出行政行为的一级人民政府和它的工作部门是独立被申请人。

2. 共同被申请人:若干行政机关以共同名义作出同一行政行为的,共同作出行政行为的行政机关为共同被申请人;行政机关与法律、法规、规章授权的组织以共同的名义作出行政行为的,行政机关和法律、法规、规章授权的组织为共同被申请人。但是,如果行政机关与其他组织以共同名义作出行政行为的,其他组织不能成为被申请人,只有行政机关是被申请人。

3. 继续行使被撤销或者职权变更的行政机关权限的被申请人：作出行政行为的行政机关被撤销或者职权变更的，继续行使其职权的行政机关是被申请人。

4. 法定授权的组织作为被申请人：法律、法规、规章授权的组织作出行政行为，公民、法人或者其他组织不服提出行政复议，该法定授权组织为被申请人。

5. 批准机关为被申请人：下级行政机关依照法律、法规、规章规定，经上级行政机关批准作出行政行为的，批准机关为被申请人。

6. 派出机关、派出机构、内设机构作为被申请人：行政机关的派出机关，以及经法律、法规、规章授权的行政机关设立的派出机构、内设机构或者其他组织对外以自己的名义作出行政行为的，该派出机关、派出机构和内设机构为被申请人。而行政机关设立的派出机构、内设机构或者其他组织，未经法律、法规、规章授权，对外以自己的名义作出行政行为的，则由该行政机关为被申请人。

考点21 行政复议机关 2024 New

【大纲要求解读】大纲要求**理解**行政复议机关的概念，**理解**行政复议机关的确定。

【命题要点归纳】

1. 一般情形：县级以上地方政府作为行政复议机关。

(1)一般情形下，除行政复议法有例外和特别规定外，县级以上地方政府作为行政复议机关，既管辖针对下一级政府作出的行政行为不服产生的行政复议案件，也管辖针对本级政府工作部门作出的行政行为不服产生的行政复议案件。具体而言，管辖下列行政复议案件：①对本级政府工作部门作出的行政行为不服的；②对下一级政府作出的行政行为不服的；③对本级政府依法设立的派出机关作出的行政行为不服的；④对本级政府或者其工作部门管理的法律、法规、规章授权的组织作出的行政行为不服的。

(2)省、自治区政府依法设立的派出机关参照设区的市级政府的职责权限，管辖相关行政复议案件。

(3)对县级以上地方各级政府工作部门依法设立的派出机构依照法律、法规、规章规定，以派出机构的名义作出的行政行为不服的行政复议案件，由本级政府管辖；其中，对直辖市、设区的市政府工作部门按照行政区划设立的派出机构作出的行政行为不服的，也可以由其所在地的政府管辖。

2. 例外情形：由主管部门管辖。虽然原则上行政复议案件由一级政府管辖，但在特定情形下仍可以由部门管辖。具体包括：

(1)国务院部门作为行政复议机关。国务院部门有权管辖下列行政复议案件：①对本部门依法设立的派出机构依照法律、行政法规、部门规章规定，以派出机构的名义作出的行政行为不服的；②对本部门管理的法律、行政法规、部门规章授权的组织作出的行政行为不服的。

(2)由上一级主管部门作为行政复议机关。

①对海关、金融、外汇管理等实行垂直领导的行政机关、税务和国家安全机关的行政行为不服的，向上一级主管部门申请行政复议。②对履行行政复议机构职责的地方政府司法行政部门的行政行为不服的，可以向本级政府申请行政复议，也可以向上一级司法行政部门申请行政复议。对履行行政复议机构职责的地方政府司法行政部门作出的行政行为不服行政复议，若采用一般情形确定管辖，行政复议机关应为本级政府，但由于此时司法行政部门又为行政复议机构，具体办理行政复议案件，为避免可能产生的不公正，行政复议法确定此种情形下既可以由本级政府管辖可以由上一级司法行政部门管辖，从而出现选择管辖情形。这种情形下的行政复议机关，由申请人进行选择。

3. 特殊情形：由原机关管辖。即国务院部门或者省、自治区、直辖市政府作为被申请人时，行政复议机关仍为该机关。《行政复议法》第24条第2款规定，省、自治区、直辖市政府同时管辖对本机关作出的行政行为不服的行政复议案件；《行政复议法》第25条第1项规定，国务院部门管辖对本部门作出的行政行为不服提出的行政复议案件。对于上述两类由原机关管辖的行政复议案件，当事人对省、自治区、直辖市政府或国务院部门作出的行政复议决定不服的，可以向法院提起行政诉讼；也可以向国务院申请裁决，但是国务院作出的决定为最终裁决，当事人不能提起行政诉讼。

4. 提级管辖：根据《行政复议法》第 38 条规定，提级管辖有两种情形：

(1) 上级行政复议机关根据需要，可以审理下级行政复议机关管辖的行政复议案件；

(2) 下级行政复议机关对其管辖的行政复议案件，认为需要由上级行政复议机关审理的，可以报请上级行政复议机关决定。

考点22 行政复议的受理 2024 New

【大纲要求解读】大纲要求**熟悉并能够运用**行政复议的受理，即能够分析解决行政机关在受理和作出复议决定中的程序合法性问题。

【命题要点归纳】

1. 受理和受理的期限：对符合下列规定的，行政复议机关应当予以受理：

(1) 有明确的申请人和符合本法规定的被申请人；

(2) 申请人与被申请行政复议的行政行为有利害关系；

(3) 有具体的行政复议请求和理由；

(4) 在法定申请期限内提出；

(5) 属于《行政复议法》规定的行政复议范围；

(6) 属于本机关的管辖范围；

(7) 行政复议机关未受理过该申请人就同一行政行为提出的行政复议申请，并且人民法院未受理过该申请人就同一行政行为提起的行政诉讼。

行政复议机关受理行政复议申请，不得向申请人收取任何费用。行政复议活动所需经费，应当列入本机关的行政经费，由本级财政予以保障。

2. 不予受理：对不符合前述规定的行政复议申请，行政复议机关应当在审查期限内决定不予受理并说明理由。不属于本机关管辖的，还应当在不予受理决定中告知申请人有管辖权的行政复议机关。

3. 通知补正：行政复议申请材料不齐全或者表述不清楚，无法判断行政复议申请是否符合《行政复议法》第 30 条第 1 款规定的，行政复议机关应当自收到申请之日起 5 日内书面通知申请人补正。补正通知应当一次性载明需要补正的事项。申请人应当自收到补正通知之日起 10 日内提交补正材料。有正当理由不能按期补正的，行政复议机关可以延长合理的补正期限。无正当理由逾期不补正的，视为申请人放弃行政复议申请，并记录在案。行政复议机关收到补正材料后，依照规定进行处理，决定受理还是不受理。

4. 视为受理：行政复议申请的审查期限届满，行政复议机关未作出不予受理决定的，审查期限届满之日起视为受理。

考点23 行政复议与行政诉讼的关系 2024 New

【大纲要求解读】大纲要求**理解**行政复议和行政诉讼的关系。

【命题要点归纳】

《行政复议法》第 23 条规定有下列情形之一的，申请人应当先向行政复议机关申请行政复议，对行政复议决定不服的，可以再依法向人民法院提起行政诉讼：(1) 对当场作出的行政处罚决定不服；(2) 对行政机关作出的侵犯其已经依法取得的自然资源的所有权或者使用权的决定不服；(3) 认为行政机关存在《行政复议法》第 11 条规定的未履行法定职责情形；(4) 申请政府信息公开，行政机关不予公开；(5) 法律、行政法规规定的应当先向行政复议机关申请行政复议的其他情形。

其中,前4种情形是《行政复议法》新增的复议前置的情形。凡有复议前置的情形,行政机关在作出行政行为时应当告知公民、法人或者其他组织先向行政复议机关申请行政复议。

对行法律、行政法规规定应当先向行政复议机关申请行政复议、对行政复议决定不服再向人民法院提起行政诉讼的,行政复议机关决定不予受理、驳回申请或者受理后超过行政复议期限不作答复的,公民、法人或者其他组织可以自收到决定书之日起或者行政复议期限届满之日起15日内,依法向人民法院提起行政诉讼。

法律规定行政复议机关作出的终局行政复议决定,当事人不得提起行政诉讼。行政复议法规定的终局行政复议决定,是《行政复议法》第26条规定的国务院的裁决。即对省、自治区、直辖市政府依照《行政复议法》第24条第2款的规定、国务院部门依照《行政复议法》第25条第1项的规定作出的行政复议决定不服的,可以向人民法院提起行政诉讼;也可以向国务院申请裁决,国务院依照本法的规定作出最终裁决。

同时,在处理行政复议与行政诉讼关系时还需要注意,对于公民、法人或者其他组织可以自由选择行政复议与行政诉讼两种救济方式时,不意味着公民、法人或者其他组织可以同时使用这两种救济方式。行政复议已经被依法受理的,公民、法人或者其他组织在法定复议期限以内不得提起诉讼;行政诉讼已经被依法受理的,则不得再申请行政复议。对于公民、法人或者其他组织既提起诉讼又申请行政复议的,由先立案的机关管辖;同时立案的,由公民、法人或者其他组织选择。

考点24 行政复议决定 2024 New

【大纲要求解读】大纲要求**理解**行政复议决定的决定类型。

【命题要点归纳】

1. 变更决定:行政复议机关全部或部分改变原行政行为的内容,用复议机关的决定替代原具体行政行为,适用于:(1)行政行为事实清楚,证据确凿,适用依据正确,程序合法,但是内容不适当;(2)事实清楚,证据确凿,程序合法,但是未正确适用依据;(3)事实不清、证据不足,经行政复议机关查清事实和证据。

注意:行政复议机关不得作出对申请人更为不利的变更决定,但是第三人提出相反请求的除外。

2. 撤销决定:行政复议机关认为行政行为违法,使行政行为丧失或者不能取得法律效力的行政复议决定。具体行政行为被撤销以后就不再有而且以后也不会有法律约束力,除非复议决定本身丧失法律效力,行政行为有下列情形之一的,行政复议机关决定撤销或者部分撤销该行政行为,并可以责令被申请人在一定期限内重新作出行政行为:(1)主要事实不清、证据不足;(2)违反法定程序;(3)适用的依据不合法;(4)超越职权或者滥用职权。行政复议机关责令被申请人重新作出行政行为的,被申请人不得以同一事实和理由作出与被申请行政复议的行政行为相同或者基本相同的行政行为,但是行政复议机关以违反法定程序为由决定撤销或者部分撤销的除外。

3. 确认违法决定:对具体行政行为违法性质和违法状态的确定或者认定。

(1)行政行为有下列情形之一的,行政复议机关不撤销该行政行为,但是确认该行政行为违法:①依法应予撤销,但是撤销会给国家利益、社会公共利益造成重大损害;②程序轻微违法,但是对申请人权利不产生实际影响。

(2)行政行为有下列情形之一,不需要撤销或者责令履行的,行政复议机关确认该行政行为违法:①行政行为违法,但是不具有可撤销内容;②被申请人改变原违法行政行为,申请人仍要求撤销或者确认该行政行为违法;③被申请人不履行或者拖延履行法定职责,责令履行没有意义。

4. 履行职责决定:行政复议机关认为被申请人不履行法定职责的,行政复议机关决定被申请人在一定期限内履行。行政复议机关首先要确定存在被申请人应当履行的法定职责,确认存在没有履行职责的事实以及这种不履行对申请人的合法权益构成了侵害和行政违法;其次要确定继续履行法定职责仍然有实际意义和法律意义,并规定履行的期限和履行的法定内容。因此,这种决定包括了确认不作为违法和履行法定义务两个方面的内容。

5. 确认无效决定：行政复议机关经审理，认为行政行为有实施主体不具有行政主体资格或者没有依据等重大且明显违法情形，申请人申请确认行政行为无效的，行政复议机关确认该行政行为无效。

6. 维持决定：行政复议机关认为行政行为合法适当，从而维护和支持行政行为的决定。行政复议法规定，行政行为认定事实清楚，证据确凿，适用依据正确，程序合法，内容适当的，行政复议机关决定维持该行政行为。作出维持决定的条件有：事实清楚、证据确凿、适用依据正确、程序合法、内容适当。

7. 驳回复议请求决定：行政复议机关受理申请人认为被申请人不履行法定职责的行政复议申请后，发现被申请人没有相应法定职责或者在受理前已经履行法定职责的，决定驳回申请人的行政复议请求。

8. 针对行政协议案件的复议决定：行政协议案件有一定的特殊性，行政复议机关应根据情况作出复议决定：

（1）被申请人不依法订立、不依法履行、未按照约定履行或者违法变更、解除行政协议的，行政复议机关决定被申请人承担依法订立、继续履行、采取补救措施或者赔偿损失等责任。

（2）被申请人变更、解除行政协议合法，但是未依法给予补偿或者补偿不合理的，行政复议机关决定被申请人依法给予合理补偿。

9. 针对行政赔偿的决定：行政复议机关作出行政复议决定，可以依法同时决定行政赔偿的问题。这里有两种情形：

（1）依申请作出的赔偿决定，是申请人在申请行政复议时一并提出了行政赔偿请求，行政复议机关对依照《国家赔偿法》的有关规定应当不予赔偿的，在作出行政复议决定时，应当同时决定驳回行政赔偿请求；对符合《国家赔偿法》的有关规定应当给予赔偿的，在决定撤销或者部分撤销、变更行政行为或者确认行政行为违法、无效时，应当同时决定被申请人依法给予赔偿；确认行政行为违法的，还可以同时责令被申请人采取补救措施。

（2）依职权作出的赔偿决定，是申请人在申请行政复议时没有提出行政赔偿损失请求，但是行政复议机关可以在法定情形下直接作出有赔偿效果的决定。申请人在申请行政复议时没有提出行政赔偿请求的，行政复议机关在依法决定撤销或者部分撤销、变更罚款，撤销或者部分撤销违法集资、没收财物、征收征用、摊派费用以及对财产的查封、扣押、冻结等行政行为时，应当同时责令被申请人返还财产，解除对财产的查封、扣押、冻结措施，或者赔偿相应的价款。

考点25 行政行为合法性审查原则的范围

【大纲要求解读】大纲要求**理解**具体行政行为合法性审查原则的范围，**熟悉并能够运用**具体行政行为合法性审查原则。

【命题要点归纳】

1. 从对象来看，人民法院审查的是行政行为。

2. 从内容来看，人民法院以审查行政行为的合法性为原则。根据《行政诉讼法》第70条的规定，人民法院审查行政行为合法性的具体内容包括：

（1）行政机关是否享有作出行政行为的权限，是否超越法定的职责权限以及是否依法享有事务管辖权、级别管辖权和地域管辖权，上述任何一方面违法都构成无权限或者超越职权。

（2）行政行为的证据是否确凿充分、事实是否清楚，行政行为的证据是否具有合法性、客观性和相关性。

（3）行政行为适用法律依据是否正确。

（4）行政行为程序是否合法。行政机关不得违反法定程序，行政机关遗漏程序步骤、颠倒顺序、超越时限以及违反法定行为方式的，所作出的行政行为违法。

(5)行政行为的目的是否合法。行政机关不得借用合法的形式,实现非法的目的。否则,构成滥用职权,行政行为就会被撤销。

(6)行政行为是否明显不当。

考点26 不予受理的案件 2024 New

【大纲要求解读】大纲要求**理解**人民法院不予受理的案件类型。

【命题要点归纳】

根据《行政诉讼法》第13条和《最高人民法院关于适用〈中华人民共和国行政诉讼法〉若干问题的解释》(简称《行诉法适用解释》)第1条第2款,人民法院不予受理的情形包括:

(1)国家行为;

(2)抽象行政行为;

(3)行政机关对其工作人员的奖惩、任免等决定;

(4)法律规定由行政机关最终裁决的行政行为;

(5)公安、国家安全等机关依照刑事诉讼法的明确授权实施的行为;

(6)调解行为以及法律规定的仲裁行为;

(7)行政指导行为;

(8)驳回当事人对行政行为提起申诉的重复处理行为;

(9)行政机关作出的不产生外部法律效力的行为;

(10)行政过程性行为;

(11)协助执行行为;

(12)内部层级监督行为;

(13)信访处理行为;

(14)对公民、法人或其他组织的权利义务不产生实际影响的行为。

| 考点扩展 |

关于"法律规定由行政机关最终裁决的行政行为",这里所说的"法律"是指全国人民代表大会及其常务委员会制定、通过的规范性文件。目前作出了这种规定的法律是:

1.《行政复议法》规定了最终裁决的情形,主要是国务院的复议决定。根据依法第26条规定及相关规定,当事人就省、自治区、直辖市人民政府或者国务院部门针对因自己的行政行为作出的行政复议决定不服的,当事人可以向人民法院提起行政诉讼;也可以向国务院申请裁决,但是国务院依法作出的复议决定为最终裁决。

2.《出境入境管理法》规定了两种最终裁决:①公安机关出入境管理机构作出的有关普通签证、外国人居留决定为最终决定。第36条规定:公安机关出入境管理机构作出的不予办理普通签证延期、换发、补发,不予办理外国人停留居留证件、不予延长居留期限的决定为最终决定。②针对外国人和其他境外人员的强制措施的行政复议决定。第64条规定:外国人对依照出境入境管理法规定对其实施的继续盘问、拘留审查、限制活动范围、遣送出境措施不服的,可以依法申请行政复议,该行政复议决定为最终决定。其他境外人员对依照《出境入境管理法》规定对其实施的遣送出境措施不服,申请行政复议的,适用此规定。

考点27 中级人民法院的管辖

【大纲要求解读】大纲要求**熟悉并能够运用**中级人民法院的管辖及具体适用。

【命题要点归纳】

1. 对国务院部门或者县级以上地方人民政府所作的行政行为提起诉讼的案件。规定这类案件由中级人民法院管辖主要是出于案件重要性的考虑，这些行政机关所作出的行政行为影响范围广泛，由中级人民法院管辖有助于法院排除干扰。

2. 海关处理的案件。主要是海关处理的纳税案件和海关行政处罚案件。这类案件由中级人民法院管辖的主要原因是：(1)海关的设置与分布多在大中城市，与一般的行政区划不一致；(2)海关的业务与政策水平要求较高，需要高度的统一性，由中级人民法院管辖有助于保障审判质量。

3. 本辖区内重大、复杂的案件。“重大、复杂”的客观条件是：案件所涉及的人数众多，在本辖区内影响较大；案件本身比较复杂，案件在查处方面有相当的困难与干扰；案件在本辖区内有示范作用。对此，根据《行诉法适用解释》第5条规定的重大、复杂的案件是指以下情形：

(1)社会影响重大的共同诉讼案件：集团诉讼是共同诉讼的一种特殊形式，其当事人一方或双方为5人以上。这类诉讼主要是农村土地承包案件、土地征用案件、城市规划拆迁案件。

(2)涉外行政案件：涉外行政案件必须是案件的当事人、依据、客体或者执行涉及其他国家或者国际组织，包括：第一，原告是外国的公民、法人或者其他组织；第二，案件的审理涉及国际条约的适用；第三，案件的客体是涉及国际关系协调的事项；第四，裁判的执行需要外国法院承认；第五，国际贸易、反倾销、反补贴等行政案件；这里所说的“重大”，是指影响重大，即可能对国际关系造成严重影响。

(3)涉及我国香港特别行政区、澳门特别行政区、台湾地区的行政案件。

(4)其他重大、复杂案件：这是人民法院裁定管辖的情形，即基层人民法院认为案件重大，不适合由自己管辖的，可以请求中级人民法院移转管辖。

4. 其他法律规定由中级人民法院管辖的案件。

考点28 一般地域管辖

【大纲要求解读】大纲要求**理解**行政诉讼的地域管辖。

【命题要点归纳】

《行政诉讼法》第18条规定，行政案件由最初作出行政行为的行政机关所在地人民法院管辖。经复议的案件，也可以由复议机关所在地人民法院管辖。经最高人民法院批准，高级人民法院可以根据审判工作的实际情况，确定若干人民法院跨行政区域管辖行政案件。对这一规定可以从以下方面加以理解：

1. 一般地域管辖适用于没有法定特殊因素的一般行政案件。如果一个案件兼具两种性质，应当优先适用特殊地域管辖规定。

2. 一般地域管辖采取了“原告就被告”原则。行政案件原则上由最初作出行政行为的行政机关所在地法院管辖。这是为了：(1)便利当事人诉讼；(2)便于法院通知、调查取证与执行；(3)尊重法规、规章及其他规范性文件效力的区域性。由被告行政机关所在地法院管辖，能保证行政机关的依据与审判机关审查的依据的一致性，避免出现区域规范冲突；(4)防止滥诉。

3. 经复议的案件，也可以由复议机关所在地人民法院管辖。只要经过复议的行政案件，无论复议结果是维持被诉行政行为还是改变被诉行政行为，原告都有权选择向复议机关所在地的法院起诉。相应地，《行政诉讼法》规定，经复议的案件，复议机关决定维持原行政行为的，作出原行政行为的行政机关和复议机关是共同被告；复议机关改变原行政行为的，复议机关是被告。在此情况下，管辖也需要作出调整。根据《行诉法适用解释》的规定，在作出原行政行为的行政机关和复议机关为共同被告时，在级别管辖方面，是以作出原行政行为的行政机关，而不是复议机关来确定案件的级别管辖。而在地域管辖方面，无论复议结果如何，复议机关和原机关所在地法院都有管辖权。

4. 经最高人民法院批准，高级人民法院可以根据审判工作的实际情况，确定若干人民法院跨行政区域管辖行政案件。

考点29 特殊地域管辖

【大纲要求解读】大纲要求**熟悉并能够运用**特殊地域管辖的具体适用。

【命题要点归纳】

1. 对限制人身自由的行政强制措施不服而提起的诉讼，由被告所在地或者原告所在地法院管辖。对此，《行诉法适用解释》第 8 条第 1 款规定：《行政诉讼法》第 19 条规定的"原告所在地"，包括原告的户籍所在地、经常居住地和被限制人身自由地。所谓经常居住地，是指公民离开住所地连续居住满 1 年以上的地方。所谓被限制人身自由所在地，是指公民被羁押、限制人身自由的场所的所在地。行政诉讼法作这种规定的主要目的是方便公民起诉，防止行政机关规避法律。需要注意的问题是：

(1) 凡涉及限制公民人身自由的行政强制措施，无论其名称、措施、程序和实施状态如何，一律适用该特殊管辖。

(2) 行政拘留是否属于这里所说的限制人身自由的行政强制措施。

(3) 针对同一个案件，同一个或者不同的行政机关采取限制人身自由的强制措施、限制财产权利的强制措施、行政处罚的，原告可以选择管辖法院，受诉人民法院可以一并管辖。如果原告要求一并管辖，则受诉法院应当一并管辖。因此，《行诉法适用解释》第 8 条第 2 款规定，对行政机关基于同一事实，既采取限制公民人身自由的行政强制措施，又采取其他行政强制措施或者行政处罚不服的，由被告所在地或者原告所在地的人民法院管辖。

2. 因不动产而提起的诉讼，由不动产所在地的人民法院管辖。根据《行诉法适用解释》第 9 条的规定，"因不动产提起的行政诉讼"是指因行政行为导致不动产物权变动而提起的诉讼。不动产已登记的，以不动产登记簿记载的所在地为不动产所在地；不动产未登记的，以不动产实际所在地为不动产所在地。

考点30 行政诉讼原告的确认

【大纲要求解读】大纲要求**理解**行政诉讼的原告的确认规则，**熟悉并能够运用**行政诉讼原告的确认规则及其具体适用。

【命题要点归纳】

1. 受害人的原告资格：受害人要求行政机关追究加害人责任的，属于利害关系的一种情形，受害人享有原告资格。这里需要注意两种情形：(1) 加害人或者受害人中起诉的一方是原告，没有起诉的一方是第三人；(2) 如果加害人认为行政处罚过重而起诉，受害人认为处罚过轻同时起诉，在这种情况下，受害人和加害人都是原告，但他们不是共同原告。这是因为，两个原告的主张冲突不符合共同原告的要件。

2. 相邻权人的原告资格。如果被诉行政行为侵害了有关公民的相邻权，利害关系即告成立。

3. 公平竞争权人的原告资格。《行政诉讼法》第 12 条第 1 款第 8 项规定，公民、法人或者其他组织认为行政机关滥用行政权力排除或者限制竞争的，可以向法院起诉，事实上赋予公平竞争权受到侵害的人具有原告资格。

4. 投资人的原告资格。在有两个以上投资人投资组成的合资、合作或者联营企业中，投资组成的企业利益即是投资方的利益。对此，《行诉法适用解释》作了肯定性规定。该解释第 16 条第 2 款规定：联营企业、中外合资企业、中外合作企业的联营、合资、合作各方，认为联营、合资、合作企业权益或者自己一方合法权益受行政行为侵害的，均可以以自己的名义提起诉讼。

5. 合伙组织和个体工商户的原告确认。合伙组织分为个人合伙和合伙企业两种形式。根据《行诉法适用解释》第 15 条第 1 款的规定，合伙企业向人民法院提起诉讼的，应当以核准登记的字号为原告。未依法登记领取营业执照的个人合伙的全体合伙人为共同原告；全体合伙人可以推选代表人,被推选的代表人,应当由全体合伙人出具推选书。根据《行诉法适用解释》第15条第2款的规定,个体工商户向人民法院提起诉讼的,以营业执照上登记的经营者为原告。有字号的,以营业执照上登记的字号为原告,并应当注明该字号经营者的基本信息。

6. 股份制企业内部机构的诉权。股份制企业的股东大会、股东会、董事会等认为行政机关作出的行政行为侵犯企业经营自主权的,可以企业名义提起诉讼。从《行诉法适用解释》第16条第1款规定来看,股份制企业的内部机构被赋予了原告的资格,但是,起诉时必须以企业的名义。

7. 非国有企业被行政机关注销、撤销、合并、强令兼并、出售、分立或者改变企业隶属关系的原告确认。根据《行诉法适用解释》第16条第3款的规定,在这种情况下,企业或者其法定代表人可以提起诉讼。《行诉法适用解释》作出这种规定的主要考虑是实践中出现了行政机关通过人事任免等手段侵犯企业经营自主权的情况。需要注意的是:非国有企业的法定代表人起诉时是以自己的名义,而不是以企业的名义。因为,法定代表人被《行诉法适用解释》赋予了独立的诉权和原告资格。

8. 企业法定代表人的独立诉权和代位诉权。在企业法定代表人被行政机关变更或撤换的情况下,原企业法定代表人有权提起行政诉讼。新的法定代表人提出撤诉申请,没有法律依据。根据该答复意见的本意,原法定代表人既可以自己的名义起诉,也可以以企业的名义起诉,人民法院不得以起诉的名义不当为由不予受理或者裁定驳回诉讼请求。

9. 投诉举报者的原告资格。根据《行诉法适用解释》第12条第5项的规定,为维护自身合法权益向行政机关投诉,具有处理投诉职责的行政机关作出或者未作出处理的公民、法人或者其他组织具有原告主体资格。该规定在赋予投诉者的原告资格的同时,也作出了限制,限于"维护自身合法权益"的投诉举报者。与自身合法权益没有关系或者与被投诉事项没有关联的"职业打假人""投诉专业户",不具有原告资格。

10. 债权人的原告资格确认。《行诉法适用解释》第13条规定:"债权人以行政机关对债务人所作的行政行为损害债权实现为由提起行政诉讼的,人民法院应当告知其就民事争议提起民事诉讼,但行政机关作出行政行为时依法应予保护或者应予考虑的除外。"

11. 非营利法人的原告资格。事业单位、社会团体、基金会、社会服务机构等非营利法人的出资人、设立人认为行政行为损害法人合法权益的,可以自己的名义提起诉讼。

12. 涉及业主共有利益的原告主体资格。业主委员会对于行政机关作出的涉及业主共有利益的行政行为,可以自己的名义提起诉讼。业主委员会不起诉的,专有部分占建筑物总面积过半数或者占总户数过半数的业主可以提起诉讼。

考点31 行政诉讼被告的确认

【大纲要求解读】大纲要求**理解**行政诉讼被告的确认规则,**熟悉并能够运用**行政诉讼被告的确认规则及其具体适用。

【命题要点归纳】

1. 行政复议案件被告的确认。根据《行政诉讼法》第26条第2款、第3款的规定,经复议而起诉的案件,被告的确认分为:

(1)复议机关维持原行政行为的,作出原行政行为的行政机关和复议机关是共同被告;

(2)复议机关改变了原行政行为,复议机关就是被告。由于"维持"与"改变"决定被告的确定,如何界定"维持"或"改变"的内涵至关重要;

(3)复议机关在法定期限内不作复议决定,当事人对原行政行为不服提起诉讼的,应当以作出原行政行为的行政机关为被告;

(4)复议机关在法定期限内不作复议决定,当事人对复议机关不作为不服提起诉讼的,应当以复议机关为被告。

2. 委托行政的被告确认。行政机关委托的公务组织作出行政行为的,委托的行政机关是被告。

这里值得注意的问题是：

(1)委托的行政机关对受委托的组织依法行使委托职权承担监督责任。如果受委托的组织利用委托职权实施违法行为的，仍然要由委托的行政机关对外承担法律责任。

(2)《行政诉讼法》规定的“授权”只有法律、法规、规章授权等形式，规章以下的规范性文件的“授权”视为委托。

3. 经上级机关批准而作出行政行为的被告确认。根据《行诉法适用解释》第19条的规定，具体行政行为的作出或者生效需要上级行政机关批准的，被告应是在生效行政处理决定书上署名的机关。

4. 派出机构作出行政行为的被告确认。这里要明确派出机关与派出机构的区别。派出机关是指根据宪法和地方组织法规定由人民政府设立的派出机关，如行政公署、区公所和街道办事处，都有被告资格而派出机构则没有。

5. 若干行政机关共同作出同一行政行为的被告确认。两个以上行政机关作出同一行政行为的，共同作出行政行为的行政机关是共同被告。

6. 内部机构的被告确认。临时性机构或临时性综合机构比较常见，有些是由一个行政机关设立，有些是由几个行政机关共同组建，有些是由同级政府牵头由几个职能部门组建的，被告为设立行政机关。

7. 不作为案件中的被告确认。标准有两个：

(1)形式标准，即公民是否提出了申请，以及哪个行政机关接到了申请。按照形式标准，在公民提出了申请的情况下，行政机关不实施任何法律行为的，以接到申请的行政机关为被告。如果公民向行政机关提出了申请，接到申请的行政机关认为不属于自己职权范围的，应当书面告知正确的行政机关或者将申请材料转送有职权的行政机关，在这种情况下，主管行政机关是被告。

(2)实质标准，即接到申请的行政机关是否有作为的职责。只有承担作为职责的行政机关才能作被告。通常的做法是以实质标准为主，以形式标准为辅。

8. 开发区管理机构及其职能部门的被告资格。当事人对由国务院、省级人民政府批准设立的开发区管理机构作出的行政行为不服提起诉讼的，以该开发区管理机构为被告；对由国务院、省级人民政府批准设立的开发区管理机构所属职能部门作出的行政行为不服提起诉讼的，以其职能部门为被告；对其他开发区管理机构所属职能部门作出的行政行为不服提起诉讼的，以开发区管理机构为被告；开发区管理机构没有行政主体资格的，以设立该机构的地方人民政府为被告。

9. 村民委员会和居民委员会的被告资格。当事人对村民委员会或者居民委员会依据法律、法规、规章的授权履行行政管理职责的行为不服提起诉讼的，以村民委员会或者居民委员会为被告。当事人对村民委员会、居民委员会受行政机关委托作出的行为不服提起诉讼的，以委托的行政机关为被告。

10. 事业单位和行业协会的被告资格。当事人对高等学校等事业单位以及律师协会、注册会计师协会等行业协会依据法律、法规、规章的授权实施的行政行为不服提起诉讼的，以该事业单位、行业协会为被告。当事人对高等学校等事业单位以及律师协会、注册会计师协会等行业协会受行政机关委托作出的行为不服提起诉讼的，以委托的行政机关为被告。

11. 房屋征收部门的被告资格。市、县级人民政府确定的房屋征收部门组织实施房屋征收与补偿工作过程中作出行政行为，被征收人不服提起诉讼的，以房屋征收部门为被告。征收实施单位受房屋征收部门委托，在委托范围内从事的行为，被征收人不服提起诉讼的，应当以房屋征收部门为被告。

12. 涉及县级以上地方政府案件的被告确认：(1)政府对职能部门法定职权行使予以指导的；(2)政府转送属于下级政府或者相应职能部门处理法定职责或者给付义务的；(3)有关强制拆除房屋决定；(4)不动产登记；(5)政府指定具体机构负责政府信息公开日常工作。

考点32 行政诉讼第三人的确认

【大纲要求解读】大纲要求**理解**行政诉讼第三人的确认规则,**熟悉并能够运用**行政诉讼第三人的确认规则及其具体适用。

【命题要点归纳】

1. 第三人的分类:原告型第三人、被告型第三人、证人型第三人。

2. 第三人的确认:

(1)行政处罚案件中的受害人或加害人;

(2)行政处罚案件中的共同被处罚人;

(3)行政裁决案件的当事人;

(4)两个以上行政机关作出相互矛盾的行政行为,非被告的行政机关可以是第三人;

(5)与行政机关共同署名作出处理决定的非行政组织;

(6)应当追加被告而原告不同意追加的,法院应通知其作为第三人参加诉讼。

考点33 行政诉讼程序的起诉

【大纲要求解读】大纲要求**理解**起诉的条件,**熟悉并能够运用**起诉条件的具体适用。

【命题要点归纳】

1. 起诉的一般条件:

(1)原告是行政行为的相对人以及其他与行政行为有利害关系的公民、法人或者其他组织;

(2)有明确的被告,即原告在起诉时,必须指明对谁起诉,明确指出被告人;

(3)有具体的诉讼请求和事实根据;

(4)属于人民法院受案范围和受诉人民法院管辖。

2. 起诉的时间条件:

(1)一般期限:由行政诉讼法明确规定,适用于一般行政案件的起诉期限。该期限可分为直接向法院提起行政诉讼的一般期限与不服行政复议提起行政诉讼的一般期限两种。《行政诉讼法》第46条第1款规定,公民、法人或者其他组织直接向人民法院提起诉讼的,应当自知道或者应当知道作出行政行为之日起6个月内提出。因此,直接起诉的一般期限为应当自知道或者应当知道作出行政行为之日起6个月。根据《行政诉讼法》第45条的规定,不服行政复议而起诉的一般期限为15日,即在收到复议决定书之日起15日内向人民法院提起诉讼;若复议机关逾期不作决定的,当事人可以在复议期满之日起15日内向人民法院提起诉讼。公民、法人或者其他组织向复议机关申请行政复议后,复议机关作出维持决定的,应当以复议机关和原行为机关为共同被告,并以复议决定送达时间确定起诉期限。

(2)特别期限:为行政诉讼法所认可,由其他单行法律所规定的起诉期限,即直接向人民法院提起行政诉讼或不服行政复议提起行政诉讼的期限,法律另有规定的,应当适用相关单行法律对提起诉讼期限的规定,而不适用行政诉讼法关于直接向人民法院提起行政诉讼或不服行政复议提起行政诉讼的一般期限的规定。

3. 起诉的程序条件:行政诉讼与行政复议的关系,基本是以当事人自由选择救济方式为原则,以行政复议前置为例外。具体情形:

(1)原则上,公民、法人或者其他组织对行政行为不服,有权自由选择救济途径,可以不经复议直接向法院提起行政诉讼,也可以选择申请行政复议;同时,在选择行政复议后,当事人对行政复议不服仍可以再向法院起诉。当事人并不能同时使用行政复议与行政诉讼这两种救济途径。法律、行政法规未规定行政复议为提起行政诉讼必经程序,如果当事人既提起诉讼又申请行政复议,由先立案的机关管辖;同时立案的,由公民、法人或者其他组织选择。公民、法人或者其他组织已经申请行政复议,在法定复议期间内又向人民法院提起诉讼的,人民法院裁定不予立案。不过,当事人向复议机关申请行政复议后,又经复议机关同意撤回复议申请,在法定起诉期限内对原行政行为提起诉讼的,人民法院应当依法立案。

(2)复议后选择终局。即当事人对行政行为申请复议,对复议决定不服,可以选择诉讼也可选择再次复议,但一旦选择复议,复议即为终局。

(3)公民、法人或者其他组织对行政行为不服,必须先申请行政复议,对行政复议不服,才能向法院起诉。在此情况下,行政复议是行政诉讼的必经程序,复议程序是行政诉讼的前置程序。法律、行政法规规定应当先申请复议,公民、法人或者其他组织未申请复议直接提起诉讼的,人民法院裁定不予立案。不过,对必须先复议才能起诉的,复议机关不受理复议申请或者在法定期限内不作出复议决定,公民、法人或者其他组织不服依法向人民法院提起诉讼的,人民法院应当依法立案。复议前置属行政复议与行政诉讼关系的例外,必须由法律、行政法规作出规定,地方性法规、规章和其他规范性文件不得作此规定。对于复议前置的事项《行政复议法》第 23 条作出了明确规定,包括:

①对当场作出的行政处罚决定不服。

②对行政机关作出的侵犯其已经依法取得的自然资源的所有权或者使用权的决定不服。

③认为行政机关存在本法第 11 条规定的未履行法定职责情形。

④申请政府信息公开,行政机关不予公开。

⑤法律、行政法规规定应当先向行政复议机关申请行政复议的其他情形。

考点34 保全与先予执行

【大纲要求解读】大纲要求**理解**行政案件审理中各项特殊制度的具体内容。

【命题要点归纳】

1. 保全:行政诉讼保全,是指人民法院保证生效裁判或行政行为顺利执行或者保护利害关系人的权利,法院根据利害关系人的申请或者依职权对有关财产采取保护措施,或者责令相关人员作出一定行为或者禁止其作出一定行为的制度。《行诉法适用解释》对行政诉讼保全作出了较明确的规定,包括诉讼保全和诉前保全。

(1)诉讼保全:在行政诉讼过程中,在因一方当事人的行为或者其他原因,可能使行政行为或者人民法院生效裁判不能或者难以执行的情况下,根据对方当事人的申请或者依职权裁定采取对其财产进行保全、责令其作出一定行为或者禁止其作出一定行为的保全。在诉讼保全中,保全的条件,是因一方当事人的行为或者其他原因,可能使行政行为或者人民法院生效裁判不能或者难以执行;保全的启动原则上由当事人申请,必要时法院可以依职权采取;保全的对象,既包括财产保全,也包括行为保全,后者包括责令其作出一定行为或者禁止其作出一定行为。法院以裁定方式确定是否采取保全。人民法院接受申请后,对情况紧急的,必须在 48 小时内作出裁定;裁定采取保全措施的,应当立即开始执行。当事人对保全的裁定不服的,可以申请复议;复议期间不停止裁定的执行。人民法院采取保全措施,可以责令申请人提供担保;申请人不提供担保的,裁定驳回申请。

(2)诉前保全:在诉讼发生前法院根据利害关系人的申请而采取的保全。诉前保全的条件,是利害关系人因情况紧急,不立即申请保全将会使其合法权益受到难以弥补的损害的;保全的启动,须是利害关系人的申请,申请可以向被保全财产所在地、被申请人住所地或者对案件有管辖权的人民法院提出。申请采取保全措施。申请人应当提供担保,不提供担保的,裁定驳回申请。人民法院接受申请后,必须在 48 小时内作出裁定;裁定采取保全措施的,应当立即开始执行。申请人在人民法院采取保全措施后 30 日内不依法提起诉讼的,人民法院应当解除保全。当事人对保全的裁定不服的,可以申请复议;复议期间不停止裁定的执行。

注意:无论是诉讼保全还是诉前保全,保全限于请求的范围,或者与本案有关的财物。财产保全采取查封、扣押、冻结或者法律规定的其他方法。人民法院保全财产后,应当立即通知被保全人。财产已被查封、冻结的，不得重复查封、冻结。涉及财产的案件，被申请人提供担保的，人民法院应当裁定解除保全。申请有错误的，申请人应当赔偿被申请人因保全所遭受的损失。

2. 先予执行：与民事诉讼先予执行明显不同的是，行政诉讼中的先予执行除包括对判决的先予执行，还存在对被诉行政行为的先予执行。

(1) 对判决的先予执行：为解决当事人一方生活或生产的紧迫需要，根据其申请，裁定另一方当事人给付申请人一定的钱物，或者实施或停止某种行为的制度。由于行政诉讼被告是国家行政机关，一般不存在此种情形，所以，行政诉讼中判决的先予执行，主要体现为对原告的保护。根据《行政诉讼法》第57条的规定，人民法院对起诉行政机关没有依法支付抚恤金、最低生活保障金和工伤、医疗社会保险金的案件，权利义务关系明确、不先予执行将严重影响原告生活的，可以根据原告的申请，裁定先予执行。当事人对先予执行裁定不服的，可以申请复议1次。复议期间不停止裁定的执行。

(2) 对被诉行政行为的先予执行：在诉讼过程中，为避免可能给国家利益、公共利益或者他人合法权益造成不可弥补的损失，根据被告或相关权利人的申请，对被诉行政行为的先予执行。在诉讼过程中，被诉行政行为的合法性尚处于法院审查阶段，对被诉行政行为先予执行并不正当也不合理。但如果被诉行政行为不及时执行可能给国家利益、公共利益或者他人合法权益造成不可弥补的损失，人民法院先予执行就具有合理性。根据司法解释的规定，人民法院对被诉行政行为的先予执行必须以有申请为前提，申请的主体不仅包括被告，也包括被诉行政行为确定的权利人，后者申请强制执行的，应当提供相应的财产担保。

考点35 被告在诉讼中改变被诉行政行为的处理

【大纲要求解读】大纲要求**理解**行政案件审理中各项特殊制度的具体内容。

【命题要点归纳】

1. 被诉行政机关既可以在第一审期间也可以在第二审期间和再审期间改变被诉行政行为。

2. 被诉行政机关改变被诉行政行为的，应当书面告知人民法院。

3. 根据行政诉讼法的规定，改变后的行政行为的效力及由此产生的结果在一定程度上取决于另一方当事人的态度：

(1) 如果另一方当事人同意被诉行政机关对被诉行政行为的改变，并提出撤诉申请，经人民法院准许，诉讼结束。

(2) 如果另一方当事人不同意被诉行政机关对被诉行政行为的改变，不提出撤诉申请，人民法院应当继续对原行政行为进行审理，并就原行政行为作出裁判。不过，因被诉行政机关曾对原行政行为进行过改变，在判决时法院应注意判决形式。在一审中，人民法院经审查认为原行政行为违法的，应当作出确认其违法的判决，而非撤销判决；认为原行政行为合法的，应当判决驳回原告的诉讼请求。

(3) 如果原告或者第三人对改变后的行为不服提起诉讼的，人民法院应当就改变后的行政行为进行审理。在第二审和再审中，应当予以参照。

4. 原告起诉被告不作为，在诉讼中被告作出行政行为，原告不撤诉的，人民法院应当就不作为依法作出确认判决。

考点36 行政诉讼判决

【大纲要求解读】大纲要求**理解**行政诉讼判决的类型与适用条件，**熟悉并能够运用**行政诉讼判决的种类及其适用条件。

【命题要点归纳】

1. 行政诉讼一审判决的类型。

(1) 驳回原告诉讼请求判决，适用情形为：被诉行政行为合法、原告申请被告履行法定职责或者给付义务理由不成立的情况。

(2)撤销判决,指人民法院经过对案件的审查,认定被诉行政行为部分或者全部违法,从而部分或全部撤销被诉行政行为,并可以责令被告重新作出行政行为的判决。

①撤销判决的类型:

A. 全部撤销,适用于整个行政行为全部违法或行政行为部分违法但行政行为不可分;

B. 部分撤销,适用于行政行为部分违法、部分合法,且行政行为可分,人民法院只作出撤销违法部分的判决;

C. 判决撤销并责令被告重新作出行政行为,其适用于违法行政行为撤销后尚需被告对行政行为所涉及事项作出处理的情形。

②撤销判决的适用情形:主要证据不足;适用法律、法规错误;违反法定程序;超越职权;滥用职权;明显不当。

(3)履行判决,指人民法院经过审理认定被告负有法律职责无正当理由而不履行,责令被告限期履行法定职责的判决。

(4)给付判决,指被告负有公法的给付义务,但没有履行,法院判决履行的判决形式。

(5)确认违法判决,指人民法院通过对被诉行政行为的审查,确认被诉行政行为违法的一种判决形式。其适用具体分两种情况:

①有下列情形之一时,人民法院作出确认行政行为违法的判决,但不撤销被诉行政行为:

A. 被诉行政行为违法应当撤销,但撤销将给国家利益和公共利益带来重大损失的。

B. 行政行为程序轻微违法,但对原告权利不产生实际影响的。

②行政行为有下列情形之一,不需要撤销或者判决履行的,人民法院判决确认违法:

A. 被诉行政行为违法,但不具有可撤销内容的。

B. 被告改变原违法行政行为,原告仍要求确认原行政行为违法的。

C. 被告不履行法定职责,但判决责令履行法定职责已无实际意义的。

(6)确认无效判决,通常认为,无效行政行为,是具有重大明显违法的行政行为,该行为自始无效。

(7)变更判决,指人民法院经审理,认定行政处罚行为行政处罚明显不当,或者其他行政行为涉及对款额的确定、认定确有错误的,运用国家审判权直接改变行政行为的判决。适用情形为:

①行政处罚明显不当;②其他行政行为涉及对款额的确定、认定确有错误的。

(8)被告承担继续履行、采取补救措施或者赔偿损失等责任判决,指被告不依法履行、未按照约定履行或者违法变更、解除行政协议的,法院判决被告承担继续履行、采取补救措施或者赔偿损失等责任的判决形式。

2. 行政诉讼二审判决的类型。

(1)维持原判,指二审人民法院通过对上诉案件的审理,确认一审判决、裁定认定事实清楚,适用法律、法规正确,从而判决或者裁定驳回上诉人上诉,维持原判决、裁定。维持原判必须同时具备两个条件:一是原判决认定事实清楚,即一审判决、裁定对行政行为的合法性裁判有可靠的事实基础和确凿的证据支持。二是适用法律、法规正确,即一审法院适用法律、法规恰如其分。

(2)改判,指第二审人民法院直接改正第一审判决的错误内容的判决形式。改判适用于两种情形:①原判决认定事实清楚,但适用法律、法规错误。一审判决认定事实正确,只是适用法律、法规错误,第二审人民法院应在正确适用法律、法规后,依法更正一审判决的内容;②原判决认定事实不清、证据不足的,第二审人民法院可以在查清事实后改判。在一审判决认定事实不清的情况下,第二审人民法院一般应裁定撤销原判,发回原审人民法院重审。不过,如果一审法院由于主、客观原因,难以或不可能查清事实,第二审人民法院则可以在查清事实后,依法对一审判决作出改判。

| **考点扩展** |

根据《行政诉讼法》第89条的规定，第一审判决遗漏当事人或者违法缺席判决等严重违反法定程序的，裁定撤销原判决，发回原审人民法院重审，不能适用于改判。第二审人民法院在对第一审人民法院的判决进行改判时，必然会涉及一审判决对被诉行政行为的认定。从一审判决的内容来看，它可能是驳回原告请求被诉行政行为，也可能是撤销或者变更被诉行政行为，当第二审人民法院需要改变一审判决内容时，就必然要对行政行为的合法性重新予以确认，因而第二审人民法院在改变一审判决时，应当在对一审判决作出判决时，一并对被诉行政行为的合法性作出判决。

考点37 行政赔偿范围中国家不承担赔偿责任的情形

【大纲要求解读】大纲要求**理解**行政赔偿范围，**熟悉并能够运用**行政赔偿范围与程序。

【命题要点归纳】

(1)行政机关工作人员与行使职权无关的个人行为；

(2)因公民、法人和其他组织自己的行为致使损害发生的；

(3)法律规定的其他情形，如不可抗力、第三人过错。

考点38 刑事司法赔偿中国家不承担赔偿责任的情形

【大纲要求解读】大纲要求**理解**刑事司法赔偿范围，**熟悉并能够运用**刑事司法赔偿范围与程序。

【命题要点归纳】

(1)因公民自己故意作虚假供述，或者伪造其他有罪证据被羁押或者被判处刑罚的；

(2)依照《刑法》第17条、第18条规定不负刑事责任的人被羁押的；

(3)依照《刑事诉讼法》的规定不追究刑事责任的人被羁押的；

(4)行使侦查、检察、审判职权的机关以及看守所、监狱管理机关的工作人员与行使职权无关的个人行为；

(5)因公民自伤、自残等故意行为致使损害发生的；

(6)法律规定的其他情形。

考点39 民事、行政司法赔偿范围

【大纲要求解读】大纲要求**理解**民事、行政司法赔偿范围，**熟悉并能够运用**民事、行政司法赔偿范围与程序。

【命题要点归纳】

1. 违法采取排除妨害诉讼强制措施的司法赔偿：

(1)对没有实施妨害诉讼行为的人采取罚款或者拘留措施的；

(2)超过法律规定金额采取罚款措施的；

(3)超过法律规定期限采取拘留措施的；

(4)对同一妨害诉讼的行为重复采取罚款、拘留措施的；

(5)其他违法情形。

2. 违法采取保全措施的司法赔偿。

3. 违法采取先予执行措施的司法赔偿：违反法律规定的条件和范围先予执行的；超出诉讼请求的范围先予执行的；其他违法情形。

4. 错误执行判决、裁定和其他生效法律文书的司法赔偿。

5. 民事、行政诉讼中司法工作人员侵权的赔偿。

考点40 司法赔偿义务机关

【大纲要求解读】大纲要求**理解**司法赔偿义务机关。

【命题要点归纳】

1. 对公民采取拘留措施,依照国家赔偿规定应当给予国家赔偿的,作出拘留决定的机关为赔偿义务机关。在刑事诉讼中行使侦查权的机关有公安机关、国家安全机关、军队保卫部门以及检察机关,上述机关在侦查犯罪的过程中都有权作出拘留决定。因此,上述任何一个机关采取的刑事拘留措施侵害受害人合法权益,就成为赔偿义务机关。

2. 对公民采取逮捕措施后决定撤销案件、不起诉或者判决宣告无罪的,作出逮捕决定的机关为赔偿义务机关。《刑事诉讼法》第80条规定:逮捕犯罪嫌疑人、被告人,必须经过人民检察院批准或者人民法院决定,由公安机关执行。同时《刑事诉讼法》第165条规定:人民检察院直接受理的案件中符合逮捕条件,需要逮捕犯罪嫌疑人的,由人民检察院作出决定,由公安机关执行。因此,在刑事诉讼中,只有人民检察院和人民法院有权决定逮捕。根据本条规定,若人民法院决定采取逮捕措施后禁止追究刑事责任的,在自诉案件中人民法院为赔偿义务机关。若检察机关决定批准逮捕或者在其自行侦查的案件中错误决定逮捕的,检察机关为赔偿义务机关。无论在上述何种情形下,执行逮捕的公安机关均不是赔偿义务机关;而且,在检察机关决定批准逮捕的案件中,最终侵害受害人的决定是由检察机关作出的,依赔偿义务机关后置确定原则,公安机关亦不对此前错误拘留造成的侵害承担赔偿义务。《最高人民法院、最高人民检察院关于办理刑事赔偿案件适用法律若干问题的解释》第11条规定,对公民采取拘留措施后又采取逮捕措施,国家承担赔偿责任的,作出逮捕决定的机关为赔偿义务机关。

3. 再审改判无罪的,作出原生效判决的人民法院为赔偿义务机关。依据《刑事诉讼法》规定,再审程序的对象是人民法院生效的判决或裁定。由于原生效的错误有罪判决可能经一审而确定生效,也可能经二审而确定生效,因此对再审改判后的赔偿义务机关的确定应作具体分析。《最高人民法院关于执行〈中华人民共和国国家赔偿法〉几个问题的解释》第5条规定:原一审人民法院作出判决后,被告人没有上诉,人民检察院没有抗诉,判决发生法律效力的,原一审人民法院为赔偿义务机关;被告人上诉或人民检察院抗诉,原二审人民法院维持一审判决或者对一审人民法院判决予以改判的,原二审人民法院为赔偿义务机关。

4. 二审改判无罪,以及二审发回重审后作无罪处理的,作出一审有罪判决的人民法院为赔偿义务机关。对二审改判无罪后的赔偿义务机关,原《国家赔偿法》规定在这种情形下由作出逮捕决定的机关与作出一审判决的人民法院为共同赔偿义务机关。《国家赔偿法》规定,二审改判无罪,以及二审发回重审后作无罪处理的,统一由作出一审有罪判决的人民法院为赔偿义务机关,作出逮捕决定的机关不再作为赔偿义务机关。《最高人民法院、最高人民检察院关于办理刑事赔偿案件适用法律若干问题的解释》第12条第1款规定,一审判决有罪,二审发回重审后具有下列情形之一的,属于《国家赔偿法》第21条第4款规定的重审无罪赔偿,作出一审有罪判决的人民法院为赔偿义务机关:(1)原审人民法院改判无罪并已发生法律效力的;(2)重审期间人民检察院作出不起诉决定的;(3)人民检察院在重审期间撤回起诉超过30日或者人民法院决定按撤诉处理超过30日未作出不起诉决定的。

5. 人民法院在民事诉讼、行政诉讼的过程中,违法采取对妨害诉讼的强制措施、保全措施、先予执行措施或者对判决、裁定以及其他生效法律文书执行错误造成损害的,作出该行为的人民法院为赔偿义务机关。在民事诉讼和行政诉讼中,人民法院是行使司法权的唯一主体,当其违法采取对妨害诉讼的强制措施、保全措施以及错误执行造成损害的,该人民法院为唯一的司法赔偿义务机关。《最高人民法院关于审理民事、行政诉讼中司法赔偿案件适用法律若干问题的解释》第18条规定:"人民法院在民事、行政诉讼过程中,违法采取对妨害诉讼的强制措施、保全措施、先予执行措施,或者对判决、裁定及其他生效法律文书执行错误,系因上一级人民法院复议改变原裁决所致的,由该上一级人民法院作为赔偿义务机关。"

6. 司法工作人员违法行使职权造成公民、法人或者其他组织人身权、财产权损害的,该工作人员所在的机关为赔偿义务机关。依据《国家赔偿法》第 17 条、第 18 条的有关规定，在刑事赔偿中，司法机关工作人员刑讯逼供或者以殴打等暴力行为或者唆使他人以殴打等暴力行为造成公民身体伤害或者死亡的；违法使用武器警械造成公民身体伤害或者死亡的；违法对财产采取查封、扣押、冻结、追缴等措施的，该司法工作人员所在的机关为赔偿义务机关。另依据《最高人民法院关于人民法院执行〈中华人民共和国国家赔偿法〉几个问题的解释》第 2 条规定，人民法院的司法工作人员在民事诉讼、行政诉讼的过程中，以殴打等暴力行为或者唆使其他人以殴打等暴力行为造成公民身体伤害或者死亡的；违法使用武器、警械造成公民身体伤害或者死亡的，由该司法工作人员所在的人民法院为赔偿义务机关。

7. 看守所及其工作人员在行使职权时侵犯公民合法权益造成损害的，看守所的主管机关为赔偿义务机关。

民　法

考点1 民法的调整对象

【大纲要求解读】大纲要求了**解**或**理解**民法的调整对象为平等主体之间的人身关系和财产关系。

【命题要点归纳】

民法调整平等主体之间基于民事法律事实而产生、变更或者消灭的以民事权利、民事义务为内容的社会关系，亦即民事法律关系。关于民事法律关系，需要掌握两层考点：

1. 民事法律关系基于民事法律事实而产生、变更或者消灭，其中民事法律事实简称法律事实，类型众多，具体包括：

(1)状态，例如：亲属关系、年龄大小以及生死不明等。

(2)事件，事件既可以是与人的行为无关的事件，例如：地震；也可以是与人的行为有关但是结果并非人的意志可以左右的事件，例如：出生、死亡等。

(3)行为，行为又可以进一步划分为法律行为、事实行为以及准法律行为。

①法律行为：以意思表示为要素，其效果以意思表示为准，例如：合同，签订合同依赖当事人之间的意思表示一致，合同签订之后，按照当事人之间的意思表示发生效果。

②事实行为：不以意思表示为要素，其效果以法律规定为准，例如：侵权，实施侵权行为之时，加害人通常并无形成侵权法律关系的意思表示，但是最终基于《民法典》以及相关司法解释的规定，加害人应当对受害人承担侵权责任，加害人与受害人之间将会形成侵权法律关系。

③准法律行为：以意思表示为要素，其效果以法律规定为准。常见的准法律行为有以下三种：意思通知、事实通知及情感通知。

2. 民事法律关系以民事权利、民事义务为内容，因此未以民事权利、民事义务为内容的社会关系不是民事法律关系，具体包括：

(1)情谊关系，基于情谊行为产生，搭乘便车、到站叫醒、顺路取件、相约吃饭以及为人指路等均属典型的情谊行为。值得注意的是，情谊行为不是民事法律事实，不能形成民事法律关系，但是情谊行为背后的侵权行为属于民事法律事实，可以形成民事法律关系(侵权法律关系)。

(2)婚约关系，订立婚约不是民事法律事实，不能形成民事法律关系，但是由于订立婚约而给付彩礼的行为属于民事法律事实，可以形成民事法律关系。对于已经给付的彩礼，原则上给付方不得请求返还，但是存在下列三种情形之一的，给付方可以请求返还：

①双方未办理结婚登记手续；

②双方办理结婚登记手续但确未共同生活；

③婚前给付并导致给付人生活困难。

(3)法外空间，由于亲属关系之外的其他身份关系并不具有民法上的权利、义务，因而并非民事法律关系，例如：情侣关系、师生关系、同学关系、同事关系等。

考点2 民事权利和民事义务

【大纲要求解读】大纲要求了**解**民事权利、民事义务的概念，**理解**民事权利、民事义务的分类及其意义。

【命题要点归纳】

1. 按照客体利益，可以把权利分为人身权和财产权。人身权包括人格权和身份权；财产权包括物权、债权和知识产权。

2. 按照权利的效力特点,可以把权利分为支配权、请求权、形成权和抗辩权。支配权直接支配权利客体,对应不作为义务,物权、人身权和知识产权中的财产权都是支配权;请求权则是须通过他人的行为才能实现利益的权利,对应的义务既可以是作为义务,也可以是不作为义务,债权是典型的请求权;形成权是依权利人单方意思表示就能使权利发生、变更或者消灭的权利,撤销权、解除权、追认权、抵销权等都属形成权;抗辩权是能够阻止请求权效力的权利,合同中的同时履行抗辩权、不安抗辩权、先诉抗辩权等皆属于抗辩权。

3. 权利的其他分类还包括绝对权与相对权、主权利与从权利、原权利与救济权。

4. 民事义务是当事人为实现他方的权利而受行为限制的界限。义务之违反将产生责任。

考点3 民事责任

【大纲要求解读】大纲要求**了解或理解**民事责任的概念及分类,**熟悉并能够运用**民事责任的承担方式、不承担民事责任的情形、民事责任竞合规则。

【命题要点归纳】

1. 民事责任的概念和特征:民事责任是违反约定或者法定义务所产生的法律效果。狭义的民事责任,即民事义务,广义的民事责任还包括使用强制执行的公力救济。与其他法律责任相比较,民事责任有如下特征:

(1)民事责任是不履行义务的法律后果;

(2)民事责任属于公力救济;

(3)民事责任的效果,是救济权人得以公力救济方式诉请执行机关予以强制执行。

2. 民事责任的分类。

(1)违约责任、侵权责任与其他民事责任。民事责任根据责任发生的原因与法律要件不同,可以分为违约责任、侵权责任与其他民事责任。

(2)按份责任与连带责任。在同一责任有数人承担时,如法律没有特别规定并能区分各自责任大小时,数个责任人承担按份责任;责任份额无法区分时,均分责任。在法律有特别规定数个责任人须承担连带责任的,应依法承担连带责任。

3. 承担民事责任的方式。侵权、违约或者违反其他民事义务,民法规定义务人以承担民事责任的方式对权利人施以救济。《民法典》第179条规定了11种具体承担民事责任的方式,具体有:停止侵害,排除妨碍,消除危险,返还财产,恢复原状,修理、重作、更换,继续履行,赔偿损失,支付违约金,消除影响、恢复名誉,赔礼道歉等。

4. 不承担民事责任的情形:(1)不可抗力;(2)正当防卫;(3)紧急避险;(4)紧急救助行为;(5)因保护他人权益使自己受到损害的民事责任;(6)侵害英雄烈士等人格权的民事责任。

5. 民事责任竞合。民事责任竞合是指行为人实施一个违反民事义务的行为却符合多个民事责任构成要件,由此产生数个互相重叠的民事责任情形。

6. 民事责任的优先适用。民事责任优先原则也称私权救济优先原则。

考点4 自然人的监护

【大纲要求解读】大纲要求**了解**监护的概念,**理解**监护人的设立、监护人的职责、监护的终止。

【命题要点归纳】

1. 监护资格的取得。监护资格基于以下途径取得:

(1)法定监护:

①监护规则。为未成年人与精神病人确定法定监护人的顺序并不相同,详述如下:

A. 未成年人:父母→(外)祖父母→兄、姐→其他个人或者组织愿意并且经过未成年人住所地的居民委员会、村民委员会或者民政部门同意；

B. 精神病人：配偶→父母、子女→其他近亲属→其他个人或者组织愿意并且经过被监护人住所地的居民委员会、村民委员会或者民政部门同意。

②法律效力：离婚并不影响未成年人的法定监护关系，离异双方均为未成年人的法定监护人。

③适用注意：为未成年的精神病人确定法定监护人应当适用未成年人的监护规则。

(2)遗嘱监护：被监护人的父母担任监护人的，可以通过遗嘱指定监护人。

(3)协商监护：监护人可以协议确定，协议确定监护人的，应当尊重被监护人的真实意愿。

(4)指定监护：

①监护规则。法定监护有争议并且协商无法解决的，由被监护人住所地的居民委员会、村民委员会或者民政部门指定监护人，不服的再向法院提出申请，或者直接向法院提出申请，由法院指定监护人；

②法律效力。指定监护不得擅自变更，如果擅自变更，那么由变更前后的监护人共同承担监护责任；

③适用注意。指定监护人之前，被监护人处于无人保护状态的，由被监护人住所地的居民委员会、村民委员会、有关组织或者民政部门担任临时监护人。

(5)机关监护：穷尽前述途径都无法确定监护人的，监护人由民政部门担任，被监护人住所地的居民委员会、村民委员会具备履行监护职责条件的，也可以担任监护人。

注意：因发生突发事件等紧急情况，监护人暂时无法履行监护职责，被监护人的生活处于无人照料状态的，被监护人住所地的居民委员会、村民委员会或者民政部门应当为被监护人安排必要的临时生活照料措施。

(6)意定监护：具有完全民事行为能力的成年人，可以事先协商，以书面形式确定自己的监护人。协商确定的监护人在该成年人丧失或者部分丧失民事行为能力之后，履行监护职责。这一规则可以称为附条件的委托监护，旨在未雨绸缪，使完全民事行为能力人可以预先为自己安排丧失或者部分丧失民事行为能力之后的监护人。

2. 监护人资格的终止。

(1)监护关系终止的法定事由：①被监护人取得或者恢复完全民事行为能力的；②监护人丧失监护能力的；③被监护人或者监护人死亡的；④法院认定监护关系终止的其他情形，例如，监护资格被撤销。

(2)监护关系终止的法律效果：监护关系终止之后，被监护人仍然需要监护的，应当依法另行确定监护人。

考点5 监护人资格之撤销

【大纲要求解读】大纲要求**熟悉并能够运用**监护的设立和撤销规则。

【命题要点归纳】

监护人资格之撤销是指因监护人严重侵害被监护人，或有不能担负及懈怠监护职责情形的，由人民法院根据申请撤销监护人之监护权。

撤销监护的原因：《民法典》第36条规定了3项，即实施严重损害被监护人身心健康行为的；怠于履行监护职责，或者无法履行监护职责并且拒绝将监护职责部分或者全部委托给他人，导致被监护人处于危困状态的；实施严重侵害被监护人合法权益的其他行为的。撤销监护权之效力不涉及扶养义务，即被监护人对监护人有扶养义务的，仍须履行。对于父母或者子女被撤销监护权的，在确有悔改表现，经其申请并征得被监护人同意时，法院可恢复其监护权。

考点6 自然人的民事权利能力

【大纲要求解读】大纲要求**了解或理解**自然人的民事权利能力的概念，**熟悉并能够运用**自然人的民事权利能力的开始和终止，自然人民事权利能力的类型及其特点。

【命题要点归纳】

1. 自然人民事权利能力的开始。《民法典》第 13 条规定:“自然人从出生时起到死亡时止,具有民事权利能力,依法享有民事权利,承担民事义务。”也就是说,自然人的民事权利能力取得始于出生。

出生属于自然事实,与有没有户籍没有关系,但户籍可以作为何时出生的证明。根据《民法典》第 15 条的规定,自然人的出生时间以出生证明记载的时间为准;没有出生证明的,以户籍登记或者其他有效身份登记记载的时间为准。若其他证据足以推翻以上出生记载时间的,则以该证据证明的时间为准。

民事权利能力作为享有民事权利的前提条件,自无疑义。对于尚存于母体内的胎儿,虽尚未出生,但为了保护胎儿利益,《民法典》第 16 条规定:“涉及遗产继承、接受赠与等胎儿利益保护的,胎儿视为具有民事权利能力。但是,胎儿娩出时为死体的,其民事权利能力自始不存在。”

2. 自然人民事权利能力的终止。自然人的民事权利能力于死亡时消灭。民法上的自然人的死亡有生理死亡与宣告死亡之分。对于确定自然人生理死亡的标准,法学上和医学上存有多种学说。在我国,因人的生理死亡证明多由医院出具,故法律上对死亡的认定多采取医学上的死亡标准;在海难、空难、地震、海啸、火灾等灾难事故中丧生,即所谓“死不能见尸”的,也可以由公安、法医或其他有权的行政机关作出死亡认定。自然人的民事权利能力,自死亡时终止,其民事主体资格即告消灭。

考点 7 意思表示的效果和意思表示的解释

【大纲要求解读】大纲要求**熟悉并能够运用**意思表示的类型和生效。

【命题要点归纳】

1. 意思表示的效果。

(1)意思表示的拘束力。意思表示的拘束力,亦即意思表示的成立效力。意思表示一旦成立,表意人须受其约束,非依法律,不得擅自撤回或者变更的法律效力。

(2)意思表示拘束力的发生。《民法典》第 136 条规定:“民事法律行为自成立时生效,但是法律另有规定或者当事人另有约定的除外。行为人非依法律规定或者未经对方同意,不得擅自变更或者解除民事法律行为。”

(3)意思表示的撤回与撤销。①意思表示的撤回,是指表意人对尚未生效的意思表示阻止其生效的意思通知。《民法典》第 141 条规定,行为人可以撤回意思表示。撤回意思表示的通知应当在意思表示到达相对人前或者与意思表示同时到达相对人。②意思表示的撤销,是指表意人对已生效但未获承诺的意思表示消灭其拘束力之意思通知。撤销仅限于未被承诺的意思表示,若相对人已作出承诺,双方意思表示已获一致,法律行为已成立,就再无撤销之余地。倘若相对人尚未作出回复表示,那么允许表意人撤销,即撤销之意思通知须于相对人发信之前或者同时到达,撤销才生效。

2. 意思表示的解释。意思表示之解释,是指阐明意思表示之含义,确定法律之适用的说明。

考点 8 民事法律行为被确认无效、被撤销或确定不发生效力的后果 2024 New

【大纲要求解读】大纲要求**了解或理解**民事法律行为被确认无效、被撤销或确定不发生效力的后果。

【命题要点归纳】

1. 民事法律行为被确认无效、被撤销或者确定不发生效力的后果:依据《民法典》第 155 条规定,无效的或者被撤销的民事法律行为自始没有法律约束力。因此,民事法律行为被确认无效和被撤销以后,将溯及既往,自民事法律行为成立之日起就是无效的,而不是从确认无效之时起无效。尤其是对无效民事法律行为来说,因其在内容上具有不法性,当事人即使在事后追认,也不能使这些民事法律行为生效。一旦民事法律行为被确认无效和被撤销,其对当事人不再具有任何约束力,当事人也不得基于原民事法律行为而主张任何权利或享受任何利益。民事法律行为被确认无效后,虽不能产生当事人所预期的法律效果,但并不是不产生任何法律后果。《民法典》第 157 条规定:“民事法律行为无效、被撤销或者确定不发生效力后,行为人因该行为取得的财产,应当予以返还;不能返还或者没有必要返还的,应当折价补偿。有过错的一方应当赔偿对方由此所受到的损失;各方都有过错的,应当各自承担相应的责任。法律另有规定的,依照其规定。”

2. 民事法律行为被确认无效、被撤销或者确定不发生效力的具体法律后果:

(1)返还财产。返还财产,是指民事法律行为当事人在民事法律行为被确认无效或被撤销以后,对已交付给对方的财产享有返还请求权,而已经接受财产的当事人则有返还财产的义务。返还财产旨在使财产关系恢复到民事法律行为订立前的状况。所以,不论接受财产的一方是否具有过错,都应当负有返还财产的义务。根据《最高人民法院关于适用〈中华人民共和国民法典〉合同编通则若干问题的解释》(以下简称《合同编通则解释》)第 24 条第 1 款的规定,返还财产既包括标的物占有的返还,也包括不动产登记簿册的更正等。这就是说,对动产而言,返还财产指的是返还该动产的占有,而对不动产而言,返还财产除返还该不动产的占有外,还应当包括更正不动产登记簿,从而使当事人的利益状态恢复到订约前的状态。相互返还财产实际上在当事人之间成立了债的关系,双方互负债务,各自的给付构成对待给付。一方面,因为双方形成了对待给付的义务,应当适用同时履行原则。《合同编通则解释》第 25 条第 2 款规定,双方互负返还义务,当事人主张同时履行的,人民法院应予支持。据此,在双方互负返还义务的情形下,一方未作出履行自己的返还义务而要求对方履行时,另一方有权提出抗辩。另一方面,如果符合法定抵销的规则,可以依法予以抵销。对此,《合同编通则解释》第 25 条第 2 款同时规定,占有标的物的一方对标的物存在使用或者依法可以使用的情形,对方请求将其应支付的资金占用费与应收取的标的物使用费相互抵销的,人民法院应予支持,但是法律另有规定的除外。

(2)折价补偿。所谓折价补偿,是指民事法律行为被宣告无效后,一方当事人基于民事法律行为而取得的对方的财产如果不能返还或者没有必要返还时,可以按照该财产的价值进行折算,以金钱的方式对对方当事人进行补偿的责任形式。《民法典》第 157 条规定,“不能返还或者没有必要返还的,应当折价补偿”,这就确定了折价补偿的条件。依据该条规定,折价补偿主要适用于以下两种情形:一是财产不能返还。在财产不能返还或者没有必要返还时,可以按照该财产的价值进行折算,采取金钱补偿的方式使财产关系恢复原状。二是没有必要返还。所谓没有必要返还,是指返还财产在经济上不具有合理性。例如,返还标的物所需费用过高。在民事法律行为被确认无效、被撤销或者确定不发生效力后,一方占有对方资金的情形下,除了返还资金外,还应当支付相应的资金占用费。对此,《合同编通则解释》第 25 条第 1 款规定:“合同不成立、无效、被撤销或者确定不发生效力,有权请求返还价款或者报酬的当事人一方请求对方支付资金占用费的,人民法院应当在当事人请求的范围内按照中国人民银行授权全国银行间同业拆借中心公布的一年期贷款市场报价利率(LPR)计算。但是,占用资金的当事人对于合同不成立、无效、被撤销或者确定不发生效力没有过错的,应当以中国人民银行公布的同期同类存款基准利率计算。”该条确认了当事人的资金占用费请求权,并区分了当事人对合同不成立、无效、被撤销或者确定不发生效力是否有过错,区分确定了相应的资金占用费计算标准。

(3)赔偿损失。民事法律行为被确认无效或被撤销以后,也将产生损害赔偿的责任。依据《合同编通则解释》第 24 条第 2 款,合同不成立、无效、被撤销或者确定不发生效力,当事人还请求赔偿损失的,要综合考量如下因素:一是财产增值收益和贬值损失。当事人一方要主张损害赔偿,必须要证明损害的实际存在。因合同被确认无效或被撤销所造成的损失主要是当事人在实施合同过程中所遭受的损失。二是交易成本的支出,即当事人在缔约过程中所支出的相关成本。三是双方当事人的过错程度及原因力大小。四是诚信原则和公平原则。这就是说,赔偿损失的结果应当符合诚信原则和公平原则。

3. 民事法律行为不成立、无效、被撤销或者确定不发生效力情形下的第三人责任：关于民事法律行为无效、被撤销等情形下的第三人责任，《民法典》第157条并未作出明确规定，《合同编通则解释》第5条规定："第三人实施欺诈、胁迫行为，使当事人在违背真实意思的情况下订立合同，受到损失的当事人请求第三人承担赔偿责任的，人民法院依法予以支持；当事人亦有违背诚信原则的行为的，人民法院应当根据各自的过错确定相应的责任。但是，法律、司法解释对当事人与第三人的民事责任另有规定的，依照其规定。"此外，依据上述规定，如果法律、司法解释对当事人与第三人的民事责任另有规定的，则依照其规定。该规则特别适用于会计师、审计师等专业机构造成他人损害的责任，此种责任在性质上主要是侵权损害赔偿责任，而不是合同无效、被撤销等情形下的责任，因此应当适用特别规定。

4. 民事法律行为不成立、无效、被撤销或者确定不发生效力不影响争议解决条款的效力：所谓解决争议方法的条款，是指将来一旦发生纠纷，应当通过何种方式来解决纠纷。《民法典》第507条规定："合同不生效、无效、被撤销或者终止的，不影响合同中有关解决争议方法的条款的效力。"这就确立了合同中有关解决争议方法的条款的独立性规则。这些条款主要包括两种情形：一是合同中解决争议方法的条款，如仲裁条款等。二是合同的结算、清理条款。解决争议方法的条款效力之所以具有独立性，主要是因为，一方面，尊重当事人的私法自治。因为当事人约定了有关解决争议方法的条款，就意味着当事人希望通过适用该条款来解决其发生的争议，应当尊重当事人的私法自治。另一方面，充分发挥解决争议方法的条款作为救济手段和解决纠纷的程序的作用。解决争议方法的条款的独立性原则可以防止当事人拖延纠纷解决程序，使纠纷得到及时、高效地解决。

考点9 可撤销民事法律行为的效果 2024 New

【大纲要求解读】大纲要求**熟悉并能够运用**可撤销民事法律行为的类型、效果。

【命题要点归纳】

1. 限制民事行为能力人实施的行为：限制民事行为能力人从事的依法不能独立实施的民事法律行为，在性质上属于效力未定的民事法律行为。《民法典》第145条第1款规定，限制民事行为能力人"实施的其他民事法律行为经法定代理人同意或者追认后有效"。据此可见，《民法典》将此类行为规定为效力未定的民事法律行为，必须要经限制民事行为能力人的法定代理人同意或者追认后才能生效。

2. 欠缺代理权的代理行为：无代理权人因无权代理而从事的民事法律行为，在效力上也属于效力未定的民事法律行为。《民法典》第171条第1款规定："行为人没有代理权、超越代理权或者代理权终止后，仍然实施代理行为，未经被代理人追认的，对被代理人不发生效力。"因此，无权代理行为也是效力未定的民事法律行为。只有经过被代理人的追认，该民事行为才能对被代理人生效。当然，无权代理行为如构成表见代理，则代理行为有效。

3. 职务代理人超越代理权限且相对人未尽到合理审查义务所成立的民事法律行为：在职务代理人越权代理的情形下，《合同编通则解释》第21条第1款规定，法人、非法人组织的工作人员就超越其职权范围的事项以法人、非法人组织的名义订立合同，相对人主张该合同对法人、非法人组织发生效力并由其承担违约责任的，人民法院不予支持。因此，职务代理人越权实施的民事法律行为对法人、非法人组织原则上不产生效力。但如果该行为构成表见代理，则应当对法人、非法人组织产生效力。在职务代理的情形下，法人或者非法人组织内部对执行一定职务的人员的职权范围限制，不得对抗善意第三人。而在判断善意的过程中，必须要求相对人对职务代理人是否超越其职权范围尽到合理审查义务，如果已经尽到合理审查义务，构成表见代理。如果相对人未尽到合理审查义务，则其不得否认合同的效力，此时，代理人所实施的民事法律行为即属于效力待定的行为，如果被代理人追认，则该民事法律行为有效，如果拒绝追认，则该民事法律行为无效。此外，由于职务代理人实施的越权代理行为可能给法人、非法人组织造成一定的损失，依据《合同编通则解释》第21条第4款规定,法人和非法人组织已经承担了民事责任后,其有权向有故意或者重大过失的职务代理人追偿。

4. 法定代表人越权代表且相对人未尽合理审查义务所实施的民事法律行为:所谓越权代表,是指法定代表人超越代表权限实施的代表行为。在越权代表的情形下,如果相对人为善意,则依据《民法典》第504条规定,当事人之间的民事法律行为应当有效,而且应当由法人、非法人组织承担相应的法律效果。相对人善意的判断标准是相对人是否尽到合理审查义务。而在相对人未尽到合理审查义务的情形下,相对人构成恶意,该民事法律行为对被代表的法人不产生效力,相对人也无权对被代表的法人主张承担违约责任。当然,即便构成越权代表且相对人具有恶意,但如果被代表的法人愿意接受民事法律行为的拘束,按照私法自治原则,法律也不必干预,因此,法定代表人越权代表所实施的民事法律行为在性质上属于效力待定的民事法律行为,其效力取决于被代表的法人是否追认该民事法律行为。如果法人追认该民事法律行为,则该民事法律行为对法人发生效力,法人应当承担法定代表人行为的法律效果。如果拒绝追认,则民事法律行为对其不发生效力。

5. 法定代表人、负责人或者代理人与相对人恶意串通行为:法定代表人、负责人或者代理人与相对人恶意串通行为,是指法人、非法人组织的法定代表人、负责人或者代理人在以法人、非法人组织的名义实施民事法律行为时,与相对人恶意串通,损害法人、非法人组织的权益。法定代表人、负责人或者代理人与相对人恶意串通行为与《民法典》第154条所规定的行为人恶意串通损害他人的民事法律行为不同,《民法典》第154条规定的是恶意串通损害的是他人的合法权益,而法定代表人、负责人或者代理人与相对人恶意串通行为损害的是法人、非法人组织的利益。同时,《民法典》第154条规定的恶意串通是法律行为当事人的恶意串通,而法定代表人、负责人或者代理人与相对人恶意串通行为并非法人、非法人组织与相对人的恶意串通,而是法定代表人等与相对人恶意串通。关于法定代表人、负责人或者代理人与相对人恶意串通行为的效力,《合同编通则解释》第23条第1、2款规定:"法定代表人、负责人或者代理人与相对人恶意串通,以法人、非法人组织的名义订立合同,损害法人、非法人组织的合法权益,法人、非法人组织主张不承担民事责任的,人民法院应予支持。法人、非法人组织请求法定代表人、负责人或者代理人与相对人对因此受到的损失承担连带赔偿责任的,人民法院应予支持。"从该规定来看,其实际上采纳了效力待定说,此种恶意串通行为的效力取决于法人、非法人组织是否追认,如果追认,则该行为有效;如果拒绝追认,则该行为对法人、非法人组织不产生效力。当然,依据《合同编通则解释》第23条第1款的规定,如果恶意串通行为给法人、非法人组织造成了损失,法人、非法人组织均有权请求法定代表人、负责人或者代理人与相对人承担连带责任。

考点10 效力未定民事法律行为的类型 *2024 New*

【大纲要求解读】大纲要求**熟悉并能够运用**效力未定民事法律行为的类型、效果。

【命题要点归纳】

1. 限制民事行为能力人实施的行为:限制民事行为能力人从事的依法不能独立实施的民事法律行为,在性质上属于效力未定的民事法律行为。《民法典》第145条第1款规定,限制民事行为能力人"实施的其他民事法律行为经法定代理人同意或者追认后有效"。据此可见,《民法典》将此类行为规定为效力未定的民事法律行为,必须要经限制民事行为能力人的法定代理人同意或者追认后才能生效。

2. 欠缺代理权的代理行为:无代理权人因无权代理而从事的民事法律行为,在效力上也属于效力未定的民事法律行为。《民法典》第171条第1款规定:"行为人没有代理权、超越代理权或者代理权终止后,仍然实施代理行为,未经被代理人追认的,对被代理人不发生效力。"因此,无权代理行为也是效力未定的民事法律行为。只有经过被代理人的追认,该民事行为才能对被代理人生效。当然,无权代理行为如构成表见代理,则代理行为有效。

3. 职务代理人超越代理权限且相对人未尽到合理审查义务所成立的民事法律行为:在职务代理

人越权代理的情形下,《合同编通则解释》第 21 条第 1 款规定,法人、非法人组织的工作人员就超越其职权范围的事项以法人、非法人组织的名义订立合同,相对人主张该合同对法人、非法人组织发生效力并由其承担违约责任的,人民法院不予支持。因此,职务代理人越权实施的民事法律行为对法人、非法人组织原则上不产生效力。但如果该行为构成表见代理,则应当对法人、非法人组织产生效力。在职务代理的情形下,法人或者非法人组织内部对执行一定职务的人员的职权范围限制,不得对抗善意第三人。而在判断善意的过程中,必须要求相对人对职务代理人是否超越其职权范围尽到合理审查义务,如果已经尽到合理审查义务,构成表见代理。如果相对人未尽到合理审查义务,则其不得否认合同的效力,此时,代理人所实施的民事法律行为即属于效力待定的行为,如果被代理人追认,则该民事法律行为有效,如果拒绝追认,则该民事法律行为无效。此外,由于职务代理人实施的越权代理行为可能给法人、非法人组织造成一定的损失,依据《合同编通则解释》第 21 条第 4 款规定,法人和非法人组织已经承担了民事责任后,其有权向有故意或者重大过失的职务代理人追偿。

4. 法定代表人越权代表且相对人未尽合理审查义务所实施的民事法律行为:所谓越权代表,是指法定代表人超越代表权限实施的代表行为。在越权代表的情形下,如果相对人为善意,则依据《民法典》第 504 条规定,当事人之间的民事法律行为应当有效,而且应当由法人、非法人组织承担相应的法律效果。相对人善意的判断标准是相对人是否尽到合理审查义务。而在相对人未尽到合理审查义务的情形下,相对人构成恶意,该民事法律行为对被代表的法人不产生效力,相对人也无权对被代表的法人主张承担违约责任。当然,即便构成越权代表且相对人具有恶意,但如果被代表的法人愿意接受民事法律行为的拘束,按照私法自治原则,法律也不必干预,因此,法定代表人越权代表所实施的民事法律行为在性质上属于效力待定的民事法律行为,其效力取决于被代表的法人是否追认该民事法律行为。如果法人追认该民事法律行为,则该民事法律行为对法人发生效力,法人应当承担法定代表人行为的法律效果。如果拒绝追认,则民事法律行为对其不发生效力。

5. 法定代表人、负责人或者代理人与相对人恶意串通行为:法定代表人、负责人或者代理人与相对人恶意串通行为,是指法人、非法人组织的法定代表人、负责人或者代理人在以法人、非法人组织的名义实施民事法律行为时,与相对人恶意串通,损害法人、非法人组织的权益。法定代表人、负责人或者代理人与相对人恶意串通行为与《民法典》第 154 条所规定的行为人恶意串通损害他人的民事法律行为不同,《民法典》第 154 条规定的是恶意串通损害的是他人的合法权益,而法定代表人、负责人或者代理人与相对人恶意串通行为损害的是法人、非法人组织的利益。同时,《民法典》第 154 条规定的恶意串通是法律行为当事人的恶意串通,而法定代表人、负责人或者代理人与相对人恶意串通行为并非法人、非法人组织与相对人的恶意串通,而是法定代表人等与相对人恶意串通。关于法定代表人、负责人或者代理人与相对人恶意串通行为的效力,《合同编通则解释》第 23 条第 1、2 款规定:"法定代表人、负责人或者代理人与相对人恶意串通,以法人、非法人组织的名义订立合同,损害法人、非法人组织的合法权益,法人、非法人组织主张不承担民事责任的,人民法院应予支持。法人、非法人组织请求法定代表人、负责人或者代理人与相对人对因此受到的损失承担连带赔偿责任的,人民法院应予支持。"从该规定来看,其实际上采纳了效力待定说,此种恶意串通行为的效力取决于法人、非法人组织是否追认,如果追认,则该行为有效;如果拒绝追认,则该行为对法人、非法人组织不产生效力。当然,依据《合同编通则解释》第 23 条第 1 款规定,如果恶意串通行为给法人、非法人组织造成了损失,法人、非法人组织均有权请求法定代表人、负责人或者代理人与相对人承担连带责任。

考点11 民事法律行为宣告无效或者被撤销的效果

【大纲要求解读】大纲要求**熟悉并能够运用**民事法律行为宣告无效或者被撤销的效果。

【命题要点归纳】

《民法典》第 155 条规定:"无效的或者被撤销的民事法律行为自始没有法律约束力。"据此可见，被确认无效的民事法律行为自始无效，而不是从确认无效之时起无效。对无效民事法律行为来说，因其在内容上具有不法性，当事人即使在事后追认，也不能使这些民事法律行为生效。一旦民事法律行为被确认无效，原民事法律行为对当事人不再具有任何拘束力，当事人也不得基于原民事法律行为而主张任何权利或享有任何利益。民事法律行为被确认无效后，虽不能产生当事人所预期的法律效果，但并不是不产生任何法律后果。《民法典》第157条规定："民事法律行为无效、被撤销或者确定不发生效力后，行为人因该行为取得的财产，应当予以返还；不能返还或者没有必要返还的，应当折价补偿。有过错的一方应当赔偿对方由此所受到的损失；各方都有过错的，应当各自承担相应的责任。法律另有规定的，依照其规定。"依据这一规定，民事法律行为无效后，将产生如下法律后果：

1. 返还财产，是指一方当事人在民事法律行为被确认无效或被撤销以后，对其已交付给对方的财产享有返还请求权，而已经接受对方交付的财产的一方当事人则负有返还对方财产的义务。返还财产不需要考虑行为人是否存在主观上的过错。返还财产的对象仅限于原物及原物所产生的孳息。如果当事人接受的财产是实物或货币，原则上应返还原物或货币，不能以货币代替实物或以实物代替货币。如果当事人接受的财产是利益，则应以当时国家规定的价格或市场价格折合成钱款予以返还。

2. 赔偿损失。民事法律行为被确认无效后，也将产生损害赔偿的责任。民事法律行为无效后的损害赔偿责任的构成，须具备如下要件：

（1）损害事实的存在。所谓损害事实的存在，是指当事人确因民事法律行为被撤销而遭受了损害。损害必须是实际发生的且可以确定的，而不是当事人主观臆测和设想的。当事人一方要主张损害赔偿，必须要证明损害的实际存在。

（2）赔偿义务人具有过错。根据《民法典》第157条规定，民事法律行为无效后，有过错的一方应当赔偿对方因此所受到的损失，各方都有过错的，应当各自承担相应的责任。依据《民法典》第157条规定，如果是单方过错，则由有过错的一方向非过错的一方承担因其过错而给对方造成的损失。如果各方均有过错，则应当各自承担相应的责任。

（3）过错与损失之间的因果关系。所谓因果关系，是指一方或双方的过错与另一方或双方遭受的损失之间的前因后果联系。如果不存在因果关系，则即使一方具有过错，也不能赔偿另一方的损失。

考点12 虚假的民事法律行为 2024 New

【大纲要求解读】大纲要求**熟悉并能够运用**虚假的民事法律行为。

【命题要点归纳】

《民法典》第146条第1款规定："行为人与相对人以虚假的意思表示实施的民事法律行为无效。"该条规定了虚假的民事法律行为的无效。所谓虚假的民事法律行为，是指行为人与相对人共同实施了虚假的民事法律行为，也称为通谋虚伪表示。例如，为逃避债务而虚假赠与财产、虚构建筑物施工合同中的债权以达到行使法定优先权的目的，等等。之所以在法律上要宣告此类行为无效，一方面，是因为此类行为并非当事人的真实意思表示，违反了诚信原则。另一方面，是因为此类行为可能规避了法律的规定，从而违反了某种法律秩序。例如，限购是政府为维护社会经济秩序而实施的一种调控措施，如果随意被虚假的民事法律行为规避，就会损害社会经济秩序，且此类规避行为如不及时宣告无效，将可能诱发连锁效应，极不利于交易安全和交易秩序的维护。双方实施的虚假民事法律行为应当依法被认定为无效。但被隐藏的民事法律行为则应当依据具体情形判断其效力。例如，当事人订立了多份合同，但登记备案的是一份合同，实际履行的是另一份合同，此时就要根据实际履行情况判断当事人的真意。如果当事人为规避法律、行政法规的强制性规定，以虚假的意思表示隐藏真实的意思表示，由于被隐藏的民事法律行为违反了法律、行政法规的强制性规定，此时应依据《民法典》第153条第1款的规定认定该民事法律行为无效；如果当事人实施隐藏行为旨在规避法律、行政法规规定的批准等手续，则应当依据未生效合同的规则认定该行为的效力。

考点13 代理的类型

【大纲要求解读】大纲要求**了解或理解**代理的类型。

【命题要点归纳】

1. 以是否以本人名义为标准，可以将代理区分为直接代理与间接代理。直接代理须以本人名义从事代理事项，间接代理则是以代理人的名义从事代理事项。

2. 以代理权产生的原因划分，代理分为意定代理与法定代理。意定代理之代理权基于授权行为，法定代理之代理权由法律规定产生。

3. 在委托代理中，对代理权限无特别限制的代理，称一般代理；对代理权限有特别限制的代理，称特别代理。

4. 由本人选任的代理人的代理，称本代理；由代理人基于复任权选任代理人的代理，称复代理，又称再代理。

5. 按代理人是一人还是数人，代理分为单独代理和共同代理。单独代理是代理权属于一人的代理，共同代理是代理权属于两人以上的代理。共同代理人如果共同实施代理，则形成共同关系，共同代理人可以各自行使代理权，也可以约定依多数决原则行使代理权。

考点14 表见代理

【大纲要求解读】大纲要求**熟悉并能够运用**表见代理的要件、效果。

【命题要点归纳】

1. 表见代理，是指虽无代理权但表面上有足以使人信为有代理权而须由本人负授权之责的代理。

2. 表见代理的构成要件为：(1)行为人无代理权；(2)行为人以本人名义为民事法律行为；(3)须有使相对人信其有代理权的表征；(4)须相对人为善意。

3. 表见代理发生有权代理的效果。即因行为人之行为，在本人与相对人之间发生权利义务关系，本人不得行使无权代理之撤销权和其他抗辩权，对行为人表见代理的效果按有权代理承受。

4. 被代理人承担有效代理行为所产生的责任后，可以向无权代理人追偿因代理行为而遭受的损失。

考点15 代理权的滥用

【大纲要求解读】大纲要求**熟悉并能够运用**代理权的滥用。

【命题要点归纳】

1. 双方代理：双方代理指代理人既代理本人又代理第三人为同一民事法律行为的代理。广义的双方代理包括自己代理，这里采狭义的双方代理的概念。双方代理之代理有双方，可以肯定是双方法律行为。

2. 自己代理：这是指代理本人与自己订立合同，也称“自己契约”。

3. 利己代理：这是代理人利用地位之便，实施利于自己却不利于被代理人的代理。利己代理也为法律所禁止。

4. 恶意代理：这是代理人与相对人恶意串通，损害被代理人利益之代理。代理本应为被代理人计算，代理人不履行代理职责，与相对人合谋损害被代理人利益的，也为法律所禁止。

考点16 诉讼时效与期间

【大纲要求解读】大纲要求**了解或理解**诉讼时效的概念和特征，诉讼时效与除斥期间的区别，期间的含义、性质、效力、类型。

【命题要点归纳】

1. 普通诉讼时效期间，是指由《民法典》规定的，适用于一般民事法律关系的诉讼时效期间，与特殊诉讼时效期间相对应，也称一般诉讼时效期间。《民法典》第188条第1款规定，向人民法院请求保护民事权利的诉讼时效期间为3年，法律另有规定的，依照其规定。《民法典》或其他特别法没有特殊诉讼时效期间规定的，均适用3年的普通诉讼时效期间。

2. 特殊诉讼时效期间，是指由法律对特定的民事法律关系规定的不适用3年普通期间的诉讼时效。特殊诉讼时效期间，既有《民法典》规定的，也有民法特别法规定的。与普通诉讼时效期间相比较，其有两点不同：(1)时效期间不同，这是最大的特点。有的时效期间比较长，如《民法典》第594条规定涉外合同时效期间为4年。也有短于《民法典》规定的3年的，如《海商法》第257条规定，就海上货物运输向承运人要求赔偿的请求权，时效期间为1年；在时效期间内或者时效期届满后，被认定为负有责任的人向第三人提起追偿请求的，时效期间为90日。(2)还有规定时效期间起算不同的。例如，《海商法》第258条第1项规定：有关旅客人身伤害的请求权，自旅客离船或者应当离船之日起计算。

3. 最长诉讼时效期间，《民法典》第188条第2款规定，从权利受到损害之日起超过20年的，人民法院不予保护；有特殊情况的，人民法院可以根据权利人的申请决定延长诉讼时效期间。从《民法典》对最长诉讼时效期间的规定来看，其与普通诉讼时效期间有如下区别：(1)最长诉讼时效期间与普通诉讼时效期间不同，前者是20年，后者是3年，即使法律规定的特殊诉讼时效期间，也没有超过最长时效20年的；(2)最长诉讼时效期间起算时间，从权利受到损害之日起计算，而普通诉讼时效期间，则是从知道或者应当知道权利受到损害以及义务人之日起计算；(3)最长诉讼时效期间可适用延长，但不适用时效的中止、中断，而普通诉讼时效期间则相反，能适用时效中止、中断，但不能适用时效延长。

4. 仲裁时效之特别规定。《民法典》第198条规定，法律对仲裁时效有规定的，依照其规定；没有规定的，适用诉讼时效的规定。即仲裁原则上适用诉讼时效的规定，只有在法律对仲裁作出特别的仲裁时效规定的，才适用仲裁时效。

考点17 诉讼时效期间的中止、中断和延长

【大纲要求解读】大纲要求**熟悉并能够运用**诉讼时效期间的中止、中断和延长。

【命题要点归纳】

1. 时效中止的法定事由包括：(1)不可抗力，指的是不能预见、不能避免并不能克服的客观情况，包括自然灾害和非出于权利人意思的“人祸”，如瘟疫、暴乱等；(2)无民事行为能力人或者限制民事行为能力人没有法定代理人，或者法定代理人死亡、丧失民事行为能力、丧失代理权；(3)继承开始后未确定继承人或者遗产管理人；(4)权利人被义务人或者其他人控制；(5)其他导致权利人不能行使请求权的障碍。

2. 时效中断的法定事由包括：(1)权利人向义务人提出履行之请求，指的是权利人于诉讼外向义务人请求其履行义务的意思表示。权利人提出请求，使不行使权利的状态消除，诉讼时效也由此中断。(2)义务人同意履行义务，是指义务人向权利人表示同意履行义务的意思。(3)权利人提起诉讼或申请仲裁，是指权利人提起民事诉讼或申请仲裁，请求法院或仲裁庭保护其权利的行为。(4)与提起诉讼或者申请仲裁具有同等效力的其他情形。

考点18 物权的变动

【大纲要求解读】大纲要求**了解或理解**物权变动的概念和物权变动模式。

【命题要点归纳】

1. 基于法律行为的物权变动是指物权变动以有效的法律行为为要件，有效的法律行为乃是物权

变动的原因。基于法律行为的物权变动具有区分性、有因性。

2. 基于法律行为的物权变动可以进一步划分为基于法律行为的不动产物权变动与基于法律行为的动产物权变动。

(1)基于法律行为的不动产物权变动。①原则:有效的法律行为+处分权+登记=不动产物权变动。注意:当事人提供虚假材料申请登记,造成他人损害的,应当承担赔偿责任。由于登记错误,造成他人损害的,登记机构应当承担赔偿责任。登记机构赔偿之后,可以向造成登记错误的人追偿。

②例外:A. 有效的法律行为+处分权=土地承包经营权的设立(未经登记可以设立,可以对抗);

B. 有效的法律行为+处分权=土地承包经营权的转让(未经登记可以转让,不能对抗);

C. 有效的法律行为+处分权=地役权的设立(未经登记可以设立,不能对抗)。

③特殊登记:A. 更正登记:相关人员认为不动产登记簿的事项错误时,可以申请更正登记。不动产登记簿记载的权利人书面同意更正或者有证据证明登记簿确有错误,登记机关应当予以更正;

B. 异议登记:异议登记之后,可以阻却第三人善意取得。异议登记人自异议登记之日起15日内不起诉的,异议登记失效,但是异议登记失效不影响法院对案件实体审理;

C. 预告登记:预告登记之后,未经预告登记人的同意处分不动产的,不发生物权效力,但是法律行为的效力不因此受影响。债权消灭或者自能够进行不动产登记之日起90日内未进行登记的,预告登记失效。买卖不动产物权的协议被认定无效、被撤销、被解除,或者预告登记的权利人放弃债权的,应当认定为前述所谓"债权消灭"。

(2)基于法律行为的动产物权变动。①原则:有效的法律行为+处分权+交付=动产物权变动。

②例外:有效的法律行为+处分权=动产抵押权的设立(未经登记可以设立,不能对抗)。

③观念交付:A. 简易交付:所谓简易交付,是指动产的受让人已经直接占有该动产,在让与人与受让人就移转动产的所有权或者设立动产质权达成合意时,即视为已经完成交付;

B. 指示交付:所谓指示交付,是指让与人的动产被他人直接占有期间,让与人与受让人合意移转动产的所有权或者设立动产质权,并且对受让人移转让与人对动产直接占有人的返还原物请求权;

C. 占有改定:所谓占有改定,是指让与人与受让人通过达成两个合意的方式完成交付,让与人与受让人合意移转动产的所有权之后,让与人和受让人达成借用、保管、租赁等合意,依照第二次的合意让与人取得直接占有,受让人取得间接占有。

3. 非基于法律行为的物权变动:(1)基于人民政府的征收决定,征收决定生效时物权变动。(2)基于人民法院、仲裁机构的形成判决、形成裁决,判决或者裁决生效时物权变动。形成判决、形成裁决在考试中有固定的语言模式:判决或者裁决某物归某人所有。如果在考试中有这样的表述:判决或者裁决某人办理过户登记或者交付某物,那么该判决或者裁决不属于形成判决、形成裁决。(3)基于继承,继承开始时物权变动。(4)基于合法建造或者拆除房屋,事实行为成就时物权变动。

值得注意的是,非基于法律行为取得不动产物权的,无须登记。但是未经登记,会限制处分权,权利人处分该不动产的,不发生物权效力,但是法律行为的效力不因此受影响。

考点19 物权变动的原则

【大纲要求解读】大纲要求**熟悉并能够运用**物权变动的原则。

【命题要点归纳】

1. 公示原则要求物权的产生、变更、消灭必须以一定的可以从外部察知的方式表现出来。因为物权具有排他的性质,所以,如果没有通过公示方式将物权的变动表现出来,就会给第三人带来因为无法预测变动而遭受的损害,影响交易的安全。对于基于民事行为发生的物权变动,非经公示不发生物权变动的效果，而对于基于民事行为以外的原因发生的物权变动，不经公示虽然可以发生物权变动的效果，但是在公示完成之前，当事人不得处分之，如因继承、法律规定、事实行为等发生的物权变动。

2. 公信原则包括两方面的内容：(1)记载于不动产登记簿的人推定为该不动产的权利人，动产的占有人推定为该动产的权利人；除非有相反的证据证明。这称为"权利的正确性推定效力"。(2)凡善意信赖公示的表象而为一定的行为，在法律上应当受到保护，保护的方式就是承认发生物权变动的效力。

考点20 物权变动的原因

【大纲要求解读】大纲要求**熟悉并能够运用**物权变动的原因。

【命题要点归纳】

1. 物权的取得原因。能够引起物权取得的法律事实主要有以下几项：

(1)民事法律行为。这是取得物权的最常见的法律事实。

(2)民事法律行为以外的原因，主要有：因取得时效取得物权；因征收或者没收取得物权；因法律的直接规定取得物权(如留置权)；因附合、混合、加工取得所有权；因继承取得物权；因拾得遗失物、发现埋藏物取得所有权；因合法建造取得物权；因人民法院、仲裁机构的法律文书取得物权；孳息的所有权取得。

2. 物权的消灭原因。能够引起物权消灭的法律事实主要有以下几项：

(1)民事法律行为。①抛弃：这是以消灭物权为目的的单方民事法律行为。抛弃只要权利人一方作出意思表示即生效力，故抛弃是一种单方民事法律行为。抛弃的意思表示不一定向特定人为之，只要权利人抛弃其占有、表示其抛弃的意思，即发生抛弃的效力。但他物权的抛弃，须向因抛弃而受利益的人为意思表示；不动产物权的抛弃，还须办理注销登记才发生效力。原则上物权一经权利人抛弃即归消灭，但是，如果因为物权的抛弃会妨害他人的权利时，则物权人不得任意抛弃其权利。例如，农村承包经营户的承包经营权，因有对农村集体经济组织的义务，所以不能随意抛弃，以免损害农村集体经济组织的权利。

②合同：这是指当事人之间关于约定物权存续的期间，或者约定物权消灭的意思表示一致的民事法律行为。在合同约定的期限届满或约定物权消灭的合同生效时，物权即归于消灭。

(2)民事法律行为以外的原因。①标的物灭失：物权的标的物如果在生产中被消耗、在生活中被消费，如油料燃烧、食物被吃掉、汽车报废，或者标的物因其他原因灭失，如地震、大火导致房屋倒塌、烧毁。在这些情况下，由于标的物不存在了，因而该物的物权也就不存在了。唯一应注意的是，标的物虽然毁损，但是对于其残余物，原物的所有人仍然享有所有权。如房屋坍塌，房屋所有权虽然消灭，但所有人基于所有权的效力，取得砖土瓦木等动产所有权。另外，由于担保物权的物上代位性，在担保标的物灭失或毁损时，担保物权续存于保险金、赔偿金等经济上的替代物之上。

②法定期间的届满：在法律对他物权的存续规定了期间时，该期间届满，则物权消灭。

③混同：这是指法律上的两个主体资格归属于一人，无并存的必要，一方为另一方所吸收的关系。混同有债权与债务的混同和物权的混同，这里限于物权的混同。物权的混同，是指同一物的所有权与他物权归属于一人时，其他物权因混同而消灭。物权因混同而消灭，是为原则。但在一些特定的情况下，物权虽混同也不消灭。同一物的所有权与他物权归属于一人时，如果对于所有人有法律上的利益，或者对于第三人有法律上的利益时，他物权可不因混同而消灭。

考点21 物权的公示

【大纲要求解读】大纲要求**熟悉并能够运用**，在掌握物权变动的基础上理解并掌握物权的公示及公示方式。

【命题要点归纳】

1. 基于物权的法律特性，公示原则要求物权的产生、变更、消灭，必须以一定的可以从外部察知的方式表现出来。根据《民法典》物权编的规定，动产以交付、不动产以登记为物权的公示方法。

2. 所谓交付，即移转占有。出卖人将标的物交付给买受人，就是将对物的占有移转给买受人。交付通常是指现实交付，即直接占有的移转。此外，还包括简易交付、占有改定和指示交付等观念交付的方式。

3. 关于不动产登记。《民法典》规定，当事人之间订立有关设立、变更、转让和消灭不动产物权的合同，除法律另有规定，或者合同另有约定外，自合同成立时生效；未办理物权登记的，不影响合同效力。不动产物权的设立、变更、转让和消灭，依照法律规定应当登记的，自记载于不动产登记簿时发生效力。建设用地使用权自登记时设立。不动产抵押权自登记时设立。地役权自地役权合同生效时设立。

考点22 业主的建筑物区分所有权的内容

【大纲要求解读】大纲要求**熟悉并能够运用**该考点，要求在记忆的基础上理解业主的建筑物区分所有权的内容及行使规则。

【命题要点归纳】

1. 专有部分的单独所有权。专有部分是在一栋建筑物内区分出的独立的住宅或者经营性用房等单元。该单元须具备构造上的独立性与使用上的独立性。

2. 共有部分的共有权。共有部分是指区分所有的建筑物及其附属物的共同部分，即专有部分以外的建筑物的其他部分。

3. 业主的管理权。基于区分所有建筑物的构造，业主在建筑物的权利归属以及使用上形成了不可分离的共同关系，并基于此一共同关系而享有管理权。下列事项由业主共同决定：(1)制定和修改业主大会议事规则；(2)制定和修改管理规约；(3)选举业主委员会或者更换业主委员会成员；(4)选聘和解聘物业服务企业或者其他管理人；(5)使用建筑物及其附属设施的维修资金；(6)筹集建筑物及其附属设施的维修资金；(7)改建、重建建筑物及其附属设施；(8)改变共有部分的用途或者利用共有部分从事经营活动；(9)有关共有和共同管理权利的其他重大事项。业主共同决定事项应当经专有部分面积占比2/3以上的业主且人数占比2/3以上的业主同意。决定第(6)~(8)项内容，应经过参与表决专有部分面积3/4以上的业主且参与表决人数3/4以上的业主同意；决定前款其他事项，应当经参与表决专有部分面积过半数的业主且参与表决人数过半数的业主同意。

考点23 相邻关系

【大纲要求解读】大纲要求**了解或理解**该考点，即在理解相邻关系概念、处理原则和主要类型的基础上，进一步掌握相邻关系。

【命题要点归纳】

相邻关系，是指两个或两个以上相邻不动产的所有人或使用人，在行使占有、使用、收益、处分权利时发生的权利义务关系。关于相邻关系的处理原则，《民法典》第288条规定的原则包括：有利生产、方便生活、团结互助、公平合理。《民法典》第290~296条就相邻关系规定了几种具体的情形：

1. 用水、排水相邻关系：应当提供必要的便利；自然流水的利用，应合理分配；自然流水的排放，应尊重自然流向。

2. 通行相邻关系：应当提供必要的便利。

3. 施工相邻关系：因建造、修缮建筑物以及铺设管线必须利用相邻人土地的，相邻人应提供必要的便利，但建筑人不得妨碍相邻建筑物的通风、采光与日照，不得危及相邻不动产的安全。

4. 排放有害物相邻关系：不得违反规定弃置固体废物，排放大气污染物、水污染物、土壤污染物、噪声、光辐射、电磁辐射等有害物质。

5. 最小损害义务：不动产权利人利用相邻不动产的，应尽量避免对相邻人造成损害。

考点24 善意取得

【大纲要求解读】大纲要求**熟悉并能够运用**该考点，即掌握善意取得的构成要件和法律效果。

【命题要点归纳】

根据我国《民法典》的规定，善意取得须具备以下条件：

1. 受让人受让该不动产或者动产时是善意的。《民法典》对善意受让人的保护，是公信原则的体现。受让人受让不动产或者动产时，不知道转让人无处分权，且无重大过失的，应当认定受让人为善意。具有下列情形之一的，应当认定不动产受让人知道转让人无处分权：(1)登记簿上存在有效的异议登记；(2)预告登记有效期内，未经预告登记的权利人同意；(3)登记簿上已经记载司法机关或者行政机关依法裁定、决定查封或者以其他形式限制不动产权利的有关事项；(4)受让人知道登记簿上记载的权利主体错误；(5)受让人知道他人已经依法享有不动产物权。真实权利人有证据证明不动产受让人应当知道转让人无处分权的，应当认定受让人具有重大过失。受让人受让动产时，交易的对象、场所或者时机等不符合交易习惯的，应当认定受让人具有重大过失。所谓"受让人受让该不动产或者动产时"，是指依法完成不动产物权转移登记或者动产交付之时。当事人以《民法典》第 226 条规定的方式交付动产的，转让动产法律行为生效时为动产交付之时；当事人以《民法典》第 227 条规定的方式交付动产的，转让人与受让人之间有关转让返还原物请求权的协议生效时为动产交付之时。法律对不动产、动产物权的设立另有规定的，应当按照法律规定的时间认定权利人是否为善意。

2. 以合理的价格转让。

3. 转让的不动产或者动产依照法律规定应当登记的已经登记，不需要登记的已经交付给受让人。转让人将《民法典》第 225 条规定的船舶、航空器和机动车等交付给受让人的，应当认定符合《民法典》第 311 条第 1 款第 3 项规定的善意取得的条件。具有下列情形之一，受让人主张根据《民法典》规定善意取得所有权的，不予支持：(1)转让合同根据《民法典》规定被认定无效；(2)转让合同因受让人存在欺诈、胁迫等法定事由被撤销。善意第三人在符合上述条件时即取得不动产或者动产的所有权，此时原所有权人无权请求善意第三人返还原物，而只能向无处分权人请求赔偿损失。善意受让人取得动产后，该动产上的原有权利消灭，但善意受让人在受让时知道或者应当知道该权利的除外。当事人善意取得其他物权的，参照《民法典》第 311 条前两款规定。

考点25 主物转让时从物的所有权归属与孳息所有权的归属

【大纲要求解读】大纲要求**熟悉并能够运用**主物转让时从物的所有权归属与孳息所有权的归属的基本规则。

【命题要点归纳】

1. 主物转让的，从物随主物转让，但当事人另有约定的除外。

2. 天然孳息，由所有权人取得；既有所有权人又有用益物权人的，由用益物权人取得。当事人另有约定的，按照约定。

3. 法定孳息，当事人有约定的，按照约定取得；没有约定或者约定不明确的，按照交易习惯取得。

考点26 按份共有的内部关系

【大纲要求解读】大纲要求**熟悉并能够运用**该考点，即在记忆的基础上掌握按份共有之间的内部关系及基本规则。

【命题要点归纳】

1. 收益。对于按份共有物的占有、使用、收益，各共有人依约定的各自份额行使；份额约定不明确的，按照出资额确定；不能确定出资额的，视为等额享有。

2. 管理。共有人按照约定管理共有物；没有明确约定的，各个共有人都有管理的权利与义务。具体而言分为以下几种情况：

(1)对于保存行为，各个共有人均可为之。

(2)对于重大修缮行为，取得 2/3 以上份额的共有人同意可为之。

(3)管理费用的负担：有约定的，按照共有人之间的约定。没有约定或者约定不明确的，各共有人依各自份额分担。

3. 对共有物的处分必须取得 2/3 以上份额的共有人同意，才可为之。

4. 对共有份额的处分。只要没有相反的约定，在按份共有期间，任何共有人均可随时请求分割，即提出分出、转让、抛弃份额。某共有人转让份额时，其他共有人在同等条件下享有优先购买权。

考点27 共同共有的内外部关系

【大纲要求解读】大纲要求**熟悉并能够运用**该考点，即在掌握共同共有概念的基础上分析共同共有的内外部关系及基本规则。

【命题要点归纳】

1. 共同共有人的权利，及于共有物的全部。对于共有物的占有、使用、收益、处分权的行使，应当得到全体共有人的同意。

2. 处分共有的不动产或者动产以及对共有的不动产或者动产作重大修缮的，应当经全体共同共有人同意，但共有人之间另有约定的除外。

3. 共同共有人在享有权利的同时，对于共有物的管理费用及其他费用的负担，有约定的，按照约定；没有约定或者约定不明确的，共同共有人共同负担。因共有的不动产或者动产产生的债权债务，在对外关系上，共有人享有连带债权、承担连带债务，但法律另有规定或者第三人知道共有人不具有连带债权债务关系的除外；在共有人内部关系上，除共有人另有约定外，共同共有人共同享有债权、承担债务。

考点28 地役权的取得

【大纲要求解读】大纲要求**了解**地役权的概念和特征。**熟悉并能够运用**地役权的内容及其变动规则。

【命题要点归纳】

地役权是以他人土地供自己土地便利而使用的权利。其特征包括：(1)地役权是使用他人土地的权利；(2)地役权是为自己土地使用便利而设置的权利；(3)地役权具有从属性和不可分性。

地役权的取得，有基于民事行为的，也有基于民事行为以外的原因的，以下予以分别说明：

1. 基于民事行为而取得地役权的，大多是根据设定地役权的合同，即双方通过书面合同的方式设定地役权。设立地役权，当事人应当采取书面形式订立地役权合同。地役权自地役权合同生效时设立。当事人要求登记的，可以向登记机构申请地役权登记；未经登记，不得对抗善意第三人。另外，也有用遗嘱等单独行为而设定地役权的。

地役权的期限由当事人约定，但不得超过土地承包经营权、建设用地使用权等用益物权的剩余期限。

土地所有权人享有地役权或者负担地役权的，设立土地承包经营权、宅基地使用权时，该土地承包经营权人、宅基地使用权人继续享有或者负担已设立的地役权。土地上已设立土地承包经营权、建设用地使用权、宅基地使用权等权利的，未经用益物权人同意，土地所有权人不得设立地役权。

2. 地役权也可以基于让与而取得。但是由于地役权的从属性，地役权的让与应与需役地的让与共同为之，并亦应有书面合同。

3. 基于民事行为以外的原因取得地役权的，主要是继承。需役地权利人死亡时，需役地的权利既然由继承人继承，则其地役权亦当然由其继承人继承；但该通过继承取得的地役权，非经登记，不得处分。

考点29 抵押权的设定

【大纲要求解读】大纲要求**熟悉并能够运用**该考点，即在掌握抵押权概念的基础上理解和掌握抵押权如何设定。

【命题要点归纳】

1. 抵押合同。当事人应当采取书面形式订立抵押合同。所以无论是不动产还是动产抵押合同，均为要式合同，当事人在订立抵押合同时，不得在合同中约定在债务履行期满抵押权人未受清偿时，抵押物的所有权转移为债权人所有。抵押合同中有上述约定内容的无效，但该内容的无效不影响抵押合同其他部分的效力。

2. 不动产抵押应当办理抵押登记，抵押权自登记时设立。动产抵押，抵押权自抵押合同生效时设立；未经登记，不得对抗善意第三人。

3. 企业、个体工商户、农业生产经营者可以将现有的以及将有的生产设备、原材料、半成品、产品抵押，债务人不履行到期债务或者发生当事人约定的实现抵押权的情形，债权人有权就抵押财产确定时的动产优先受偿（动产浮动抵押）。以动产抵押的，不得对抗正常经营活动中已经支付合理价款并取得抵押财产的买受人；以动产抵押的，抵押权自抵押合同生效时设立；未经登记，不得对抗善意第三人。

考点30 抵押权当事人的权利

【大纲要求解读】大纲要求**熟悉并能够运用**该考点，掌握抵押权当事人有哪些权利。

【命题要点归纳】

1. 抵押人在一般情况下仍然收取抵押物的孳息；但债务履行期届满，债务人不履行债务致使抵押物被人民法院扣押的，自扣押之日起，抵押权人有权收取由抵押物分离的自然孳息以及抵押人就抵押物可以收取的法定孳息。

2. 抵押人的处分权：(1)抵押人仍可就抵押物为他人设定抵押权。财产抵押后，该财产的价值大于所担保债权的余额部分，可以再次抵押，但不得超过其余额部分。(2)仍可转让其抵押物。在抵押期间，抵押人可以转让抵押财产。当事人另有约定的，按照其约定。抵押财产转让的，抵押权不受影响。抵押人转让抵押财产的，应当及时通知抵押权人。抵押权人能够证明抵押财产转让可能损害抵押权的可以请求抵押人将转让所得的价款超过债权数额的部分归抵押人所有、不足部分由债务人清偿。(3)仍可出租其抵押物。抵押人将已出租的财产抵押的，抵押权实现后，租赁合同在有效期内对抵押物的受让人继续有效。

3. 抵押权人有保全抵押物的权利。在抵押人的行为足以使抵押物的价值减少的，抵押权人有权要求抵押人停止其行为。如果因抵押人的行为使抵押物价值减少的，抵押权人有权要求抵押人恢复抵押物的原状，或者提供与减少的价值相当的担保。抵押人不恢复抵押财产的价值，也不提供担保的，抵押权人有权要求债务人提前清偿债务。

4. 抵押权人可以让与其抵押权，或就抵押权为他人提供担保。但由于抵押权的从属性，抵押权不得与债权分离而单独转让或作为其他债权的担保。

5. 抵押权人可以放弃抵押权或者抵押权的顺位。抵押权人与抵押人可以协议变更抵押权顺位以及被担保的债权数额等内容，但抵押权的变更，未经其他抵押权人书面同意，不得对其他抵押权人产生不利影响。债务人以自己的财产设定抵押，抵押权人放弃该抵押权、抵押权顺位或者变更抵押权的，其他担保人在抵押权人丧失优先受偿权益的范围内免除担保责任，但其他担保人承诺仍然提供担保的除外。

6. 在债务人不履行到期债务时,抵押权人可以与抵押人协议以抵押物折价或以拍卖、变卖抵押物后的价款受偿;协议不成的,抵押权人可以向人民法院提起诉讼。

考点31 动产质权

【大纲要求解读】大纲要求**熟悉并能够运用**动产质权的设立规则、当事人的权利和义务。在动产抵押中,质权人须直接占有质物。

【命题要点归纳】

1. 质押是于债务人或者第三人移交债权人占有的财产上设定担保物权。质押以移交物的占有为要件,在动产抵押中,质权人须直接占有质物。

2. 质押合同为要式合同,须书面形式方可成立并生效;质押权的设立采债权形式主义,须经交付标的物才能设立动产质押权。

考点32 权利质权

【大纲要求解读】大纲要求**熟悉并能够运用**权利质权的设立规则。

【命题要点归纳】

1. 有价证券出质的,交付权利凭证或者办理出质登记后质权设立;以基金份额、股权、知识产权、应收账款出质的,自办理出质登记时质权设立。

2. 有价证券一旦出质,再转让或者再质押者无效;其余权利(基金份额、股权、知识产权、应收账款)一旦出质,非经当事人双方协商同意的,均不得转让、许可使用;协商同意转让、许可使用的,所得价款应当用于提前清偿或提存,以维护质权人利益。

考点33 留置权

【大纲要求解读】大纲要求**熟悉并能够运用**留置权成立的积极、消极条件,即了解留置权的成立要件。

【命题要点归纳】

1. 留置权的条件。

(1)普通留置权:①债务人未履行到期债务,如果债务履行期间尚未届满,债务人拒绝履行的,债权人不得行使留置权;

②债权人合法占有债务人的动产,此处注意两点:一是债权人不得对不动产行使留置权;二是债权人对债务人的动产的占有应当合法,对于以盗抢等方式所占有的债务人的动产,不得行使留置权;

③债务人的债务与被扣留的财产属于同一法律关系。

(2)商事留置权:①债务人未履行到期债务,此处与普通留置权的行使条件没有区别,不再赘述;

②债权人合法占有债务人的动产,此处与普通留置权的行使条件没有区别,不再赘述;

③债权人与债务人双方均为商事组织,并且从事商事活动,在考试中一般表现为债权人与债务人均为企业;

④商事留置权与一般留置权最主要的区别——债务与财产之间不要求有牵连关系。

(3)紧急留置权:无论是普通留置权还是商事留置权均要求债务人到期未履行债务方可行使,但是在债务人丧失支付能力或者被依法宣告破产时,即便债务履行期间尚未届满,债权人也可以对其合法占有的债务人的动产行使留置权。

2. 留置权的效力。

(1)留置权人的权利:

①占有动产：留置权人有权占有留置财产，值得注意的是，留置财产如果是可分物，如10吨大米、2箱苹果等，所留置之财产价值应当大体相当于债权价值；留置财产如果是不可分物，如1部手机、1辆汽车等，可以留置全部财产。

②优先受偿：宽限期满后债务人仍不履行债务的，留置权人得以拍卖、变卖留置财产并就所得价款优先受偿。前述之宽限期，有约定从约定，没有约定的以60日为期限。值得注意的是，留置财产如果是鲜活易腐之物，留置权人可以径行受偿，不受宽限期的限制。

③收取孳息：留置权人有权收取留置财产所生孳息，亦即留置财产所生孳息应当由留置权人处置，但是不能因此取得孳息的所有权。值得注意的是，收取的孳息应当优先充抵收取孳息的费用。

(2)留置权人的义务：①妥善保管留置财产：留置权人负有妥善保管留置财产的义务。因留置权人过错导致留置财产毁损、灭失的，留置权人应当承担赔偿责任；

②经请求应当行使留置权：留置权人经债务人请求应当行使留置权，留置权人不行使的，债务人可以请求法院拍卖、变卖留置财产；

③返还留置财产：留置权消灭，留置权人应当返还留置财产。

3. 留置权的消灭。依《民法典》相关规定，出现下列情形之一的，留置权消灭：

(1)留置权人接受债务人另行提供的担保；

(2)留置权人丧失对留置财产的占有。

考点34 物的担保和人的担保并存及其处理

【大纲要求解读】大纲要求**熟悉并能够运用**基于法律行为而设立担保物权、基于法律规定而产生担保物权、物的担保和人的担保并存及其处理。

【命题要点归纳】

1. 物的担保和人的担保的区别。所谓人的担保，是指自然人或法人以其自身的一般责任财产或信用担保债务的履行的一种担保制度。人的担保和物的担保存在以下区别：

(1)标的不同。人的担保通常以第三人的一般责任财产及信用财产作担保，或者说是以债务人不履行债务时的第三人的全部财产作担保；而物的担保则是以特定的财产作担保，其中包括动产、不动产和权利等。人的担保实际上是以保证人的一般责任财产作为担保，因此，此种担保是增加可供清偿的一般责任财产，进一步保障债务能够履行。但由于一般责任财产有变动性，因而，在债务人不履行债务时，保证人可能没有足够的财产清偿债务，债务不能得到完全履行的危险仍然存在。而在物的担保中，由于债权人可以独占性地支配特定财产或权利的交换价值，当债务不能清偿时，可以对标的物变价，并优先受偿。因此，物的担保不受个人责任财产变动的影响；

(2)主体不同。人的担保的主体只能是债务人以外的第三人，债务人本身不能作为人的担保的主体，因为债务人在承担债务以后，理所当然应当以其全部财产作担保，在此情形下再要求债务人提供保证是毫无意义的。而物的担保的主体可以是第三人也可以是债务人，债务人完全可以在自己的财产之上设立物的担保；

(3)法律效力不同。人的担保本质上仍然是一种合同关系，其产生的是一种债权，不具有优先受偿性，债权人所享有的对保证人的此种请求权仍然属于债权，不能优先于一般债权。如果担保人破产，担保权人只能与其他债权人按比例分配保证人的财产。而物的担保产生的是一种物权，具有优先受偿性，在破产程序中，担保物权人依法享有别除权。

2. 物保和人保并存的处理规则。依据《民法典》第392条的规定，在物保和人保并存的情形下，主要应当依据以下规则确立债权实现的顺序：

(1)当事人之间就债权实现的顺序有约定的，从其约定。即使存在人的担保与债务人自己提供的物的担保，但当事人约定先就人的担保实现债权的，也应当认可其效力。

(2)当事人没有就债权实现的顺序作出约定的，如果债务人自己提供物的担保的，债权人应当先就该物的担保实现债权。这就是说,如果物的担保是由债务人提供的,则债权人必须先实现该物的担保,然后才能要求物上担保人或保证人承担担保责任。作出这种规定的理由在于:一方面,债务人毕竟是债务的终局承担者,保证人在承担保证责任以后,可以向债务人进行追索。此时,允许担保权人先就物的担保主张权利,就可以避免保证人的追索,从而降低权利实现的成本。另一方面,物保相对于人保而言,价值更为确定,担保更为安全,因此物保优于人保对债权人并无不利。

(3)在当事人没有就债权实现顺序作出约定的情形下,如果既有第三人提供物的担保,且又有保证时,债权人应当平等地对待物上担保人和保证人,不存在所谓"物保优先于人保"的问题。作出此种规定的理论基础在于:①在物的担保和保证并存的情况下,二者的标的物并不同一,因而无法适用"物保优于人保"的规则。物的担保的标的物是特定的担保财产,而保证的标的物是保证人的一般财产。但在物保和人保并存的情况下,债权人和抵押权人是同一的,此时,无法确定其自身的权利之间的优先性问题。②在有些情况下,保证的担保可能比物的担保更有利于保护债权人的利益。如果保证人有较强的信用和足够的责任财产,在此情况下,保证比担保物权更有利于保障债权人的权利。

(4)物上担保人或保证人在承担担保责任之后,有权向债务人追偿。不论是物上担保人还是保证人,在承担担保责任之后,其都有权向债务人追偿。

考点35 流质契约的效力

【大纲要求解读】大纲要求**熟悉并理解**流质契约效力的内容、流质契约的特点。

【命题要点归纳】

流质契约,是指当事人双方在设立担保时,在担保合同中规定,债务履行期限届满而担保权人尚未受清偿时,担保物的所有权移转为债权人所有。《民法典》分别在抵押中规定了流质契约(第401条),在质押中规定了流质契约(第428条)。流质契约具有如下特点:

1. 流质契约必须是在债务履行期届满前作出的约定。也就是说,在债务履行期届满之前,当事人约定质押财产在债务未履行时直接归属抵押权人,则属于流质契约。如果在债务履行期届满以后,双方约定,质押财产归属于债权人,这实际上是折价补偿的协议,而不属于流质契约。

2. 流质契约通常规定在债务人不能清偿债务时,担保物的所有权完全归债权人所有。通常来说,担保物权人支配的是担保财产的交换价值,只能在拍卖、变卖、折价之后就担保财产的价值优先受偿。而按照流质契约的约定,担保权人可以直接取得担保财产,不需要经过变价的程序。由此可知,通过流质直接实现质押权所带来的问题是担保物权实现程序的不透明性,如果完全缺乏外部必要的监督(如司法监督),极有可能导致对债务人和其他债权人利益的损害。

依据《民法典》第401条和第428条,有关流质契约的效力包括如下两个方面的内容:

1.《民法典》第401条和第428条,不再直接规定"不得"约定流质、流押条款,而是"只能依法就抵押财产优先受偿""只能依法就质押财产优先受偿"。这两个条款的意思是,法律并不绝对禁止流质条款,当事人如果约定了流质条款,并不当然导致担保物权无法设立。毕竟流质契约条款是当事人真实意思的体现,也并不违反公序良俗,且有利于降低担保物权实现的成本,因此法律并无必要否定这一约定的效力;

2. 在当事人约定流质条款之后,一旦债务到期,债务人无法履行债务时,并不能由债权人按照约定直接取得担保财产的所有权,而应当按照清算程序实现权利。也就是说,即便当事人约定了流质契约,也不能发生当事人预期的法律效果,即不能产生担保财产直接归属于债权人的效果,而是要通过拍卖、变卖等程序实现担保物权。因此,在实现担保物权时,担保权人负有清算义务,无论是通过拍卖、变卖,还是折价的方式,都需要进行清算程序,超过债权部分的变价款应当返还给债务人,从而使其他的担保权人、债权人还可以从中获得清偿。通过清算程序的引入,可以实现担保人和担保权人之间利益的均衡,而且也可以保护其他担保权人、债权人的正当利益。未来如果再出现以房抵债方式约定的流质、流押条款,那就要通过清算程序来处理,不能直接否定其效力。

考点36 担保物权的竞合

【大纲要求解读】大纲要求**熟悉并能够运用**担保物权竞合的概念、成立条件以及抵押权与质权的竞合、抵押权与留置权的竞合和留置权与质权的竞合。

【命题要点归纳】

1. 抵押权与抵押权的竞合。(1)同一动产上并存抵押权与抵押权:登记过的抵押权优先于未登记的抵押权,登记过的抵押权有多个的,登记在先的抵押权优先于登记在后的抵押权,同一天登记的顺位相同,按照债权比例受偿;(2)同一不动产上并存抵押权与抵押权:登记在先的抵押权优先于登记在后的抵押权,同一天登记的顺位相同,按照债权比例受偿。

2. 抵押权与质权的竞合。(1)同一动产上并存抵押权与质权,并且抵押权设立在先:登记过的抵押权优先于质权,未登记的抵押权落后于质权;(2)同一动产上并存抵押权与质权,并且质权设立在先:质权优先于抵押权,无论抵押权是否登记。

3. 抵押权、质权与留置权的竞合:留置权优先于抵押权、质权。

考点37 占有的种类

【大纲要求解读】大纲要求**了解或理解**该考点,即要求在记忆的基础上掌握占有的种类。

【命题要点归纳】

1. 根据占有是否依据本权占有可以分为有权占有与无权占有。有权占有即指有本权的占有。本权既可以是物权,如所有权、用益物权等,也可以是债权,如租赁权等。无权占有是指无本权的占有,如盗窃他人之物而进行的占有等。区别有权占有与无权占有的意义在于:无权占有人在本权人请求返还原物时,有返还的义务。

2. 依据占有人的意思可以将占有分为自主占有与他主占有。自主占有是指将物作为自己所有而进行的占有。他主占有是指不以所有人的意思而进行的占有。区别自主占有与他主占有的意义在于:作为所有权取得的时效要件的占有和先占要件的占有,应当是自主占有。

3. 以占有人是否在事实上控制物为标准可以将占有分为直接占有与间接占有。直接占有是指在事实上对物进行控制。间接占有是指基于一定法律关系,对于事实上占有物的人(直接占有人)有返还请求权,因而间接对物管领的占有。

4. 无权占有依占有人的主观心理状态可以分为善意占有与恶意占有。善意占有是指占有人不知其无占有的权利而进行的占有。恶意占有是占有人知道其无占有的权利而进行的占有。善意占有与恶意占有区别的意义在于:取得时效与善意取得中的占有都以善意占有为要件。

5. 无过失占有与有过失占有。这是对善意占有的再分类,以占有人不知其无占有的权利有无过失为区分标准。无过失占有是占有人不知且不应知其无占有的权利的占有;有过失占有是占有人应当知道但因过失不知其无占有的权利的占有。无过失占有与有过失占有区别的意义在于:不动产取得时效期间不同;另外,无过失占有与有过失占有在占有效力上也有重大不同。

6. 无瑕疵占有与有瑕疵占有。无瑕疵占有是指善意且无过失、和平、公然、持续地占有;有瑕疵占有是指恶意且有过失、暴力、隐秘、间断地占有。无瑕疵占有与有瑕疵占有区别的意义在于:时效取得中的占有必须是无瑕疵的占有。

考点38 占有人与返还请求权人的关系

【大纲要求解读】大纲要求**熟悉并能运用**该考点,即在掌握占有人和返还请求权人的关系后,结合实例进行分析评价。

【命题要点归纳】

1. 占有人对物的使用、收益。善意占有人对于占有物的使用、收益,应依其推定的权利进行。这种推定的权利种类，应视占有人对于占有物所行使的权利种类为限。例如，所行使的是租赁使用权，即推定其有租赁使用权。善意占有人即以其受推定的权利，对占有物使用、收益。但是，善意占有人的这种使用、收益权，必须是其受推定的权利在内容上具有使用、收益的权能。如果受推定的权利不具有使用、收益权能，如质权、留置权，占有人即无使用、收益权。

善意占有人对于占有物的使用、收益，应当依物的用途，按法律所不禁止的方法进行。不动产或者动产被占有人占有，权利人可以请求返还原物及其孳息，但应当支付善意占有人因维护该不动产或者动产支出的必要费用。

恶意占有人在返还占有物时应返还占有物的孳息。如果孳息被消费了，因过失而损失了，或者应当收取而没有收取时，恶意占有人应当赔偿损失。

2. 占有人在占有物毁损、灭失时的赔偿责任。在占有物毁损、灭失的时候，占有人对于返还请求权人负有赔偿责任。这种责任的范围因占有人是善意的还是恶意的有所不同。

因使用占有的不动产或者动产，致使该不动产或者动产受到损害的，善意占有人不承担赔偿责任，而恶意占有人应当承担赔偿责任。

占有的不动产或者动产毁损、灭失，该不动产或者动产的权利人请求赔偿的，占有人应当将因毁损、灭失取得的保险金、赔偿金或者补偿金等返还给权利人；权利人的损害未得到足够弥补的，恶意占有人还应当赔偿损失。

3. 占有人请求偿还费用的权利。占有人在占有标的物期间对物支出了费用，依其性质为必要费用还是有益费用，以及占有是善意还是恶意，其请求偿还费用的范围也不一样。

善意占有人对于因保存物所支出的必要费用，即为维持物的现有状态，预防其毁损、灭失的费用，有权请求偿还。

善意占有人还可请求偿还有益费用，即为改善占有物所支出的费用。但只能在占有物现存价值的范围内请求偿还；如果增加的价值已不存在了，就不能请求偿还。这是因为有益费用不同于必要费用，并不是一种不得已的支出，而是取决于占有人的意志，因此这种费用完全由返还请求人承担是不公平的。

恶意占有人则只能请求偿还必要费用，对于有益费用不能请求偿还。

考点39 债的分类

【大纲要求解读】大纲要求**熟悉并能够运用**债的分类及其意义，通过对债的种类的掌握，具体结合实例进行分析和评价。

【命题要点归纳】

1. 按照债的设定及其内容是否允许当事人以自由意思决定，债可以分为意定之债与法定之债。意定之债，是指债的发生及其内容由当事人依其自由意思决定的债。合同之债和单方允诺之债均为意定之债。法定之债，是指债的发生及其内容均由法律予以规定的债。侵权行为之债、无因管理之债和不当得利之债均属法定之债。

2. 根据债的标的物的不同属性，债可划分为特定物之债和种类物之债。以特定物为标的的债称为特定物之债，以种类物为标的的债称为种类物之债。在前者发生时，其标的物即已特定化；在后者成立时，其标的物尚未特定化，甚至尚不存在，当事人仅就其种类、数量、质量、规格或型号等达成协议。

3. 根据债的主体双方是单一的还是多数的，债可分为单一之债和多数人之债。单一之债，是指债的主体双方即债权人和债务人均为 1 人的债；多数人之债，是指债权人和债务人至少有一方为 2 人或 2 人以上的债。

区分单一之债和多数人之债，有助于准确地确定债的当事人之间的权利义务关系。在单一之债中，当事人之间的权利义务关系较为简单明了。多数人之债则既涉及债权人与债务人之间的权利义务关系,又涉及多数债权人之间或多数债务人之间的权利义务关系,其法律关系较为复杂,因而需要进一步予以区分规制。

4. 多数人之债依据多数人之间是否有连带关系划分为按份之债与连带之债。

(1)按份之债,指债的一方主体为多数人,各自按照一定的份额享有权利或承担义务的债。按份债权的各个债权人只能就自己享有的份额请求债务人履行和接受履行,无权请求和接受债务人的全部给付。按份债务的各债务人只对自己分担的债务份额负清偿责任,债权人无权请求各债务人清偿全部债务。

(2)连带之债,指债的主体一方为多数人,多数人一方当事人之间有连带关系的债。债权人一方为多数人且有连带关系的,为连带债权;债务人一方为多数人的为连带债务。

5. 根据债的标的有无选择性,债可分为简单之债和选择之债。前者又称不可选择之债,指债的标的是单一的,当事人只能以该种标的履行,并没有选择余地的债。选择之债是相对于不可选择之债而言的,是指债的标的为两种以上,当事人可以从中选择其一来履行的债。

6. 在存在从属关系的两个债中,根据其不同地位,可分为主债和从债。主债是指能够独立存在,不以其他债的存在为前提的债。从债是指不能独立存在,必须以主债的存在为存在前提的债。主债和从债是相互对应的,没有主债不发生从债,没有从债也无所谓主债。主债与从债之分常见于设有担保的债中,被担保的债(如买卖合同、借贷合同之债)为主债,为担保该债而设之债(如保证合同、抵押合同之债)为从债。

7. 根据债务人所负给付义务的不同内容,债可分为财物之债和劳务之债。凡债的标的为给付财物的,为财物之债,如买卖合同之债;债的标的为提供劳务的,为劳务之债,如委托合同之债。二者的主要区别在于,一般而言,当债务人不履行债务时,财物之债可强制履行,而劳务之债则不得强制履行。

考点40 债权人代位权

【大纲要求解读】大纲要求**了解**债权人代位权的概念,**熟悉并能够运用**债权人代位权的成立要件、行使规则及其效力。

【命题要点归纳】

1. 债权人代位权的条件。

(1)债权人对债务人的债权合法、有效、到期。注意:债权人的债权到期前,债务人的债权或者与该债权有关的从权利存在诉讼时效期间即将届满或者未及时申报破产债权等情形,影响债权人将来实现债权的,债权人可以代位向次债务人请求其向债务人履行、向破产管理人申报等。

(2)债务人对次债务人的债权合法、有效、到期。

(3)债务人怠于行使债权以及与该债权有关的从权利并且因此损害债权人的债权。值得注意的是,债务人只要没有对次债务人提起诉讼或者申请仲裁,即属于怠于行使债权,无论债务人采取其他何种方式行使债权,均不影响"怠于"的认定。

(4)债务人对次债务人的债权不能专属于债务人,亦即不能对专属于债务人的债权行使债权人代位权,例如,精神损害赔偿请求权、人身损害赔偿请求权、抚养费请求权等。

2. 债权人代位权的行使。

(1)行使方式。债权人代位权必须以诉讼的方式行使,称为代位之诉。代位之诉的原告为债权人、被告为次债务人,此外,可以追加债务人为第三人。

(2)行使范围。行使债权人代位权所主张的债权数额不得超过次债务人对债务人负担的债务的数额,不得超过债权人对债务人享有的债权的数额。

(3)抗辩主张。在代位之诉中,次债务人可以向债权人主张下列抗辩:①债务人对债权人的抗辩。②次债务人对债务人的抗辩。③次债务人对债权人的抗辩。

3. 债权人代位权的法律效果。债权人对次债务人提起的代位之诉经法院审理之后认定债权人代位权成立的，将产生三层法律效果：(1)由次债务人向债权人履行债务；(2)债权人与债务人、债务人与次债务人之间相应的债权债务关系即予消灭；(3)诉讼费用由次债务人负担，其他必要费用(律师费用、差旅费等)，由债务人负担。

考点41 债权人撤销权

【大纲要求解读】大纲要求**熟悉并能够运用**债权人撤销权的成立要件、行使规则及其效力。

【命题要点归纳】

1. 债权人撤销权的成立要件，包括客观要件和主观要件。(1)客观要件：债务人实施了有害于债权的处分行为。从两个方面分析：①须有债务人的处分行为。依《民法典》第538条、第539条的规定，债务人的处分行为包括：以放弃其债权、放弃债权担保、无偿转让财产等方式无偿处分财产权益；恶意延长其到期债权的履行期限；以明显不合理的低价转让财产、以明显不合理的高价受让他人财产或者为他人的债务提供担保。②债务人的处分行为须有害于债权人的债权。所谓有害于债权人的债权，是指债务人的处分行为导致债务人责任财产的减少，并使债务人无足够的财产清偿其对债权人的债务，从而使债权人的债权无法得到满足，损害了债权人的利益。

(2)主观要件：指债务人实施影响债权实现的处分行为时债务人和相对人的主观意识状态，分为善意与恶意。《民法典》第538条、第539条区分不同情形作了规定：①债务人无偿处分财产权益的，无论债务人、相对人是否存在恶意，均不影响债权人撤销权的成立；②债务人延长其到期债权的履行期限而影响债权实现的，仅在该行为出于债务人恶意时，债权人方可主张撤销权；③债务人为有偿处分行为或为他人债务提供担保影响债权实现的，须相对人为恶意。

2. 债权人撤销权的行使，依《民法典》第538~541条的规定及相关司法解释，债权人撤销权的行使须遵从：(1)债权人撤销权由债权人以自己的名义通过诉讼方式行使。由于债权人撤销权关系到第三人的利益，因此，应由法院审查债权人撤销权的各项成立要件，以避免债权人撤销权的滥用。(2)在债权为连带债权的情况下，各债权人可作为共同原告主张债权人撤销权，也可以由其中的一个债权人作为原告主张债权人撤销权。但在后一种情况下，其他共同债权人不得再就该撤销权的行使提起诉讼。(3)债权人提起撤销权诉讼时，只以债务人为被告，未将受益人或受让人列为第三人的，人民法院可以追加该受益人或受让人为第三人。两个或两个以上债权人以同一债务人为被告，就同一标的提起撤销权诉讼的，人民法院可以合并审理。(4)债权人撤销权的行使，在行使范围上应以债权人的债权(价额)为限，在行使期限上，应自债权人知道或者应当知道撤销事由之日起1年内行使；自债务人的行为发生之日起5年内没有行使撤销权的，该撤销权消灭。

3. 债权人撤销权行使的效力。(1)对债务人和受益人的效力。《民法典》第542条规定，债务人影响债权人的债权实现的行为被撤销的，自始不具有法律约束力。受益人已受领债务人财产的，负有返还的义务，原物不能返还的，应折价予以赔偿。受益人向债务人支付对价的，对债务人享有不当得利返还请求权。(2)对债权人的效力。行使撤销权的债权人有权请求受益人向债务人或向自己返还所受利益，但该利益应加入债务人的一般责任财产作为债务人所有债权的一般担保，行使撤销权的债权人无优先受偿权。债权人行使撤销权所支付的律师代理费、差旅费等必要费用可请求债务人承担。

考点42 保证合同

【大纲要求解读】大纲要求**了解或理解**保证合同的概念和法律特征。**熟悉并能够运用**保证合同的主要内容及履行规则。

【命题要点归纳】

1. 保证合同是从合同。保证合同是从属于既存债权债务关系即主合同的合同，其从属性表现在以下几个方面：(1)成立上的从属性。保证合同以主合同的成立为前提，于其存续中从属于主合同。

(2)效力上的从属性。主债权债务合同无效,保证合同也归于无效,但法律另有规定的除外。(3)债务范围的从属性。由保证的目的所决定,保证债务的范围不得大于或强于主合同债务。(4)变更、消灭上的从属性。主合同债务消灭时,保证债务也随之消灭;主合同债务变更时,保证债务一般随之变更,但不得增加其范围。《民法典》第 695 条规定,债权人和债务人未经保证人书面同意,协商变更主债权债务合同内容,减轻债务的,保证人仍对变更后的债务承担保证责任;加重债务的,保证人对加重的部分不承担保证责任。债权人与债务人对主债权债务合同履行期限作了变更,未经保证人书面同意的,保证期间不受影响。保证合同的相对独立性,是指保证合同债务虽附从于主合同债务,但并非主合同债务的一部分,而是另一个独立的债务,在附从于主合同债务的范围内有独立性。因此,保证合同可以约定保证债务仅担保主合同债务的一部分,保证债务的范围和强度可以不同于主合同债务,可以有自己独立的变更或消灭原因。此外,保证合同还可以单就保证债务约定违约金。基于保证合同所发生的抗辩权,保证人可以单独行使。

2. 保证合同是单务合同、不要式合同。保证合同中,保证人对债权人仅承担保证债务而不享有债权,故保证合同属单务合同。我国法律规定保证合同可采取合同书、保证条款等书面形式,但其成立并非以书面形式为必要,口头保证也为法律所肯认。保证合同适用于保证的不同方式与形态,包括:(1)一般保证与连带责任保证。所谓一般保证,是指当事人在保证合同中约定,债务人不能履行债务时,由保证人承担保证责任的保证。所谓连带责任保证,是指当事人在保证合同中约定保证人与债务人对债务承担连带责任的保证。这两种保证之间最大的区别在于保证人是否享有先诉抗辩权。

(2)单独保证与共同保证。单独保证是指由单一保证人担保债务履行的保证。共同保证是指由数个保证人担保同一债务履行的保证。共同保证可分为连带责任的共同保证与按份责任的共同保证。连带共同保证的债务人在主合同规定的债务履行期届满时没有履行债务的,债权人可以要求债务人履行债务,也可以要求任何一个保证人承担全部保证责任。连带共同保证的保证人承担保证责任后,向债务人不能追偿的部分,由各连带保证人按其内部约定的比例分担;没有约定的,平均分担。按份共同保证的保证人按照保证合同约定的保证份额承担保证责任后,在其履行保证责任的范围内可对债务人行使追偿权。《民法典》第 699 条规定,同一债务有两个以上保证人的,保证人应当按照保证合同约定的保证份额,承担保证责任;没有约定保证份额的,债权人可以请求任何一个保证人在其保证范围内承担保证责任。

(3)定期保证与不定期保证。定期保证是指保证合同规定有保证人承担保证责任的期限,保证人仅于此期限内负其责任,债权人未在此期限内对保证人主张权利的,保证人即免负其责。不定期保证是指保证合同未约定保证期限,债权人有权自主债务履行期届满之日起 6 个月内请求保证人承担保证责任的保证。

(4)有限保证与无限保证。所谓有限保证,是指当事人约定了担保范围的保证。当然,该约定的范围不得超出主债务的范围。所谓无限保证,是指当事人未特别约定保证担保的范围,而是依据法律的规定确定该范围的保证。

(5)普通保证与最高额保证。普通保证,即保证设立时主债务已实际发生且数额确定的保证。最高额保证,是指保证人对债权人与债务人在一定期间内连续发生的若干笔债务,在最高限额内承担保证责任的保证。《民法典》第 690 条第 2 款规定,最高额保证合同除适用保证合同的规定外,参照适用物权编最高额抵押的有关规定。

考点43 合同订立的一般方式

【大纲要求解读】大纲要求**熟悉并能够运用**合同订立(要约与承诺)的基本规则及合同成立的标准。

【命题要点归纳】

1. 要约的构成要件:(1)要约必须包含订立合同的意图;(2)要约必须向要约人希望与之订立合

同的受要约人发出；(3)要约的内容必须具体、确定。

2. 要约邀请，是指希望他人向自己发出要约的意思表示。(1)要约邀请是一种意思表示，故应具备意思表示的一般成立要件。(2)要约邀请的目的在于诱使他人向自己发出要约，而非与他人订立合同，故只是订立合同的预备行为，而非订约行为。(3)要约邀请只是引诱他人发出要约，既不能因相对人的承诺而成立合同，也不能因自己作出某种承诺而约束要约人。行为人撤回其要约邀请，只要没有给善意相对人造成信赖利益的损失，不承担法律责任。根据《民法典》第473条的规定，下列行为属于要约邀请：拍卖公告、招标公告、招股说明书、债券募集办法、基金招募说明书、商业广告和宣传、寄送的价目表等。

3. 承诺的构成要件。《民法典》第479条规定，承诺是受要约人同意要约的意思表示。承诺须具备以下要件：(1)承诺必须由受要约人作出；(2)承诺应当在一定期限内到达要约人；(3)承诺的内容必须与要约的内容相一致。

4. 承诺的效力，即承诺所产生的法律效果。承诺的效力表现为：承诺生效时合同成立。具体而言，在诺成合同中，承诺生效，合同即告成立；在实践合同中，若交付标的物先于承诺生效，承诺同样使合同成立，若交付标的物后于承诺生效，则合同自交付标的物时成立。对于承诺的生效时间，我国民法采到达主义。《民法典》第484条规定：以通知方式作出的承诺，生效的时间适用本法第137条的规定。承诺不需要通知的，根据交易习惯或者要约的要求作出承诺的行为时生效。也就是说，承诺作为意思表示的一种，原则上适用意思表示的生效规则。

考点44 提存

【大纲要求解读】大纲要求**理解**提存的概念。**熟悉并能够运用**提存的条件和提存的效力。

【命题要点归纳】

1. 由于债权人原因导致债务人难以履行债务的，债务人可提存标的物或其价款。

2. 债务人在提存后有通知义务。

3. 提存后，债权人对提存物的权利义务是：(1)承担风险；(2)承担提存费用；(3)孳息所有权；(4)随时领取权。一经提存，标的物及其孳息所有权即转归债权人所有。

4. 一经提存，即在债权人与提存部门之间成立了债的关系，而债权人与债务人之间的债务关系即归于消灭。

5. 债权人领取提存物的权利，自提存之日起5年内不行使而消灭，提存物扣除提存费用后归国家所有。

考点45 双务合同履行抗辩权

【大纲要求解读】大纲要求**熟悉并能够运用**合同的同时履行抗辩权、不安抗辩权、先履行抗辩权的成立条件和行使规则。

【命题要点归纳】

1. 同时履行抗辩权：当事人互负债务，没有先后履行顺序的，应当同时履行。一方在对方履行之前有权拒绝其履行要求。一方在对方履行债务不符合约定时，有权拒绝其相应的履行要求。

2. 先履行抗辩权：当事人互负债务，有先后履行顺序，先履行一方未履行的，后履行一方有权拒绝其履行要求。先履行一方履行债务不符合约定的，后履行一方有权拒绝其相应的履行要求。

3. 不安抗辩权：应当先履行债务的当事人，有确切证据证明对方有下列情形之一的，可以中止履行：(1)经营状况严重恶化；(2)转移财产、抽逃资金，以逃避债务；(3)丧失商业信誉；(4)有丧失或者可能丧失履行债务能力的其他情形。

当事人没有确切证据中止履行的，应当承担违约责任。当事人行使不安抗辩权中止履行的，应当及时通知对方。对方提供适当担保时，应当恢复履行。中止履行后，对方在合理期限内未恢复履行能力并且未提供适当担保的，视为以自己的行为表明不履行主要债务，中止履行的一方可以解除合同并可以请求对方承担违约责任。

考点46 电子合同的履行

【大纲要求解读】大纲要求**熟悉并能够运用**根据标的的不同类别确定交付时间或提供服务时间。

【命题要点归纳】

根据《民法典》第512条的规定，通过互联网等信息网络订立的电子合同，当事人对交付商品或提供服务的方式、时间有约定的，按照其约定。当事人没有约定的，根据标的的不同类别确定交付时间或提供服务时间：

1. 标的为交付商品并采用快递物流方式交付的，收货人的签收时间为交付时间。快递物流方式是电子合同中商品交付的常见方式，而交付既是标的物发生物权变动（所有权转移）的条件，也是判断标的物毁损、灭失风险由何方承担的依据。对于需要运输标的物交付时间的认定，普通买卖合同适用"交运"规则，《民法典》第607条第1款规定：出卖人按照约定将标的物运送至买受人指定地点并交付给承运人后，标的物毁损、灭失的风险由买受人承担。《民法典》第512条规定以收货人的签收时间为交付时间，体现了对收货人（通常为消费者）的特殊保护。但是，如果有其他证据证明商品的实际交付时间与签收时间不一致的，应以实际交付时间为准。

2. 标的为提供服务的，生成的电子凭证或者实物凭证中载明的时间为提供服务时间；前述凭证没有载明时间或者载明时间与实际提供服务时间不一致的，以实际提供服务的时间为准。标的为提供服务的电子合同多见于教育培训、文化娱乐等领域，其提供服务时间依相关凭证认定，但有其他证据证明实际提供服务的时间与相关凭证记载的时间不一致的除外。

3. 标的为采用在线传输方式交付的，合同标的进入对方当事人指定的特定系统且能够检索识别的时间为交付时间。

考点47 情势变更的构成要件

【大纲要求解读】大纲要求**熟悉并能够运用**情势变更原则的构成要件。

【命题要点归纳】

情势变更的构成：1. 须有情势变更的事实。

2. 情势变更发生在合同成立之后、履行完毕之前。

3. 情势变更是当事人在订立合同时无法预见的且不可归责于当事人。

4. 情势变更不包括商业风险。情势变更与商业风险的主要区别在于：（1）性质不同。情势变更是作为合同成立基础的某种客观情况发生了异常变动；商业风险是指商业活动中的固有风险，包括客观情况的变化，但这种变化并未达到异常程度，也没有动摇合同成立的基础。（2）能否预见不同。情势变更是当事人无法合理预见的变化或风险，商业风险属于当事人在一定范围内应当预见且能够合理预见的风险。（3）能否归责于当事人不同。情势变更不可归责于当事人，当事人虽尽注意义务仍不可避免；商业风险所致损失通常是由于未充分评估市场规律与走势造成的。（4）后果不同。情势变更动摇了合同成立的基础，因此法律为当事人提供救济；商业风险则由当事人自行承担。

考点48 第三人代为履行

【大纲要求解读】大纲要求**熟悉并能够运用**第三人代为履行。

【命题要点归纳】

《民法典》第524条第1款规定，债务人不履行债务，第三人对履行该债务具有合法利益的，第三人有权向债权人代为履行。但是，根据债务性质、按照当事人约定或者依照法律规定只能由债务人履行的除外。债权人接受第三人履行后，其对债务人的债权转让给第三人，但是债务人和第三人另有约定的除外。根据该条款规定，第三人代为履行应当具备以下条件：

1. 债务人不履行债务。包括债务人于债务履行期届满前明确表示或者以自己的行为表明将不履行债务、履行期届满后无正当理由不履行债务，以及债务人明显丧失履行能力或其他履行已不具有可能性之情形。第三人是指债务人及债务履行辅助人以外的第三人。第三人相较于债务人具有独立的地位，其清偿不能视为债务人的清偿。在第三人履行不符合债的要求时，债权人不能据此请求债务人承担债务不履行的责任。

2. 第三人对履行债务具有合法利益。主要包括如下情形：(1)转租中次承租人代为支付租金，以避免自身承租的权利遭受损害；(2)母公司为子公司代为偿还债务，由于子公司的债务可能会对母公司的信用评级产生不利影响，因此母公司可代子公司清偿债务；(3)在抵押权人与抵押人约定禁止抵押物转让且已办理登记手续时，抵押物的买受人可以清偿债务人的债务，从而消除抵押权，进而取得抵押物的所有权。此时抵押物的买受人对于清偿该债务具有合法利益。

3. 该债务不属于只能由债务人履行的债务。除合同有特别约定、法律有特别规定或债务在性质上必须由债务人履行外，债权人不能拒绝第三人的代为履行。也就是说一般情况下，如果第三人对债务履行具有合法利益且不具有消极条件时，债权人必须接受第三人的履行。其无正当理由拒绝债务人履行的，符合提存的要件，债务人可以提存。依据《民法典》第524条第1款的规定，下列债务不得代为履行：(1)依据债务性质不能由第三人履行清偿，例如表演应当由债务人亲自履行，而不得由第三人代为履行清偿；(2)按照当事人的约定不得由第三人代为清偿，例如当事人约定承揽工作必须由承揽人完成的承揽人，即不得将该工作交第三人完成；(3)依据法律规定不得由第三人履行清偿，例如建设工程主体结构的施工必须由承包人亲自完成，不得转包他人。

如满足上述条件，第三人即有权向债权人代为履行，债权人不得拒绝受领。债权人无正当理由拒绝第三人履行，符合提存要件的，第三人可以提存。当然，第三人相较于债务人具有独立的地位，其清偿不能视为债务人的清偿，在第三人履行不符合债的要求时，债权人不能据此请求债务人承担债务不履行的责任。在第三人未按照约定向债权人履行清偿义务时，原则上应当由债务人对债权人承担违约责任。债权人接受第三人履行后，债权人对债务人的债权转让给第三人，即第三人对债务人享有代位求偿权，但债务人与第三人另有约定的除外(《民法典》第524条第2款)。

考点49 债权人合并、分立或住所变更

【大纲要求解读】大纲要求**熟悉并能够运用**债权人合并、分立或住所变更。

【命题要点归纳】

《民法典》第67条规定，法人合并的，其权利和义务由合并后的法人享有和承担；法人分立的，其权利和义务由分立后的法人享有连带债权，承担连带债务，但是债权人和债务人另有约定的除外。在债权人合并、分立情形下，依诚实信用原则，债权人应将合并、分立之情形通知债务人，以便对方正常履行债务，否则应承担不利后果。因此，《民法典》第529条规定，债权人合并、分立或者变更住所没有通知债务人，致使债务履行发生困难的，债务人可以中止履行或者将标的物提存。所谓“债权人没有通知债务人，致使债务履行发生困难”，是指债务人因债权人未通知且未经由其他途径(如公告)知晓其合并、分立或者变更住所情形而难以确定履行对象、履行地点。在此情形下，债务人选择中止履行的，应于得到债权人通知或经由其他途径知晓其合并、分立或者变更住所情形后恢复履行；债务人选择提存的，适用《民法典》关于提存的规定(《民法典》第570~574条)。除债权人合并、分立、住所变更可能导致债务履行困难外，当事人发生的其他事项的变化对债的履行并不产生实质影响。因此，合同生效后，当事人不得因姓名、名称的变更或者法定代表人、负责人、承办人的变动而不履行合同义务(《民法典》第532条)。

继续履行合同对当事人一方明显不公平。是否显失公平，应根据双方权利义务的悬殊程度、双

方获益的比例、一方履行是否明显困难、履行对一方是否具有意义等因素综合判断。

考点50 合同的解除

【大纲要求解读】大纲要求**熟悉并能够运用**合同解除的基本规则。

【命题要点归纳】

1.《民法典》第563条规定,有下列情形之一的,当事人可以解除合同:(1)因不可抗力致使不能实现合同目的;(2)在履行期限届满前,当事人一方明确表示或者以自己的行为表明不履行主要债务;(3)当事人一方迟延履行主要债务,经催告后在合理期限内仍未履行;(4)当事人一方迟延履行债务或者有其他违约行为致使不能实现合同目的;(5)法律规定的其他情形。以持续履行的债务为内容的不定期合同,当事人可以随时解除合同,但是应当在合理期限之前通知对方。

2. 根据《民法典》第564条的规定,解除权的消灭期限分为两种情况:(1)法律规定或当事人约定解除权行使期限的,期限届满当事人不行使的,该权利消灭;(2)法律没有规定或当事人没有约定解除权行使期限,自解除权人知道或者应当知道解除事由之日起1年内不行使,或者经对方催告后在合理期限内不行使的,该权利消灭。

3. 关于解除权的行使程序:(1)单方解除的程序。单方解除,即享有合同解除权的一方当事人通过行使解除权而解除合同。解除权属形成权,不需对方当事人同意,只需解除权人的单方意思表示,即可发生解除合同的法律效果。但解除权的行使并非毫无限制,《民法典》对其行使期限和行使方式均有明确规定。关于解除权的行使程序,《民法典》第565条规定,当事人一方依法主张解除合同的,应当通知对方。合同自通知到达对方时解除;通知载明债务人在一定期限内不履行债务则合同自动解除,债务人在该期限内未履行债务的,合同自通知载明的期限届满时解除。对方对解除合同有异议的,任何一方当事人均可以请求人民法院或者仲裁机构确认解除行为的效力。根据相关司法解释,当事人对对方行使合同解除权虽有异议,但在约定的异议期限届满后才提出异议并向人民法院起诉的,人民法院不予支持;当事人没有约定异议期间,在解除合同通知到达之日起3个月以后才向人民法院起诉的,人民法院不予支持。当事人一方未通知对方,直接以提起诉讼或者申请仲裁的方式依法主张解除合同,人民法院或者仲裁机构确认该主张的,合同自起诉状副本或者仲裁申请书副本送达对方时解除。(2)协议解除的程序。合同协议解除实质为原合同当事人之间重新成立一个以解除原合同为目的的合同,因此应遵循由要约到承诺的一般缔约程序及其他相关要求,以实现当事人双方意思表示一致。法律、行政法规规定解除合同应当办理批准、登记等手续的,依照其规定。

4. 合同解除的效力:(1)一般规定。《民法典》第566条第1款规定,合同解除后,尚未履行的,终止履行;已经履行的,根据履行情况和合同性质,当事人可以请求恢复原状或者采取其他补救措施,并有权请求赔偿损失。该条规定确立了合同解除的两方面效力:一是向将来发生效力,即终止履行;二是溯及力,即当事人可以请求恢复原状或者采取其他补救措施,并有权请求过错方赔偿损害,但是否溯及既往应根据合同履行情况和合同性质而定。通说认为,非继续性合同(如买卖合同)的解除原则上有溯及力,继续性合同(如租赁合同)的解除原则上无溯及力。(2)合同解除与违约责任。《民法典》第566条第2款规定:合同因违约解除的,解除权人可以请求违约方承担违约责任,但是当事人另有约定的除外。依此规定,合同解除与违约责任并不排斥,当发生违约事由时,守约方可以请求解除合同并要求对方违约责任。

考点51 合同权利义务概括移转的类型

【大纲要求解读】大纲要求**熟悉并能够运用**合同权利义务概括移转的类型。

【命题要点归纳】

1. 意定概括移转也称合同承受,是指合同当事人一方与第三人约定将其合同权利义务一并移转给对方的情形。例如,租赁合同的承租人将其权利义务一并移转给第三人,由第三人取代其承租人地位。意定概括移转的生效要件为:(1)合同权利义务有效存在。如果合同未成立或已消灭,或合同无效、被撤销,均不能发生概括移转的效果;(2)合同权利义务具有可移转性。此点与前述债权转让、债务承担的相关要求相同;(3)合同当事人一方与第三人缔结有效的合同权利义务概括移转协议。具体要求:订立该协议时具有相应的缔约能力;双方意思表示一致且意思表示真实;协议内容不违反法律、行政法规的强制性规定或违背公序良俗;(4)经对方当事人同意。因合同权利义务的概括移转包含了债务转移的内容,因此应满足债务人与第三人约定的债务转移的一般生效要件,及即须经债权人(对方当事人)同意;(5)法律、行政法规规定合同权利或义务转让应当办理批准、登记手续的,应遵从其规定。

2.法定概括移转是指依据法律规定导致一方当事人合同权利义务一并移转给第三人的现象。其主要情形包括:(1)法人合并和分立。《民法典》第67条规定:"法人合并的,其权利和义务由合并后的法人享有和承担。法人分立的,其权利和义务由分立后的法人享有连带债权,承担连带债务,但是债权人和债务人另有约定的除外。"《公司法》也对公司合并、分立情形下的债权债务移转作了类似规定。据此,法人的合并,无论是吸收合并还是新设合并,均直接发生合同权利义务的概括移转,即合并前各方的合同权利义务均由合并后的法人享有和承担,无须取得对方当事人的同意;法人分立的,分立前法人的合同权利义务由分立后的各法人共同承受,享有连带债权,承担连带债务,但分立前法人或分立后各法人与对方当事人另有约定(如约定分立后各法人按份享有债权或承担债务)的,应从其约定。

(2)营业转让。营业转让是指以作为组织的统一体的营业财产为标的所实施的转让行为。营业转让一般并不发生合同权利义务的概括移转,但若采取承担债务的方式(如约定受让营业资产以承担债务为条件),则可发生合同权利义务的概括移转。

(3)继承。被继承人死亡后,其遗产(包括债权)由继承人取得,但继承人应当以所得遗产实际价值为限清偿被继承人依法应当缴纳的税款和债务,包括合同义务(《民法典》第1161条)。因此,继承也可导致被继承人生前所订立合同权利义务的概括移转,但以该合同权利义务不具有人身专属性为前提。继承人放弃继承的,对被继承人生前所负债务不负清偿责任。

(4)买卖不破租赁。《民法典》第725条规定:"租赁物在承租人按照租赁合同占有期限内发生所有权变动的,不影响租赁合同的效力。"据此,租赁物在租赁期间发生所有权变动的,也可导致租赁合同权利义务的概括移转。

3.合同权利义务概括移转的效力。合同权利义务的概括移转既涉及合同债权的转让,也涉及债务的移转,因此其法律效力应分别适用债权转让和债务转移的效力规则(《民法典》第556条)。具体参见本节债权转让、债务转移的相关内容。

考点52 违约责任的形式

【大纲要求解读】大纲要求**熟悉并能够运用**各种违约责任形式的适用条件及违约责任与侵权责任的竞合规则。

【命题要点归纳】

1.继续履行。继续履行也称强制实际履行,是指违约方根据对方当事人的请求继续履行合同规定的义务的违约责任形式。在金钱债务中,无条件适用继续履行。金钱债务只存在迟延履行,不存在履行不能。因此,应无条件适用继续履行的责任形式。对于非金钱债务,原则上可以请求继续履行,但下列情形除外:(1)法律上或者事实上不能履行(履行不能);(2)债务的标的不适用强制履行或者强制履行费用过高;(3)债权人在合理期限内未请求履行(如季节性物品之供应)。

2.采取补救措施。《民法典》第582条规定包括:修理、重作、更换、退货、减少价款或者报酬等。

3.赔偿损失。当事人一方不履行合同义务或者履行合同义务不符合约定,给对方造成损失的,损失赔偿额应当相当于因违约所造成的损失,包括合同履行后可以获得的利益,但不得超过违反合同一方订立合同时预见到或者应当预见到的因违反合同可能造成的损失。

4. 违约金。违约金可分为:(1)约定违约金与法定违约金。前者由当事人约定,是违约金的一般形态,《民法典》第585条对此作了规定;后者由法律明确规定;(2)补偿性违约金和惩罚性违约金。补偿性违约金以补偿守约方损失为主旨,违约方支付违约金后即可免负赔偿责任;惩罚性违约金则旨在惩罚违约行为,如果守约方因违约而遭受财产损失,违约方除支付违约金外,尚须赔偿对方损失。《民法典》第585条关于违约金的规定,主要体现了违约金的补偿功能(第585条第1款、第2款),同时有限承认违约金的惩罚性(第585条第3款)。违约金作为对损害赔偿额的预先约定,既可能高于实际损失,也可能低于实际损失,《民法典》第585条第2款规定:以约定违约金"低于造成的损失"或"过分高于造成的损失"为条件,经当事人请求,由法院或仲裁机构裁量,"予以增加"或"予以适当减少"。关于违约金的增加,根据相关司法解释,当事人依照法律规定请求人民法院增加违约金的,增加后的违约金数额以不超过实际损失额为限。增加违约金以后,当事人又请求对方赔偿损失的,人民法院不予支持。关于违约金的减少,根据相关司法解释,当事人主张约定的违约金过高,请求予以适当减少的,人民法院应当以实际损失为基础,兼顾合同的履行情况、当事人的过错程度以及预期利益等综合因素,根据公平原则和诚实信用原则予以衡量,并作出裁决。当事人约定的违约金超过造成损失的30%的,一般可以认定为"过分高于造成的损失"。

考点53 标的物交付和所有权转移、标的物风险责任负担及孳息归属

【大纲要求解读】大纲要求**熟悉并能够运用**该考点,即掌握标的物所有权的转移、标的物的风险承担、标的物的孳息归属。

【命题要点归纳】

1. 所有权移转。

(1)动产以交付为准。交付的方式可分为现实交付和观念交付。观念交付包括占有改定、指示交付以及简易交付。

所有权保留,即买受人和出卖人约定将标的物交付给买受人,但是所有权不发生转移而仍然归出卖人所有,直至买受人交付完所有的价款,所有权才发生转移。若买受人不能支付价款或者破产,出卖人可以取回标的物。

(2)不动产以登记为准。

2. 孳息归属。标的物在交付之前产生的孳息,归出卖人所有,交付之后产生的孳息,归买受人所有。

3. 风险负担。(1)原则性规定:交付主义。根据《民法典》第604条规定,标的物毁损、灭失的风险,在标的物交付前由出卖人承担,交付之后由买受人承担,但法律另有规定或者当事人另有约定的除外,即风险负担的转移原则上采交付主义。

(2)具体规则:①出卖人发送标的物的,出卖人按照约定将标的物运送至买受人指定地点并交付给承运人后,标的物毁损、灭失的风险由买受人承担,但是当事人另有约定的除外;②因买受人的原因致使标的物未按照约定期限交付的,买受人应当自违反约定时起承担标的物毁损、灭失的风险;③出卖人出卖交由承运人运输的在途标的物,除当事人另有约定外,标的物毁损、灭失的风险自合同成立时起由买受人承担。出卖人在合同成立时知道或者应当知道标的物已经毁损、灭失却未告知买受人的,由出卖人负担风险;④对于需要运输的标的物,当事人没有约定交付地点或约定不明确的,自出卖人将标的物交付给第一承运人起,标的物毁损、灭失的风险由买受人承担;⑤出卖人按照合同约定或者法律规定将标的物置于交付地点,买受人违反约定没有收取的,标的物毁损、灭失的风险自违反约定时起由买受人承担;⑥出卖人按照约定未交付有关标的物的单证和资料的,不影响标的物毁损、灭失风险的转移;⑦因标的物不符合质量要求,致使不能实现合同目的,买受人拒绝接受标的物或者解除合同的,标的物毁损、灭失的风险由出卖人承担;⑧标的物毁损、灭失的风险由买受人承

担的,不影响因出卖人违约,买受人要求其承担违约责任的权利。

考点54 赠与合同

【大纲要求解读】大纲要求**熟悉并能够运用**赠与合同中赠与人的义务、受赠人的权利义务及其履行规则。

【命题要点归纳】

1. 赠与人的义务。

(1)交付标的物与移转财产权的义务。

(2)瑕疵担保责任。由于赠与合同是无偿合同,所以赠与财产有瑕疵的,赠与人原则上不承担责任。但附义务的赠与,赠与财产有瑕疵的,赠与人在附义务的限度内承担与出卖人相同的担保责任。

(3)赠与人的损害赔偿责任。①因赠与人的故意或重大过失致使赠与财产毁损、灭失,赠与人要承担赔偿责任。②赠与人因故意不告知瑕疵或保证无瑕疵,造成受赠人损失的,应承担赔偿责任。

2. 赠与人的任意撤销权。赠与人在赠与财产权利转移之前可以撤销赠与合同。但是赠与合同具有救灾、扶贫、助残等公益、道德义务性质的不得撤销,赠与合同经过公证的也不得撤销。

3. 赠与人的法定撤销权。

(1)法定撤销权的含义。赠与合同的法定撤销权是指发生了法律规定的情形,即使赠与财产的权利已经发生转移,仍然得以撤销赠与合同的权利。

(2)产生法定撤销权的理由:①受赠人严重侵害赠与人或赠与人的近亲属的合法权益的;②对赠与人有扶养义务而不履行的;③不履行赠与合同约定义务的。

(3)法定撤销权行使的期间——除斥期间。①赠与人行使撤销权的,自知道或者应当知道撤销事由之日起1年内行使。②因受赠人的违法行为致使赠与人死亡或丧失民事行为能力的,赠与人的继承人或法定代理人享有撤销权。该撤销权应自知道或者应当知道撤销事由之日起6个月内行使方为有效。

4. 赠与人的终止赠与权。赠与人的经济状况显著恶化,严重影响其生产经营或者家庭生活的,可以不再履行赠与义务。

考点55 房屋租赁合同

【大纲要求解读】大纲要求**了解或理解**房屋租赁合同的法律特征,**熟悉并能够运用**房屋租赁合同的当事人主要权利义务与履行的相关规则,如违法建筑的租赁、一房数租。

【命题要点归纳】

1. 违法建筑的租赁。出租人就未取得建设工程规划许可证或者未按照建设工程规划许可证的规定建设的房屋,与承租人订立的租赁合同无效。但在一审法庭辩论终结前取得建设工程规划许可证或者经主管部门批准建设的,人民法院应当认定有效。

2. 一房数租。出租人就同一房屋订立数份租赁合同,在合同均有效的情况下,承租人均主张履行合同的,人民法院按照下列顺序确定履行合同的承租人:(1)已经合法占有租赁房屋的;(2)已经办理登记备案手续的;(3)合同成立在先的。不能取得租赁房屋的承租人请求解除合同、赔偿损失的,依照《民法典》的有关规定处理。

3. 转租。出租人知道或者应当知道承租人转租,但在6个月内未提出异议,视为出租人同意转租。如果其以承租人未经同意为由请求解除合同或者认定转租合同无效的,人民法院不予支持。

4. "买卖不破租赁"规则的例外。租赁房屋在承租人按照租赁合同占有期限内发生所有权变动,承租人请求房屋受让人继续履行原租赁合同的,人民法院应予支持。但租赁房屋具有下列情形或者当事人另有约定的除外:(1)房屋在出租前已设立抵押权,因抵押权人实现抵押权发生所有权变动的;(2)房屋在出租前已被人民法院依法查封的。

5. 优先购买权。出租人未通知承租人或者有其他妨害承租人行使优先购买权情形的,承租人可以请求出租人承担赔偿责任。但是,出租人与第三人订立的房屋买卖合同的效力不受影响。

考点56 融资租赁合同的概念和特征

【大纲要求解读】大纲要求**了解或理解**融资租赁合同的法律特征。

【命题要点归纳】

融资租赁合同,是指出租人根据承租人的要求和选择,出资购买承租人所选定的设备并出租给承租人使用,承租人分期支付租金,租期届满后,承租人根据融资租赁合同可以退回、续租或留购租赁设备的合同。

融资租赁集借贷、租赁、买卖于一体,是将融资与融物结合在一起的交易方式。融资租赁合同是由出卖人与买受人(租赁合同的出租人)之间的买卖合同和出租人与承租人之间的租赁合同构成的,但其法律效力又不是买卖和租赁两个合同效力的简单叠加。融资租赁合同的主体为三方当事人,即出租人(买受人)、承租人和出卖人(供货商)。承租人要求出租人为其融资购买承租人所需的设备,然后由供货商直接将设备交给承租人。其法律特征是:(1)内容具有复合性;(2)具有融资和融物双重目的性;(3)出租人具有特殊性;(4)具有双务、诺成、要式性和继续性。

考点57 建设工程合同当事人的权利和义务

【大纲要求解读】大纲要求**了解**建设工程合同的法律特征及其履行规则。**熟悉并能够运用**,即建设工程合同当事人的权利和义务及其履行规则。

【命题要点归纳】

1. 承包人的义务。

(1)按照合同约定的期限完成建设工程并进行交付的义务。

(2)亲自完成承包工程的义务。①禁止转包和变相转包。承包人不得将其承包的全部建设工程转包给第三人;承包人不得将其承包的全部建设工程肢解以后以分包的名义分别转包给第三人。②分包的规制。总承包人或者勘察、设计、施工承包人经发包人同意,可以将自己承包的部分工作交由第三人完成。第三人就其完成的工作成果与总承包人或者勘察、设计、施工承包人向发包人承担连带责任。

禁止承包人将工程分包给不具备相应资质条件的单位。禁止分包单位将其承包的工程再分包。建设工程主体结构的施工必须由承包人自行完成。

(3)接受检查的义务。

(4)隐蔽工程隐蔽前的通知义务。

(5)瑕疵担保责任。

(6)损害赔偿责任。

2. 承包人的权利。

(1)请求支付工程款的权利。

(2)承包人的法定抵押权——优先权。发包人逾期不支付承包款的,除按照建设工程的性质不宜折价、拍卖的以外,承包人可以与发包人协议将该工程折价,也可以申请人民法院将该工程依法拍卖。建设工程的价款就该工程折价或者拍卖的价款优先受偿。

(3)损害赔偿请求权。由于发包人的原因导致承包人停工、窝工或者增加工作量的,发包人应当承担损害赔偿责任。

考点58 技术合同成果的权利归属和风险负担

【大纲要求解读】大纲要求**熟悉并能够运用**,即掌握技术合同成果的权利归属和开发风险的负担。

【命题要点归纳】

1. 职务技术成果的归属。《民法典》第 847 条第 1 款规定,职务技术成果的使用权、转让权属于法人或者非法人组织的,法人或者非法人组织可以就该项职务技术成果订立技术合同。法人或者非法人组织订立技术合同转让职务技术成果时,职务技术成果的完成人享有以同等条件优先受让的权利。

2. 非职务技术成果的归属。《民法典》第 848 条规定:"非职务技术成果的使用权、转让权属于完成技术成果的个人,完成技术成果的个人可以就该项非职务技术成果订立技术合同。"

考点59 技术转让合同当事人的权利和义务

【大纲要求解读】大纲要求**熟悉并能够运用**该考点,即掌握技术转让合同当事人的权利和义务。

【命题要点归纳】

1. 专利权转让合同中当事人的义务。

(1)让与人的主要义务:①按合同约定的时间将专利权移交给受让人,当然,专利权中的人身权并不因专利权的转让而转让;②保证自己是转让专利权的合法拥有者,并保证专利权的真实、有效;③按合同约定交付与转让专利权有关的技术资料,并向受让人提供必要的技术指导;④保密义务。

(2)受让人的主要义务:①向让与人支付合同约定的使用费;②按合同的约定承担保密义务。

2. 专利申请权转让合同中当事人的义务。

(1)让与人的主要义务:①将合同约定的专利申请权移交受让人,并提供申请专利和实施发明创造所需要的技术情报和资料;②保证作为申请权标的的发明创造为让与人自己或自己与他人合作通过创造性劳动合法获得,或者通过委托开发合同获得,即保证自己是所提供的技术的合法拥有者;③按合同的约定承担保密义务。

(2)受让人的主要义务:①向让与人支付合同约定的使用费;②按合同约定承担保密义务。

考点60 不当得利的成立要件

【大纲要求解读】大纲要求**了解或理解**不当得利的概念,**熟悉并能够运用**不当得利的成立要件。

【命题要点归纳】

1. 一方取得利益。所谓取得利益,包括总财产的增加或者应当减少而没有减少两种情形。

2. 一方受到损失。所谓受到损失,包括总财产的积极减少与应当增加而没有增加两种情形。

3. 损益变动之间有因果关系。

4. 所受利益无合法根据。

考点61 无因管理的成立要件

【大纲要求解读】大纲要求**了解或理解**无因管理的概念,**熟悉并能够运用**无因管理的成立要件。

【命题要点归纳】

1. 须有为他人管理事务的行为。若管理之事务为自己之事务,即使是误认为是他人的事务也不构成无因管理。

2. 须有为他人管理事务的主观意思。若管理人管理他人的事务是为了自己的利益而非他人的利益,则不能构成无因管理;若管理事务兼为自己的利益和他人的利益,也构成无因管理。

3. 须管理有利于本人,并不得违反本人明示或可推知的意思。

考点62 具体人格权

【大纲要求解读】大纲要求**熟悉并能够运用**生命权、身体权、健康权、姓名权、名称权、肖像权、名誉权、荣誉权、隐私权、个人信息的保护规则。

【命题要点归纳】

1. 生命权、身体权、健康权。(1)生命权包含的内容:一是维护生命安全。二是维护生命尊严。其具有如下特征:①生命权的主体限于自然人;②生命权在整个民事权利体系中具有最高的地位;③生命权具有固有性和专属性;④生命权具有平等性。(2)身体权包括:①依法支配自己身体的权利;②维护身体完整的权利;③维护行动自由的权利。(3)健康权是个人所享有的一项重要的物质性人格权,其具有如下特征:①权利主体限于自然人;②具有固有性和人身专属性;③同时包括维护生理健康和心理健康的权利。

2. 姓名权、名称权。(1)姓名权主体限于自然人,客体是姓名,内容包括姓名决定权、姓名使用权、姓名变更权、许可他人使用姓名的权利以及要求他人尊重自己姓名的权利:①姓名决定权,姓名决定权是指个人有权选择和决定自己姓名的权利;②姓名使用权,姓名使用权是指权利人有权依法使用自己的姓名;③姓名变更权;④许可他人使用姓名的权利;⑤要求他人尊重自己姓名的权利。(2)名称权的主体为法人和非法人组织。名称权包括名称使用权、名称变更权、名称转让权和许可他人使用自己名称的权利。

3. 肖像权。(1)肖像权的特征:①肖像权的主体限于自然人;②肖像权的客体为肖像;③肖像权的内容包括依法制作肖像的权利、依法使用肖像的权利、依法公开肖像的权利以及许可他人使用肖像的权利。(2)肖像权的保护:①不得以丑化、污损,或者利用信息技术手段伪造等方式侵害肖像权;②制作、使用、公开他人肖像应当经权利人同意。(3)肖像的合理使用:①为个人学习、艺术欣赏、课堂教学或者科学研究,在必要范围内使用肖像权人已经公开的肖像;②为实施新闻报道,不可避免地制作、使用、公开肖像权人的肖像;③为依法履行职责,国家机关在必要范围内制作、使用、公开肖像权人的肖像;④为展示特定公共环境,不可避免地制作、使用、公开肖像权人的肖像;⑤为维护公共利益或者肖像权人合法权益,制作、使用、公开肖像权人的肖像的其他行为。

4. 名誉权和荣誉权。(1)名誉权的主要特征:①主体包括自然人、法人和非法人组织;②客体为名誉;③具有人身专属性。(2)荣誉权的主要特征:①主体包括自然人、法人和非法人组织;②客体为荣誉;③具有人身专属性。(3)名誉权、荣誉权遭受侵害后的救济方式:①请求更正、删除不实内容;②查询信用评价并请求更正、删除错误信用评价;③请求记载荣誉称号以及更正错误荣誉称号记载。

5. 隐私权和个人信息保护。(1)隐私权的特征:①主体限于自然人;②具有人身专属性;③内容包括私人生活安宁、私密空间、私密活动以及私密信息。(2)个人信息的特征:①个人信息是一种重要的人格利益;②个人信息能够直接或者间接识别个人的身份;③个人信息同时包含精神利益与财产价值。

考点63 个人在个人信息处理活动中的权利

【大纲要求解读】大纲要求**了解或理解**个人在个人信息处理活动中的权利的概念和特征。

【命题要点归纳】

1. 知情权。知情权是指个人在其个人信息处理活动中享有知悉相关情况的权利。例如,个人有权知悉处理其个人信息的个人信息处理者的身份,个人信息处理者处理其个人信息的方式、范围、时间等。

2. 决定权。决定权是指除法律另有规定外,个人有权决定其个人信息是否被处理、被何人处理以及以何种方式处理。

3. 查阅权。查阅权是指除法律另有规定的情形外,个人享有向个人信息处理者查阅其个人信息处理相关情况的权利。依据《个人信息保护法》第45条第2款的规定,在个人要求查阅其个人信息时,个人信息处理者应当及时提供。

4. 复制权。复制权是指除法律另有规定的情形外，个人享有从个人信息处理者处复制其个人信息的权利。依据《个人信息保护法》第 45 条第 2 款的规定，在个人要求复制其个人信息时，个人信息处理者应当提供。

5. 可携带权。可携带权是指个人有权将个人信息处理者所处理的其个人信息转移至其他个人信息处理者，而处理其个人信息的个人信息处理者应当依法提供转移的途径。《个人信息保护法》第 45 条第 3 款对可携带权作出了规定，依据该规定，个人在行使可携带权时，如果符合国家网信部门规定的条件，则个人信息处理者应当提供转移个人信息的途径。法律对个人信息可携带权作出规定，体现了对个人信息自决权利的保护，也有利于遏制平台经济领域的垄断行为，维护公平的市场竞争。

6. 提出异议权。提出异议权是指在个人信息发生错误时，个人享有对个人信息处理者提出异议的权利。依据《民法典》第 1037 条第 1 款的规定，提出异议权行使的前提是个人信息有错误，即个人信息处理者所处理的个人信息与真实情况不一致，其不同于个人信息不完整，在个人信息不完整的情形下，个人享有补充权。

7. 更正权。依据《个人信息保护法》第 46 条的规定，更正权是指在个人发现其个人信息不准确时，享有请求个人信息处理者予以更正的权利。个人信息在某种意义上体现了个人的电子身份，在个人信息不准确时，赋予个人更正权，有利于维持个人信息准确的状态。

8. 补充权。补充权是指在个人信息不完整时，个人所享有的请求个人信息处理者予以补充的权利。个人信息处理者在处理个人信息时，应当保障个人信息的准确、完整，法律赋予个人补充权，也旨在实现这一目的。

9. 删除权。删除权是指在符合法律规定的条件时，个人所享有的请求个人信息处理者删除其所处理的个人信息的权利。依据《个人信息保护法》第 47 条的规定，在如下情形下，如果个人信息处理者未主动删除个人信息的，个人有权请求个人信息处理者予以删除：(1)处理目的已实现、无法实现或者为实现处理目的不再必要；(2)个人信息处理者停止提供产品或者服务，或者保存期限已届满；(3)个人撤回同意；(4)个人信息处理者违反法律、行政法规或者违反约定处理个人信息；(5)法律、行政法规规定的其他情形。法律对删除权作出规定，也体现了对个人信息自决权利的保护。

10. 解释说明权。依据《个人信息保护法》第 48 条的规定，解释说明权是指个人所享有的请求个人信息处理者对其个人信息处理规则进行解释说明的权利。

考点64 无效婚姻与可撤销婚姻

【大纲要求解读】大纲要求**熟悉并能够运用**无效婚姻的概念和范围，确认婚姻无效的程序，无效婚姻的法律后果，可撤销婚姻的概念和请求撤销的程序，行使撤销权的法定期间。

【命题要点归纳】

1. 无效婚姻。

(1)无效情形：①重婚的：一方或双方有配偶的；②有禁止结婚的亲属关系的：直系血亲或三代以内旁系血亲的；③未到法定婚龄的。

(2)有权向人民法院请求确认婚姻无效的主体，包括婚姻当事人及利害关系人。利害关系人包括：①以重婚为由请求确认婚姻无效的，为当事人的近亲属及基层组织；②以未到法定婚龄为由请求确认婚姻无效的，为未到法定婚龄者的近亲属；③以有禁止结婚的亲属关系为由请求确认婚姻无效的，为当事人的近亲属。利害关系人向人民法院请求确认婚姻无效的，利害关系人为申请人，婚姻关系当事人双方为被申请人。夫妻一方或者双方死亡后，生存一方或者利害关系人可以请求确认婚姻无效(依据《民法典》第 1051 条规定情形)。夫妻一方死亡的，生存一方为被申请人。夫妻双方均已死亡的，不列被申请人。

2. 可撤销婚姻。

按照《民法典》第1052条和第1053条的规定，婚姻可撤销的事由包括因受胁迫而结婚和婚前未如实告知重大疾病两种。(1)胁迫的成立必须具备以下要件：须有胁迫的行为，即行为人以给结婚行为的当事人或者其近亲属的生命、身体健康、名誉、财产等方面造成损害为要挟；胁迫人须有胁迫的故意，即行为人有通过胁迫使结婚行为的当事人陷入恐惧并因此而为结婚意思表示的故意；须被胁迫人因胁迫而陷入恐惧，即胁迫行为与结婚行为的当事人陷入恐惧具有因果关系；须被胁迫人因恐惧而为结婚的意思表示，即被胁迫人的恐惧与其所为的结婚意思表示具有因果关系；胁迫须为不法，包括目的不法、手段不法、目的和手段结合而不法。(2)因对方不如实告知重大疾病而结婚。如果结婚行为的一方当事人患有重大疾病，在结婚登记前不如实告知另一方的，另一方可以向人民法院请求撤销婚姻。一方故意不履行告知义务，隐瞒身患重大疾病的事实，使对方陷入错误并因此而结婚的意思表示，属于典型的消极欺诈行为。

可撤销的婚姻必须由享有撤销权的一方当事人行使撤销权，才能自始失去法律拘束力。享有撤销权的一方当事人不行使撤销权的，婚姻效力不受影响。

因受胁迫而请求撤销婚姻的，只能是婚姻关系中受胁迫的一方当事人本人。受胁迫一方必须向人民法院请求撤销婚姻，不能向婚姻登记机关请求撤销婚姻。

因对方不告知重大疾病而请求撤销婚姻的，只能是受欺诈一方的婚姻当事人本人。因对方不告知重大疾病而请求撤销婚姻的，受欺诈一方只能向人民法院请求撤销婚姻，不得向婚姻登记机关请求撤销婚姻。

考点65 夫妻共同财产

【大纲要求解读】大纲要求**熟悉并能够运用**该考点，即掌握法定夫妻财产制和约定夫妻财产制。

【命题要点归纳】

1. 夫妻共同财产的范围。我国法定财产制是婚后所得共同制，夫妻双方在婚姻关系存续期间取得的财产，原则上属于夫妻共同财产，法律规定或当事人另有约定时为个人财产。即使夫妻并未取得一项财产的实际占有，只要该财产取得于婚姻关系存续期间，该财产仍然属于夫妻共有。按照《民法典》第1062条的规定，夫妻共同财产的范围包括：

(1)工资、奖金、劳务报酬。工资，是指个人因任职或者受雇取得的工资、薪金、奖金、年终加薪、劳动分红、津贴、补贴以及与任职或者受雇有关的其他所得；劳务报酬所得，是指个人从事劳务取得的所得，包括从事设计、装潢、安装、制图、化验、测试、医疗、法律、会计、咨询、讲学、翻译、审稿、书画、雕刻、影视、录音、录像、演出、表演、广告、展览、技术服务、介绍服务、经纪服务、代办服务以及其他劳务取得的所得。

(2)生产、经营、投资的收益。生产、经营所得，是指个体工商户从事生产、经营活动取得的所得，个人独资企业投资人、合伙企业的个人合伙人来源于境内注册的个人独资企业、合伙企业生产、经营的所得，个人依法从事办学、医疗、咨询以及其他有偿服务活动取得的所得，个人对企业、事业单位承包经营、承租经营以及转包、转租取得的所得，个人从事其他生产、经营活动取得的所得。投资收益的典型是利息、股息、红利所得，即指个人拥有债权、股权等而取得的利息、股息、红利所得。

(3)知识产权的收益。属于夫妻共同财产的知识产权收益，是指婚姻关系存续期间，基于知识产权实际取得或者已经明确可以取得的财产性收益，如发表小说获得的稿酬、许可他人实施专利获得的许可使用费。认定知识产权收益是否属于夫妻共同财产，应当以知识产权的财产性收益是否在婚姻关系存续期间取得为判断标准，而不应以该知识产权权利本身的取得的时间为判断依据。知识产权本身是否在婚姻关系存续期间取得，在所不问。

(4)继承或者受赠的财产，但遗嘱或者赠与合同中确定只归一方的财产除外。在婚姻关系存续期间，夫妻一方接受继承或者接受赠与获得的财产，原则上属于夫妻共同财产，但是，被继承人可以在遗嘱中明确财产由夫妻一方继承且为其个人财产，不属于夫妻共同财产，赠与人和受赠人也可以在赠与合同中明确约定赠与财产属于受赠人一方的个人财产。此外，男女双方结婚后，父母为双方购置房屋出资的，依照约定处理；没有约定或者约定不明确的，出资属于父母赠与双方的夫妻共同财产。

（5）其他应当归共同所有的财产：

①一方以个人财产投资取得的收益。夫妻一方以夫妻共同财产投资取得的收益，属于《民法典》第1062条中的生产、经营、投资的收益，归夫妻双方共同共有。夫妻一方以个人财产投资取得的收益，如炒股、购买基金所得收益，也属于夫妻共同财产。这一立场的理由在于，投资意味着脑力或者体力劳动的投入，因此，投资收益属于夫妻一方的劳动所得，从而与工资、奖金、劳务报酬一样，属于夫妻共同财产。也就是说，凡是由一方或双方的劳动付出所获取的财产，原则上属于夫妻共同财产。不过，夫妻一方以个人财产投资的，投资的本金仍然属于夫妻一方的个人财产。

根据司法解释的规定，除孳息和自然增值外，夫妻一方个人财产在婚后产生的收益，属于夫妻共同财产。自然增值，与主动增值相对，是指因通货膨胀或市场行情的变化而产生的增值，与夫妻一方或双方对该财产是否投入物资、劳动、努力、投资、管理无关，如婚前所有房屋、古董、字画、珠宝、黄金升值；主动增值是指增值因夫妻一方或双方对该财产所付出的劳务、投资、管理而产生，与通货膨胀或市场行情变化无关，如房屋因装修而增值。

这里的孳息，不同于《民法典》第321条的孳息，限于无须夫妻一方投入物资、劳动即可取得的孳息，即非投资性、非经营性收益。夫妻一方婚后将个人所有房屋出租获得的租金，虽然属于物权法意义上的法定孳息，但是，夫妻一方作为出租人对房屋负有维修等义务，租金的获取与房屋本身的管理状况密切相连，需要夫妻一方投入一定的管理或劳务，故租金属于经营性收益，归夫妻共同所有。据此，夫妻一方个人财产在婚后产生的投资经营收益，如夫妻一方个人房产婚后出租取得的租金、夫妻一方在婚后以个人财产购买股票取得的收益或投资企业取得的分红，属于夫妻共同财产。与此相对，夫妻一方婚前存款在婚后产生的利息，属于孳息，从而属于夫妻一方的个人财产。

②男女双方实际取得或者应当取得的住房补贴、住房公积金。

③男女双方实际取得或者应当取得的养老保险金、破产安置补偿费。

④军人复员费、自主择业费等一次性费用中属于夫妻共同财产的部分。也就是说，以夫妻婚姻关系存续年限乘以复员费、自主择业费年平均值，所得数额为夫妻共同财产。年平均值，是指将发放到军人名下的上述费用总额按具体年限均分得出的数额。其具体年限为人均寿命70岁与军人入伍时实际年龄的差额。

2. 夫妻共同财产的管理。夫妻共同财产属于夫妻共同共有。在法定夫妻财产制建立以后、终止之前，无论夫妻双方各自的职业、社会地位和经济收入的差别如何，夫妻双方对全部夫妻共同财产不分份额地平等地享有权利、承担义务。夫妻双方对夫妻共同财产享有平等的处理权。平等的处理权是指以下两个方面：

（1）夫或妻在处理夫妻共同财产上的权利是平等的。因日常生活需要而处理夫妻共同财产的，任何一方均有权决定。夫妻共同财产的管理与日常家事代理权规则就这样有机结合起来，从而夫妻双方均可以夫妻共同财产负担夫妻共同生活的费用。夫妻一方以个人名义为满足家庭日常生活所需订立合同，属于日常家事代理权的行使；夫妻一方以夫妻共同财产清偿上述合同之债，属于夫妻共同财产的管理。

（2）夫或妻非因日常生活需要对夫妻共同财产作重要处理决定，夫妻双方应当平等协商，取得一致意见。涉及夫妻共同财产的重要处理决定，如转移夫妻共有房屋的所有权、以夫妻共有房屋为他人设立抵押，须经夫妻双方平等协商、达成一致。未经对方同意，一方不得擅自为之。这一立场的理由在于，夫妻共同财产由夫妻双方共同共有，非因日常生活需要对夫妻共同财产作重要处理决定的，须遵循《民法典》物权编的共同共有规则。依据《民法典》第301条规定，处分共有财产以及对共有财产作重大修缮、变更性质或者用途的,应当经过全体共同共有人同意。因此,非因日常生活需要对夫妻共同财产作重要处理决定的,须夫妻双方协商一致。

当然,在这种情形中,善意第三人也应当获得保护。比如,夫妻一方未经另一方同意出售夫妻共同共有的房屋,第三人善意购买、支付合理对价并办理产权登记手续的,第三人取得房屋所有权。另一方主张追回该房屋的,人民法院不予支持。夫妻一方擅自处分共同共有的房屋造成另一方损失的,侵害了另一方对夫妻共同财产的权利,夫妻双方离婚时,另一方可以请求夫妻一方赔偿损失。夫妻一方隐藏、转移、变卖、毁损、挥霍夫妻共同财产的,另一方可以在婚姻关系存续期间向人民法院请求分割夫妻共同财产,也可以在离婚分割夫妻共同财产时,请求人民法院对该方少分或者不分。夫妻之间订立借款协议,以夫妻共同财产出借给一方从事个人经营活动或者用于其他个人事务的,应视为双方约定处分夫妻共同财产的行为,离婚时可以按照借款协议的约定处理。婚后所得共同制终止时,夫妻双方须对夫妻共同财产进行清算、分割。婚后所得共同制的终止原因,包括婚姻关系的终止、夫妻双方通过书面约定放弃婚后所得共同制转为约定夫妻财产制等。

考点66 代位继承的条件

【大纲要求解读】大纲要求**熟悉并能够运用**代位继承的条件。

【命题要点归纳】

根据《民法典》的规定,适用代位继承须具备以下条件:

1. 代位继承只能适用于法定继承,遗嘱继承和遗赠不适用代位继承。

2. 被代位继承人只能是被继承人的子女。

3. 被代位继承人先于被继承人死亡,死亡包括自然死亡和宣告死亡。如果被继承人的子女在继承开始后、遗产分割前死亡的,则其应该继承的遗产份额转由其合法继承人继承,这不是代位继承而是转继承。

4. 代位继承人必须是被继承人子女的晚辈直系血亲,代位继承人不受辈分的限制。

5. 被代位继承人必须具有继承权。根据司法解释的有关规定,若继承人丧失继承权,其晚辈直系血亲不得代位继承。但代位继承人在缺乏劳动能力又无生活来源,或对被继承人尽扶养义务较多时,可以适当分得遗产。

6. 无论代位继承人是一人还是数人,代位继承人都只能继承被代位继承人应得的遗产份额。

考点67 遗嘱的效力

【大纲要求解读】大纲要求**熟悉并能够运用**遗嘱的效力。

【命题要点归纳】

1. 遗嘱不生效。合法订立的遗嘱在遗嘱人死亡时生效,但以下情况,遗嘱相关部分不生效:(1)遗嘱继承人放弃继承或者受遗赠人放弃受遗赠的;(2)遗嘱继承人丧失继承权或者受遗赠人丧失受遗赠权的;(3)遗嘱继承人、受遗赠人先于遗嘱人死亡或者终止的。

2. 遗嘱的无效。遗嘱的无效是指遗嘱不符合法律规定的条件而不能发生法律效力。依《民法典》第1143条及相关法律的规定,遗嘱的无效主要有下列情形:

(1)无行为能力人或限制行为能力人所立的遗嘱无效;(2)受胁迫、欺诈所立的遗嘱无效;(3)伪造的遗嘱无效;(4)被篡改的遗嘱内容无效。遗嘱被篡改的,被篡改的部分无效,但不影响遗嘱中未被篡改内容的效力;(5)遗嘱中处分了不属于自己个人合法财产的部分无效;(6)违背公序良俗的遗嘱无效;(7)口头遗嘱在危急情况消除后无效。

3. 打印遗嘱:《民法典》第1136条规定,"打印遗嘱应当有两个以上见证人在场见证。遗嘱人和见证人应当在遗嘱每一页签名,注明年、月、日"。打印遗嘱是新的遗嘱形式,但在司法实践中多有出现。由于不是遗嘱人亲笔书写,容易被篡改,为确保其真实性,法律一方面承认打印遗嘱的效力,另一方面要求打印遗嘱需符合如下要求:(1)打印遗嘱需要两名以上见证人在场见证订立打印遗嘱的过程;(2)遗嘱人和见证人均应在打印遗嘱的每一页签名,并注明日期。

考点68 遗赠与遗嘱继承的区别

【大纲要求解读】大纲要求**熟悉并能够运用**遗赠与遗嘱继承的区别。

【命题要点归纳】

1. 二者的受让主体不同。遗赠的受让人必须是法定继承人以外的自然人,或国家及其他社会组织。而遗嘱继承中的受让人,即继承人必须在法定继承人范围内,且必须是自然人。

2. 二者所指向的客体范围不同。遗赠的客体只包括财产权利,不包括消极的财产义务,但执行遗嘱不得妨碍清偿被继承人依法应当缴纳的税款和债务。

3. 权利的接受、行使方式不同。受遗赠人只有依法在法定期间(在知道受遗赠后60日)内明确作出接受的意思表示时才视为接受,否则视为放弃遗赠。而遗嘱继承人在继承开始后、遗产分割处理前,以书面形式作出放弃继承的表示才能有效;没有表示的,视为接受继承。受遗赠人无权参与遗产分配,这也不同于遗嘱继承人。

考点69 被继承人的债务清偿

【大纲要求解读】大纲要求**熟悉并能够运用**被继承人债务的确定和清偿被继承人的遗产原则。

【命题要点归纳】

清偿被继承人债务应遵循下列原则:

1. 以接受继承为前提的原则。继承人只有在接受继承时,才依法承担被继承人的债务,这是权利义务相一致原则的体现。

2. 限定继承原则。继承人清偿被继承人依法应缴纳的税款和债务时,应以其取得遗产的实际价值为限,超过部分可以不予偿还。

3. 保留必留份原则。如果继承人缺乏劳动能力又没有生活来源,即使遗产不足以清偿债务,也应当为其保留适当的遗产。这是养老育幼原则的体现,也是保障人权的必然要求。

考点70 宣告失踪与宣告死亡的关系

【大纲要求解读】大纲要求**了解或理解**宣告失踪与宣告死亡的概念和法律要件,**熟悉并能够运用**宣告失踪和宣告死亡的效力及撤销宣告的法律后果。

【命题要点归纳】

在多数情况下,自然人下落不明后,其利害关系人都是先申请宣告失踪,后申请宣告死亡,因为一个人下落不明的时间越长,其死亡的可能性就越大。但两者是存在区别的:一是从我国《民法典》的规定来看,宣告失踪并不是宣告死亡的必要步骤和条件。也就是说,只要符合申请宣告死亡的条件,无论利害关系人是否曾经申请宣告失踪,都可以直接到法院申请宣告死亡。二是宣告死亡与宣告失踪的制度功能是不同的,宣告失踪制度主要解决的是被宣告失踪人的财产管理问题,而宣告死亡的制度目的则是彻底解决民事法律关系因某自然人长期失踪而产生的不确定状态,即通过宣告死亡制度,消除某些可能使法律关系悬而不决的因素,从而维持法律关系的稳定。

宣告失踪并非宣告死亡的必经程序,《民法典》第47条明确规定:"对同一自然人,有的利害关系人申请宣告死亡,有的利害关系人申请宣告失踪,符合本法规定的宣告死亡条件的,人民法院应当宣告死亡。"法律之所以作出此种规定,是因为宣告死亡不仅能够解决失踪人的财产关系,而且能够解决失踪人的人身关系,其效力范围更为广泛,能够终局地解决失踪人的权利义务关系。因此,在不同利害关系人同时申请宣告失踪与宣告死亡的情形下,如果符合宣告死亡的条件,人民法院作出死亡宣告有利于更好地解决当事人之间的纠纷。当然,对同一自然人而言,如果有的利害关系人申请宣告失踪,有的申请宣告死亡,则法院只能作出一种宣告,而不能同时作出失踪宣告和死亡宣告,因为二者在效力上存在一定的冲突。

考点71 过错责任原则

【大纲要求解读】大纲要求**了解或理解**过错责任原则的概念及其适用,**熟悉并能够运用**过错责任原则的构成要件。

【命题要点归纳】

1. 过错责任原则适用于一般侵权行为,在法律没有特别规定适用无过错责任或公平责任的场合,均适用过错责任原则。在具体适用过错责任原则时分为两个部分:(1)根据过错的有无确定责任成立与否;(2)在多数人侵权责任中,根据过错程度的高低确定侵权责任的大小。

尚需注意共同过错和受害人过错:(1)如果数人因共同故意造成他人损害的,只要没有超出共同故意的范围,该数人要对受害人承担连带赔偿责任。而且在考虑共同加害人之间的内部责任时,共同加害人应当根据各自的过错程度大小来承担责任。(2)过错责任不仅意味着加害人要为因其过错给他人造成的损害负责,还意味着受害人要为因自己的过错给自己造成的损失负责。如果损害是因受害人故意造成的,行为人不承担责任;如果被侵权人对损害的发生也有过错,可以减轻侵权人的责任。

2. 过错推定责任的概念、特点与适用。过错推定责任是过错责任的一种特殊形式。过错推定责任,是指行为造成损害事实时,行为人不能证明自己没有过错的,推定其具有过错并承担相应的侵权责任。《民法典》第1165条第2款规定:"依照法律规定推定行为人有过错,其不能证明自己没有过错的,应当承担侵权责任。"

过错推定责任具有以下特点:(1)过错推定属于过错责任原则,是过错责任原则适用中的一种特殊情形,它仍然以过错作为归责的正当性基础。即过错推定是根据有明确的法律规定能够表明侵权人有过错的事实,推定行为人有过错;(2)过错推定责任采取"举证责任倒置"的方式。受害人只要举证证明存在加害行为、损害事实和因果关系即可。根据损害事实推定行为人具有过错,免除受害人对于过错的举证责任,加重了行为人的证明责任,更有利于保护受害一方的利益,也可更有效地制裁侵权行为。如《民法典》第1222条规定:"患者在诊疗活动中受到损害,有下列情形之一的,推定医疗机构有过错:(一)违反法律、行政法规、规章以及其他有关诊疗规范的规定;(二)隐匿或者拒绝提供与纠纷有关的病历资料;(三)遗失、伪造、篡改或者违法销毁病历资料。"过错推定属于对事实的推定,这种推定是可以推翻的推定。而行为人想要推翻法律预设的推定,就要证明自己主观上没有过错。即行为人需要证明存在法律上规定的能够表明行为人没有过错的特定事由,或者其能够证明自己的行为符合法律、法规的规定和合理的、谨慎的行为标准,且该种证明必须达到特定的标准,才能推翻前述推定。行为人如果无法证明自己没有过错,就需要承担侵权责任。如《民法典》第1253条规定:"建筑物、构筑物或者其他设施及其搁置物、悬挂物发生脱落、坠落造成他人损害,所有人、管理人或者使用人不能证明自己没有过错的,应当承担侵权责任。所有人、管理人或者使用人赔偿后,有其他责任人的,有权向其他责任人追偿。"(3)过错推定责任仅适用于特殊侵权行为。过错推定并未遵循"谁主张,谁举证"的基本法理,而是将举证不能的风险转由行为人承担,对行为人而言是一种较重的责任,须由法律对其适用范围作出严格规定,否则易造成过错推定适用范围的任意扩大。《民法典》第1165条第2款本身不构成独立的请求权基础,过错推定责任要依据法律的特殊规定方可予以适用。从《民法典》侵权责任编的规定来看,过错推定责任的适用范围为:教育机构对无民事行为能力人的损害责任(第1199条);医疗损害中过错推定责任(第1222条);非法占有高度危险物造成他人损害责任(第1242条);动物园饲养动物的损害责任(第1248条);建筑物、构筑物或者其他设施及其搁置物、悬挂物脱落、坠落损害责任(第1253条);堆放物倒塌、滚落或者滑落损害责任(第 1255 条);公共道路物品堆放、倾倒、遗撒损害责任(第 1256 条);林木折断损害责任(第 1257 条);公共场所施工未设标志损害责任(第 1258 条第 1 款);窨井等地下设施损害责任(第 1258 条第 2 款)。

考点72 无过错责任

【大纲要求解读】大纲要求**了解或理解**无过错责任的概念及其适用,**熟悉并能够运用**无过错责任的构成条件及适用范围。

【命题要点归纳】

1. 无过错责任,又称无过失责任,是指行为造成损害事实,归责时不以行为人主观上具有过错作为承担侵权责任的必要条件。即不问行为人主观上是否具有过错,只要行为人的行为与损害事实之间具有因果关系,就应承担民事责任。

2. 无过错责任具有以下特点:(1)无过错责任不以行为人主观上具有过错为责任的构成要件。所谓"无过错"并非要求行为人主观上不具有过错,而是行为人主观上可能有过错也可能没有过错,是否具有过错对责任的成立而言无关紧要。(2)受害人在请求行为人承担侵权责任时,对加害人主观上是否具有过错不负举证责任,行为人也不得以自己不具有过错为由进行抗辩。(3)无过错责任并非结果责任,行为人也有权依据法律规定的免责事由进行抗辩。只不过与过错责任相比,其免责事由的范围受到严格的限制。(4)无过错责任,尤其是以危险为归责事由的无过错责任中,通常存在赔偿的最高限额。其目的在于适当限制无过错责任承担者的责任范围,以减轻其负担。(5)无过错责任对行为人而言是一种加重责任,应由法律对其适用范围加以严格的限制。因此,无过错责任只适用于法律特殊规定的场合。

3. 无过错责任的适用:无过错责任只适用于部分特殊侵权行为,根据《民法典》第 1166 条的规定,只有在法律规定的情况下,才能适用无过错责任,这样的规定有如下的具体范围:监护人替代责任(第 1188 条、第 1189 条);用人单位替代责任(第 1191 条);个人提供劳务致人损害责任(第 1192 条第 1 款);产品责任(第 1202 条);环境污染和生态破坏责任(第 1229 条);高度危险损害责任(第 1236 ~ 1242 条);饲养动物损害责任(第 1245 ~ 1247 条)。无过错责任不考虑行为人对损害的发生是否具备过错,因此免除了受害人对行为人过错的举证责任。其具体适用规则为:第一,由受害人对侵权行为、损害事实和因果关系负举证责任;第二,被告可以根据法律规定的减责或免责事由进行抗辩,如损害是因为受害人故意或重大过失导致的。

考点73 无意思联络的数人侵权

【大纲要求解读】大纲要求**熟悉并能够运用**无意思联络的数人侵权行为与责任的法律特征。

【命题要点归纳】

1.《民法典》第 1171 条规定,二人以上分别实施侵权行为造成同一损害,每个人的侵权行为都足以造成全部损害的,行为人承担连带责任。在此条规定的情形中,两个人的无事先意思联络的行为导致了损害的发生,而且,任何一个行为均可导致损害结果的发生,此时行为人承担连带责任。

2.《民法典》第 1172 条规定,二人以上分别实施侵权行为造成同一损害,能够确定责任大小的,各自承担相应的责任;难以确定责任大小的,平均承担责任。在此条规定的情形下,两个人的无事先意思联络的行为导致了损害的发生,而且,如果这两个行为少了其中的一个,就不可能造成损害的发生,此时行为人承担按份责任。

考点74 共同侵权行为

【大纲要求解读】大纲要求**熟悉并能够运用**共同侵权行为。

【命题要点归纳】

1. 共同侵权行为的构成要件。

(1)客观构成要件。侵权主体为复数。共同侵权行为作为数人侵权责任的一种情形,其行为主体须为数人。所谓“数人”,是指二人或二人以上。共同侵权人可以是自然人,也可以是法人或非法人组织。共同侵权行为的数个侵权人之间往往存在分工,分别实施了不同程度或范围的加害行为,受害人难以逐一证明每个侵权人的行为都与其民事权益受到侵害存在因果关系,并且数个侵权人的共同意志将数个侵权人的行为联结在一起共同造成受害人的全部损害。故而受害人不必单独证明每个侵权人的行为都与损害之间存在因果关系,只需要证明共同行为与损害之间存在因果关系即可。

(2)主观构成要件。共同实施加害行为的数人之间存在共同故意。所谓共同故意,是指二人以上明知且意欲协力导致损害结果发生的心理状态。数个行为人在实施加害行为的过程中存在主观上的联络,具有共同追求的目标,相互意识到彼此的存在,并且在客观上为了达到此目的实施共同行为。需要注意的是,各个侵权行为人的侵权责任的成立是否需要具备过错这一构成要件,取决于侵权行为适用的是过错责任、无过错责任抑或是过错推定责任。

2. 共同侵权行为的责任承担。

依照《民法典》第1168条的规定,共同侵权行为的侵权人对他人损害应当承担连带责任。《民法典》第178条规定,“二人以上依法承担连带责任的,权利人有权请求部分或者全部连带责任人承担责任。连带责任人的责任份额根据各自责任大小确定;难以确定责任大小的,平均承担责任。实际承担责任超过自己责任份额的连带责任人,有权向其他连带责任人追偿。连带责任,由法律规定或者当事人约定”。这意味着,在对外的责任承担上,共同侵权人承担连带责任,赔偿权利人享有自由选择权,有权要求任何一个赔偿义务人承担全部赔偿责任,也有权要求赔偿义务人中的一人或多人承担部分的赔偿责任,赔偿义务人不得拒绝。需要注意的是,赔偿权利人在行使自由选择权时不得违反权利滥用原则。在对内的责任承担上,各赔偿义务人之间依然贯彻个人责任原则,依照其过错以及原因力的大小承担相应的责任。根据《民法典》第178条第2款的规定,难以确定各行为人的责任大小时,各侵权人平均承担责任。任何一个赔偿义务人在承担责任后,可就超过其责任份额的部分向其他赔偿义务人追偿。按照“谁主张,谁举证”的一般证明责任规则,赔偿权利人应当证明各行为人存在侵权行为、共同故意,受害人的民事权益遭受损害,侵权行为与损害之间具有因果关系。由前述可知,赔偿权利人无须证明各个行为人的行为皆是造成损害的全部原因,只需证明各个行为人的行为是造成部分损害的部分原因即可。另外,根据《最高人民法院关于审理人身损害赔偿案件适用法律若干问题的解释》第2条的规定,赔偿权利人起诉部分共同侵权人的,人民法院应当追加其他共同侵权人作为共同被告。赔偿权利人在诉讼中放弃对部分共同侵权人的诉讼请求的,其他共同侵权人对被放弃诉讼请求的被告应当承担的赔偿份额不承担连带责任。责任范围难以确定的,推定各共同侵权人承担同等责任。人民法院应当将放弃诉讼请求的法律后果告知赔偿权利人,并将放弃诉讼请求的情况在法律文书中叙明。由此可见,因共同侵权行为而受损害的受害人提出的诉讼是必要共同诉讼,各侵权人应当共同参加诉讼。将其他共同侵权人追加为共同被告便于法院查明真相,也有利于明确各个侵权人应当承担的责任范围。赔偿权利人有权选择免除部分共同侵权人的责任,这是赔偿权利人意思自治的体现,同时法院具有释明义务。此时其他共同侵权人对于免除范围内的责任不承担连带责任,但这不意味着对全部责任人的责任都予以了免除。

考点75 用人者责任

【大纲要求解读】大纲要求**熟悉并能够运用**用人者责任。

【命题要点归纳】

用人者责任,是指因提供劳务者提供劳务时实施侵权行为造成他人损害,用人者应当承担侵权责任。在用人者责任中,用人单位承担的是无过错责任,亦是一种替代责任。工作人员在执行职务时造成他人损害的，用人单位承担侵权责任。劳务派遣单位存在过错的，需依照其过错承担责任。个人之间形成劳务关系，提供劳务这一方造成他人损害的，接受劳务者一方承担无过错责任；提供劳务这一方遭受损害的，接受劳务者承担过错责任。提供劳务期间，因第三人的行为造成提供劳务一方损害的，提供劳务一方有权请求第三人承担侵权责任，也有权请求接受劳务一方给予补偿。接受劳务一方补偿后，可以向第三人追偿。在定作人责任中，定作人承担过错责任。

考点76 网络侵权责任

【大纲要求解读】大纲要求**熟悉并能够运用**网络用户、网络服务提供者致人损害的侵权行为与责任。

【命题要点归纳】

1. 通知规则下的网络侵权责任：(1)网络用户利用网络实施侵权行为。网络用户利用网络技术服务提供者提供的互联网平台实施了侵害他人民事权益的行为。(2)受害人发出通知。网络用户利用网络服务实施侵权行为的，权利人有权通知网络服务提供者采取删除、屏蔽、断开链接等必要措施。通知应当包括构成侵权的初步证据及权利人的真实身份信息。通知的形式可以是口头，也可以是书面形式。(3)网络服务提供者未及时采取必要措施。(4)反通知规则。反通知是指网络技术服务提供者在接到通知后，为了避免权利人因错误通知造成损失，应当向网络用户转送主张权利人发来的通知，网络用户如果有异议，可以向网络技术服务者提出抗辩的规则。(5)错误通知的侵权责任。错误通知是指权利人故意利用通知规则造成网络用户的正当权益受到损害，通知人应当承担损失的侵权责任。

2. 责任承担。依照《民法典》第1195条第2款规定，网络服务提供者接到通知后，应当及时将该通知转送相关网络用户并根据构成侵权的初步证据和服务类型及时采取必要措施；未及时采取必要措施的，对损害的扩大部分与该网络用户承担连带责任。

3. 知道规则下的网络侵权责任。网络侵权的知道规则，又被称为“红旗规则”，指网络技术服务提供者知道或者应当知道网络用户利用其网络服务侵害他人民事权益，未及时采取必要措施的，应当对全部损失与网络用户一起承担连带责任。知道规则下网络侵权责任的构成要件：(1)网络用户利用网络服务实施侵权行为。首先，网络用户通过网络技术实施了侵权行为。其次，其侵权行为给对方造成了损害。再次，行为和损害之间具有因果关系。最后，网络用户主观具有过错。(2)网络服务提供者对侵权事实知情。知道规则下，网络技术服务提供者的主观状态为知道或者应当知道。(3)网络技术服务提供者未采取必要措施。网络技术服务提供者在知晓网络用户的侵权情况后负有作为义务，即应当对侵权行为采取必要的措施。

考点77 教育机构的侵权责任

【大纲要求解读】大纲要求**熟悉并能够运用**幼儿园、学校或者其他教育机构的侵权行为与责任。

【命题要点归纳】

1. 无民事行为能力人在教育机构学习、生活期间遭受人身伤害的，推定教育机构存在过错。教育机构如果能证明自己尽到教育、管理职责的，不必承担侵权责任。(过错推定原则)

2. 限制民事行为能力人在教育机构学习、生活期间遭受人身伤害的，如果教育机构存在过错，那么其应当承担侵权责任。(一般过错原则)

3. 无民事行为能力人、限制民事行为能力人在教育机构学习、生活期间遭到第三人侵权的，第三人承担侵权责任，教育机构如果存在过错，承担相应的补充责任。教育机构承担补充责任之后，可以向第三人追偿。

考点78 医疗损害责任

【大纲要求解读】大纲要求**熟悉并能够运用**医疗损害责任的构成要件、免责事由。

【命题要点归纳】

1. 医疗损害责任原则上适用过错责任，即患者在诊疗活动中受到损害，医疗机构只在自身或是医务人员存在过错时方承担赔偿责任。但依照《民法典》第1222条的规定，存在下列情况时，推定医疗机构存在过错，承担侵权责任：(1)违反法律、行政法规、规章以及其他有关诊疗规范的规定；(2)隐匿或者拒绝提供与纠纷有关的病历资料；(3)遗失、伪造、篡改或者违法销毁病历资料。

2. 医疗损害责任的构成要件：(1)医疗机构及其医务人员对患者进行诊疗行为；(2)医疗机构及其医务人员的诊疗行为造成患者遭受损害的事实；(3)医疗机构及其医务人员的诊疗行为与患者遭受损害的事实之间存在因果关系；(4)医疗机构及其医务人员存在过错。医疗过错的判定存在三种标准：违反说明及取得同意的义务；违反诊疗义务；过失推定。

3. 医疗损害责任的免责事由：除《民法典》第1174条、第1175条规定的一般免责事由之外，《民法典》第1224条还规定了医疗损害责任的三项特殊免责事由：(1)患者或者其近亲属不配合医疗机构进行符合诊疗规范的诊疗，但是医疗机构或者其医务人员也有过错的，应当承担相应的赔偿责任；(2)医务人员在抢救生命垂危的患者等紧急情况下已经尽到合理诊疗义务；(3)限于当时的医疗水平难以诊疗。对于上述免责事由，医疗机构负有举证责任。

考点79 机动车交通事故责任

【大纲要求解读】大纲要求**熟悉并能够运用**机动车交通事故责任的构成要件、责任的承担以及归责原则。

【命题要点归纳】

1. 机动车交通事故责任的归责原则：(1)机动车之间发生的交通事故责任适用过错责任原则；(2)机动车与非机动车驾驶人、行人之间发生的交通事故责任适用无过错责任。

2. 机动车交通事故责任的构成要件：(1)事故须是机动车造成；(2)须是在道路上发生的交通事故；(3)造成了他人的损害。此处的受害者包括行人、非机动车驾驶人和其他机动车上的人员，也包括本机动车上的人员。损害包括人身伤亡和财产损失；(4)机动车事故与损害之间具有因果关系。

3. 机动车交通事故责任的责任主体：(1)机动车的所有人原则上是责任主体；(2)因租赁、借用等情形使机动车所有权与使用权分离的，使用人是责任主体；(3)转让并交付机动车但未办理所有权移转登记的，受让人是责任主体；(4)以挂靠形式从事道路运输经营活动发生事故的，挂靠人和被挂靠人是责任主体；(5)未经允许驾驶他人机动车发生事故的，机动车使用人是责任主体；(6)同时投保机动车强制保险和商业保险的机动车发生事故的，强制保险人、商业保险人、侵权行为人是责任主体；(7)转让拼装或已达到报废标准的机动车时，转让人与受让人承担连带责任；(8)盗抢机动车的，盗抢者是责任主体。盗抢人不是同一人，发生事故的，由盗抢人与机动车使用人承担连带责任；(9)非营运机动车无偿搭乘乘客造成乘客损害时，应当减轻责任；(10)网约车发生交通事故的，依据网约车的具体经营模式确定实际驾驶人和平台的责任承担；(11)套牌机动车的，套牌车的所有人或管理人是责任主体；(12)驾校学员在驾驶培训中发生事故的，驾校是责任主体；(13)试乘发生事故的，提供试乘服务者是责任主体。

考点80 产品责任

【大纲要求解读】大纲要求**熟悉并能够运用**产品责任的构成要件、产品责任的承担主体与承担方式、产品责任的诉讼时效和免责事由。

【命题要点归纳】

1. 产品责任的归责原则：(1)生产者、销售者的产品责任适用无过错责任；(2)运输者、仓储者等第三人的产品责任适用过错责任原则。

2. 产品责任的构成要件：(1)产品存在缺陷；(2)缺陷产品造成了受害人民事权益的损害；(3)产

品的缺陷与受害人的损害后果之间存在因果关系。

3. 产品责任的承担主体。产品的生产者和销售者对消费者承担责任。依据《民法典》第1202条的规定，因产品存在缺陷造成他人损害的，生产者应当承担侵权责任。但是受害人并非只能向产品的生产者求偿，因为直接和消费者达成交易的是产品的销售者，就消费者而言，无论是查明生产者还是向其求偿都存在很大的困难。因此，根据《民法典》第1203条第1款的规定，产品责任制度赋予受害者直接向销售者求偿的权利。生产者、销售者承担责任后，若能够证明产品缺陷是由其他主体的过错导致，可以向过错主体追偿。根据《民法典》第1204条的规定，因运输者、仓储者等第三人过错使产品存在缺陷的，应先由产品的生产者或销售者向缺陷产品的受害人赔偿，生产者或销售者在实际赔偿之后方有权向缺陷产品运输者、仓储者等第三人追偿。

4. 惩罚性赔偿责任：依照《民法典》第1207条的规定，明知产品存在缺陷仍然生产、销售，或者没有依据《民法典》第1206条规定采取有效补救措施，造成他人死亡或者健康严重损害的，被侵权人有权请求相应的惩罚性赔偿。

5. 产品责任的免责事由：根据《产品质量法》第41条第2款的规定，生产者产品责任还具有以下3种免责事由：(1)未将产品投入流通的；(2)产品投入流通时，引起损害的缺陷尚不存在的；(3)将产品投入流通时的科学技术水平尚不能发现缺陷存在的。同时，是否存在上述免责事由，应由生产者负举证责任。

知识产权法

考点1 知识产权民事诉讼特殊程序

【大纲要求解读】大纲要求**熟悉并能够运用**知识产权民事诉讼特殊程序，如管辖、举证责任、知识产权被许可人的诉讼地位等。

【命题要点归纳】

1. 特殊级别管辖。发明专利、实用新型专利、植物新品种、集成电路布图设计、技术秘密、计算机软件的权属、侵权纠纷以及垄断纠纷第一审民事案件由知识产权法院，省、自治区、直辖市人民政府所在地的中级人民法院和最高人民法院确定的中级人民法院管辖。外观设计专利的权属、侵权纠纷以及涉驰名商标认定第一审民事案件由知识产权法院和中级人民法院管辖；经最高人民法院批准，也可以由基层人民法院管辖。前述规定之外的第一审知识产权案件诉讼标的额在最高人民法院确定的数额以上的民事案件，由中级人民法院管辖。法律对知识产权法院的管辖有规定的，依照其规定。前述规定之外的第一审知识产权民事案件，如侵犯著作权纠纷、侵犯商标权纠纷民事案件，由最高人民法院确定的基层人民法院管辖。

2. 减轻权利人的举证责任。专利侵权纠纷涉及新产品制造方法的发明专利的，制造同样产品的单位或者个人应当提供其产品制造方法不同于专利方法的证明。这里的"新产品"是指产品或者产品的技术方案在专利申请日以前不为国内外公众所知。

人民法院为确定赔偿数额，在权利人已经尽力举证，而与侵权行为相关的账簿、资料主要由侵权人掌握的情况下，可以责令侵权人提供与侵权行为相关的账簿、资料；侵权人不提供，或者提供虚假的账簿、资料的，人民法院可以参考权利人的主张和提供的证据确定赔偿数额。

3. 知识产权被许可人的诉讼地位。对侵犯知识产权的民事诉讼，知识产权权利人或者利害关系人可以作为原告提起诉讼。知识产权的权利人是指著作权人、专利权人、商标权人等，利害关系人是指知识产权许可合同中的被许可人、知识产权财产权的合法继承人等。根据合同约定的权利义务不同，知识产权许可合同主要有三种类型：一是独占许可合同，即在合同约定的时间和地域范围内，知识产权权利人（许可人）只授权一家被许可人使用其智力成果，许可人和任何第三人均不享有使用权；二是排他许可合同，即在合同约定的时间和地域范围内，知识产权权利人（许可人）只授权一家被许可人使用其智力成果，许可人保留对该智力成果的使用权，但任何第三人均不享有使用权；三是普通许可合同，即在合同约定的时间和地域范围内，知识产权权利人（许可人）可以授权多家被许可人使用其智力成果，许可人保留对该智力成果的使用权。有关主体是否有权使用智力成果的情况，如下表所示：

比较项目	许可人（知识产权权利人）	被许可人	第三人
独占许可	无	有	无
排他许可	有	有	无
普通许可	有	有	有（依据另一普通许可合同）

在不同类型的知识产权许可合同中，被许可人在知识产权侵权诉讼中享有不同的诉讼地位。《最高人民法院关于审查知识产权纠纷行为保全案件适用法律若干问题的规定》第2条第2款对知识产权被许可人的诉讼地位问题作了统一规定：知识产权许可合同的被许可人申请诉前责令停止侵害知识产权行为的，独占许可合同的被许可人可以单独向人民法院提出申请；排他许可合同的被许

可人在权利人不申请的情况下,可以单独提出申请;普通许可合同的被许可人经权利人明确授权以自己的名义起诉的,可以单独提出申请。在知识产权民事诉讼中,有关主体对侵犯知识产权行为是否享有起诉权的具体情况,如下表所示:

比较项目	许可人	被许可人	备注
独占许可	有诉权	有诉权	合同另有约定的除外
排他许可	有诉权	在许可人不起诉的情况下有诉权	合同另有约定的除外
普通许可	有诉权	无诉权	合同另有约定或者经权利人书面授权可单独提起诉讼的除外

4. 请求确认不侵犯专利权之诉。权利人向他人发出侵犯专利权的警告,被警告人或者利害关系人经书面催告权利人行使诉权,权利人自收到该书面催告之日起 1 个月内或者自书面催告发出之日起 2 个月内,既不撤回警告,也不提起诉讼,被警告人或者利害关系人向人民法院提起请求确认其行为不侵犯专利权诉讼的,人民法院应当受理。

5. 技术调查官制度。人民法院审理专利、技术秘密、计算机软件等专业技术性较强的知识产权案件时,可以指派技术调查官参与诉讼活动,包括参与询问、听证、庭前会议、开庭审理、列席案件评议等活动,协助合议庭对案件涉及的技术问题进行分析和判断,提出独立的技术调查意见。技术调查官属于审判辅助人员,不是合议庭成员,不具有处理案件的表决权。技术调查意见可以作为合议庭认定技术事实的参考。合议庭对技术事实的认定承担责任。

考点 2 著作权的主体

【大纲要求解读】大纲要求**熟悉并能够运用**著作权的主体,如作者、继受人、外国人和无国籍人。

【命题要点归纳】

1. 作者。

(1)所谓作者,是指创作作品的自然人。由于作品是精神产物,所以只有自然人才是事实上的作者。

(2)但是依据我国《著作权法》的规定,单位在特殊的情形下可以被视为作者。这里所说的单位包括具有法人资格的单位以及不具备法人资格的单位。

由法人或者非法人组织主持,代表法人或者非法人组织意志创作,并由法人或者非法人组织承担责任的作品,法人或者非法人组织视为作者。

(3)作者的推定。如无相反证明,在作品上署名的自然人、法人或者非法人组织为作者。

(4)合作作品的著作权由合作者共同享有。

2. 职务作品的著作权人。

《著作权法》第 18 条第 1 款规定:"公民为完成法人或者非法人组织工作任务所创作的作品是职务作品,除本条第二款的规定以外,著作权由作者享有,但法人或者非法人组织有权在其业务范围内优先使用。作品完成两年内,未经单位同意,作者不得许可第三人以与单位使用的相同方式使用该作品。"

有下列情形之一的职务作品,作者享有署名权,著作权的其他权利由法人或者非法人组织享有,法人或者非法人组织可以给予作者奖励:(1)主要是利用法人或者非法人组织的物质技术条件创作,并由法人或者非法人组织承担责任的工程设计图、产品设计图、地图、示意图、计算机软件等职务作品;(2)报社、期刊社、通讯社、广播电台、电视台的工作人员创作的职务作品;(3)法律、行政法规规定或者合同约定著作权由法人或者非法人组织享有的职务作品。

3. 委托作品的著作权人。

(1)委托合同有约定的,依据委托合同的规定确定著作权的归属。

(2)委托合同未作明确约定或者没有订立合同的,著作权属于受托人,即归创作人。此时委托人在约定的使用范围内享有使用作品的权利,双方没有约定使用作品范围的,委托人可以在委托创作的特定目的范围内免费使用作品。

4.影视作品的著作权人。

对于影视作品的著作权归属可以总结为三点:

(1)著作权归制作者。

(2)参与创作人有署名权。电影、电视、录像作品的导演、编剧、作词、作曲、摄影等作者享有署名权,著作权的其他权利由制作电影、电视、录像制品的制片者享有。

(3)视听作品中剧本、音乐等可以单独使用的作品的作者有权单独行使其著作权。

考点3 著作权的内容

【大纲要求解读】大纲要求**熟悉并能够运用**著作权的内容,如著作人身权即发表权、署名权、修改权和保护作品完整权,著作财产权如使用权、许可使用权、转让权、获得报酬权。

【命题要点归纳】

著作权包括下列人身权和财产权:(1)发表权;(2)署名权;(3)修改权;(4)保护作品完整权;(5)复制权;(6)发行权;(7)出租权;(8)展览权;(9)表演权;(10)放映权;(11)广播权;(12)信息网络传播权;(13)摄制权;(14)改编权;(15)翻译权;(16)汇编权;(17)应当由著作权人享有的其他权利。

著作权人可以许可他人行使第(5)~(17)项规定的权利,并依照约定或者《著作权法》有关规定获得报酬。

著作权人可以全部或者部分转让第(5)~(17)项规定的权利,并依照约定或者《著作权法》有关规定获得报酬。

考点4 合理使用

【大纲要求解读】大纲要求**熟悉并能够运用**著作权的限制,如合理使用的概念和情形。

【命题要点归纳】

在下列情况下使用作品,可以不经著作权人许可,不向其支付报酬,但应当指明作者姓名、作品名称,并且不得影响该作品的正常使用,也不得不合理地损害著作权人的合法权益:

1.为个人学习、研究或者欣赏,使用他人已经发表的作品;

2.为介绍、评论某一作品或者说明某一问题,在作品中适当引用他人已经发表的作品;

3.为报道新闻,在报纸、期刊、广播电台、电视台等媒体中不可避免地再现或者引用已经发表的作品;

4.报纸、期刊、广播电台、电视台等媒体刊登或者播放其他报纸、期刊、广播电台、电视台等媒体已经发表的关于政治、经济、宗教问题的时事性文章,但著作权人声明不许刊登、播放的除外;

5.报纸、期刊、广播电台、电视台等媒体刊登或者播放在公众集会上发表的讲话,但作者声明不许刊登、播放的除外;

6.为学校课堂教学或者科学研究,翻译、改编、汇编、播放或者少量复制已经发表的作品,供教学或者科研人员使用,但不得出版发行;

7.国家机关为执行公务在合理范围内使用已经发表的作品;

8.图书馆、档案馆、纪念馆、博物馆、美术馆、文化馆等为陈列或者保存版本的需要,复制本馆收藏的作品;

9.免费表演已经发表的作品,该表演未向公众收取费用,也未向表演者支付报酬;

10. 对设置或者陈列在公共场所的艺术作品进行临摹、绘画、摄影、录像；

11. 将中国公民、法人或者其他组织已经发表的以国家通用语言文字创作的作品翻译成少数民族语言文字作品在国内出版发行；

12. 以阅读障碍者能够感知的无障碍方式向其提供已经发表的作品；

13. 法律法规规定的其他情形。

为实施义务教育和国家教育规划而编写出版教科书，可以不经著作权人许可，在教科书中汇编已经发表的作品片段或者短小的文字作品、音乐作品或者单幅的美术作品、摄影作品、图形作品，但应当按照规定支付报酬，指明作者姓名或者名称、作品名称，并且不得侵犯著作权人依照《著作权法》享有的其他权利。

考点5 专利权的归属

【大纲要求解读】大纲要求**熟悉并能够运用**专利权的发明人或设计人以及发明人或设计人的单位对专利权归属的界定。

【命题要点归纳】

1. 非职务发明创造的专利权属于发明人或设计人。

2. 职务发明创造的专利权属于发明人或设计人的单位。

(1)职务发明创造是指执行本单位的任务或者主要是利用本单位的物质技术条件所完成的发明创造，具体包括：①在本职工作中作出的发明创造；②履行本单位交付的本职工作之外的任务所作出的发明创造；③退休、调离原单位后或者劳动、人事关系终止后1年内作出的，与其在原单位承担的本职工作或者原单位分配的任务有关的发明创造。

(2)在职务发明中，发明人或设计人的权利是：署名、获得奖励和获得报酬。

3. 利用本单位的物质技术条件所完成的发明创造，单位与发明人或者设计人可以约定归属。

4. 合作与委托发明创造专利权的归属：有约定按约定，无约定属于发明人或设计人。

考点6 专利权的内容和限制 2024New

【大纲要求解读】大纲要求**熟悉并能够运用**掌握专利权人的权利和义务、专利权的期限、专利权的限制。

【命题要点归纳】

1. 专利权人的权利。

(1)使用权——独占实施权。

①发明和实用新型的独占实施权。即只有发明和实用新型的专利权人可以以如下方式实施其专利，未经许可任何人均不得为生产经营的目的以这些方式实施该专利，否则即构成侵权：制造、使用、许诺销售、销售、进口其专利产品；使用其专利方法以及使用、许诺销售、销售、进口依照该专利方法直接获得的产品。

②外观设计的独占实施权。即只有外观设计的专利权人可以以下述方式实施其专利权：制造、许诺销售、销售和进口该外观设计产品。未经外观设计的专利权人许可，制造、许诺销售、销售和进口外观设计产品的构成侵权行为。

(2)收益权：通过许可他人实施专利权而获得报酬的权利，具体包括许可实施的权利、获得报酬的权利。

(3)处分权：①转让专利申请权或专利权。中国单位或者个人向外国人外国企业或者外国其他组织转让专利申请权或专利权的，必须经国务院有关主管部门批准。

②质押。专利权可以出质用以担保债权，详见担保物权部分。

③出资。作为知识产权的专利权可以用作设立公司、合伙企业、个人独资企业的出资。具体见

《公司法》的有关规定。

④抛弃专利权。以书面形式向专利局表示放弃其专利权的,专利局可以注销专利。不按规定交纳专利年费的,视为放弃专利权。

(4)标示权。专利的发明人或设计人有权在专利文件中写明的是发明人或设计人。专利权人有权在其专利产品或者该产品的包装上标明专利标识。

2. 专利权的期限:发明专利权的期限为20年,实用新型专利权的期限为10年,外观设计专利权的期限为15年,均自申请日起计算。自发明专利申请日起满4年,且自实质审查请求之日起满3年后授予发明专利权的,国务院专利行政部门应专利权人的请求,就发明专利在授权过程中的不合理延迟给予专利权期限补偿,但由申请人引起的不合理延迟除外。为补偿新药上市审评审批占用的时间,对在中国获得上市许可的新药相关发明专利,国务院专利行政部门应专利权人的请求给予专利权期限补偿。请求给予专利权期限补偿的,专利权人应当自公告授予专利权之日起3个月内向国务院专利行政部门提出。补偿期限不超过5年,新药批准上市后总有效专利权期限不超过14年。申请人享有优先权的,优先权日不得成为专利保护期的起算日。专利权期限届满后,专利权终止。专利权期限届满前,专利权人可以书面声明放弃专利权。

3. 专利权的限制。

(1)强制许可。

①强制许可的概念。所谓强制许可,是指在符合法律规定的条件下,特定的民事主体可以向国务院专利行政主管部门申请由该主管部门依据公权力授予其实施该项专利之权利的法律制度。

②强制许可的类型。A. 不实施的强制许可。获得此种强制许可必须符合下述条件:专利权人行使专利权的行为被依法认定为垄断行为,为消除或者减少该行为对竞争产生的不利影响的;必须是在专利权被授予之日起满3年且自提出专利权申请之日满4年,无正当理由未实施或者未充分实施其专利的。

B. 根据公共利益需要的强制许可。在国家出现紧急状态或者非常情况时,或者为了公共利益的目的,国务院专利行政部门可以给予实施发明专利或者实用新型专利的强制许可。

C. 从属专利的强制许可。获得此种强制许可必须符合下述条件:一项取得专利权的发明或者实用新型比以前已经取得专利权的发明或者实用新型具有显著经济意义的重大技术进步;一项专利的实施又有赖于前一发明或者实用新型的实施。

(2)不视为侵犯专利权的行为。有下列情形之一的不视为侵害专利权,因此无须承担法律责任:

①专利权耗尽。专利产品或者依照专利方法直接获得的产品,由专利权人或者经其许可的单位、个人售出后,使用、许诺销售,销售、进口该产品的。

②先用权人的使用。在专利申请日前已经制造相同产品、使用相同方法或者已经做好制造、使用的必要准备,并且仅在原有范围内继续制造、使用的。

③临时过境。临时通过中国领陆、领水、领空的外国运输工具,依照其所属国同中国签订的协议或者共同参加的国际条约,或者依照互惠原则,为运输工具自身需要而在其装置和设备中使用有关专利的。

④专为科学研究和实验而使用有关专利的。

(3)侵权但无须承担损害赔偿责任的情形。

①为生产经营目的使用、许诺销售或者销售不知道是未经专利权人许可而制造并售出的专利侵权产品,能证明该产品合法来源的,不承担赔偿责任,

②但是仍然要承担停止侵害的法律责任。

考点7 商标注册的原则

【大纲要求解读】大纲要求**熟悉并能够运用**商标注册的原则。

【命题要点归纳】

1. 申请在先原则。申请在先原则又称注册在先原则，是指两个或者两个以上的商标注册申请人，在同一种商品或者类似商品上，以相同或者近似的商标申请注册的，申请在先的商标，其申请人可获得商标专用权，在后的商标注册申请予以驳回。如果是同一天申请，初步审定并公告使用在先的商标，驳回其他人的申请，并不予公告；同日使用或均未使用的，申请人之间可以在收到通知之日起 30 日内自行协商，并将书面协议送到商标局。协商不成的，由各申请人抽签决定。

申请商标注册不得损害他人现有的在先权利，也不得以不正当手段抢先注册他人已经使用并有一定影响的商标。《商标法》第 15 条第 2 款规定："就同一种商品或者类似商品申请注册的商标与他人在先使用的未注册商标相同或者近似，申请人与该他人具有前款规定以外的合同、业务往来关系或者其他关系而明知该他人商标存在，该他人提出异议的，不予注册。"

2. 自愿注册原则。自愿注册原则是指商标使用人是否申请商标注册取决于自己的意愿。在自愿注册原则下，商标注册人对其注册商标享有专用权，受法律保护。未经注册的商标，可以在生产服务中使用，但其使用人不享有专用权，无权禁止他人在同种或类似商品上使用与其商标相同或近似的商标，但驰名商标除外。

在实行自愿注册原则的同时，我国规定了在极少数商品上使用的商标实行强制注册原则，作为对自愿注册原则的补充。目前必须使用注册商标的商品只有烟草制品，包括卷烟、雪茄烟和有包装的烟丝。使用未注册商标的烟草制品，禁止生产和销售。

3. 诚实信用原则。我国《商标法》在坚持申请在先原则的同时，还特别强调商标注册在先申请的正当性，要求申请注册和使用商标均应当遵循诚实信用原则，防止不正当的恶意囤积注册、恶意抢先注册等不正当抢注行为。如《商标法》第 4 条第 1 款规定：自然人、法人或者其他组织在生产经营活动中，对其商品或者服务需要取得商标专用权的，应当向商标局申请商标注册。不以使用为目的的恶意商标注册申请，应当予以驳回。《商标法》第 32 条规定：申请商标注册不得损害他人现有的在先权利，也不得以不正当手段抢先注册他人已经使用并有一定影响的商标。

考点 8 商标权的内容

【大纲要求解读】大纲要求**熟悉并能够运用**商标权的内容，如专用权、许可权、转让权、续展权、标示权、禁止权。

【命题要点归纳】

1. 专有使用权。商标所有人对自己的注册商标享有排他性的独占使用权，任何第三人不得在同类产品或者服务上使用与商标所有人注册之商标相同或相类似的标志。

2. 收益权，即商标权人通过将商标许可他人使用而自被许可人处获得对价或报酬的权利。

3. 处分权。(1)转让权。商标所有人可以将商标权转让给第三人，转让可以是有偿也可以是无偿。

(2)出资。商标所有人可以用商标进行出资，设立公司等企业法人或者合伙企业、个人独资企业等。

(3)质押。商标所有人可以将商标出质设定权利质权，用以担保自己或者第三人的债务。

(4)抛弃商标权。

①明示抛弃。商标权人可以向商标局以明示的方式表示放弃商标权，并由商标局予以注销登记。

②默示抛弃。具体包括两种情形：第一，注册商标之所有人连续 3 年不使用注册商标的，商标局注销该商标。第二，商标保护期限届满，超过宽限期商标所有人没有申请续期。

考点 9 商标侵权行为

【大纲要求解读】大纲要求**熟悉并能够运用**商标侵权行为的概念、表现形式、合理使用和法律责任。

【命题要点归纳】

1. 商标侵权行为。

(1)下列未经商标注册人许可的行为,均属侵犯注册商标专用权:

①在同一种商品上使用与其注册商标相同的商标。

②在同一种商品上使用与其注册商标近似的商标,或者在类似商品上使用与其注册商标相同或者近似的商标,容易导致混淆的。

③销售侵犯注册商标专用权的商品的。

④伪造、擅自制造他人注册商标标识或者销售伪造、擅自制造的注册商标标识的。

⑤未经商标注册人同意,更换其注册商标并将该更换商标的商品又投入市场的。

⑥故意为侵犯他人商标专用权行为提供便利条件,帮助他人实施侵犯商标专用权行为的。

(2)其他商标侵权或者类商标侵权行为:

①将他人注册商标、未注册的驰名商标作为企业名称中的字号使用,误导公众,构成不正当竞争行为的,按照《反不正当竞争法》处理。

②将与他人注册商标相同或者相近似的文字作为企业的字号在相同或者类似商品上突出使用,容易使相关公众产生误认的。

③将与他人注册商标相同或者相近似的文字注册为域名,并且通过该域名进行相关商品交易的电子商务,容易使相关公众产生误认的。

④复制、模仿、翻译他人注册的驰名商标或者其主要部分在不相同或者不相类似商品上作为商标使用,误导公众,致使该驰名商标注册人的利益可能受到损害的。

⑤复制、模仿、翻译他人未在中国注册的驰名商标或其主要部分,在相同或者类似商品上作为商标使用,容易导致混淆的。

⑥在同一种商品或者类似商品上,将与他人注册商标相同或者近似的标志作为商品名称或者商品装潢使用,误导公众的。

2. 商标侵权的抗辩事由。

(1)不侵权的抗辩。

①正当使用。包括两种情况:

A. 注册商标中含有的本商品的通用名称、图形、型号,或者直接表示商品的质量、主要原料、功能、用途、重量、数量及其他特点,或者含有的地名,注册商标专用权人无权禁止他人正当使用。

B. 三维标志注册商标中含有的商品自身的性质产生的形状、为获得技术效果而需有的商品形状或者使商品具有实质性价值的形状,注册商标专用权人无权禁止他人正当使用。

②先用权。商标注册人申请商标注册前,他人已经在同一种商品或者类似商品上先于商标注册人使用与注册商标相同或者近似并有一定影响的商标的,注册商标专用权人无权禁止该使用人在原有使用范围内继续使用该商标,但可以要求其附加适当区别标志。

(2)不承担赔偿责任的抗辩。

①注册商标 3 年未使用。注册商标 3 年未实际使用,并且注册商标专用权人不能证明受到其他损失的,侵权人不承担赔偿责任。

②善意销售。销售不知道是侵犯注册商标专用权的商品,能证明该商品是自己合法取得并说明提供者的,不承担赔偿责任。

③侵犯未注册驰名商标。侵犯未注册驰名商标的,只承担停止侵害、销毁侵权物品等责任,不承担赔偿责任。

3. 侵权赔偿。

《商标法》第 63 条规定对恶意侵犯商标专用权,情节严重的,可以在权利人因侵权受到的实际损失、侵权人因侵权获得的利益或者注册商标使用许可费 1～5 倍的范围内确定赔偿数额。同时，《商标法》还规定，在上述 3 种情况都无法查清的情况下，法院可以酌情决定的法定赔偿额上限从 300 万元提高到 500 万元。

同时，本条规定，在商标侵权诉讼中，人民法院为确定赔偿数额，在权利人已经尽力举证，而与侵权行为相关的账簿、资料主要由侵权人掌握的情况下，可以责令侵权人提供与侵权行为相关的账簿、资料；侵权人不提供或者提供虚假的账簿、资料的，人民法院可以参考权利人的主张和提供的证据判定赔偿数额。这就大大减轻了商标权利人在主张侵权赔偿时的举证责任，使人民法院在确定赔偿数额时更有法可依。

考点10 注册商标的撤销

【大纲要求解读】大纲要求**熟悉并能够运用**商标撤销适用的主体、适用情形、效力及当事人的救济途径等。

【命题要点归纳】

注册商标的撤销是商标局对违法使用商标的注册人依法强制取消已经注册的商标的一种强制性法律措施，也是违法者应当承担的行政法律责任。当事人对决定不服的，可以依法申请复审，依法提起行政诉讼。

商标注册人有下列行为之一的，由商标局责令限期改正或者撤销其注册商标：(1)自行改变注册商标的；(2)自行改变注册商标的注册人名义、地址或者其他注册事项的。

注册商标成为其核定使用的商品的通用名称或者没有正当理由连续 3 年不使用的，任何单位或者个人可以向商标局申请撤销该注册商标。商标局应当自收到申请之日起 9 个月内作出决定。有特殊情况需要延长的，经国务院市场监督管理部门批准，可以延长 3 个月。

对商标局撤销注册商标的决定，当事人不服的，可以自收到通知之日起 15 日内向国家知识产权局商标局申请复审，由国家知识产权局商标局在 9 个月内作出决定，并书面通知申请人。有特殊情况需要延长的，经国务院市场监督管理部门批准，可以延长 3 个月。当事人对国家知识产权局商标局的决定不服的，可以自收到通知之日起 30 日内向人民法院起诉。

考点11 注册商标的无效宣告

【大纲要求解读】大纲要求**熟悉并能够运用**商标无效宣告适用的主体、适用情形、效力及当事人的救济途径等。

【命题要点归纳】

由于申请人或商标注册机关等多方面的原因，可能导致部分不具备注册条件的商标被允许合法注册。注册商标的无效宣告是弥补商标注册工作失误的一种重要制度。

1. 注册商标不涉及侵害他人民事权益情形下的无效宣告。已经注册的商标，违反《商标法》第 4 条、第 10～12 条、第 19 条第 4 款规定的，或者是以欺骗手段或者其他不正当手段取得注册的，由商标局宣告该注册商标无效；其他单位或者个人可以请求国家知识产权局商标评局宣告该注册商标无效。

2. 注册商标侵害他人民事权益情形下的无效宣告。已经注册的商标，违反《商标法》第 13 条第 2 款和第 3 款、第 15 条、第 16 条第 1 款、第 30～32 条规定的，自商标注册之日起 5 年内，在先权利人或者利害关系人可以请求国家知识产权局商标局会宣告该注册商标无效。对恶意注册的，驰名商标所有人不受 5 年的限制。

3. 司法审查。国家知识产权局商标局在对涉及侵害他人民事权益情形下的无效宣告请求进行审查的过程中，所涉及的在先权利的确定必须以人民法院正在审理或者行政机关正在处理的另一案件的结果为依据的，可以中止审查。中止原因消除后，应当恢复审查程序。

4. 注册商标宣告无效的法律后果。注册商标被宣告无效的,其商标专用权视为自始不存在。宣告注册商标无效的决定或者裁定,对在无效前人民法院作出并已执行的商标侵权案件的判决、裁定、调解书,市场监督管理部门作出并已执行的商标侵权案件的处理决定以及已经履行的商标转让或者使用许可合同,不具有追溯力;但是,因商标注册人恶意给他人造成的损失,应当给予赔偿。依照前述规定不返还商标侵权赔偿金、商标转让费、商标使用费,明显违反公平原则的,应当全部或者部分返还。

商　法

考点 1　公司决议的无效 2024 New

【大纲要求解读】大纲要求**了解与理解**公司决议的效力，**熟悉并能够运用**公司决议效力的类型分析。

【命题要点归纳】

1. 公司决议无效的原因。《公司法》第 25 条规定，公司股东会、董事会的决议内容违反法律、行政法规的无效。股东会决议无效的原因如下：

(1)违反法律和行政法规的决议无效。股东会是公司的权力机构、董事会是公司的执行机构，股东会和董事会依法作出的决议，体现的是公司的意志，其内容对股东相互之间、股东与公司之间、董事、监事、高级管理人员与公司之间的法律关系乃至公司与债权人之间的法律关系影响重大，公司的经营管理运行和重大事项的决策必须依法进行。因此，《公司法》规定了股东会、董事会决议内容违反法律、行政法规的无效。《民法典》第 153 条第 1 款规定，违反法律、行政法规的强制性规定的民事法律行为无效。但是，该强制性规定不导致该民事法律行为无效的除外。至于何为"违反强制性规定不导致该民事法律行为无效"的例外情形，《合同编通则解释》第 16 条第 1 款规定，合同违反法律、行政法规的强制性规定，有下列情形之一，由行为人承担行政责任或者刑事责任能够实现强制性规定的立法目的的，人民法院可以依据《民法典》第 153 条第 1 款关于"该强制性规定不导致该民事法律行为无效的除外"的规定认定该合同不因违反强制性规定无效：(1)强制性规定虽然旨在维护社会公共秩序，但是合同的实际履行对社会公共秩序造成的影响显著轻微，认定合同无效将导致案件处理结果有失公平公正；(2)强制性规定旨在维护政府的税收、土地出让金等国家利益或者其他民事主体的合法利益而非合同当事人的民事权益，认定合同有效不会影响该规范目的的实现；(3)强制性规定旨在要求当事人一方加强风险控制、内部管理等，对方无能力或者无义务审查合同是否违反强制性规定，认定合同无效将使其承担不利后果；(4)当事人一方虽然在订立合同时违反强制性规定，但是在合同订立后其已经具备补正违反强制性规定的条件却违背诚信原则不予补正；(5)法律、司法解释规定的其他情形。股东会、董事会决议若出现符合《民法典》第 153 条第 1 款规定，且不具有《合同编通则解释》第 16 条第 1 款规定情形的，则属于无效决议。

(2)违反公序良俗的决议无效。如前所述，依据《民法典》规定，公司决议属于民事法律行为。《民法典》第 153 条第 2 款规定，违背公序良俗的民事法律行为无效。《合同编通则解释》第 17 条第 1 款规定，合同虽然不违反法律、行政法规的强制性规定，但是有下列情形之一，人民法院应当依据《民法典》第 153 条第 2 款的规定认定合同无效：(1)合同影响政治安全、经济安全、军事安全等国家安全的；(2)合同影响社会稳定、公平竞争秩序或者损害社会公共利益等违背社会公共秩序的；(3)合同背离社会公德、家庭伦理或者有损人格尊严等违背善良风俗的。故公司决议所出现上述法律和司法解释规定的情形的，则会被人民法院依法判定为决议无效。

2. 公司决议无效的确认程序。我国《公司法》目前仅规定了决议可撤销的诉讼行使程序，未规定决议无效以及决议不成立的诉讼程序，但依据相关公司法理以及法律行为的基础理论，决议无效与未成立也应当通过诉讼程序加以行使。《公司法》第 25 条并未规定提起股东会、董事会决议无效之诉的主体，按照法律行为无效的基础法理，在决议无效的类型下，任何人均应当有权提起无效之诉。但监事会是法定的公司监督机构，若发现股东会和董事会决议存在无效情形，监事会依法应当提起诉讼并维护股东利益和公司利益。同样，与决议存在利益相关的第三人应当同样可以提起股东会、董事会决议的无效之诉。

考点2 公司决议的撤销 2024 New

【大纲要求解读】大纲要求**了解与理解**公司决议的效力，**熟悉并能够运用**公司决议效力的类型分析。

【命题要点归纳】

1. 公司决议撤销的事由。依据《公司法》第26条的规定，公司决议可撤销的事由主要包括：

(1)会议召集程序违反法律、行政法规或公司章程，例如由没有召集权的人召集会议；未向部分股东召集，或通知时间、通知方法不合法，通知内容不齐全；等等。

(2)会议的表决方式违反法律、行政法规或公司章程。《公司法》第24条规定，公司股东会、董事会、监事会召开会议和表决可以采用电子通信方式，公司章程另有规定的除外。这是对公司决议方式的规定。如出现特别决议事项以普通决议来表决、决议通过的股份数不满足法定要求、表决权计算违法以及表决过程中存在以商业利益交换拉票行为的种种情形，或者违反公司章程对于会议决议方式约定的情形的，都属于可以撤销的情形。

(3)会议决议内容违反公司章程，如公司大股东经2/3多数决方式通过了以侵害小股东利益为内容的决议，侵害了公司章程赋予公司和小股东的利益，即属于可撤销的情形。当然，若决议各项内容具有可分性，也会出现这部分决议事项被撤销的情形。

2. 公司决议撤销的程序与除斥期间。依《公司法》规定，我国有权提起决议撤销之诉的主体只能是股东。至于提起撤销之诉的股东是否参与表决、是否投赞成票，《公司法》对此并未明确规定。我们认为，应当允许其提起撤销之诉，这可以保护那些虽然在表决中同意议案但并不知道召集程序或表决方法有瑕疵的股东的利益，并且也能起到督促公司股东会在召集和表决中严格按照规定进行。当然，就公司法理论而言，公司的监事会同样有权提起股东会决议的撤销之诉。因为撤销之诉的被告是公司。

至于提起撤销权之诉的期限，因为引起决议撤销之诉的事由并非很严重，所以在法律规定的期间内，没有提起决议撤销之诉的，不得再提起决议撤销之诉。《公司法》第26条规定行使撤销权的期限为60日，对于参加会议的股东而言，提起撤销之诉的60日期限自决议作出之日起计算；对于未被通知参加股东会的股东，自知道或者应当知道股东会决议作出之日起算60日的期间。为了维护决议的稳定性，公司法同时规定了撤销权行使的最长期间为1年，股东自决议作出之日起1年内没有行使撤销权的，撤销权消灭。依据撤销权的法理，此处规定的60日和1年均为除斥期间，不存在中止、中断和延长的情形，如果在此期间无人提起股东会、董事会决议撤销之诉，则该决议成为具有确定法律效力的决议。

3. 公司决议轻微瑕疵的效力。对于股东会、董事会会议的召集程序或者表决方式仅有轻微瑕疵，对决议未产生实质影响，《公司法》第26条通过但书条款确定该轻微瑕疵情形不属于可撤销的范畴。这是因为，若股东会、董事会的会议召集程序或者表决方式上存在轻微瑕疵，不对决议内容和结果产生实质性影响的，在实体上就没有必要撤销该决议，重新召开会议。节约了公司会议成本和时间成本，也提高了公司的运营效率。

考点3 公司决议不成立 2024 New

【大纲要求解读】大纲要求**了解与理解**公司决议的效力，**熟悉并能够运用**公司决议效力的类型分析。

【命题要点归纳】

公司的决议是法律行为，类推于法律行为成立的理论，在公司股东会、董事会决议缺少了必要的形式要件的情况下，应认定股东会、董事会未作出决议，即公司决议的不成立。公司决议的无效和可撤销的前提均是已经作出决议，只不过因为决议内容或相关程序违反法律法规或存在瑕疵，但决议的不成立相当于认定公司股东会或董事会自始并未作出过决议。

1. 公司决议不成立的事由。依据《公司法》第 27 条规定,以下四类情形应当认定为公司股东会或董事会的决议不成立:

(1)未召开股东会或董事会会议作出决议。该规定强调股东会和董事会会议的形式作用,要求股东会和董事会必须以开会的形式作出决议。如果会议没有召开,那么股东会或董事会不能进行任何决议表决,未经开会而形成的单纯的书面决议不能作为决议成立的要件。例外情形是《公司法》第 59 条第 2 款规定,对于该条第 1 款所列股东会的九项职权事项,有限责任公司股东以书面形式一致表示同意的,可以不召开股东会会议,直接作出决定,并由全体股东在决定文件上签名或者盖章。

(2)股东会或董事会会议未对决议事项进行表决。如果会议召开了,但在会议上没有对决议事项进行表决,那么这些事项也不会成为正式的决议。未经表决说明被讨论的事项没有经过充分的意见表达,最终是由特定的主体依个人意志促成决议的通过,不符合决议的形式和实质要求。

(3)出席会议的人数或者所持表决权数未达到《公司法》或者公司章程规定的人数或者所持表决权数。我国《公司法》并未对于股东法定出席比例作出规定,股东会出席会议的人数或者所持表决权数主要是通过章程加以规定。《公司法》第 124 条规定了股份公司的董事会会议应当有过半数的董事出席方可举行。我国《公司法》没有规定有限责任董事会的出席人数。若出席股东会会议的股东人数或者所持表决权没有达到公司章程规定的最低比例的,或者出席董事会的人数没有达到法定或者章定人数的,则不符合公司章程规定的议事方式和表决程序,该股东会、董事会决议不成立。

(4)同意决议事项的人数或者所持表决权数未达到《公司法》或者公司章程规定的人数或者所持表决权数。根据《公司法》或公司章程的规定,对于相应的决议事项需要一定数量的股东或董事同意决议,或者需要他们持有的表决权达到一定的比例才能使决议生效。如果上述要求没有达到,将无法形成有效的决议,已经形成的决议应当被确认为不成立。如《公司法》第 66 条、第 116 条规定,股东会作出一般决议,有限责任公司应当经代表过半数表决权的股东通过,股份有限公司应当经出席会议的股东所持表决权过半数通过;股东会作出修改公司章程、增加或者减少注册资本的决议,以及公司合并、分立、解散或者变更公司形式的特别决议的,应当经代表 2/3 以上表决权的股东通过。《公司法》第 73 条、第 124 条规定,公司董事会作出决议,应当经全体董事的过半数通过。由此,若股东会决议、董事会决议没有获得公司法或者章程规定的人数或者表决权数,则该决议不能成立。

2. 公司决议不成立的确认程序。目前公司法并未规定决议不成立之诉的具体程序,参照《公司法司法解释(四)》的规定,以及民事法律行为的不成立的认定程序,公司的股东、董事、监事或与决议事项存在利害关系的主体均可提起该诉讼。该诉讼应当属于确认之诉的类型,即请求法官确认股东会或董事会决议在法律上未成立,从而无法对任何主体产生约束力。提起诉讼的时间也应当限定在决议作出后的合理时间内,以避免决议长期处于不确定的效力状态下。

考点 4 股权对外转让的规则 2024 New

【大纲要求解读】大纲要求**理解**有限责任公司股权对外转让的规则。

【命题要点归纳】

有限责任公司的股东可以将其持有的公司股权转让给现有股东以外的第三人,但须符合《公司法》规定的相关条件,包括:

1. 转让通知。转让股东要尽到通知义务。股东向股东以外的第三人转让股权,应当将股权转让的数量、价格、支付方式和期限等事项书面通知其他股东,其他股东在同等条件下有优先购买权。

2. 其他股东的优先购买权。对于股东对外转让的股权,其他股东在同等条件下有优先购买权。股东自接到书面通知之日起 30 日内未答复的,视为放弃优先购买权。对"同等条件"的理解,可以参酌的因素包括转让股权的数量、价格等,考虑转让股权的数量、价格、支付方式及期限等因素。两个以上股东行使优先购买权的,协商确定各自的购买比例;协商不成的,按照转让时各自的出资比例行使优先购买权。公司章程对股权转让另有规定的,从其规定。

3. 强制执行程序中的股东优先购买权。在因股权质押担保等情形而导致人民法院依法采取强制执行措施而转让有限责任公司的股东在公司中的股权的情形下,人民法院应当将此强制执行措施的有关情况通知股东所在的公司和全体股东,包括被强制执行股权的股东和其他股东。其他股东在同等条件下享有优先购买权,但该优先购买权应当自接到人民法院的通知之日起 20 日行使,逾期不行使的,视为放弃优先购买权,第三人可以通过强制执行措施受让该股权。对于该非通过协商而是通过强制执行程序购买股权的新股东,公司和其他股东不得否认其效力。公司应当注销原股东的出资证明书,并向新股东签发出资证明书,修改公司章程和股东名册中有关股东及其出资额的记载,此项对于公司章程的修改不需再由股东会表决而直接发生效力。

考点 5 股东的权利 2024 New

【大纲要求解读】大纲要求了解即了解股东权利的概念、类型和内容。

【命题要点归纳】

1. 股东权的内容。我国《公司法》第 4 条第 2 款规定,公司股东依法享有资产收益、参与重大决策和选择管理者等权利。除该条之外,《公司法》在很多其他条文中都规定了股东的具体权利。股东权利归纳起来可分为以下十二项:(1)发给股票或其他股权证明请求权;(2)股份转让权;(3)股息红利分配请求权,即资产收益权;(4)股东会临时召集请求权或自行召集权;(5)出席股东会并行使表决权,即参与重大决策权和选择管理者的权利;(6)对公司财务的监督检查权和会计账簿的查阅权;(7)公司章程、股东会会议记录、董事会会议决议、监事会会议决议的查阅权和复制权,但股份有限公司的股东没有复制权;(8)优先认购新股权;(9)公司剩余财产分配权;(10)权利损害救济权和股东代表诉讼权;(11)公司重整申请权;(12)对公司经营的建议与质询权。其中,第(1)(2)(3)(8)(9)项为股东权中的财产权,第(4)(5)(6)(7)(10)(11)(12)项为股东权中的管理参与权。

2. 股东知情权的行使。

(1)一般知情权:根据《公司法》第 57 条第 1 款规定,公司股东有权查阅、复制公司的六种文件资料:公司章程、股东名册、股东会会议记录、董事会会议决议、监事会会议决议和财务会计报告,公司均应允许。参照《最高人民法院关于适用〈中华人民共和国公司法〉若干问题的规定(四)》第 7 条规定,有限责任公司起诉请求查阅或者复制公司特定文件材料的,人民法院应当依法予以受理。公司有证据证明前款规定的原告在起诉时不具有公司股东资格的,人民法院应当驳回起诉,但原告有初步证据证明在持股期间其合法权益受到损害,请求依法查阅或者复制其持股期间的公司特定文件材料的除外。《公司法》同时规定,有限责任公司股东的一般知情权及于公司的全资子公司,股东有权依据上述规则要求查阅、复制公司全资子公司相关材料。

(2)股东对公司会计账簿、会计凭证的知情权:

股东也可以要求查阅公司会计账簿和会计凭证,但是需要符合较为严格的条件要求。

①提出书面请求并说明目的。《公司法》第 57 条第 2 款规定,股东可以要求查阅公司会计账簿、会计凭证。股东要求查阅公司会计账簿、会计凭证的,应当向公司提出书面请求,说明目的。

②不当目的的认定。公司有合理根据认为股东查阅会计账簿、会计凭证有不正当目的,可能损害公司合法利益的,可以拒绝提供查阅,并应当自股东提出书面请求之日起十五日内书面答复股东并说明理由。公司拒绝提供查阅的,股东可以向人民法院提起诉讼。《公司法》第 57 条第 2 款所称的"不正当目的",应当有相关证据予以证明。《最高人民法院关于适用〈中华人民共和国公司法〉若干问题的规定(四)》第 8 条规定,有证据证明股东存在下列情形之一的,可以认定股东有上述规定的"不正当目的":A. 股东自营或者为他人经营与公司主营业务有实质性竞争关系业务的,但公司章程另有规定或者全体股东另有约定的除外;B. 股东为了向他人通报有关信息查阅公司会计账簿,可能损害公司合法利益的;C. 股东在向公司提出查阅请求之日前的 3 年内,曾通过查阅公司会计账

簿，向他人通报有关信息损害公司合法利益的；④股东有不正当目的的其他情形。

③查阅权被实质性剥夺时的司法救济。如果公司章程、股东之间的协议等实质性剥夺股东对于公司会计账簿和会计凭证的权利查阅权利，此种规定或约定不具有约束力，股东仍然可以行使查阅权；若股东以此提起诉讼，而公司以存在上述公司章程、股东协议等为由拒绝股东查阅或者复制的，人民法院不予支持。

④会计账簿查阅权的判决的执行。人民法院审理股东请求查阅或者复制公司特定文件材料的案件，如果作出对原告诉讼请求予以支持的判决，应当在判决中明确查阅或者复制公司特定文件材料的时间、地点和特定文件材料的名录。股东依据人民法院生效判决查阅公司文件材料的，可以委托会计师事务所、律师事务所等中介机构进行。股东及其委托的会计师事务所、律师事务所等中介机构查阅、复制有关材料，应当遵守有关保护国家秘密、商业秘密、个人隐私、个人信息等法律、行政法规的规定。

⑤股东知情权的穿越行使。《公司法》第 57 条第 5 款确认了有限责任公司的股东有权依据公司知情权的行使规则，要求查阅、复制公司全资子公司相关材料，从而确认了股东知情权可以穿越行使至公司全资子公司的制度。

3. 股东红利分配请求权的行使。

（1）红利分配请求权的司法救济与诉讼当事人：公司股东如果认为公司没有按照公司章程或者《公司法》的规定进行股息或者利润分配，可以通过诉讼途径行使自己的红利分配请求权。股东请求公司分配利润案件，应当列公司为被告，即使是股东（特别是小股东）认为公司拒绝进行利润分配是大股东控制的结果，也仍然只能以公司为被告提起此等诉讼。法院受理关于股息与红利分配纠纷案件后，在一审法庭辩论终结前，其他股东基于同一分配方案请求分配利润并申请参加诉讼的，应当将其他股东列为共同原告。

（2）红利分配请求权纠纷的实体处理：在红利分配请求权纠纷案件中，如果公司曾经作出了进行利润分配的决议，嗣后却又拒绝按照该决议进行实际的利润分配，股东如果向法院提交了载明具体分配方案的股东会的有效决议，请求公司分配利润，而公司拒绝分配利润且其关于无法执行决议的抗辩理由不成立的，人民法院应当判决公司按照决议载明的具体分配方案向股东分配利润。相反，如果股东未提交载明具体分配方案的股东会，请求公司分配利润的，人民法院应当驳回其诉讼请求。例外的情形是，如果股东能够证明公司违反法律规定滥用股东权利导致公司不分配利润，给其他股东造成损失的，则法院应当支持股东的诉讼请求。至于利润分配的完成时限，分配方案中有规定的，以分配方案为准；分配方案中没有规定的，以公司章程为准；分配方案和公司章程中均没有规定，或者有规定但时限超过 1 年的，则应当在 1 年内分配完毕。

考点 6 公司的合并 2024 New

【大纲要求解读】大纲要求**了解**公司合并的种类；**理解**不同形式的公司合并的相互区别；**熟悉并能够运用**公司合并的程序要求和法律后果，并对实践中公司合并的法律效力等问题作出分析认定。

【命题要点归纳】

公司合并，是指两个或两个以上的公司，订立合并协议，依照公司法的规定，不经过清算程序，直接结合为一个公司的法律行为。

1. 公司合并的形式。公司合并有两种形式：一是吸收合并，是指一个公司吸收其他公司后存续，被吸收的公司解散；二是新设合并，是指两个或两个以上的公司合并设立一个新的公司，合并各方解散。《公司法》第 218 条规定："公司合并可以采取吸收合并或者新设合并。一个公司吸收其他公司为吸收合并，被吸收的公司解散。两个以上公司合并设立一个新的公司为新设合并，合并各方解散。"

2. 公司合并的程序。依照《公司法》的有关规定，公司合并的程序为：

（1）作出决定或决议。有限责任公司由股东会就公司合并作出决议，《公司法》第 66 条、第 116 条分别规定，有限责任公司股东会对公司合并作出决议，必须经代表 2/3 以上表决权的股东通过；股份有限公司股东会对公司合并作出决议，必须经出席会议的股东所持表决权的 2/3 以上通过。《公司法》第 172 条规定，国有独资公司的合并应由履行出资人职责的机构决定。

依据《公司法》第 89 条和第 162 条规定的异议股东股份回购请求权，对股东会关于公司合并的决议持异议的股东，可以依法请求公司按照合理的价格收购其股权或股份。

（2）签订合并协议。合并协议由合并各方共同签订。合并协议应当包括下列主要内容：合并各方的名称、住所；合并后存续公司或新设公司的名称、住所；合并各方的资产状况及其处理办法；合并各方的债权债务处理办法（应当由合并存续的公司或者新设的公司承继）。

（3）编制资产负债表和财产清单。

（4）通知债权人。公司应当自作出合并决议之日起 10 日内通知债权人，并于 30 日内在报纸上公告或者国家企业信用信息公示系统公告。债权人自接到通知书之日起 30 日内，未接到通知书的自公告之日起 45 日内，可以要求公司清偿债务或者提供相应的担保。

（5）办理合并登记手续。公司合并，应当自公告之日起 45 日后申请登记。

3. 简易合并。简易合并是指无须经过股东会决议，仅需董事会决议即可进行的公司合并。简易合并简化了合并程序，使得合并不再需要经过股东会表决而只需要董事会决议，从而降低了合并的交易成本，同时也提高了合并效率。《公司法》第 219 条规定了两种情形下的简易合并。

（1）母子公司之间的简易合并：常见的合并交易样态为合并公司是母公司而被合并的公司是子公司，母子公司之间的简易合并，指的是母公司对其子公司持有 90% 以上股份，不需要经过子公司的股东会表决，二者就能合并的合并制度。由于母公司对子公司持有绝对多数比例股份，母公司作为控股股东可以单方面决定实施合并，这就构成控股股东的自我交易。在此情况下，利益冲突可能导致子公司少数股东不能获得公平的交易对价；而简易合并又省略了子公司的股东会决议，子公司少数股东无法行使其表决权。因此，《公司法》规定，子公司的少数股东享有知情权，且有权请求公司按照合理的价格收购其股权或者股份。

（2）小规模合并：小规模合并，指的是当合并双方规模有很大差异时，由规模较大的公司对规模较小的公司进行收购、合并。公司法规定的建议合并规则适用于公司合并这一收购活动支付的价款不超过收购公司净资产 10% 的情形。当然公司章程可以对小规模合并作出另外的规定，例如排除小规模合并适用简易合并程序，或者对认定构成小规模合并设置其他条件。

（3）公司合并的法律效果：

①参与合并的公司的变更、消灭或设立。公司合并，被吸收的公司消灭，而新设合并中参与合并的各方公司均消灭。被解散、消灭的公司无需清算，其办理公司注销登记后丧失法人资格。而吸收合并后存续的公司承继了合并各方的债权债务，其登记事项发生变更，应当办理变更登记。新设合并后设立新的公司，该新设公司应办理设立登记。

②权利和义务的概括承受。根据民商法的原理和我国民事法律有关规定，公司合并是合同权利义务即债权债务概括移转的法定原因，合并后的公司必须承受原公司的全部债权和债务，除非公司与债权人达成了另外的协议。如果公司在合并时未清偿债务，债权人有权请求合并后的公司清偿合并前的公司所负的债务。《公司法》第 221 条规定："公司合并时，合并各方的债权、债务，应当由合并后存续的公司或者新设的公司承继。"

考点 7 公司的分立 2024 New

【大纲要求解读】大纲要求**了解**公司分立的种类；**理解**不同形式的公司分立的相互区别；**熟悉并能够运用**公司分立的程序要求和法律后果，并对实践中公司分立的法律效力等问题作出分析认定。

【命题要点归纳】

公司分立,是指一个公司通过依法签订分立协议,不经过清算程序,分为两个或两个以上公司的法律行为。公司分立有两种形式:一是派生分立,是指公司以其部分资产另设一个或数个新的公司,原公司存续;二是新设分立,是指公司全部资产分别划归两个或两个以上的新公司,原公司解散。

1. 公司分立的程序。

(1)公司作出分立决定和决议:公司分立属于影响公司利益的重大事项,需要经过股东会特别多数决通过。根据《公司法》第 66 条、第 116 条,有限责任公司分立需经股东会 2/3 以上表决权的股东通过,股份有限公司分立需经出席会议的股东所持表决权的 2/3 以上通过。根据《公司法》第 172 条,国有独资公司的分立应由履行出资人职责的机构决定。

(2)订立分立协议:公司分立协议一般包括下列主要内容:分立协议各方的名称、住所、法定代表人;分立后公司的投资总额和注册资本;分立形式。分立协议各方对拟分立公司财产的分割方案;分立协议各方对拟分立公司债权、债务的承继方案;职工安置办法;违约责任;解决争议的方式;签约日期、地点;分立协议各方认为需要规定的其他事项。

(3)编制资产负债表和财产清单:公司的分立会导致公司财产被相应分割。根据《公司法》第 222 条第 2 款,公司分立,应当编制资产负债表及财产清单。编制相关报表的目的在于厘清分立前的公司资产、负债、所有者权益等情况,便于股东就公司资产分离及后续在新旧公司的持股进行协商和安排,并保护公司债权人的知情权。

(4)通知债权人与公告:《公司法》第 222 条第 2 款规定,公司应当自作出分立决议之日起 10 日内通知债权人,并于 30 日内在报纸上或者国家企业信用信息公示系统公告。此处与公司合并的重要不同之处在于,分立并未赋予债权人可要求公司清偿债务或者提供相应担保的权利。

(5)办理公司登记:与公司合并一样,公司分立也涉及公司的设立、消灭和登记事项的变更。无论是存续分立还是解散分立,所分立出来的新公司都应办理设立登记。存续分立的,原公司应办理变更登记。解散分立的,原公司应办理注销登记。

2. 公司分立的法律效果。

(1)债权、债务的承受:《公司法》第 223 条规定,原则上公司分立前的债务由分立后的公司承担连带责任。但是,公司在分立前与债权人就债务清偿达成的书面协议另有约定的除外。正因为法律明确了公司分立之后的债务由分立后的公司承担连带责任,公司分离情形下公司法不再为债权人配置要求公司清偿债务或者提供相应担保的权利。

(2)股东和股权的变动:公司的分立不仅会对公司产生影响,更直接关系原公司股东与股东所持有的股权。新设分立中的股东一般将会获得新公司的股权,原公司的股权随原公司的解散而消灭。派生分立中的股东既有可能在持有原公司股权的同时,获得新公司的股权,也有可能减少在原公司的持股比例,甚至退出原公司。

减少资本是指公司基于某种情况或需要,依照法定条件和程序,减少公司的注册资本总额。根据资本不变原则,公司的资本不得随意减少,但并非绝对不可改变,而是可以通过法定的程序减资。

考点 8 公司的解散 2024 New

【大纲要求解读】大纲要求**了解**公司解散的概念和原因;**理解**公司解散和清算之间的相互关系;**熟悉并能够运用**公司解散的原理和规定,并能对公司解散中的实务问题作出分析和处理。

【命题要点归纳】

公司的解散是指已成立的公司基于一定的合法事由而使公司消灭的法律行为。公司解散的原因有三大类:第一类是一般解散的原因;第二类是强制解散的原因;第三类是股东请求解散的原因。

1. 一般解散。一般解散的原因是指只要出现了解散公司的事由公司即可解散。我国公司法规定的一般解散的原因有:

(1)公司章程规定的营业期限届满或者公司章程规定的其他解散事由出现时。但在此种情形下,可以通过修改公司章程而使公司继续存在,并不意味着公司必须解散。

(2)股东会决议解散。

上述两种情形,如果有限责任公司经持有 2/3 以上表决权的股东通过或者股份有限公司经出席股东会会议的股东所持表决权的 2/3 以上通过修改公司章程的决议,公司可以继续存在。

(3)因公司合并或者分立需要解散。

2. 强制解散。强制解散的原因是指由于某种情况的出现,主管机关或人民法院命令公司解散。公司法规定强制解散公司的原因主要有:

(1)责令关闭。公司违反法律、行政法规被主管机关依法责令关闭的,应当解散。

(2)被吊销营业执照。如《公司法》第 260 条规定,公司成立后无正当理由超过六个月未开业的,或者开业后自行停业连续六个月以上的,公司登记机关可以吊销营业执照,但公司依法办理歇业的除外。

(3)公司被撤销。《公司法》第 39 条规定,虚报注册资本、提交虚假材料或者采取其他欺诈手段隐瞒重要事实取得公司设立登记的,公司登记机关应当依照法律、行政法规的规定予以撤销。

3. 股东请求解散。《公司法》规定,当公司经营管理发生严重困难,继续存在会使股东利益受到重大损失,通过其他途径不能解决的,持有公司全部股东表决权 10% 以上的股东可以请求人民法院解散公司。

具体而言,可以申请解散公司的理由有:(1)公司持续两年以上无法召开股东会,公司经营管理发生严重困难的;(2)股东表决时无法达到法定或者公司章程规定的比例,持续两年以上不能作出有效的股东会决议,公司经营管理发生严重困难的;(3)公司董事长期冲突,且无法通过股东会解决,公司经营管理发生严重困难的;(4)经营管理发生其他严重困难,公司继续存续会使股东利益受到重大损失的情形。但是要特别注意的是,股东知情权、利润分配请求权等权益受到损害,或者公司亏损、财产不足以偿还全部债务,以及公司被吊销企业法人营业执照未进行清算等,均不构成请求法院解散公司的理由。

4. 公司解散事由的公示:公司出现上述解散事由,应当在 10 日内将解散事由通过国家企业信用信息公示系统予以公示。

考点 9 公司的增资 2024 New

【大纲要求解读】大纲要求**了解与理解**公司的增资,包括增资的方式、增资的条件与程序、增资时原股东的优先认股权。

【命题要点归纳】

公司增加注册资本,是指公司成立后,基于筹集资金,扩大经营等目的,依照法定的条件和程序增加公司资本总额的法律行为。

1. 增资的方式。有限责任公司与股份有限公司皆存在增资需求,但二者因公司资本和股东出资形式不同导致其增资方式亦存在形式差异。一般而言,公司的增资方式可以分为以下几种:

(1)内部增资与外部增资。内部增资是指公司仅向现有股东发行新股,由现有股东认购新增的公司资本。外部增资则是指公司向现有股东以外的投资者发行新股,由其认购新增的公司资本。公司可以在一次增资中同时采用内部增资与外部增资两种方式。

(2)追加性增资与分配性增资。追加性增资,是指通过现有股东或者其他投资者对公司新的投资而增资,其结果不仅增加了公司资本,也增加了公司的资产或运营资金。分配性增资仅适用于内部增资情形,是指在现有股东不作新的投入的情况下,直接将未分配利润用于股东出资缴纳或者把公积金转为公司资本的增资方式。该种方式将仅改变公司资产的性质和结构,但不会改变公司总的价值金额,换言之,仅增加了公司资本总额,但并不会导致公司资产与运营资金增加。

(3)同比增资与不等比增资。这是公司内部增资的再分类。同比增资,是指内部增资时现有股东按其原本的出资比例或持股比例同步认缴或实缴新增股权或股份,增资后各股东的股权比例或持股比例保持不变。不同比增资,是指内部增资时现有股东按照其原本的出资比例或持股比例同步认缴或实缴新增股权或股份,有的股东可能不增加出资,增资后各股东的股权比例或持股比例将会改变。

(4)公司债转换增资与债转股增资。这两种增资方式都具有特殊性。其中,公司债转换增资是上市公司特有的增资方式,具体是指公司发行的可转换为股票的公司债券到期后,债券持有人对转换股票或者不转换股票享有选择权,如果债权人要求转换,则相应的债券金额即转换为公司资本,使得公司资本增加。债转股增资则是我国商业银行改革和资产重组的过程中所实行的特殊增资方式,目前尚未形成系统规定,而仅是实践中出现的情况。债转股增资是指银行依照约定方法,将对债务人公司享有的债权折抵为公司一定金额的股权,银行即从公司债权人转变为公司股东,这亦可导致公司资本增加。

(5)配股增资与送股增资。我国上市公司广泛采用的内部增资方式。配股增资,是指上市公司根据现有股东的持股数量按照一定的比例向其发售股份,配股对象仅限于现有股东,配股条件通常要优于公司对外发行的条件。送股增资,又称送红股,是指上市公司根据现有股东的持股数量按照一定比例向其无偿分配股份。该行为本质属于公司向股东进行收益分配,但其分配的是公司股份而非货币,实质上是一种分配性增资。

2. 增资条件和程序。增资提高了公司的信用,增强了公司的实力,对公司现有股东而言,增资不仅会导致股权结构调整,还可能稀释股权,系对现有股东利益产生重大影响甚至可能引发严重利益冲突的事项。不同股东对公司增资的需求也存在差异。为此,公司法一般会明确增资程序,必须经过股东会决议并变更公司章程,其后完成公司相应变更登记的手续。公司增资的主要程序如下:

(1)公司决议。根据《公司法》第59条、第112条、第67条和第120条,公司增资方案由公司董事会制订,提交股东会决议。《公司法》第66条第3款的规定,有限责任公司的增资应当经代表2/3以上表决权的股东通过。《公司法》第116条第3款规定,股份有限公司的增资应当经出席会议的股东所持表决权的2/3以上通过。

(2)认缴出资或认购股份。依照《公司法》第228条规定,有限责任公司增加注册资本或股份有限公司为增加注册资本发行新股时,股东认缴新增资本的出资或认购新股,分别依照该法设立有限责任公司缴纳出资或股份有限公司缴纳股款的有关规定执行。

(3)变更登记。根据《公司法》第35条,变更公司章程,并办理相应的变更登记手续。

(4)特别程序。根据《公司法》第151条和《证券法》第12、第13条,按照股份公司公开发行新股的程序,且须在证券交易所和证券监管机构完成注册程序。

违反上述增资条件和程序的,理论上应该导致增资行为的无效或被撤销。

3. 增资时原股东的优先认股权。《公司法》第227条规定,有限责任公司增加注册资本时,股东在同等条件下有权优先按照实缴的出资比例认缴出资。但是,全体股东约定不按照出资比例优先认缴出资的除外。股份有限公司为增加注册资本发行新股时,股东不享有优先认购权,公司章程另有规定或者股东会决议决定股东享有优先认购权的除外。

有限责任公司的股东有权优先按实缴的出资比例认缴公司新增的注册资本,即有限责任公司的新股优先认购权。因为新股认购本身就是股东获得利益的一种方式,其优先认购也是股东当然的权利。公司成立后因业务发展的需要而增加公司注册资本,认购新股往往意味着股东可以获取更多的公司发展利益,所以才有此规定。但若全体股东一致同意,该规定的新股优先认购权可以被排除适用。

股份有限公司的股东一般情况下不享有优先认购权,但若经过公司章程或者股东会决议允许,股份有限公司的股东也可以享有优先认购权。当然,此处的"股东会决议"应理解为股东会特别决议，须经出席股东会会议的股东所持表决权的2/3以上通过。

考点10 公司的减资 2024 New

【大纲要求解读】大纲要求**了解与理解**公司的减资，包括公司减资的原则、公司减资的程序。

【命题要点归纳】

公司减资是指公司基于某种情况或者需要，按照法定条件和程序，减少公司资本总额的法律行为。按照公司法确立的资本不变和资本维持原则，通常情况下公司资本不得随意减少，公司资本的减少必须符合法定的条件并经过法定的程序。

1. 同比例减资原则。《公司法》第224条第3款规定，公司减少注册资本，应当按照股东出资或者持有股份的比例相应减少出资额或者股份，法律另有规定、有限责任公司全体股东另有约定或者股份有限公司章程另有规定的除外。公司法增加了同比例减资的原则性规定，要求公司按照股东出资或者持有股份的比例进行出资，但存在例外规定，即法律另有规定、有限责任公司全体股东另有约定、股份有限公司章程另有规定的除外。因此，公司的减资可以根据减资的比例分为同比例减资和不同比减资，前者指公司减资后各个股东的出资比例保持不变；后者又称定向减资，指公司减资后各个股东的出资比例发生了变化。依据本条款的规定，公司原则上应当进行同比例减资。不同比减资必须体现减资股东的意思，这是对股东意思自治的尊重，也能实现对中小股东的完整保护。

2. 公司减资的程序。公司减少注册资本属于股东会特别决议事项，有限责任公司必须经代表2/3以上表决权的股东通过，股份有限公司必须经出席股东会的股东所持表决权的2/3以上通过。《公司法》对公司注册资本减少程序作了强行性的规定。

(1)编制资产负债表及财产清单。资产负债表可以反映公司的资产和负债情况，财产清单记载着公司的现存财产状况。编制资产负债表及财产清单的目的是让公司债权人清楚地了解到公司的生产经营状况和负债情况，有利于他们依法采取措施，保护自己的合法债权。

(2)通知债权人并公告。公司注册资本一经注册就具有了公示效力，这实际上构成了对债权人的承诺和担保，因此公司减资时必须对债权人作出相应的救济和保障。为了防止公司减资成为股东逃避债务的途径和方式，公司法规定公司在股东会作出减少注册资本决议之日起10日内应当通知债权人，并于30日内在报纸上或者国家企业信用信息公示系统公告。

(3)债权人自接到通知之日起30日内，未接到通知的自公告之日起45日内，有权要求公司清偿债务或者提供相应的担保。减资可能影响债权的实现，是对债权人利益的直接影响，需要为其提供救济方式和途径以保障债权人的合法权益。

考点11 合伙财产的范围和性质

【大纲要求解读】大纲要求**了解与理解**合伙企业财产的性质。

熟悉并能够运用合伙企业的财产性质的法律规则，并能运用这些原理和法律规定分析和解决合伙企业设定和经营管理中的具体问题。

【命题要点归纳】

1. 合伙人可以用货币、实物、知识产权、土地使用权或者其他财产权利出资，也可以用劳务出资。合伙人以实物、知识产权、土地使用权或者其他财产权利出资，需要评估作价的，可以由全体合伙人协商确定，也可以由全体合伙人委托法定评估机构评估。合伙人以劳务出资的，其评估办法由全体合伙人协商确定，并在合伙协议中载明。

2. 合伙人应当按照合伙协议约定的出资方式、数额和缴付期限，履行出资义务。以非货币财产出资的，依照法律、行政法规的规定，需要办理财产权转移手续的，应当依法办理。

考点12 合伙企业财产的管理、使用及处分

【大纲要求解读】大纲要求**熟悉并能够运用**合伙企业财产的管理和使用，并能运用这些原理和

法律规定分析和解决合伙企业经营管理中的具体问题。

【命题要点归纳】

1. 在合伙企业存续期间，合伙人向合伙人以外的人转让其在合伙企业中的全部或部分财产份额时，须经其他合伙人一致同意，并且在同等条件下，其他合伙人有优先受让的权利，但合伙协议另有约定的除外。合伙人以外的人依法受让合伙财产份额后，经修改合伙协议即成为合伙企业的合伙人，新的合伙人依照修改后的合伙协议享有权利、承担责任。

2. 在合伙企业存续期间，合伙人之间可以转让在合伙企业中的全部或者部分财产份额，但应通知其他合伙人。

3. 在合伙企业存续期间，合伙人以其在合伙企业中的财产份额出质的，须经其他合伙人一致同意，否则出质行为无效。由此给善意第三人造成损失的，还应依法承担赔偿责任。

4. 在合伙企业存续期间，除依法退伙等法律有特别规定的外，合伙人不得请求分割合伙企业财产，也不得私自转移或者处分合伙企业财产。为了保护第三人的利益，如果合伙人私自转移或者处分合伙企业财产的，合伙企业不得以此对抗不知情的善意第三人。

考点13 合伙企业的利润分配与亏损负担

【大纲要求解读】大纲要求**理解**合伙企业财产的管理、使用及处分。

【命题要点归纳】

合伙企业的利润分配方法和亏损分担方法，均由合伙协议约定，按照约定处理。如果合伙协议对利润分配或亏损分担未作约定或者约定不明，则由合伙人协商确定；协商不成的，由各合伙人按照实际的（而非约定的）出资比例分配利润和分担亏损。如果无法确定各合伙人的出资比例，则由各合伙人平均分配利润和分担亏损。

但是，合伙协议不得约定将全部利润分配给部分合伙人或者由部分合伙人承担全部亏损。如果有这样的约定，则属无效，而应依照合伙企业法的相关规定处理。

考点14 普通合伙与善意第三人的关系

【大纲要求解读】大纲要求**熟悉并能够运用**合伙企业与第三人的关系，对善意第三人的保护。

【命题要点归纳】

《合伙企业法》第37条规定："合伙企业对合伙人执行合伙事务以及对外代表合伙企业权利的限制，不得对抗善意第三人。"善意第三人是指与合伙企业善意进行民事行为的人，包括善意取得合伙财产和善意与合伙企业设定其他法律关系的人。合伙人设立合伙企业的目的是通过合伙企业经营活动而盈利，而合伙企业的经营活动不是封闭的，必须通过市场与第三人进行相应的民事活动，达到经营目的。合伙人或聘用的经营管理人执行合伙企业事务受约定或法律规定的限制，但这些限制不得对抗不知情的善意第三人。如根据《合伙企业法》规定，转让合伙企业的不动产必须经全体合伙人一致同意，但作为合伙企业事务执行人的甲以合伙企业的名义将合伙企业的不动产转让给第三人。而甲的这一行为并没有事先征得全体合伙人的同意，作为受让方的第三人不知道或不能知道甲的行为超出了限制范围，则合伙企业不能以甲的行为超越了限制范围为理由而对抗善意第三人，即合伙企业仍需承担甲的行为后果。

考点15 合伙企业债务的清偿

【大纲要求解读】大纲要求**熟悉并能够运用**合伙企业债务的清偿，掌握合伙人对合伙企业债务承担的责任形式。

【命题要点归纳】

合伙企业对其债务，应先以其全部财产进行清偿；合伙企业财产不足清偿到期债务的，各合伙人应当承担无限连带清偿责任。

合伙人对合伙债务承担连带责任,这意味着:(1)每个合伙人均须对全部合伙债务负责,债权人可以依其选择,请求全体、部分或者个别合伙人清偿债务,被请求的合伙人即须清偿全部的合伙债务,不得以自己承担的份额为由拒绝;(2)每个合伙人对合伙债务的清偿,均对其他合伙人发生清偿的效力;(3)合伙人由于承担连带责任,清偿债务数额超过其应当承担的数额时,有权向其他合伙人追偿。

由于无限连带责任的存在,在合伙的债务清偿中,若同时存在对合伙企业和合伙人的两个债权,或者说,同时存在合伙企业债务和合伙人个人债务,当合伙人与合伙企业都处于资不抵债的境地时,实行双重优先原则,合伙财产优先用于清偿合伙债务,个人财产优先用于清偿个人债务,即合伙人个人的债权人优先于合伙企业的债权人从合伙人的个人财产中得到清偿,合伙企业的债权人优先于合伙人个人的债权人从合伙财产中得到清偿。

考点16 普通合伙的入伙

【大纲要求解读】大纲要求**了解与理解**合伙企业的入伙的制度要求;**熟悉并能够运用**该考点,即掌握合伙企业入伙的条件和法律效力。

【命题要点归纳】

入伙是指在合伙企业存续期间,合伙人以外的第三人加入合伙企业并取得合伙人资格的行为。除合伙协议另有约定外,入伙须经全体合伙人的同意,并由入伙人与原合伙人订立书面合伙协议。入伙的后果是入伙人取得合伙人的资格;入伙人对入伙前合伙企业的债务承担无限连带责任;除入伙协议另有约定外,入伙人与合伙人享有同等权利,承担同等责任。

考点17 普通合伙的退伙

【大纲要求解读】大纲要求**了解与理解**合伙企业退伙的制度要求;**熟悉并能够运用**该考点,即掌握合伙企业退伙的条件和法律效力。

【命题要点归纳】

1. 约定退伙。合伙协议约定合伙期限的,在合伙企业存续期间,有下列情形之一的,合伙人可以退伙:(1)合伙协议约定的退伙事由出现;(2)经全体合伙人一致同意;(3)发生合伙人难以继续参加合伙的事由;(4)其他合伙人严重违反合伙协议约定的义务。

2. 提前通知退伙。合伙协议未约定合伙期限的,合伙人在不给合伙企业事务执行造成不利影响的情况下,可以退伙,但应当提前30日通知其他合伙人。

3. 当然退伙。合伙人有下列情形之一的,当然退伙:(1)作为合伙人的自然人死亡或者被依法宣告死亡;(2)个人丧失偿债能力;(3)作为合伙人的法人或者其他组织依法被吊销营业执照、责令关闭、撤销,或者被宣告破产;(4)法律规定或者合伙协议约定合伙人必须具有相关资格而丧失该资格;(5)合伙人在合伙企业中的全部财产份额被人民法院强制执行。

合伙人被依法认定为无民事行为能力人或者限制民事行为能力人的,经其他合伙人一致同意,可以依法转为有限合伙人,普通合伙企业依法转为有限合伙企业。其他合伙人未能一致同意的,该无民事行为能力或者限制民事行为能力的合伙人退伙。

退伙事由实际发生之日为退伙生效日。

4. 除名退伙。合伙人有下列情形之一的,经其他合伙人一致同意,可以决议将其除名:(1)未履行出资义务;(2)因故意或者重大过失给合伙企业造成损失;(3)执行合伙事务时有不正当行为;(4)发生合伙协议约定的事由。

对合伙人的除名决议应当书面通知被除名人。被除名人接到除名通知之日,除名生效,被除名人退伙。

被除名人对除名决议有异议的，可以自接到除名通知之日起30日内，向人民法院起诉。

考点18 有限合伙企业的设立条件与程序

【大纲要求解读】大纲要求**熟悉并能够运用**有限合伙企业的设立条件与程序。

【命题要点归纳】

根据《合伙企业法》规定，有限合伙企业由2名以上50名以下合伙人设立，但法律另有规定的除外。这意味着有限合伙的合伙人最多不超过50人，除非其他法律对某种情形的有限合伙有另外的规定。

有限合伙企业的名称中应当标明“有限合伙”字样，以区别于普通合伙企业。

有限合伙企业的合伙协议除需要记载普通合伙企业协议应当载明的事项，还需要载明以下特殊事项：(1)执行事务合伙人应具备的条件和选择程序；(2)执行事务合伙人的权限与违约处理办法；(3)执行事务合伙人的除名条件和更换程序；(4)有限合伙人入伙、退伙的条件、程序以及相关责任；(5)有限合伙人和普通合伙人相互转变程序；(6)普通合伙人和有限合伙人的姓名或者名称、住所。

有限合伙人可以货币、实物、知识产权、土地使用权或者其他财产权利作价出资，但不得以劳务出资。这是有限合伙人与普通合伙人在出资方式上的唯一差别。

有限合伙企业登记事项中应当载明有限合伙人的姓名或者名称及认缴的出资数额。

考点19 有限合伙人的权利

【大纲要求解读】大纲要求**熟悉并能够运用**有限合伙人的权利和义务。

【命题要点归纳】

1. 有限合伙人仅以其认缴的出资额为限对合伙企业的债务承担责任，而普通合伙人需要对合伙企业债务承担无限连带责任。新入伙的有限合伙人对入伙前合伙企业的债务也是以其认缴的出资额为限承担责任。

2. 除非合伙协议另有约定，有限合伙人可以同本有限合伙企业进行交易，而普通合伙人通常是不可以的，除非合伙协议另有约定或者经过全体合伙人同意。

3. 除非合伙协议另有约定，有限合伙人可以自营或者同他人合作经营与本有限合伙企业相竞争的业务，而普通合伙人是不可以的。

4. 除非合伙协议另有约定，有限合伙人可以将其在合伙企业中的财产份额出质，而普通合伙人须经其他合伙人一致同意方可以其在合伙企业中的财产份额出质。

5. 有限合伙人可以按照合伙协议的约定向合伙人以外的人转让其在有限合伙企业中的财产份额，只需提前30日通知其他合伙人即可。而普通合伙人对外转让财产份额时须经其他合伙人一致同意，除非合伙协议另有约定。

6. 作为有限合伙人的自然人在合伙企业存续期间丧失民事行为能力的，其他合伙人不得因此要求其退伙。而普通合伙人若丧失民事行为能力，除非经得全体合伙人一致同意，否则只能作退伙处理。

考点20 表见普通合伙

【大纲要求解读】大纲要求**熟悉并能够运用**有限合伙人被善意第三人认为是表见普通合伙的相关规则。

【命题要点归纳】

有限合伙人仅以其认缴的出资人为限对合伙企业债务承担责任。但是，如果有限合伙人的行为足以使第三人合理信赖其为普通合伙人时，则有限合伙人得承担普通合伙人的责任。即承担无限连带责任。根据《合伙企业法》规定，第三人有理由相信有限合伙人为普通合伙人并与其交易的，该有限合伙人对该笔交易承担与普通合伙人同样的责任。但这一规定明确表见的普通合伙仅适用于该笔特定的情形，而非从合伙人地位上完全否认有限合伙人的身份，对其他不构成表见普通合伙的情形，有限合伙人仍旧承担有限责任。

考点21 有限合伙人与普通合伙人的转化

【大纲要求解读】大纲要求**熟悉并能够运用**有限合伙人与普通合伙人的转化以及其对合伙企业债务的承担。

【命题要点归纳】

1. 当有限合伙企业仅剩普通合伙人时，有限合伙企业转为普通合伙企业，并应当进行相应的变更登记。

2. 当有限合伙企业仅剩有限合伙人时，则该企业不再是合伙企业，故应解散。

3. 经全体合伙人一致同意，普通合伙人可以转变为有限合伙人，有限合伙人可以转变为普通合伙人。有限合伙人转变为普通合伙人的，对其作为有限合伙人期间合伙企业发生的债务承担无限连带责任；普通合伙人转变为有限合伙人的，对其作为普通合伙人期间合伙企业发生的债务承担无限连带责任。

考点22 外商投资法

【大纲要求解读】大纲要求**了解与理解**外商投资的概念与特征，**熟悉并能够运用**促进外商投资的具体措施、保护外商投资的具体措施。

【命题要点归纳】

1. 外商投资的概念与类型。外商投资，是指外国的自然人、企业或者其他组织（以下简称外国投资者）直接或者间接在中国境内进行的投资活动，具体包括下列4种情形：(1)外国投资者单独或者与其他投资者共同在中国境内设立外商投资企业；(2)外国投资者取得中国境内企业的股份、股权、财产份额或者其他类似权益；(3)外国投资者单独或者与其他投资者共同在中国境内投资新建项目；(4)法律、行政法规或者国务院规定的其他方式的投资。

2. 外国投资者的概念与范围。外国投资者，是指外国的自然人、企业或者其他组织。《外商投资法》中的外国投资者不包括香港特别行政区、澳门特别行政区、台湾地区的投资者。

3. 外商投资企业的概念与类型。外商投资企业，是指依照我国的法律规定，在我国境内经登记注册设立的，由外国投资者与中国投资者共同投资或者仅由外国投资者投资的企业，包括中外合资经营企业、中外合作经营企业和外资企业三种类型，即通常所称的外商投资企业或者三资企业。

4. 准入前国民待遇与负面清单管理制度。准入前国民待遇，是指在投资准入阶段给予外国投资者及其投资不低于本国投资者及其投资的待遇。

负面清单，是指国家规定在特定领域对外商投资实施的准入特别管理措施。

5. 促进外商投资的具体措施。(1)与内资企业同等适用各项政策；(2)外资企业有权平等参与我国的标准化工作；(3)外资企业可公平参与政府采购；(4)外资企业可通过资本市场融资；(5)鼓励和引导外商投资。

6. 外商投资保护制度包括审慎的外资征收制度、外国投资者资金的汇入汇出的自由化、强化对外国投资者和外商投资企业的知识产权保护、强化对外国投资者和外商投资企业的知识产权保护、不得减损外商投资企业的合法权益、建立外商投资企业投诉机制。

7. 外商投资管理制度包括外商投资准入负面清单制度，外商投资经营者集中审查，组织形式、组织机构及其活动准则的法律适用，外商投资信息报告制度，外商投资安全审查制度。

考点23 债务人财产的范围

【大纲要求解读】大纲要求**了解与理解**破产案件债务人的财产范围。

【命题要点归纳】

1. 破产申请受理时属于债务人的财产。这是一个广义的概念,主要包括以下情形:(1)有形财产、无形财产、货币和有价证券、投资权益和债权,其中,无形财产包括土地使用权、知识产权、专有技术、特许经营权等。(2)未成为担保物的财产和已成为担保物的财产。(3)位于中华人民共和国境内的财产和位于中华人民共和国境外的财产。

2. 破产申请受理后至破产程序终结前债务人取得的财产。主要包括以下情形:(1)程序开始后债务人财产的增值,包括孳息、经营收益和其他所得,例如,租金、利息、销售利润、股票红利、不动产升值、新投资、退税等。(2)程序开始后收回的财产,如追收的债款、追回的被侵占财产、接受返还的财产、因错误执行而获得执行回转的财产等。(3)债务人的出资人在尚未完全履行出资义务的情况下补交的出资。

3.《最高人民法院关于适用〈中华人民共和国企业破产法〉若干问题的规定(二)》(简称《破产法解释(二)》)第1~4条对债务人财产的具体内容作了如下界定:

(1)债务人财产的具体内容。

①债务人财产应同时符合三个条件:A. 债务人所有;B. 可用货币估价;C. 可依法转让。债务人所有的债权、股权、知识产权、用益物权等财产和财产权益均属债务人财产。

②债务人已依法设定担保物权的特定财产也应当被认定为债务人财产。该特定财产的担保物权消灭或实现担保物权后的剩余部分,应当作为债务人的财产用以清偿破产费用、共益费用和其他破产债权。

③债务人享有的共有财产中相应的份额也属于债务人财产。同时,该条也规定了破产清算是共有财产分割的法定事由。

(2)不属于债务人财产的情形,《破产法解释(二)》第2条规定不应认定为债务人财产的有:第一,债务人基于仓储、保管、承揽、代销、借用、寄存、租赁等合同或者其他法律关系占有、使用的他人财产;第二,债务人在所有权保留买卖中尚未取得所有权的财产;第三,所有权专属于国家且不得转让的财产;第四,其他依照法律、行政法规不属于债务人的财产。

考点24 撤销权和追回权

【大纲要求解读】大纲要求**熟悉并能够运用**破产法各项主要规则,如撤销权和追回权。

【命题要点归纳】

1. 撤销权和追回权。

(1)欺诈破产行为。欺诈破产行为是基于破产预期而以交易或者其他方式处分财产而使债务人财产受到损害的行为。

①可撤销的欺诈破产行为。《企业破产法》第31条规定,人民法院受理破产申请前1年内,涉及债务人财产的下列行为,管理人有权请求人民法院予以撤销:A. 无偿转让财产的;B. 以明显不合理的价格进行交易的;C. 对没有财产担保的债务提供财产担保的;D. 对未到期的债务提前清偿的;E. 放弃债权的。

②无效的欺诈破产行为。《企业破产法》第33条规定,涉及债务人财产的下列行为无效:A. 为逃避债务而隐匿、转移财产的;B. 虚构债务或者承认不真实的债务的。这些行为的特点是,在任何情况下均为法律所禁止。因此,作为无效行为,无论其何时发生均为无效,且任何人在任何时候均得主张其无效;

(2)个别清偿行为。《企业破产法》第32条规定,人民法院受理破产申请前6个月内,债务人有《企业破产法》第2条第1款规定的情形,仍对个别债权人进行清偿的,管理人有权请求人民法院予以撤销。但是,个别清偿使债务人财产受益的除外《破产法解释(二)》增加了第12条:破产申请受理前1年内债务人提前清偿的未到期债务,在破产申请受理前已经到期,管理人请求撤销该清偿行为的，人民法院不予支持。但是，该清偿行为发生在破产申请受理前6个月内且债务人有《企业破产法》第2条第1款规定情形的除外。

2.《破产法解释（二）》对撤销权的规定。

（1）明确了管理人撤销权的法律效力：对于管理人依据《企业破产法》第31条和第32条提起的要求撤销涉及债务人财产的相关行为并由相对人返还债务人财产的诉讼请求，法院应予支持。

（2）明确了撤销权行使期间的计算方式。

①债务人经过行政清理程序转入破产程序的，可撤销行为的起算点为行政监管机构作出撤销决定之日。

②债务人经过强制清算程序转入破产程序的，可撤销行为的起算点为人民法院裁定受理强制清算申请之日。

（3）明确因行使撤销权而产生的债务人对受让人债务性质为共益债务。

（4）明确了《企业破产法》中的撤销权与《民法典》中撤销权的关系。即债权人就管理人未履行撤销债务人无偿转让财产、以明显不合理低价交易、放弃债权行为而提起撤销之诉的，法院应当受理。

3. 特别追回权。《企业破产法》第36条规定："债务人的董事、监事和高级管理人员利用职权从企业获取的非正常收入和侵占的企业财产，管理人应当追回。"

考点25 取回权

【大纲要求解读】大纲要求**熟悉并能够运用**破产法中的取回权，包括一般取回权和出卖人的取回权。

【命题要点归纳】

1. 取回权的种类。

（1）一般取回权。《企业破产法》第38条规定："人民法院受理破产申请后，债务人占有的不属于债务人的财产，该财产的权利人可以通过管理人取回……"实践中，作为取回权标的物的"不属于债务人的财产"，既包括合法占有的他人财产，也包括不法占有的他人财产。

（2）特殊取回权。《企业破产法》第39条规定了出卖人取回权："人民法院受理破产申请时，出卖人已将买卖标的物向作为买受人的债务人发运，债务人尚未收到且未付清全部价款的，出卖人可以取回在运途中的标的物。但是，管理人可以支付全部价款，请求出卖人交付标的物。"

2. 取回权的行使。破产宣告后，破产程序终结前，取回权人得随时向管理人请求取回财产。管理人收到取回权人的请求后，经证明属实的，应予以返还。《破产法解释（二）》对取回权作了更为细致的规定。

（1）行使时间：应在破产财产变价方案或者和解协议、重整计划草案提交债权人会议表决前向管理人提出。如未能在上述期限内主张，应当承担延迟行使取回权增加的相关费用。

（2）主张取回权的对象（诉讼主体的确定）：权利人根据《企业破产法》第38条的规定，向管理人主张取回相关财产，管理人不予认可的，权利人起诉时应以债务人为被告。

（3）权利人行使取回权时未依法向管理人支付相关的加工费、保管费、托运费、委托费、代销费等费用，管理人有权拒绝其取回相关财产。

（4）对债务人占有的权属不清的鲜活易腐等不易保管的财产或不及时变现价值将严重贬损的财产，管理人可以将其及时变价并提存变价款，权利人可对该变价款行使取回权。

（5）《企业破产法》规定，重整期间权利人的取回权行使需要依据双方事前约定。《破产法解释（二）》增加了例外情形，即当管理人或自行管理的债务人违反约定，可能导致取回物被转让、毁损、灭失或者价值明显减少的，权利人可以突破约定行使取回权。

考点26 破产费用和共益债务

【大纲要求解读】大纲要求**熟悉并能够运用**破产费用和共益债务的范围。

【命题要点归纳】

1. 破产费用和共益债务的范围。

(1)破产费用。破产费用是指破产程序开始后,为破产程序的进行以及为全体债权人的共同利益而从债务人财产中优先支付的费用。《企业破产法》第41条规定,人民法院受理破产申请后发生的下列费用,为破产费用:①破产案件的诉讼费用;②管理、变价和分配债务人财产的费用;③管理人执行职务的费用、报酬和聘用工作人员的费用。

(2)共益债务。共益债务是指破产程序中为全体债权人的共同利益而管理、变价和分配破产财产可负担的债务。《企业破产法》第42条规定,人民法院受理破产申请后发生的下列债务,为共益债务:①因管理人或者债务人请求对方当事人履行双方均未履行完毕的合同所产生的债务;②债务人财产受无因管理所产生的债务;③因债务人不当得利所产生的债务;④为债务人继续营业而应支付的劳动报酬和社会保险费用以及由此产生的其他债务;⑤管理人或者相关人员执行职务致人损害所产生的债务;⑥债务人财产致人损害所产生的债务。

2. 破产费用和共益债务的清偿。根据《企业破产法》第43条的规定,破产费用和共益债务的清偿,采用以下原则:

(1)随时清偿。破产费用和共益债务由债务人财产随时清偿。在债务人财产足以清偿破产费用和共益债务时,两者的清偿不分先后。

(2)破产费用优先清偿。在债务人财产不足以清偿所有破产费用和共益债务的情况下,先行清偿破产费用。

(3)按比例清偿。债务人财产不足以清偿所有破产费用或者共益债务的,按照比例清偿。

(4)不足清偿时的终结程序。债务人财产不足以清偿破产费用的,管理人应当提请人民法院终结破产程序。如果此时尚未宣告债务人破产,则无须宣告。

3. 善意取得问题。债务人占有的他人财产被违法转让给第三人时,分为两种情况:

(1)第三人已经善意取得该财产的所有权的,原权利人无法追回该财产。此时,如果转让行为发生在破产申请受理前,则原权利人因财产损失形成的债权,作为普通破产债权清偿;如果转让行为发生于破产申请受理之后,则因管理人或相关人员执行职务导致原权利人损害产生的债务,作为共益债务清偿。

(2)第三人已支付对价但尚未取得财产所有权的,原权利人可依法追回该财产。此时,如果转让行为发生于破产申请受理之前,则第三人因此支付的对价将作为普通破产债权清偿;如果转让行为发生于破产申请受理之后,则作为共益债务清偿。

考点27 债权申报的范围与方式

【大纲要求解读】大纲要求**了解与理解**申报期限、债权申报的范围、申报方式、逾期申报和未申报的后果。

【命题要点归纳】

1. 债权申报期限。人民法院受理破产申请后,应当确定债权人申报债权的期限。债权申报期限自人民法院发布受理破产申请公告之日起计算,最短不得少于30日,最长不得超过3个月。

2. 未能申报债权的后果。在人民法院确定的债权申报期限内,债权人未申报债权的,可以在破产财产最后分配前补充申报;但是,此前已进行的分配,不再对其补充分配。为审查和确认补充申报债权的费用,由补充申报人承担。债权人未依照《企业破产法》规定申报债权的,不得依照本法规定的程序行使权利。

3. 未到期债权与附利息债权。未到期的债权，在破产申请受理时视为到期。附利息的债权自破产申请受理时起停止计息。

4. 不确定债权的申报。附条件、附期限的债权和诉讼、仲裁未决的债权，债权人可以申报。

5. 职工债权。债务人所欠职工的工资和医疗、伤残补助、抚恤费用，所欠的应当划入职工个人账户的基本养老保险、基本医疗保险费用，以及法律、行政法规规定应当支付给职工的补偿金，不必申报，由管理人调查后列出清单并予以公示。职工对清单记载有异议的，可以要求管理人更正；管理人不予更正的，职工可以向人民法院提起诉讼。

6. 连带债权的申报。连带债权人可以由其中一人代表全体连带债权人申报债权，也可以共同申报债权。

7. 保证债权的申报。债务人的保证人或者其他连带债务人已经代替债务人清偿债务的，以其对债务人的求偿权申报债权。债务人的保证人或者其他连带债务人尚未代替债务人清偿债务的，以其对债务人的将来求偿权申报债权。但是，债权人已经向管理人申报全部债权的除外。

8.《破产法解释(二)》的一些其他规定。

(1)突破了诉讼时效的规定。依据《破产法解释(二)》第 19 条第 2 款的规定，债务人无正当理由未对其到期债权及时行使权利，导致其对外债权在破产申请受理前 1 年内超过诉讼时效的，人民法院受理破产申请之日起重新计算上述债权的诉讼时效期间。这一规定是对于诉讼时效制度的突破，充分体现了对于债权人合法权益的保护和对于债务人恶意放弃债权的限制。

(2)破产程序的开启对于其他正在进行的诉讼程序的影响。

①破产程序开启所能够影响到的诉讼案件类型。依据《破产法解释(二)》第 21 条的规定，主要为债权人提起的要求债务人进行个别清偿的案件，具体如下：

A. 主张次债务人代替债务人直接向其偿还债务的；

B. 主张债务人的出资人、发起人和负有监督股东履行出资义务的董事、高级管理人员，或者协助抽逃出资的其他股东、董事、高级管理人员、实际控制人等直接向其承担出资不实或者抽逃出资责任的；

C. 以债务人的股东与债务人法人人格严重混同为由，主张债务人的股东直接向其偿还债务人对其所负债务的；

D. 其他就债务人财产提起的个别清偿诉讼。

②相关的程序选择。

A. 破产申请受理前提起，破产申请受理时尚未审结的，人民法院应当中止审理；

B. 破产申请受理前提起，破产申请受理时已经作出生效的民事判决书或者调解书但尚未执行完毕的，人民法院应当中止执行并进行债权申报；

C. 破产申请受理后提起的，人民法院应当不予受理。

考点28 重整程序

【大纲要求解读】大纲要求了解重整程序的主要规则，包括重整原因、重整期间、重整计划草案的制定和表决等。

【命题要点归纳】

1. 重整原因。如果债务人具有破产原因或者有明显丧失清偿能力可能的，可以依照破产法进行重整。债权人申请对债务人进行破产清算的，在人民法院受理破产申请后、宣告债务人破产前，债务人或者出资额占债务人注册资本 1/10 以上的出资人，可以向人民法院申请重整。

2. 重整期间。自人民法院裁定债务人重整之日起至重整程序终止，为重整期间。在重整期间，经债务人申请，人民法院批准，债务人可以在管理人的监督下自行管理财产和营业事务。

3. 重整计划草案。债务人或者管理人应当自人民法院裁定债务人重整之日起 6 个月内，同时向人民法院和债权人会议提交重整计划草案。该期限届满,经债务人或者管理人请求,有正当理由的,人民法院可以裁定延期3个月。

(1)债务人或者管理人未按期提出重整计划草案的,人民法院应当裁定终止重整程序,并宣告债务人破产;

(2)债务人自行管理财产和营业事务的,由债务人制作重整计划草案;

(3)管理人负责管理财产和营业事务的,由管理人制作重整计划草案。

考点29 破产抵销权

【大纲要求解读】大纲要求**熟悉并能够运用**抵销权的概念、权利主体、行使限制等。

【命题要点归纳】

《企业破产法》第40条规定:债权人在破产申请受理前对债务人负有债务的,可以向管理人主张抵销。但是,有下列情形之一的,不得抵销:(1)债务人的债务人在破产申请受理后取得他人对债务人的债权的;(2)债权人已知债务人有不能清偿到期债务或者破产申请的事实,对债务人负担债务的,但是,债权人因为法律规定或者有破产申请1年前所发生的原因而负担债务的除外;(3)债务人的债务人已知债务人有不能清偿到期债务或者破产申请的事实,对债务人取得债权的,但是,债务人的债务人因为法律规定或者有破产申请1年前所发生的原因而取得债权的除外。上述规定主要侧重于抵销权行使的实体条件,但对于程序方面的条件没有明确规定。《破产法解释(二)》第41~46条则对此予以了完善。

1. 抵销权的权利主体。

(1)债权人可以主动向管理人提出抵销主张;

(2)管理人除抵销能使债务人财产受益外,不得主动行使抵销权。

2. 抵销权的生效和管理人的程序救济。

(1)抵销自管理人收到通知之日或者收到人民法院驳回管理人收到主张债务抵销的通知之日起生效。

(2)管理人的程序救济。管理人对于债权人提起的抵销享有异议权。该异议权的行使期限可以分为约定和法定。有约定的情况下,从其约定;无约定的情况下,异议期为自收到债务抵销通知之日起3个月。

(3)异议权需以提起诉讼作为行使方式。管理人有异议的,需要在约定或者法定的期间内向人民法院提起诉讼。

3. 抵销权行使的限制。

(1)突破了《民法典》关于法定抵销的规定:《民法典》第568条规定了法定抵销,法定抵销需要具备如下两个方面的条件:一为当事人互负债务到期;二为该债务的标的物种类、品质相同。《破产法解释(二)》对于破产中抵销的规定突破了《民法典》中的上述规定,该解释第43条的规定明确了破产申请受理时,一方负有的债务并未到期或者互负债务的标的物种类、品质不同的,也可以抵销。这也突破了《最高人民法院关于审理企业破产案件若干问题的规定》第70条关于未到期债权需要在被宣告破产时方可视为已到期的规定。

(2)股东抵销权的限制:依据《破产法解释(二)》第46条的规定,债务人股东主张以下两种类型的债务与债务人对其负有的债务抵销的,管理人提出异议时,人民法院应予支持:因欠缴债务人的出资或者抽逃出资对债务人所负的债务;因滥用股东权利或者关联关系损害公司利益对债务人所负的债务。

4. 不得抵销行使情形的例外。

《破产法解释(二)》第45条规定了《企业破产法》第40条规定的不得抵销情形的例外。这主要是指当债权人以其对债务人特定财产享有优先受偿权的债权与债务人对其的一般债权抵销,虽然符合《企业破产法》第40条的规定,但是也属于可以抵销的范围。需要注意的是,债权人用以抵销的债权不得大于债权人享有的优先受偿权财产价值。这突破了不得抵销的法律规定。

考点30 票据法概述

【大纲要求解读】大纲要求**了解**票据的概念和种类;**理解**票据的特征;**熟悉并能够运用**票据法律关系的类型和当事人的界定。

【命题要点归纳】

1. 票据的无因性:无因证券是指票据上的法律关系只是单纯的金钱支付关系,至于票据赖以发生的原因,在所不问。即使原因关系无效或者有瑕疵,也不影响票据的效力。

2. 票据关系:是指票据当事人基于票据行为而发生的债权债务关系。

3. 票据法上的非票据关系:(1)原因关系;(2)票据预约关系;(3)资金关系。

考点31 票据权利和票据行为

【大纲要求解读】大纲要求**了解**票据权利的概念和种类、票据行为的概念和种类;**理解**票据权利的特征、票据权利的取得方法、票据权利消灭的原因、票据行为的特征;**熟悉并能够运用**根据票据行为的原理分析各种票据行为如背书、承兑、保证等的效力,以及各种票据权利瑕疵的效力。

【命题要点归纳】

1. 票据权利:票据权利是持票人向票据债务人请求支付票据金额的权利,包括付款请求权与追索权。

2. 票据行为:是以行为人在票据上进行必备事项的记载、完成签名并予以交付为要件,以发生或者转移票据上的权利、负担票据上的债务为目的的要式法律行为。在我国票据法上,就票据行为来说,汇票包括出票、背书、承兑、保证;本票包括出票、背书、保证;支票包括出票和背书。其中,出票是基本的票据行为,而其他票据行为属于附属的票据行为。

3. 背书:是持票人在票据背面或粘单上记载有关事项,完成签章,并将其交付给相对人,从而使票据权利转让给他人或者将一定的票据权利授予他人行使的票据行为。

4. 出票:是指出票人签发票据并将其交付给收款人的票据行为。它是最基本的票据行为,其他票据行为必须在出票行为的基础上才能进行。

5. 票据瑕疵:(1)包括票据的伪造和票据的变造。(2)票据上其他记载事项被变造的,在变造之前签章的人,对原记载事项负责;在变造之后签章的,对变造之后的记载事项负责;不能辨别是在被变造之前或之后签章的,视同在变造之前签章。

考点32 票据抗辩与补救

【大纲要求解读】大纲要求**了解**票据抗辩和票据补救的概念;**理解**票据抗辩的种类;**熟悉并能够运用**各种具体的票据抗辩事由、各种票据丧失时的补救措施。

【命题要点归纳】

1. 票据抗辩:是指票据债务人根据票据法的规定对票据债权人拒绝履行义务的行为。(1)对物的抗辩,是指因票据本身所存在的事由而发生的抗辩。对物的抗辩事由来自票据这一"物"本身,基于票据的无因性、文义性,它对任何持票人都可以主张,并且与票据当事人之间的关系无关,又称为绝对的抗辩和客观的抗辩。(2)对人的抗辩,是指因票据义务人与特定的票据权利人之间存在的一定关系而发生的抗辩。这种抗辩源于票据当事人之间存在的一定个人因素的关系,而非票据本身,所以仅能对特定的票据权利人主张,又称为主观抗辩和相对抗辩。

2. 票据抗辩的限制:(1)对出票人抗辩切断,即票据债务人不得以自己与出票人之间的对人抗辩事由,对抗持票人。一般情况下,这种抗辩只存在于汇票关系中。(2)对持票人前手抗辩切断,即票据债务人不得以自己与持票人前手之间的抗辩事由，对抗持票人。这里的前手不限于持票人的直接前手，包括持票人的任何前手。

考点33 汇票

【大纲要求解读】大纲要求**了解**汇票的概念、特征和种类；**理解**汇票的当事人、汇票的追索权；**熟悉并能够运用**汇票的出票、背书、承兑、保证等原理及其适用。

【命题要点归纳】

1. 汇票背书转让法律效力：(1)背书转让无须经票据债务人同意。只要持票人完成背书行为，就构成有效的票据权利转让；(2)背书转让后，转让人并不退出票据关系，而是由先前的票据权利人转变为票据义务人，并承担担保承兑和担保付款的责任；(3)背书转让具有更强的转让效力。通过背书的方式转让票据权利，能够使受让人得到更充分的保护。

2. 背书转让的限制：(1)出票人的限制背书。汇票的出票人在票据上记载"不得转让"字样，汇票不得转让。(2)背书人的限制背书。背书人可以在票据上记载"不得转让"字样，如果其后手再背书转让的，原背书人对后手的被背书人不承担保证责任。背书人记载的限制背书与出票人的限制背书都有避免对人抗辩切断、防止偿还金额增大的作用。(3)回头背书及其效力。回头背书是指以先前已经在票据上签名的出票人、背书人等票据债务人为被背书人的背书。回头背书具有一般背书的效力，并不因被背书人是先前的票据债务人而使该票据权利归于消灭。(4)附条件背书及其效力。背书不得附有条件，背书时附条件的，所附条件不具有汇票上的效力。(5)期后背书及其效力。期后背书应当属于无效背书，不能发生一般背书的效力，而只具有通常的债权转让的效力。但期后背书的背书人仍须承担票据责任。是否为期后背书的判断标准是票据上记载的背书日期，对该背书日期是否确实为实际的背书日期，持票人不负举证责任。当票据上未记载背书日期时，依据票据法的规定，推定是在期限内所为。

3. 汇票的承兑：汇票未按规定期限提示承兑的，持票人丧失对其前手的追索权。

4. 汇票的保证：(1)保证人必须在汇票或者粘单上记载下列事项：①表明"保证"的字样；②保证人名称和住所；③被保证人名称；④保证日期；⑤保证人签章。(2)保证人对合法取得汇票的持票人所享有的汇票权利，承担保证责任。但是被保证人的债务因汇票记载事项欠缺而无效的除外。

5. 行使汇票的追索权原因：(1)期前追索权的原因。对于定日付款的汇票、出票后定期付款的汇票以及见票后定期付款的汇票，在汇票到期日前，发生下列情形之一时，持票人可以行使追索权：①汇票被拒绝承兑的；②承兑人或者付款人死亡、逃匿的；③承兑人或者付款人被依法宣告破产或者因违法被责令终止业务活动的。所以，在票据到期前，持票人即可行使追索权，而无须待票据到期。(2)期后追索权的原因。汇票到期后，如果汇票的付款人、承兑人或者代理付款人拒绝支付；或者付款人提示付款时，汇票上所载的付款场所不存在、付款人不存在或下落不明，无法进行提示，因而无法获得付款时，持票人可以行使追索权。

考点34 上市公司收购的程序和规则

【大纲要求解读】大纲要求**了解与理解**上市公司收购的程序和规则，即报告和公告持股情况、收购要约、协议收购、禁止转让、终止上市交易和应当收购、报告和公告收购情况。

【命题要点归纳】

1. 报告和公告持股情况：①通过证券交易所的证券交易，投资者持有或者通过协议、其他安排与他人共同持有一个上市公司已发行的有表决权股份达到5%时，应当在该事实发生之日起3日内，向国务院证券监督管理机构、证券交易所作出书面报告，通知该上市公司，并予公告，在上述期限内不得再行买卖该上市公司的股票，但国务院证券监督管理机构规定的情形除外。②投资者持有或者通过协议、其他安排与他人共同持有一个上市公司已发行的有表决权股份达到5%后，其所持该上市公司已发行的有表决权股份比例每增加或者减少5%，应当依照上述规定进行报告和公告，在该事实发生之日起至公告后3日内，不得再行买卖该上市公司的股票，但国务院证券监督管理机构规定的情形除外。③投资者持有或者通过协议、其他安排与他人共同持有一个上市公司已发行的有表决权股份达到5%后，其所持该上市公司已发行的有表决权股份比例每增加或者减少1%，应当在该事实发生的次日通知该上市公司，并予公告。违反上述①②情形买入上市公司有表决权的股份的，在买入后的36个月内，对该超过规定比例部分的股份不得行使表决权。

2. 收购要约：所谓收购要约，是指根据证券法的规定，通过证券交易所的证券交易，投资者持有或者通过协议、其他安排与他人共同持有一个上市公司已发行的有表决权股份的30%时，继续进行收购的，应当依法向该上市公司所有股东发出收购上市公司全部或者部分股份的要约。收购上市公司部分股份的要约应当约定，被收购公司股东承诺出售的股份数额超过预定收购的股份数额的，收购人按比例进行收购。依照规定发出收购要约，收购人必须公告上市公司收购报告书。收购要约约定的收购期限不得少于30日，并不得超过60日。在收购要约确定的承诺期限内，收购人不得撤销其收购要约。收购人需要变更收购要约的，应当及时公告，载明具体变更事项，且不得存在下列情形：(1)降低收购价格；(2)减少预定收购股份数额；(3)缩短收购期限；(4)国务院证券监督管理机构规定的其他情形。收购要约提出的各项收购条件，适用于被收购公司的所有股东。上市公司发行不同种类股份的，收购人可以针对不同种类股份提出不同的收购条件。采取要约收购方式的，收购人在收购期限内，不得卖出被收购公司的股票，也不得采取要约规定以外的形式和超出要约的条件买入被收购公司的股票。

3. 协议收购：采取协议收购方式的，收购人可以依照法律、行政法规的规定同被收购公司的股东以协议方式进行股份转让。以协议方式收购上市公司时，达成协议后，收购人必须在3日内将该收购协议向国务院证券监督管理机构及证券交易所作出书面报告，并予公告。在公告前不得履行收购协议。采取协议收购方式的，协议双方可以临时委托证券登记结算机构保管协议转让的股票，并将资金存放于指定的银行。采取协议收购方式的，收购人收购或者通过协议、其他安排与他人共同收购一个上市公司已发行的有表决权股份达到30%时，继续进行收购的，应当依法向该上市公司所有股东发出收购上市公司全部或者部分股份的要约。

4. 禁止转让：在上市公司收购中，收购人持有的被收购的上市公司的股票，在收购行为完成后的18个月内不得转让。

5. 终止上市交易和应当收购：收购要约的期限届满，被收购公司股份分布不符合证券交易所规定的上市交易要求的，该上市公司的股票应当由证券交易所依法终止上市交易；其余仍持有被收购公司股票的股东，有权向收购人以收购要约公司等条件出售其股票，收购人应当收购。

6. 报告和公告收购情况：收购上市公司的行为结束后，收购人应当在15日内将收购情况报告国务院证券监督管理机构和证券交易所，并予公告。

考点35 保险合同

【大纲要求解读】大纲要求了**解**保险合同的概念与分类，保险合同成立与生效的条件；**理解**保险合同的特征及其在具体制度中的体现；**熟悉并能够运用**保险人与投保人各自在订立合同时的义务，保险合同变更与解除的方式与效力，保险合同的履行规则，保险人的代位求偿权原理。

【命题要点归纳】

1. 保险合同的特征：保险合同是射幸合同、最大诚信合同、格式合同、双务合同、有偿合同、不要式合同、诺成合同。

2. 保险合同的解除：(1)投保人的解除权，除保险法另有规定或者保险合同另有约定外，保险合同成立后，投保人可以解除合同。(2)保险人的解除权，与投保人的解除权相反，除保险法另有规定或者保险合同另有约定外，保险人不得解除合同。

3. 保险法中的代位求偿权：(1)保险人行使代位求偿权的要件为：①保险事故是由第三人的行为引起的。第三人的行为可以是违约、侵权、不当得利等可以产生债权请求权的行为，也可以是犯罪行为、违法行政行为。②保险人已向被保险人为保险赔偿。③保险人行使代位求偿权的数额以给付的保险金额为限，对于超过保险人已支付的保险金额以外的部分，保险人无权要求第三人赔偿，它仍由被保险人所享有。(2)代位求偿权仅适用于财产保险，不适用于人身保险。(3)保险事故发生后，在保险人未赔偿保险金之前，被保险人放弃对第三人赔偿请求权的，保险人不承担赔偿保险金的责任；保险人向被保险人赔偿保险金后，若被保险人未经保险人同意放弃对第三人的赔偿请求权的，该放弃行为无效。

考点36 人身保险合同

【大纲要求解读】大纲要求**了解**人身保险合同的概念、特征和种类；**理解**人身保险合同与财产保险合同的区别。

【命题要点归纳】

1. 人身保险合同的利益范围：投保人对下列人员具有保险利益：(1)本人；(2)配偶、子女、父母；(3)前项以外与投保人有抚养、赡养或者扶养关系的家庭其他成员、近亲属；(4)与投保人有劳动关系的劳动者。

除前款规定外，被保险人同意投保人为其订立合同的，视为投保人对被保险人具有保险利益。

2. 人身保险合同若干特殊规则：

(1)年龄误报的后果：①解除合同。投保人申报的被保险人年龄不真实，并且其真实年龄不符合合同约定的年龄限制的，保险人可以解除合同，并按照合同约定退还保险单的现金价值。②保险费的更正、补交或者保险金的减少。投保人申报的被保险人年龄不真实，致使投保人支付的保险费少于应付保险费的，保险人有权更正并要求投保人补交保险费，或者在给付保险金时按照实付保险费与应付保险费的比例支付。③保险费的退还。投保人申报的被保险人的年龄不真实，致使投保人支付的保险费多于应付保险费的，保险人应当将多收的保险费退还投保人。

(2)人身保险合同中除外责任的范围包括：①投保人、受益人故意造成被保险人死亡、伤残或者疾病，但投保人已经交足2年以上保险费的，保险人应当按照合同约定向其他权利人退还保险单的现金价值。②被保险人自杀：以死亡为给付保险金条件的合同，被保险人自杀的，保险人不承担给付保险金的责任，但对投保人已支付的保险费，保险人应当按照保险单退还其现金价值。以死亡为给付保险金条件的合同，自成立之日起满2年后，如果被保险人自杀的，保险人可以按照保险合同给付保险金。③被保险人故意犯罪导致其自身伤残或者死亡，但投保人已交足2年以上保险费的，保险人应当按照保险单退还其现金价值。

(3)保险金的继承：被保险人死亡后，遇有下列情形之一的，保险金作为被保险人的遗产，由保险人向被保险人的继承人履行给付保险金的义务：没有指定受益人的或受益人无法确定的；指定的受益人先于被保险人死亡，没有其他受益人的；受益人依法丧失受益权或者放弃受益权，没有其他受益人的。

(4)父母可以为未成年人投死亡险，不用经过未成年子女的同意并认可金额，但未成年人死亡险的投保人只能是未成年人的父母或经过父母同意的其他履行监护职责的人，其他履行监职责的人不能单独给未成年人买死亡险。

(5)保单的现金价值不同于保险金，其是投保人缴纳保险费的积累和收益，理所应当归投保人所有。

考点37 信托设立“三确定”原则

【大纲要求解读】大纲要求**熟悉并能够运用**信托设立“三确定”原则。

【命题要点归纳】

1. 信托财产确定性原则。信托乃围绕财产管理、运用、处分等建立的法律关系，信托财产是信托当事人权利义务所共同指向的对象，没有确定的信托财产，信托便无法设立。也正是在这一意义上，《信托法》第7条第1款规定，“设立信托，必须有确定的信托财产，并且该信托财产必须是委托人合法所有的财产”。由该款规定可知，信托财产确定性原则在我国《信托法》上，包含两方面的内容：其一，作为信托关系的客体，信托财产须确定化与特定化，若信托财产不确定或特定，则无法满足信托财产由委托人移转给受托人这一要件。因此，对于无从确定的、仅是将来有取得可能的客体，不能在其上设立信托。其二，信托财产须为委托人合法所有的财产。对于委托人不享有所有权或其归属的财产，委托人自然无法合法地移转给受托人，从而无从设立信托。需要注意的是，信托财产确定性原则只是针对信托设立行为的要求，并不是针对信托设立后之信托财产的管理行为。此外，信托设立若违反信托财产确定性原则，其后果在我国法上为信托无效，即信托财产不能确定与委托人以非法财产或者《信托法》规定不得设立信托的财产设立信托的，均被列为信托无效的事由（《信托法》第11条第2项与第3项）。

2. 受益人确定性原则。信托若无受益人或受益人不确定，则对信托无从强制执行，故信托的设立须遵循受益人确定性原则，即在设立信托的意思表示中，必须表明受益人的范围或者确定受益人范围的方法。信托设立时违反该原则，也就是没有受益人或者受益人范围不能确定，在我国《信托法》上同样产生信托无效的后果（《信托法》第11条第5项）。

3. 信托目的确定性原则。信托目的为成立信托的一项必备要素。信托目的是委托人所意欲达成的目的，若无信托目的，则受托人管理信托财产的行为也就失却行为指引与依归。信托目的须载明于信托合同等信托文件中，且在内容表述上须具体、明确，否则同样难以给受托人管理行为提供指示与指引，进而也难以判断受托人之管理行为是否符合信托目的。这就是信托目的须遵循确定性原则的原因所在。我国《信托法》虽未明文规定信托目的确定性原则，但在理论上均认可这一信托法的基本原则。违反信托目的确定性原则，设立信托的行为原则上也应归于无效，即应参照前两项确定性原则来处理。最后须特别说明的是，信托设立“三确定”原则，主要适用于普通民事信托的设立行为。至于营业信托或实践中大量存在的商业信托，对信托设立“三确定”原则，在适用上均存在突破。比如，在资产证券化信托中，现在尚无法确定而仅在将来才产生的财产如将来应收款等，虽不具备确定性要件，但仍可作为信托财产；投资基金信托在域外法中，也不必满足受益人确定性要求；至于信托目的之确定性要求，在域外法中同样不影响商业信托的有效性。

考点38 信托合同

【大纲要求解读】大纲要求**熟悉并能够运用**信托的设立与生效要件、信托合同的设立。

【命题要点归纳】

委托人以自己的法律行为来设立信托，有合同方式与遗嘱方式（《信托法》第8条第2款）。鉴于遗嘱方式有其特殊性，不妨先阐述合同方式设立信托的基本规则，然后再单论遗嘱信托的特殊规则。

1. 信托合同主体。信托合同是信托设立最常见的方式。信托合同的签订主体，为委托人与受托人。信托受益人虽为信托当事人，但并非信托合同的签订主体，故不能参与决定信托合同的内容。需要注意的是，信托合同虽因此而与“利益第三人合同”具有相似性，但信托受益人所享有的利益与权利的范围，要广于普通利益第三人合同中第三人利益的范围。

2. 信托合同的要式性与诺成性。根据《信托法》第8条第1款的规定，信托合同应采取书面形式，故属于要式合同。信托设立须满足前述“三确定”原则，而在如何确定上，一般只能通过合同主体的意思来确定。因此，以书面形式来固定合同主体的意思，在法政策上具有正当性。虽然对于信托合同是否须以信托财产的交付为成立要件，在理论上有不同的认识，但我国《信托法》显然采取信托合同为诺成合同的立场，即“信托合同签订时，信托成立”（《信托法》第8条第3款第1句）。至于何谓合同签订，则应理解为合同成立，从而应按照《民法典》关于书面合同订立的规则来判断，即“自当事人均签名、盖章或者按指印时合同成立”（《民法典》第490条第1款）。

3. 信托合同的有偿性问题。《信托法》第35条第1款规定，信托合同可约定受托人的报酬条款，若未约定亦可通过事后补充约定方式来规定受托人的报酬；仅在事先未约定而事后又未达成补充约定的情形，受托人不得主张报酬。由此可知，信托合同是否有偿，取决于事先或事后的约定，无偿性只是在适用时的一项缺省规则。此外，还需注意的是，受托人按约定所取得的报酬，并非其接受信托财产移转的对价，这二者之间并不形成对待给付关系。

4. 信托合同条款。根据《信托法》第9条第1款，信托合同应当载明的条款或事项，包括：(1)信托目的；(2)委托人、受托人的姓名或者名称、住所；(3)受益人或者受益人范围；(4)信托财产的范围、种类及状况；(5)受益人取得信托利益的形式、方法。这些条款或事项，基本是合同要素与前述信托设立“三确定”原则的反映，若有欠缺，则信托合同也就无从成立。该条第2款还进一步列明信托合同可载入的“任意性条款或事项”，包括信托期限、信托财产的管理方法、受托人的报酬、新受托人的选任方式、信托终止事由等。既然是任意性条款，则有欠缺时，并不影响信托合同的成立；若相关事项有其必要或产生争议，则可通过事后补充约定（如《信托法》第35条第1款关于受托人报酬事项）或者合同解释的方法来予以确定。

5. 信托的存续期限。信托关系属于一种继续性法律关系，因此面临存续期限的规制问题。我国《信托法》就信托期限未设强制性规定，仅规定其为信托合同之任意性条款。因此，在信托合同等信托文件中约定有存续期限时，无论是公益信托、营业信托还是民事信托，只要期限届满，信托自然终止。

经 济 法

考点1 垄断行为

【大纲要求解读】大纲要求**熟悉并能够运用**垄断行为，如垄断协议、滥用市场支配地位、经营者集中、滥用行政权力排除、限制竞争。

【命题要点归纳】

1. 垄断协议。指排除、限制竞争的协议、决定或者其他协同行为，包括横向垄断协议与纵向垄断协议两种。要件：(1)协议由多个独立主体达成。(2)经营者之间存在通谋或协同一致的行为。

2. 滥用市场支配地位。滥用市场支配地位的行为如下：(1)垄断价格(以不公平的高价销售商品或者以不公平的低价购买商品)；(2)亏本销售(没有正当理由，以低于成本的价格销售商品)；(3)拒绝交易(没有正当理由，拒绝与交易相对人进行交易)；(4)限制交易(没有正当理由，限定交易相对人只能与其进行交易或者只能与其指定的经营者进行交易)；(5)搭售(没有正当理由搭售商品，或者在交易时附加其他不合理的交易条件)；(6)差别待遇(没有正当理由，对条件相同的交易相对人在交易价格等交易条件上实行差别待遇)；(7)国务院反垄断执法机构认定的其他滥用市场支配地位行为。

3. 经营者集中。指两个或两个以上企业以一定的方式或手段所形成的企业间的资产、营业和人员的整合。经营者集中包括以下三种情形：(1)经营者合并；(2)经营者通过取得股权或者资产的方式取得对其他经营者的控制权；(3)经营者通过合同等方式取得对其他经营者的控制权或者能够对其他经营者施加决定性影响。

4. 滥用行政权力排除、限制竞争。(1)强制交易；(2)政企联手垄断市场；(3)地区封锁；(4)歧视性资质管控；(5)地域性投资歧视；(6)迫使经营者垄断；(7)以抽象行政行为限制竞争。

考点2 不正当竞争行为

【大纲要求解读】大纲要求**熟悉并能够运用**反不正当竞争行为的构成，判断不同的反不正当竞争行为的区别。

【命题要点归纳】

1. 商业混淆行为；2. 商业贿赂行为；3. 虚假宣传行为；4. 侵犯商业秘密行为；5. 不正当有奖销售行为；6. 互联网不正当竞争行为；7. 诋毁商誉行为。

考点3 消费者的权利与经营者的义务

【大纲要求解读】大纲要求**熟悉并能够运用**在记忆的基础上进一步深刻领会消费者的权利与经营者的义务的内容，并结合现实案例，判断不同的权利与义务的种类。

【命题要点归纳】

1. 消费者的权利：(1)安全保障权；(2)知悉真情权；(3)自主选择权；(4)公平交易权；(5)获取赔偿权；(6)结社权；(7)获得相关知识权；(8)受尊重权；(9)监督批评权；(10)个人信息保护权；(11)反悔权。

2. 个人信息保护权。

3. 反悔权：针对网络等远程购物方式赋予消费者7天的反悔权，旨在促进买卖双方的平等地位。

4. 网络交易平台责任。

5. 经营者的义务：(1)履行法定义务及约定义务。(2)接受监督。(3)保证商品和服务安全。

(4)提供真实信息。(5)标明真实名称和标记。(6)出具凭证或单据。(7)保证质量。(8)履行“七日无理由”或其他责任的义务。(9)不得单方作出对消费者不利规定的义务,即经营者不得以格式条款、通知、声明、店堂告示等方式作出排除或者限制消费者权利,或者减轻、免除经营者责任等对消费者不公平、不合理的规定,不得利用格式条款并借助技术手段强制交易。有以上情况的格式条款无效。(10)不得侵犯消费者人格权的义务。

考点4 争议的解决和法律责任

【大纲要求解读】大纲要求**了解或理解**消费者权益争议的途径和法律责任的内容。

【命题要点归纳】

1. 争议解决的途径:(1)和解;(2)调解;(3)投诉;(4)仲裁;(5)诉讼。

2. 特定规则:(1)销售者的先行赔付义务;(2)生产者与销售者的连带责任;(3)消费者在接受服务时,其合法权益受到损害时,可以向服务者要求赔偿;(4)变更后的企业仍应承担赔偿责任;(5)营业执照持有人与租借人的连带赔偿责任;(6)展销会举办者、柜台出租者的特殊责任;(7)广告经营者、发布者、制作、发布关系消费者生命健康商品或者服务的虚假广告,与提供该商品或者服务的经营者承担连带责任;(8)社会团体或其他组织、个人在关系消费者生命健康商品或者服务的虚假广告或者其他虚假宣传中向消费者推荐商品或者服务,造成消费者损害的,应当与提供该商品或者服务的经营者承担连带责任。

3. 民事责任的特别规定:(1)“三包”责任;(2)邮购商品;(3)预收款方式提供商品或服务的责任;(4)依法经有关行政部门认定为不合格的商品,消费者可以要求退货,经营者应当负责退货,而不得无理拒绝。

4. 经营者欺诈行为的惩罚性赔偿。经营者欺诈行为,是指经营者故意在提供的商品或服务中,以虚假陈述或者其他不正当手段欺骗、误导消费者,致使消费者权益受到损害的行为。对此种行为,应当按照消费者的要求增加赔偿其受到的损失,增加赔偿的金额为消费者购买商品的价款或者接受服务的费用的3倍;增加赔偿的金额不足500元的,以500元论。法律另有规定的,依照其规定。经营者明知商品或者服务存在缺陷,仍然向消费者提供,造成消费者或者其他受害人死亡或者健康严重损害的,受害人有权要求经营者依照《消费者权益保护法》等法律规定赔偿损失,并有权要求所受损失2倍以下的惩罚性赔偿。

5. 消费者协会可以提起公益诉讼。

考点5 产品质量责任

【大纲要求解读】大纲要求**熟悉并能够运用**产品质量问题引发的相关法律责任。

【命题要点归纳】

1. 归责原则。(1)生产者的严格责任。因产品存在缺陷造成人身、他人财产损害的,生产者应当承担赔偿责任。以下除外:①未将产品投入流通的;②产品投入流通时,引起损害的缺陷尚不存在的;③将产品投入流通时的科学技术水平尚不能发现缺陷的存在的。(2)销售者的过错责任。推定过错,销售者负有举证责任。

2. 损害赔偿。因产品存在缺陷造成人身、他人财产损害的,受害人可以向产品的生产者要求赔偿,也可以向产品的销售者要求赔偿。

3. 因产品缺陷造成损害要求赔偿的诉讼时效期间为2年,自当事人知道或者应当知道其权益受到损害时起计算。因产品存在缺陷造成损害要求赔偿的请求权,在造成损害的缺陷产品交付最初消费者满10年丧失。但是,尚未超过明示的安全使用期的除外。

考点6 食品安全相关制度及其事故处置机制

【大纲要求解读】大纲要求**熟悉并能够运用**食品安全相关制度的内容,要求结合现实案例,对食品安全事故进行处置。

【命题要点归纳】

1. 食品安全风险监测和评估。国务院卫生行政部门会同国务院食品安全监督管理等部门，制定、实施国家食品安全风险监测计划。国务院卫生行政部门负责组织食品安全风险评估工作。

2. 食品安全标准。包括食品安全国家标准和食品安全地方标准。食品安全国家标准的效力高于地方标准的效力。地方标准的内容，不得与国家标准相抵触，但是可以制定严于国家标准的地方标准。

3. 食品安全控制。(1)食品生产经营许可制度；(2)食品添加剂生产许可制度；(3)食品生产经营者应当建立并执行从业人员健康管理制度。

4. 食品进出口管理。管理机构主要是国家出入境检验检疫部门。

5. 食品召回可以分为主动召回和责令召回两种类型。食品生产者应当对召回的食品采取无害化处理、销毁等措施，并将食品召回和处理情况向所在地县级以上人民政府食品安全监督管理部门报告。

6. 食品安全事故处置机制。食品安全事故，指食物中毒、食源性疾病、食品污染等源于食品，对人体健康有危害或者可能有危害的事故。

7.《食品安全法》设置了全国性、综合性的监管机构，即食品安全委员会。(1)信息统一公布制度；(2)日常监督管理；(3)对咨询、投诉、举报的处理；(4)食品安全信用档案。

8. 惩罚性赔偿制度。明知是不符合食品安全标准的食品而进行生产或者销售的，消费者除要求赔偿损失外，还可以向生产者或者销售者要求支付价款10倍或者损失3倍的赔偿金。

考点7 商业银行的设立与变更

【大纲要求解读】大纲要求**了解或理解**商业银行的基本概念和要件。

【命题要点归纳】

1. 商业银行是指依照《商业银行法》和《公司法》规定的条件和程序，设立的吸收公众存款、发放贷款、办理结算等业务，具有独立的民事权利能力和民事行为能力的企业法人。其具有以下职能：(1)信用中介职能；(2)支付中介职能；(3)信用创造职能；(4)创造金融工具的职能；(5)金融服务职能(表外业务)。

2. 调整对象。境内的所有商业银行的成立、变更、接管和清算等活动均由《商业银行法》所管辖。

3. 设立条件：(1)符合《商业银行法》和《公司法》规定的章程；(2)有符合要求的营业场所、安全防范措施和业务有关的其他设施；(3)法定最低要求的注册资本，实缴资本额(设有分支机构的全国性商业银行为10亿元，城市商业银行为1亿元，农村商业银行为5000万元)；(4)有符合要求的从业人员及任职资格；(5)有健全的组织机构和管理制度。

4. 规范商业银行的投资。

考点8 商业银行的业务规则

【大纲要求解读】大纲要求**熟悉并能够运用**商业银行的业务规则的基本概念和要件，并且熟悉银行业务规则的特殊规定，熟练运用，分析案例。

【命题要点归纳】

商业银行的业务大体分为资产业务、负债业务和中间业务三类。其中，资产业务和负债业务在财务上称为表内业务，中间业务称为表外业务。表内业务主要是存贷款业务。此外，发行金融债券、同业拆借、贸易融资、票据融资、融资租赁、发行固定收益理财产品、透支等业务，也属于表内业务。

1. 存贷款业务。商业银行的贷款业务应当遵循以下基本规则：

(1)服从信贷政策。(2)贷款审查制度。(3)贷款担保制度。(4)借款合同制度。(5)资产负债比例管理制度;商业银行贷款,应当遵守下列资产负债比例管理的规定:资本充足率不得低于8%;流动性资产余额与流动性负债余额的比例不得低于25%;对同一借款人的贷款余额与商业银行资本余额的比例不得超过10%;国务院银行业监督管理机构对资产负债比例管理的其他规定。(6)禁止性规定。①商业银行不得向关系人发放信用贷款;向关系人发放担保贷款的条件不得优于其他借款人同类贷款的条件。关系人包括商业银行的董事、监事、管理人员、信贷业务人员及其近亲属,以及他们投资或者担任高级管理职务的公司、企业和其他经济组织。②任何单位和个人不得强令商业银行发放贷款或者提供担保,商业银行对此类行为有权拒绝。(7)担保物处分时限。因借款人到期不归还担保贷款,商业银行依法行使抵押权、质权而取得的不动产或者股权,应当自取得之日起2年内予以处分。

2. 中间业务。中间业务是指商业银行利用技术、信息、机构网络、资金和信誉等方面的优势,不运用或较少运用银行的资财,以中间人的身份替客户办理收付、咨询、代理、担保、托管及其他委托事项,提供各类金融服务并收取一定费用的经营活动。

考点9 企业所得税法

【大纲要求解读】大纲要求了**解或理解**企业所得税的构成。

【命题要点归纳】

1. 企业所得税。企业和其他取得收入的组织(以下统称企业)为企业所得税的纳税人。个人独资企业、合伙企业除外。

2. 企业所得税的税率为25%。非居民企业在中国境内未设立机构、场所的,或者虽设立机构、场所但取得的所得与其所设机构、场所没有实际联系的,适用税率为20%。

3. 企业每一纳税年度的收入总额,减除不征税收入、免税收入、各项扣除以及允许弥补的以前年度亏损后的余额,为应纳税所得额。

企业发生的公益性捐赠支出,在年度利润总额12%以内的部分,准予在计算应纳税所得额时扣除;超过12%的部分,准予结转以后3年内在计算应纳税所得额时扣除。

4. 税收优惠。企业的下列收入为免税收入:国债利息收入;符合条件的居民企业之间的股息、红利等权益性投资收益;在中国境内设立机构、场所的非居民企业从居民企业取得与该机构、场所有实际联系的股息、红利等权益性投资收益;符合条件的非营利组织的收入。企业的下列所得,可以免征、减征企业所得税:(1)从事农、林、牧、渔业项目的所得;(2)从事国家重点扶持的公共基础设施项目投资经营的所得;(3)从事符合条件的环境保护、节能节水项目的所得;(4)符合条件的技术转让所得。

5. 征收管理。居民企业以企业登记注册地为纳税地点;但登记注册地在境外的,以实际管理机构所在地为纳税地点。企业所得税分月或者分季预缴。

考点10 个人所得税法

【大纲要求解读】大纲要求了**解或理解**个人所得税的构成。

【命题要点归纳】

1. 个人所得税是以个人的所得为征税对象的一种税。纳税人为在中国境内有住所,或者无住所而一个纳税年度内在中国境内居住累计满183天的个人(居民纳税人),以及在中国境内无住所又不居住,或者无居所而一个纳税年度内在中国境内居住累计不满183天但有源于中国境内所得的个人(非居民纳税人)。

2. 个人所得税的税收减免。(1)省级人民政府、国务院部委和中国人民解放军军以上单位,以及外国组织、国际组织颁发的科学、教育、技术、文化、卫生、体育、环境保护等方面的奖金;(2)国债和国家发行的金融债券利息;(3)按照国家统一规定发给的补贴、津贴;(4)福利费、抚恤金、救济金;(5)保险赔款;(6)军人的转业费、复员费、退役金;(7)按照国家统一规定发给干部、职工的安家费、退职费、基本养老金或者退休费、离休费、离休生活补助费;(8)依照我国有关法律规定应予免税的各国驻华使馆、领事馆的外交代表、领事官员和其他人员的所得;(9)中国政府参加的国际公约、签订的协议中规定免税的所得;(10)国务院规定的其他免税所得。经备案可以减征个人所得税的包括:(1)残疾、孤老人员和烈属的所得;(2)因自然灾害造成重大损失的;(3)其他国务院规定减税的情形,报全国人民代表大会常务委员会备案。

考点11 土地规划制度

【大纲要求解读】大纲要求了**解或理解**土地规划制度。

【命题要点归纳】

1. 土地利用总体规划。

(1)编制体系和基本要求。土地利用总体规划实行从国务院到地方各级人民政府分级编制、分级审批的体制。下级土地利用总体规划应当依据上一级土地利用总体规划编制。省级土地利用总体规划,报国务院批准。省、自治区人民政府所在地的市、人口在100万人以上的城市以及国务院指定的城市的土地利用总体规划,经省、自治区人民政府审查同意后,报国务院批准。除此之外的土地利用总体规划,逐级上报省级人民政府批准;其中,乡(镇)土地利用总体规划可以由省级人民政府授权的设区的市、自治州人民政府批准。地方各级人民政府编制的土地利用总体规划中的建设用地总量不得超过上一级土地利用总体规划确定的控制指标,耕地保有量不得低于上一级土地利用总体规划确定的控制指标。省级人民政府编制的土地利用总体规划,应当确保本行政区域内耕地总量不减少。县级土地利用总体规划应当划分土地利用区,明确土地用途。乡(镇)土地利用总体规划应当划分土地利用区,根据土地使用条件,确定每一块土地的用途,并予以公告。

(2)编制原则。落实国土空间开发保护要求,严格土地用途管制;严格保护永久基本农田,严格控制非农业建设占用农用地;提高土地节约集约利用水平;统筹安排城乡生产、生活、生态用地,满足乡村产业和基础设施用地合理需求,促进城乡融合发展;保护和改善生态环境,保障土地的可持续利用;占用耕地与开发复垦耕地数量平衡、质量相当。

2. 国土空间规划。

《土地管理法》规定:国家建立国土空间规划体系。编制国土空间规划应当坚持生态优先,绿色、可持续发展,科学有序统筹安排生态、农业、城镇等功能空间,优化国土空间结构和布局,提升国土空间开发、保护的质量和效率。经依法批准的国土空间规划是各类开发、保护、建设活动的基本依据。已经编制国土空间规划的,不再编制土地利用总体规划和城乡规划。

3. 规划管理配套制度。

(1)国家建立土地调查制度;

(2)国家建立土地统计制度;

(3)国家建立全国土地管理信息系统,对土地利用状况进行动态监测。

考点12 国有土地使用权

【大纲要求解读】大纲要求**了解或理解**我国国有土地使用权的基本构架的基本概念和构成要件记忆,**理解**国有土地使用权的内容与限制。

【命题要点归纳】

1. 国有土地使用权是用地者依其不同取得方式而享有的,具有不同法定权利内容的,与所有权相分离的,对国有土地所享有的用益性民事财产权利。

2. 国有土地使用权需经法定登记予以确认。

3. 出让土地使用权是土地使用者以向国有土地所有者代表支付出让金为代价而原始取得的有期限限制的国有土地使用权。出让土地使用权的方式:拍卖、招标和协议。

4. 城镇国有土地使用权出让的最高年限,按土地用途分为以下几种情况:(1)居住用地 70 年;(2)工业用地 50 年;(3)教育、科技、文化、卫生、体育用地 50 年;(4)商业、旅游、娱乐用地 40 年;(5)综合或者其他用地 50 年。

5. 划拨土地使用权。下列建设用地,经县级以上人民政府依法批准,可以以划拨方式取得:(1)国家机关用地和军事用地;(2)城市基础设施用地和公益事业用地;(3)国家重点扶持的能源、交通、水利等基础设施用地;(4)法律、行政法规规定的其他用地。用地者申请取得划拨土地使用权需征收、征用集体土地或占用其他用地者正在使用的国有土地的,申请用地者应向集体土地所有者或原国有土地使用者支付土地补偿安置费。

6. 划拨土地使用权人对划拨土地享有占有权、使用权和部分收益权。划拨土地使用权人不得擅自改变土地用途,转让、出租和抵押其权利受到严格限制。

考点13 建设用地管理制度

【大纲要求解读】大纲要求**了解或理解**建设用地管理制度。

【命题要点归纳】

1. 国家建设用地是指国家为进行各种经济、文化、国防建设以及兴办各种社会公益事业进行建设所需要占用的土地。乡村建设用地是指农村集体经济组织兴办企业、公益事业或农民建设住宅所需占用的农村集体土地。

2. 国家建设征收农民集体土地,应依法报国务院或省、自治区、直辖市人民政府批准。其中,国务院批准:(1)永久基本农田;(2)永久基本农田以外的耕地超过 35 公顷的;(3)其他土地超过 70 公顷的。

3. 农村村民住宅用地,经乡(镇)人民政府审核批准。临时建设用地,由县级以上人民政府自然资源主管部门批准。临时使用土地的期限不得超过 2 年。

考点14 不动产登记

【大纲要求解读】大纲要求**熟悉并能够运用**不动产登记的程序。

【命题要点归纳】

1. 更正登记与异议登记。权利人、利害关系人认为不动产登记簿记载的事项错误的,可以申请更正登记。不动产登记簿记载的权利人书面同意更正或者有证据证明登记确有错误的,登记机构应当予以更正。不动产登记簿记载的权利人不同意更正的,利害关系人可以申请异议登记。登记机构予以异议登记,申请人自异议登记之日起 15 日内不提起诉讼的,异议登记失效。异议登记不当,造成权利人损害的,权利人可以向申请人请求损害赔偿。

2. 预告登记。预告登记,又称为假登记,是指为保全一项旨在取得、变更和消灭不动产物权的请求权,限制债务人重复处分该不动产而为的登记。例如,在房屋预售买卖中,买卖双方签订预售合同,买方依约有权请求卖方在房屋建成之后交付房屋并办理登记,这在性质上属于债权,不具有对抗第三人的效力。为了保障将来取得房屋所有权,买方可以依法办理预告登记,使其发生对抗第三人的效力,以限制卖方再行处分房屋。《民法典》第 221 条规定,当事人签订买卖房屋的协议或者签订其他不动产物权的协议,为保障将来实现物权,按照约定可以向登记机构申请预告登记。预告登记后,未经预告登记的权利人同意,处分该不动产的,不发生物权效力。预告登记后,债权消灭或者自能够进行不动产登记之日起 90 日内未申请登记的,预告登记失效。

最后,当事人提供虚假材料申请登记,造成他人损害的,应当承担赔偿责任。因登记错误,造成他人损害的,登记机构应当承担赔偿责任。登记机构赔偿后,可以向造成登记错误的人追偿。

考点15 审计职责范围

【大纲要求解读】大纲要求了解或理解审计职责范围与职责履行。

【命题要点归纳】

1. 全面审计与专项审计。审计机关可以对被审计单位依法应当接受审计的事项进行全面审计，也可以对其中的特定事项进行专项审计。

2. 专项审计调查。审计机关有权对与国家财政收支有关的特定事项，向有关地方、部门、单位进行专项审计调查，并向本级人民政府和上一级审计机关报告审计调查结果。

3. 风险隐患通报。审计机关履行审计监督职责，发现经济社会运行中存在风险隐患的，应当及时向本级人民政府报告或者向有关主管机关、单位通报。

4. 审计管辖确定。审计机关根据被审计单位的财政、财务隶属关系或者国有资源、国有资产监督管理关系，确定审计管辖范围。审计机关之间对审计管辖范围有争议的，由其共同的上级审计机关确定。上级审计机关对其审计管辖范围内的审计事项，可以授权下级审计机关进行审计，但属于上述职责范围前三项的审计事项不得进行授权；上级审计机关对下级审计机关审计管辖范围内的重大审计事项，可以直接进行审计，但是应当防止不必要的重复审计。

5. 指导监督。审计机关应当对被审计单位的内部审计工作进行业务指导和监督。

6. 审计核查。社会审计机构审计的单位依法属于被审计单位的，审计机关按照国务院的规定，有权对该社会审计机构出具的相关审计报告进行核查。

环境资源法

考点1 环境保护法的基本制度

【大纲要求解读】大纲要求了**解或理解**该考点,即仅仅要求对基本制度的内容做了解。

【命题要点归纳】

1. 环境规划制度。县级以上人民政府环境保护主管部门会同有关部门,编制本行政区域的环境保护规划,报同级人民政府批准并实施。

2. 清洁生产制度。清洁生产的推行以政府为主,主要采取行政指导的方式。(1)清洁生产规划制度;(2)清洁生产信息制度;(3)清洁生产技术创新、交流制度;(4)清洁产品的环境标志制度;(5)严重污染环境的落后生产技术、工艺、设备和产品的限期淘汰制度。

3. 环境影响评价制度。

(1)专项规划的环境影响评价。

(2)建设项目的环境影响评价。根据《环境影响评价法》规定,建设项目的环境影响评价的程序是:①建设单位可以委托技术单位对其建设项目开展环境影响评价,编制建设项目环境影响报告书、环境影响报告表;建设单位具备环境影响评价技术能力的,可以自行对其建设项目开展环境影响评价,编制建设项目环境影响报告书、环境影响报告表;②对环境可能造成重大影响、应当编制环境影响报告书的建设项目,建设单位应当在报批环境影响报告书前,举行论证会、听证会,或者采取其他形式,征求有关单位、专家和公众的意见;③建设单位按照国务院的规定,将建设项目的环境影响报告书、报告表报有审批权的生态环境主管部门审批;④审批部门应当自收到环境影响报告书之日起60日内,收到环境影响报告表之日起30日内,分别作出审批决定并书面通知建设单位;⑤建设项目的环境影响评价文件经批准后,建设项目的性质、规模、地点、采用的生产工艺或者防治污染、防止生态破坏的措施发生重大变动的,建设单位应当重新报批建设项目的环境影响评价文件;⑥建设项目建设过程中,建设单位应当同时实施环境影响报告书、环境影响报告表以及环境影响评价文件审批部门审批意见中提出的环境保护对策措施;⑦在项目建设、运行过程中产生不符合经审批的环境影响评价文件的情形的,建设单位应当组织环境影响的后评价,采取改进措施,并报原环境影响评价文件审批部门和建设项目审批部门备案;原环境影响评价文件审批部门也可以责成建设单位进行环境影响的后评价,采取改进措施;⑧环境保护行政主管部门应当对建设项目投入生产或者使用后所产生的环境影响进行跟踪检查,对造成严重环境污染或者生态破坏的,应当查清原因、查明责任。

4.“三同时”制度。指建设项目需要配置的环境保护设施必须与主体工程同时设计、同时施工、同时投产使用的环境法律制度。

5. 环境保护税制度。

6. 总量控制制度。

7. 环境保护许可证制度。

8. 环境标准制度。

9. 环境监测制度。

10. 信息公开和公众参与制度。

11. 跨行政区污染防治制度。

12. 农村环境综合治理制度。

13. 生态保护制度。

14. 政府监管责任制度。

考点2 环境法律责任

【大纲要求解读】大纲要求**了解或理解**该考点，即仅仅要求对环境法律责任的基本概念和构成要件记忆，理解环境法律责任的分类。

【命题要点归纳】

1. 环境行政责任，是指违反了环境保护法，实施破坏或者污染环境的单位或者个人所应承担的行政方面的法律责任。环境保护法规定了罚款、限制生产、停产整治、责令停业、关闭等环境行政处罚的形式。

2. 环境民事责任，是指单位或者个人因污染危害环境而侵害了公共财产或者他人的人身、财产所应承担的民事方面的责任。环境民事责任实行无过错责任。只要具备3个要件：(1)污染者有环境污染行为；(2)受害者受到损害；(3)该行为和该损害之间有因果关系，污染者即承担民事责任。被要求承担民事责任的污染者，应当就法律规定的不承担责任或者减轻责任的情形及其行为与损害之间不存在因果关系承担举证责任。因第三人的过错污染环境造成损害的，被侵权人可向污染者请求赔偿，也可向第三人请求赔偿。污染者赔偿后，有权向第三人追偿。

考点3 森林资源保护制度

【大纲要求解读】大纲要求**了解或理解**该考点，即仅仅要求对森林资源保护制度记忆，理解每个制度的意义。

【命题要点归纳】

1. 重点保护制度。

(1)生态效益补偿制度。国家建立森林生态效益补偿制度，加大公益林保护支持力度。中央和地方财政分别安排资金，用于公益林的营造、抚育、保护、管理和非国有公益林权利人的经济补偿等，实行专款专用。

(2)重点林区保护制度。国家支持重点林区的转型发展和森林资源保护修复。重点林区按照规定享受国家重点生态功能区转移支付等政策。国家在不同自然地带的典型森林生态地区、珍贵动物和植物生长繁殖的林区、天然热带雨林区和具有特殊保护价值的其他天然林区，建立以国家公园为主体的自然保护地体系，加强保护管理。国家支持生态脆弱地区森林资源的保护修复。县级以上人民政府应当采取措施对具有特殊价值的野生植物资源予以保护。国家实行天然林全面保护制度，严格限制天然林采伐，加强天然林管护能力建设，保护和修复天然林资源，逐步提高天然林生态功能。具体办法由国务院规定。

2. 护林制度。地方各级人民政府应当组织有关部门建立护林组织，负责护林工作；根据实际需要建设护林设施，加强森林资源保护；督促相关组织订立护林公约、组织群众护林、划定护林责任区、配备专职或者兼职护林员。县级或者乡镇人民政府可以聘用护林员，其主要职责是巡护森林，发现火情、林业有害生物以及破坏森林资源的行为，应当及时处理并向当地林业等有关部门报告。

3. 森林灾害防控制度。

(1)森林防火制度。地方各级人民政府负责本行政区域的森林防火工作，发挥群防作用；县级以上人民政府组织领导应急管理、林业、公安等部门按照职责分工密切配合做好森林火灾的科学预防、扑救和处置工作：①组织开展森林防火宣传活动，普及森林防火知识；②划定森林防火区，规定森林防火期；③设置防火设施，配备防灭火装备和物资；④建立森林火灾监测预警体系，及时消除隐患；⑤制定森林火灾应急预案，发生森林火灾，立即组织扑救；⑥保障预防和扑救森林火灾所需费用。国家综合性消防救援队伍承担国家规定的森林火灾扑救任务和预防相关工作。

(2)森林生物灾害防治制度。县级以上人民政府林业草原主管部门负责本行政区域的林业有害生物的监测、检疫和防治。省级以上人民政府林业主草原管部门负责确定林业植物及其产品的检疫性有害生物，划定疫区和保护区。重大林业有害生物灾害防治实行地方人民政府负责制。发生暴发性、危险性等重大林业有害生物灾害时，当地人民政府应当及时组织除治。林业经营者在政府支持引导下，对其经营管理范围内的林业有害生物进行防治。

4. 林地保护制度。国家保护林地，严格控制林地转为非林地，实行占用林地总量控制，确保林地保有量不减少。各类建设项目占用林地不得超过本行政区域的占用林地总量控制指标。禁止毁林开垦、采石、采砂、采土以及其他毁坏林木和林地的行为。禁止向林地排放重金属或者其他有毒有害物质含量超标的污水、污泥，以及可能造成林地污染的清淤底泥、尾矿、矿渣等。禁止在幼林地砍柴、毁苗、放牧。禁止擅自移动或者损坏森林保护标志。

5. 珍稀资源保护制度。国家保护古树名木和珍贵树木。禁止破坏古树名木和珍贵树木及其生存的自然环境。

考点4 自然资源法的概念

【大纲要求解读】大纲要求**了解或理解**该考点，即仅仅要求对自然资源法概念的记忆。

【命题要点归纳】

自然资源法是一个综合性的概念，它主要由各种自然资源法规所组成，主要包括土地资源法、矿产资源法、水资源法、森林资源法、草原资源法、海洋资源法、野生动植物资源法等。实质上的自然资源法是指调整人们在自然资源开发利用、保护和管理过程中发生的各种社会关系的法律规范的总称，即自然资源法律规范的总和。形式上的自然资源法是指土地法、水法、矿业法、林业法、草原法、渔业法、野生动物保护法、自然保护区法、防止水土流失法等自然资源立法。

我国现行的自然资源法按其效力可以分为四个层次：一是宪法；二是自然资源法律；三是自然资源法规；四是自然资源规章。

考点5 矿产资源权属制度

【大纲要求解读】大纲要求**了解或理解**该考点，即仅仅要求对矿产资源权属制度的内容了解。**理解**采矿人的权利义务。

【命题要点归纳】

1. 国家所有权。在中华人民共和国领域及管辖海域的矿产资源属于国家所有，由国务院行使国家对矿产资源的所有权。地表或者地下的矿产资源的国家所有权，不因其所依附的土地的所有权或者使用权的不同而改变。

2. 矿业权的取得。矿业权包括探矿权、采矿权。探矿权是指在依法取得的勘查许可证规定的范围内，勘查矿产资源的权利。取得勘查许可证的单位或者个人称为探矿权人。采矿权是指在依法取得的采矿许可证规定的范围内，开采矿产资源和获得所开采的矿产品的权利。取得采矿许可证的单位或者个人称为采矿权人。勘查、开采矿产资源，必须依法分别申请、经批准取得探矿权、采矿权，并办理登记；但是，已经依法申请取得采矿权的矿山企业在划定的矿区范围内为本企业的生产而进行的勘查除外。从事矿产资源勘查和开采的，必须符合规定的资质条件。国家实行探矿权、采矿权有偿取得的制度；但是，国家对探矿权、采矿权有偿取得的费用，可以根据不同情况规定予以减缴、免缴。具体办法和实施步骤由国务院规定。开采矿产资源，必须按照国家有关规定缴纳资源税和资源补偿费。

3. 矿业权的转让。根据《矿产资源法》第6条，符合下列规定的，矿业权可以转让：(1)探矿权人有权在划定的勘查作业区内进行规定的勘查作业，有权优先取得勘查作业区内矿产资源的采矿权。探矿权人在完成规定的最低勘查投入后，经依法批准，可以将探矿权转让他人。(2)已取得采矿权的矿山企业，因企业合并、分立，与他人合资、合作经营，或者因企业资产出售以及有其他变更企业资产产权的情形而需要变更采矿权主体的，经依法批准可以将采矿权转让他人采矿。禁止将探矿权、采矿权倒卖牟利。

4.矿业权人的权利义务。

(1)探矿权人的权利义务。探矿权人享有下列权利:①按照勘查许可证规定的区域、期限、工作对象进行勘查;②在勘查作业区及相邻区域架设供电、供水、通讯管线,但是不得影响或者损害原有的供电、供水设施和通讯管线;③在勘查作业区及相邻区域通行;④根据工程需要临时使用土地;⑤优先取得勘查作业区内新发现矿种的探矿权;⑥优先取得勘查作业区内矿产资源的采矿权;⑦自行销售勘查中按照批准的工程设计施工回收的矿产品,但是国务院规定由指定单位统一收购的矿产品除外。探矿权人行使权利时,有关法律、法规规定应当经过批准或者履行其他手续的,应当遵守有关法律、法规的规定。

探矿权人应当履行下列义务:①在规定的期限内开始施工,并在勘查许可证规定的期限内完成勘查工作;②向勘查登记管理机关报告开工等情况;③按照探矿工程设计施工,不得擅自进行采矿活动;④在查明主要矿种的同时,对共生、伴生矿产资源进行综合勘查、综合评价;⑤编写矿产资源勘查报告,提交有关部门审批;⑥按照国务院有关规定汇交矿产资源勘查成果档案资料;⑦遵守有关法律、法规关于劳动安全、土地复垦和环境保护的规定;⑧勘查作业完毕,及时封、填探矿作业遗留的井、洞或者采取其他措施,消除安全隐患。

(2)采矿权人的权利义务。采矿权人享有下列权利:①按照采矿许可证规定的开采范围和期限从事开采活动;②自行销售矿产品,但是国务院规定由指定的单位统一收购的矿产品除外;③在矿区范围内建设采矿所需的生产和生活设施;④根据生产建设的需要依法取得土地使用权;⑤法律、法规规定的其他权利。采矿权人行使权利时,法律、法规规定应当经过批准或者履行其他手续的,依照有关法律、法规的规定办理。

采矿权人应当履行下列义务:①在批准的期限内进行矿山建设或者开采;②有效保护、合理开采、综合利用矿产资源;③依法缴纳资源税和矿产资源补偿费;④遵守国家有关劳动安全、水土保持、土地复垦和环境保护的法律、法规;⑤接受地质矿产主管部门和有关主管部门的监督管理,按照规定填报矿产储量表和矿产资源开发利用情况统计报告。

劳动与社会保障法

考点1 劳动法的概念和调整对象

【大纲要求解读】大纲要求**了解或理解**该考点，即仅要求记忆劳动法的概念、调整对象和我国劳动法的适用范围。

【命题要点归纳】

1. 劳动法是调整劳动关系以及与劳动关系密切联系的其他社会关系的法律规范的总和。劳动关系具有人身、财产关系的属性。劳动关系具有平等、从属关系的属性。

2. 适用范围的例外：(1)国家机关的公务员，事业单位和社会团体中纳入公务员编制或者参照公务员进行管理的工作人员，适用《公务员法》，不适用劳动法。(2)实行聘用制的事业单位与其工作人员的关系，法律、行政法规或国务院另有规定的，不适用劳动法；如果没有特别规定，适用劳动法。(3)从事农业劳动的农村劳动者(乡镇企业职工和进城务工、经商的农民除外)不适用劳动法。(4)现役军人、军队的文职人员不适用劳动法。(5)家庭雇佣劳动关系不适用劳动法。(6)在中华人民共和国境内享有外交特权和豁免权的外国人等不适用劳动法。另外，义务性劳动关系、慈善性劳动关系、家务劳动关系不适用劳动法。

考点2 工会和劳动行政部门在劳动法上的地位

【大纲要求解读】大纲要求**了解或理解**该考点，即仅要求记忆工会的概念、工会在劳动法上的权利、劳动行政部门的职权。

【命题要点归纳】

1. 工会。劳动法规定，劳动者有权依法参加和组织工会。工会代表和维护劳动者的合法权益，依法独立自主地开展活动。工会在劳动法上的权利主要有：(1)依法维护劳动者合法权益，对用人单位遵守劳动法的情况进行监督，就用人单位裁员、解除劳动合同听取说明和提出意见，对用人单位违反劳动法的行为提出意见或要求纠正；(2)帮助、指导劳动者与用人单位依法订立和履行劳动合同，支持和帮助劳动者申请仲裁、提起诉讼；(3)代表职工与用人单位签订集体合同，就集体合同争议申请仲裁、提起诉讼；(4)派代表会同劳动行政部门代表、企业方面代表，建立健全协调劳动关系三方机制，共同研究解决有关劳动关系的重大问题；(5)与用人单位建立集体协商机制，就直接涉及劳动者切身利益的规章制度或重大事项与用人单位协商；(6)派代表与职工代表、用人单位代表组成用人单位内的劳动争议调解委员会，且由工会代表担任劳动争议调解委员会主任；(7)派代表与劳动行政部门代表、用人单位方面代表组成劳动争议仲裁委员会。

2. 劳动行政部门。劳动法规定，国务院劳动行政部门主管全国劳动工作，县级以上地方人民政府劳动行政部门主管本行政区域内的劳动工作。劳动行政部门的职权主要有：(1)负责全国和地方各级行政区域劳动合同制度实施的监督管理；(2)依据伤亡事故和职业病统计报告和处理制度，依法对劳动者在劳动过程中发生的伤亡事故和劳动者的职业病状况进行统计、报告和处理；(3)派代表会同工会代表、企业方面代表，建立健全协调劳动关系三方机制，共同研究解决有关劳动关系的重大问题；(4)就法律规定事项对用人单位、劳务派遣单位和用工单位进行监督检查；(5)对用人单位不能实行法定工时制度、法定休息日制度时的替代方案进行审批；(6)办理经营劳务派遣业务的行政许可；(7)监督集体合同的订立，协调处理集体合同争议；(8)派代表与同级工会代表、用人单位方面代表组成劳动争议仲裁委员会，且由劳动行政部门代表担任劳动争议仲裁委员会主任；(9)对违反劳动法的行为依法实施行政处罚。

考点3 劳动合同的订立

【大纲要求解读】大纲要求**熟悉并能够运用**劳动合同的法律规则,如劳动合同的订立。

【命题要点归纳】

1.建立劳动关系,应当订立书面劳动合同。已建立劳动关系,未同时订立书面劳动合同的,应当自用工之日起1个月内订立书面劳动合同。用人单位自用工之日起超过1个月不满1年未与劳动者订立书面劳动合同的,应当向劳动者每月支付2倍的工资,并与劳动者补订书面劳动合同。每月支付2倍工资的起算时间为用工之日起满1个月的次日,截止时间为补订书面劳动合同的前1日。

2.劳动合同订立的原则:合法原则;公平原则;平等自愿、协商一致原则;诚实信用原则。

3.试用期条款。劳动合同期限3个月以上不满1年的,试用期不得超过1个月;劳动合同期限1年以上不满3年的,试用期不得超过2个月;3年以上固定期限和无固定期限的劳动合同,试用期不得超过6个月。同一用人单位与同一劳动者只能约定一次试用期。不得约定试用期的情形:以完成一定工作任务为期限的劳动合同或者劳动合同期限不满3个月的,不得约定试用期。非全日制用工不得约定试用期。劳动者在试用期的工资不得低于本单位相同岗位最低档工资的80%或者劳动合同约定工资的80%,并不得低于用人单位所在地的最低工资标准。

4.保守商业秘密和与知识产权相关的保密事项条款。

考点4 劳动合同的效力

【大纲要求解读】大纲要求**熟悉并能够运用**该考点,即在记忆的基础上要求进一步深刻领会劳动合同的内容,要求结合现实案例,对劳动合同进行处置。

【命题要点归纳】

1.劳动合同的无效有下列情形:(1)以欺诈、胁迫的手段或者乘人之危,使对方在违背真实意思的情况下订立或者变更劳动合同的;(2)用人单位免除自己的法定责任、排除劳动者权利的;(3)违反法律、行政法规强制性规定的。对劳动合同的无效或者部分无效有争议的,由劳动争议仲裁机构或者人民法院确认。无效劳动合同的法律后果有:(1)停止履行;(2)支付劳动报酬、经济补偿、赔偿金;(3)修正劳动合同;(4)赔偿损失。劳动合同被依法确认无效,给对方造成损害的,有过错的一方应当承担赔偿责任。不具备合法经营资格的用人单位被依法追究法律责任,给劳动者造成损害的,应当承担赔偿责任。个人承包经营违反劳动合同法规定招用劳动者,给劳动者造成损害的,发包的组织与个人承包经营者承担连带赔偿责任。

2.劳动合同的解除可分为协商解除、用人单位单方解除、劳动者单方解除等。(1)过错性解除。劳动合同法对过错性解除的程序无严格的限制,且用人单位无须支付劳动者解除劳动合同的经济补偿金。劳动者有下列情形之一的,用人单位可以解除劳动合同:在试用期间被证明不符合录用条件的;严重违反用人单位的规章制度的;严重失职,营私舞弊,给用人单位造成重大损害的;劳动者同时与其他用人单位建立劳动关系,对完成本单位的工作任务造成严重影响,或者经用人单位提出,拒不改正的;因劳动者以欺诈、胁迫的手段或者乘人之危,使用人单位在违背真实意思的情况下订立或者变更劳动合同,致使劳动合同无效的;被依法追究刑事责任的。(2)非过错性解除。即劳动者本人无过错,但由于主客观原因致使劳动合同无法履行,用人单位在符合法律规定的情形下,履行法律规定的程序后有权单方解除劳动合同:①劳动者患病或者非因工负伤,医疗期满后,不能从事原工作,也不能从事由用人单位另行安排的工作的;②劳动者不能胜任工作,经过培训或者调整工作岗位,仍不能胜任工作的;③劳动合同订立时所依据的客观情况发生重大变化,致使劳动合同无法履行,经用人单位与劳动者协商,未能就变更劳动合同内容达成协议的。对非过错性解除劳动合同,用人单位在履行提前30日以书面形式通知劳动者本人的义务或者以额外支付劳动者一个月工资代替提前通知义务后,可以解除劳动合同。(3)经济性裁员。裁减人员20人以上或者裁减不足20人但占企业职工总数10%以上。优先留用下列人员：与本单位订立较长期限的固定期限劳动合同的；与本单位订立无固定期限劳动合同的；家庭无其他就业人员，有需要扶养的老人或者未成年人的。用人单位依法裁减人员，在6个月内重新招用人员的，应当通知被裁减的人员，并在同等条件下优先招用被裁减的人员。用人单位应当依法向被裁减人员支付经济补偿金。禁止解除劳动合同的情形：从事接触职业病危害作业的劳动者未进行离岗前职业健康检查，或者疑似职业病患者在诊断或者医学观察期间的；在本单位患职业病或者因工负伤并被确认丧失或者部分丧失劳动能力的；患病或者非因工负伤，在规定的医疗期内的；女职工在孕期、产期、哺乳期的；在本单位连续工作满15年，且距法定退休年龄不足5年的；法律、行政法规规定的其他情形。

3. 劳动者单方解除劳动合同。(1)预告解除。(2)用人单位有违法、违约情形，劳动者有权单方解除劳动合同：未按照劳动合同约定提供劳动保护或者劳动条件的；未及时足额支付劳动报酬的；未依法为劳动者缴纳社会保险费的；用人单位的规章制度违反法律、法规的规定，损害劳动者权益的；因用人单位以欺诈、胁迫的手段或者乘人之危，使劳动者在违背真实意思的情况下订立或者变更劳动合同，致使劳动合同无效的；法律、行政法规规定劳动者可以解除劳动合同的其他情形。(3)立即解除劳动合同。用人单位以暴力、威胁或者非法限制人身自由的手段强迫劳动者劳动的，或者用人单位违章指挥、强令冒险作业危及劳动者人身安全的，劳动者有权立即解除劳动合同。

4. 经济补偿金。经济补偿按劳动者在本单位工作的年限，每满1年支付1个月工资的标准向劳动者支付。6个月以上不满1年的，按1年计算；不满6个月的，向劳动者支付半个月工资的经济补偿。支付经济补偿金的法定情形：(1)因用人单位违法、违约迫使劳动者解除劳动合同的。(2)用人单位依照规定向劳动者提出解除劳动合同并与劳动者协商一致解除劳动合同的。(3)用人单位解除劳动合同的，或者以裁员的方式解除与劳动者的劳动合同的。(4)除用人单位维持或者提高劳动合同约定条件续订劳动合同，劳动者不同意续订的情形外，因劳动合同期满而终止固定期限劳动合同的。(5)依照规定终止劳动合同的。即在用人单位因被依法宣告破产，被吊销营业执照、责令关闭、撤销或者用人单位决定提前解散而终止劳动合同的，用人单位应向劳动者支付经济补偿金。(6)以完成一定工作任务为期限的劳动合同因任务完成而终止的。以完成一定工作任务为期限的劳动合同，双方履行完毕而终止的，用人单位应当依法向劳动者支付经济补偿金。(7)法律、行政法规规定的其他情形。

考点5 劳动争议的解决方式及处理程序

【大纲要求解读】大纲要求**熟悉并能够运用**记忆劳动争议的概念和程序，并**熟悉**应用解决争议的法律规则。

【命题要点归纳】

1. 劳动争议又称劳动纠纷，是指劳动关系双方当事人因执行劳动法律、法规或履行劳动合同、集体合同发生的纠纷。不属于劳动纠纷的情形如下：(1)劳动者请求社会保险经办机构发放社会保险金的纠纷；(2)劳动者与用人单位因住房制度改革产生的公有住房转让纠纷；(3)劳动者对劳动能力鉴定委员会的伤残等级鉴定意见或者对职业病诊断鉴定委员会的职业病诊断鉴定意见的异议纠纷；(4)家庭或者个人与家政服务人员之间的纠纷；(5)个体工匠与帮工、学徒之间的纠纷；(6)农村承包经营户与受雇人之间的纠纷。

2. 处理程序：发生劳动争议，当事人不愿协商、协商不成或者达成和解协议后不履行的，可以向调解组织申请调解；不愿调解、调解不成或者达成调解协议后不履行的，可以向劳动争议仲裁委员会申请仲裁；对仲裁裁决不服的，除《劳动争议调解仲裁法》另有规定的外，可以向人民法院提起诉讼。

3. 仲裁是劳动争议案件处理必经的法律程序。劳动争议申请仲裁的时效期间为1年。发生劳动争议，当事人对自己提出的主张，有责任提供证据。在劳动争议案件中，用人单位的举证责任重大，与争议事项有关的证据属于用人单位掌握管理的，用人单位应当提供；用人单位不提供的，应当承担不利后果。仲裁调解书具有法律效力，自送达之日起具有法律约束力，当事人须自觉履行。一方当事人不履行的，另一方当事人可向人民法院申请强制执行。仲裁委员会对部分案件有先予执行的裁决权：仲裁庭对追索劳动报酬、工伤医疗费、经济补偿或者赔偿金的案件，根据当事人的申请，可以裁决先予执行，移送人民法院执行。

4. 诉讼当事人对可诉的仲裁裁决不服的，可自收到仲裁裁决书之日起15日内向人民法院提起诉讼。对经过仲裁裁决，当事人向法院起诉的劳动争议案件，人民法院应当受理。

考点6 社会保险的险种

【大纲要求解读】大纲要求**了解或理解**社会保险法的各个险种。

【命题要点归纳】

(1)基本养老保险；(2)基本医疗保险；(3)工伤保险；(4)失业保险；(5)生育保险。

考点7 军人保险

【大纲要求解读】大纲要求**熟悉并能够运用**该考点，即在理解军人保险的概念的基础上具备分析问题的能力。

【命题要点归纳】

1. 军人保险的特点。军人保险具有如下的特点：保障对象为特定人员，按不同险种包括现役军人、退役军人和随军未就业的军人配偶。

遵循体现军人职业特点、与社会保险制度相衔接和与经济社会发展水平相适应的原则。

全军的军人保险工作由中国人民解放军军人保险主管部门负责。

2. 军人保险的险种：(1)军人伤亡保险；(2)军人退役养老保险；(3)军人退役医疗保险；(4)随军未就业的军人配偶保险。

3. 军人保险基金。军人保险基金包括军人伤亡保险基金、军人退役养老保险基金、军人退役医疗保险基金和随军未就业的军人配偶保险基金。各项军人保险基金按照军人保险险种分别建账，分账核算，执行军队的会计制度。军人保险基金由个人缴费、中央财政负担的军人保险资金以及利息收入等资金构成。军人和随军未就业的军人配偶缴纳的保险费，由军人所在单位代扣代缴。中央财政负担的军人保险资金，由国务院财政部门纳入年度国防费预算。军人保险基金实行预算、决算管理，专户存储、专款专用和集中管理。军人保险基金管理机构应当严格管理军人保险基金，保证基金安全。

考点8 违反社会保险法的法律责任

【大纲要求解读】大纲要求**熟悉并能够运用**该考点，即在掌握概念的基础上学会运用违反社会保险法的法律责任分析法律问题。

【命题要点归纳】

违反社会保险法的法律责任，根据不同的情形可分为3类：承担行政责任、承担行政责任和民事责任、追究刑事责任。

1. 承担行政责任的情形：(1)用人单位违反社保义务；(2)社保欺诈；(3)保费征收机构渎职；(4)侵害社保基金；(5)国家工作人员渎职。

2. 承担行政责任和民事责任的情形：(1)用人单位违反证明义务；(2)社保经办机构渎职；(3)军人保险经办机构渎职；(4)泄露社保信息。

3. 追究刑事责任的情形：违反《社会保险法》《军人保险法》的规定，构成犯罪的，依法追究刑事责任。

国际私法

考点1 准据法的概念和特点

【大纲要求解读】大纲要求了**解或理解**准据法的概念和特点。

【命题要点归纳】

1. 准据法的概念,是指经冲突规范指定援用来具体确定民商事法律关系当事人的权利与义务的特定的实体法律。

2. 准据法的特点:(1)准据法必须是经冲突规范所指定的法律。不经冲突规范指定,直接适用于国际民商事法律关系的法律,不能被称为准据法,只能叫作"直接适用的法律"。(2)准据法是能够确定当事人权利义务的实体法。准据法能够确定当事人权利义务,可通过它来调整国际民商事法律关系。如果经冲突规范的指定,但不能用来直接确定当事人权利义务,该种法律不属于准据法。例如,在反致的情况下,国内冲突规范所援引的外国冲突规范并不是准据法。(3)准据法必须依据冲突规范的系属,并结合国际民商事案件的具体情况才能确定。

考点2 中国关于外国法的查明的规定 2024New

【大纲要求解读】大纲要求了**解或理解**中国关于外国法的查明的规定。

【命题要点归纳】

1. 关于外国法的查明责任。我国《涉外民事关系法律适用法》第10条规定:"涉外民事关系适用的外国法律,由人民法院、仲裁机构或者行政机关查明。当事人选择适用外国法律的,应当提供该国法律。不能查明外国法律或者该国法律没有规定的,适用中华人民共和国法律。"《涉外民事关系法律适用法司法解释(二)》(以下简称《司法解释(二)》)第1条规定,人民法院审理涉外民商事案件适用外国法律的,应当根据《涉外民事关系法律适用法》第10条第1款的规定查明该国法律。当事人选择适用外国法律的,应当提供该国法律。《司法解释(二)》第2条进一步规定,人民法院查明外国法律法时可以要求当事人协助提供外国法律,这意味着在当事人没有选择适用外国法律的情况下,人民法院查明应当适用的外国法律,也可以要求当事人提供协助。但第2条第3款规定"人民法院依据本条第1款第1项的规定要求当事人协助提供外国法律的,不得仅以当事人未予协助提供为由认定外国法律不能查明"。显然,我国在外国法查明责任方面秉持以法院查明为主、当事人提供为辅的规则。

2. 关于外国法的查明途径。《司法解释(二)》第2条第1款规定了人民法院查明外国法律的7种途径:(1)由当事人提供;(2)通过司法协助渠道由对方的中央机关或者主管机关提供;(3)通过最高人民法院请求我国驻该国使领馆或者该国驻我国使领馆提供;(4)由最高人民法院建立或者参与的法律查明合作机制参与方提供;(5)由最高人民法院国际商事专家委员会专家提供;(6)由法律查明服务机构或者中外法律专家提供;(7)其他适当途径。

3. 关于查明外国法律的程序和提供形式。《司法解释(二)》第3条首先对当事人提供外国法律的范围作了规定,包括具体规定、获得途径、效力情况、与案件争议的关联性等内容。如果外国法律为判例法时,还应当提供判例全文。第4条规定,法律查明服务机构、法律专家提供外国法律的,除提交本解释第3条规定的材料外,还应当提交法律查明服务机构的资质证明、法律专家的身份及资历证明,并附与案件无利害关系的书面声明。第5条规定,查明的外国法律的相关材料均应当在法庭上出示。人民法院应当听取各方当事人对外国法律的内容及其理解与适用的意见。为减少无效劳动,提高查明外国法律的效率和准确性,第6条规定,在查明外国法律之前,人民法院可以召集庭前会议或者以其他适当方式,确定需要查明的外国法律的范围。当然,前述规定的应当提交的内容,并不限制当事人继续提交有关外国法律的学术著作、学理阐述等参考辅助资料,或者其他对外国法律的理解与适用的意见等。

4. 关于审查认定外国法律的程序。外国法律是决定当事人权利义务如何分配的准据法,人民法院应当充分保障当事人发表意见的权利。《涉外民事关系法律适用法司法解释(一)》(以下简称《司法解释(一)》)第5条规定,查明的外国法律的相关材料均应在法庭上出示,由当事人对外国法律的内容及理解与适用进行充分辩论。在此基础上,第7条规定,法律查明服务机构、法律专家可以出庭协助查明外国法律。一方面,人民法院认为有必要时可以通知法律查明服务机构或法律专家出庭接受询问;另一方面,当事人可以申请法律查明服务机构或法律专家出庭作出说明,人民法院认为有必要的可以准许。

5. 关于审查认定外国法律的标准。《司法解释(二)》第8条作出规定:一是对《司法解释(一)》第16条规定的强调,即"当事人对外国法律的内容及其理解与适用均无异议的,人民法院可以予以确认"。二是对当事人有异议时如何处理作出规定。一方面,为防止当事人以对外国法律有异议为由拖延诉讼,规定当事人提出异议需要说明理由;另一方面,理由成立的,人民法院可以通过补充查明或补充提供材料的方式解决异议。三是基于诉讼经济原则和方便当事人诉讼原则,对于生效裁判已经查明认定的外国法律,规定人民法院"应当予以确认",同时考虑外国法律有可能被修订、废止,因此规定"但有相反证据足以推翻的除外"。

6. 关于裁判文书必须记载查明外国法律的过程。《司法解释(二)》第10条要求裁判文书中应当载明外国法律的查明过程及外国法律的内容,如果认定外国法律不能查明,则应当载明不能查明的理由。

7. 关于查明费用的处理原则。我国法律和《诉讼费用交纳办法》并未明确查明外国法律的费用为诉讼费用。鉴于此,《司法解释(二)》第11条就当事人将查明费用作为诉讼请求提出时如何处理进行了规定。当事人约定法律查明费用负担的,应充分尊重当事人的意思自治,按照其约定处理;没有约定的,人民法院需要根据当事人主张,结合外国法律查明情况和案件具体情况酌情支持合理的查明费用。

8. 关于港澳法律查明的参照适用规则。《司法解释(二)》第12条对查明香港、澳门特别行政区法律参照适用本解释作了规定。同时规定"有关法律和司法解释对查明香港特别行政区、澳门特别行政区的法律另有规定的,从其规定",为内地与香港、澳门特别行政区进一步建立各类新型的法律查明途径及合作机制预留充分空间。

9. 关于外国法不能查明的处理。《司法解释(一)》第15条规定:"人民法院通过由当事人提供、已对中华人民共和国生效的国际条约规定的途径、中外法律专家提供等合理途径仍不能获得外国法律的,可以认定为不能查明外国法律。"根据《涉外民事关系法律适用法》第10条第1款和《司法解释(二)》第9条第2款的规定:"当事人应当提供外国法律,其在人民法院指定的合理期限内无正当理由未提供该外国法律的,可以认定为不能查明外国法律。"该解释第16条进一步规定:"人民法院应当听取各方当事人对应当适用的外国法律的内容及其理解与适用的意见,当事人对该外国法律的内容及其理解与适用均无异议的,人民法院可以予以确认;当事人有异议的,由人民法院审查认定。"

另外,根据我国民事诉讼法,民事案件实行两审终审制,无法律审与事实审的区别。根据"有错必纠"的原则,对我国法院在审理国际民商事案件时发生的适用外国法的错误,无论是适用内国冲突规范的错误,还是适用外国法本身的错误,当事人均可对之提起上诉,要求加以纠正。

考点3 强制性规定的直接适用

【大纲要求解读】大纲要求了**解或理解**强制性规定的直接适用和法律规避的概念、内容。

【命题要点归纳】

《涉外民事关系法律适用法》第 4 条规定:“中华人民共和国法律对涉外民事关系有强制性规定的,直接适用该强制性规定。”它第一次规定了国家对涉外民事关系所作的强制性规定的直接适用,这是我国根据改革开放实际对国际上“直接适用的法”理论的吸纳和扬弃。《涉外民事关系法律适用法司法解释(一)》第 8 条规定:“有下列情形之一,涉及中华人民共和国社会公共利益、当事人不能通过约定排除适用、无需通过冲突规范指引而直接适用于涉外民事关系的法律、行政法规的规定,人民法院应当认定为涉外民事关系法律适用法第四条规定的强制性规定:(一)涉及劳动者权益保护的;(二)涉及食品或公共卫生安全的;(三)涉及环境安全的;(四)涉及外汇管制等金融安全的;(五)涉及反垄断、反倾销的;(六)应当认定为强制性规定的其他情形。”

考点 4 自然人权利能力的法律适用

【大纲要求解读】大纲要求**熟悉并能够运用**中国关于自然人权利能力的法律适用规则。

【命题要点归纳】

我国关于自然人权利能力的法律适用的规定:(1)自然人的民事权利能力,适用经常居所地法律。(2)宣告失踪或者宣告死亡,适用自然人经常居所地法律。

考点 5 自然人行为能力的法律适用

【大纲要求解读】大纲要求**熟悉并能够运用**中国关于自然人行为能力的法律适用规则。

【命题要点归纳】

我国关于自然人行为能力的法律适用的规定:(1)自然人的民事行为能力,适用经常居所地法律。(2)票据债务人的民事行为能力,适用其本国法律。票据债务人的民事行为能力,依照其本国法律为无民事行为能力或者为限制民事行为能力,而依照行为地法律为完全民事行为能力的,适用行为地法律。

考点 6 法人权利能力和行为能力的法律适用

【大纲要求解读】大纲要求**熟悉并能够运用**中国关于法人权利能力和行为能力的法律适用问题。

【命题要点归纳】

法人权利能力和行为能力的法律适用:法人及其分支机构的民事权利能力、民事行为能力、组织机构、股东权利义务等事项,适用登记地法律。法人的主营业地与登记地不一致的,可以适用主营业地法律。法人的经常居所地,为其主营业地。

考点 7 中国关于物权法律适用的规定

【大纲要求解读】大纲要求**熟悉并能够运用**中国关于物权法律适用问题。

【命题要点归纳】

1. 不动产物权:(1)《涉外民事关系法律适用法》第 36 条规定,不动产物权,适用不动产所在地法律。(2)《涉外民事关系法律适用法》第 37 条规定,当事人可以协议选择动产物权适用的法律。当事人没有选择的,适用法律事实发生时动产所在地法律。

2. 船舶物权:(1)船舶所有权:《海商法》第 270 条规定,船舶所有权的取得、转让和消灭,适用船旗国法律。(2)船舶抵押权:《海商法》第 271 条规定,船舶抵押权适用船旗国法律。船舶在光船租赁以前或光船租赁期间,设立船舶抵押权的,适用原船舶登记国的法律。

3. 船舶优先权:《海商法》第 272 条规定,船舶优先权,适用受理案件的法院所在地法律。

4. 民用航空器物权:(1)航空器所有权:《民用航空法》第 185 条规定,民用航空器所有权的取得、转让和消灭,适用民用航空器国籍登记国法律。(2)航空器抵押权:《民用航空法》第186条规定,民用航空器抵押权适用民用航空器国籍登记国法律。(3)航空器优先权:《民用航空法》第187条规定,民用航空器优先权适用受理案件的法院所在地法律。

考点8 合同的法律适用

【大纲要求解读】大纲要求**熟悉并能够运用**中国关于合同的法律适用问题。

【命题要点归纳】

合同准据法的确定方法:(1)当事人意思自治原则,合同的当事人可以通过协商一致的方式自由选择支配合同的准据法。意思自治原则的限制:①当事人的选择不能排除强行法的适用;②当事人的选择必须是善意的,不能采取法律规避的手段;③当事人应选择与合同有实际合理联系的法律。(2)客观标志说,主张合同准据法是在客观上最适合支配合同的法律,这种法律通常根据一定的客观标志来确定,如合同履行地、合同订立地、当事人住所地。(3)最密切联系原则,主张合同准据法是与合同在经济或其他社会意义上联系最密切的某一地点的法律。(4)特征履行说,“特征履行”又称“特征性给付”,是指双务合同中代表合同本质特征的当事人履行合同的行为。例如,买卖合同中卖方交付货物的行为,雇佣合同中受雇人提供劳务的行为。特征履行说认为,在当事人未选择合同准据法的情况下,应根据合同的特殊性质确定合同准据法,即合同准据法应为承担特征性履行义务的当事人的住所地法、惯常居所地法或营业所在地法。

考点9 票据关系的法律适用

【大纲要求解读】大纲要求**熟悉并能够运用**中国关于票据关系的法律适用。

【命题要点归纳】

1. 票据当事人行为能力的法律适用:参照《票据法》第96条。

2. 票据行为方式的法律适用:参照《票据法》第20条。

3. 票据追索权行使权限的法律适用:参照《票据法》第99条。

4. 持票人责任的法律适用:参照《票据法》第100条。

考点10 夫妻关系的法律适用和离婚的法律适用

【大纲要求解读】大纲要求**熟悉并能够运用**中国关于离婚的法律适用。

【命题要点归纳】

1. (1)夫妻人身关系,适用共同经常居所地法律;没有共同经常居所地的,适用共同国籍国法律。(2)夫妻财产关系,当事人可以协议选择适用一方当事人经常居所地法律、国籍国法律或者主要财产所在地法律。当事人没有选择的,适用共同经常居所地法律;没有共同经常居所地的,适用共同国籍国法律。

2. (1)协议离婚,当事人可以协议选择适用一方当事人经常居所地法律或者国籍国法律。当事人没有选择的,适用共同经常居所地法律;没有共同经常居所地的,适用共同国籍国法律;没有共同国籍的,适用办理离婚手续机构所在地法律。(2)诉讼离婚,适用法院地法律。

考点11 收养的法律适用

【大纲要求解读】大纲要求**熟悉并能够运用**中国关于收养的法律适用。

【命题要点归纳】

收养的条件和手续,适用收养人和被收养人经常居所地法律。收养的效力,适用收养时收养人经常居所地法律。收养关系的解除,适用收养时被收养人经常居所地法律或者法院地法律。

考点12 国际司法协助

【大纲要求解读】大纲要求**熟悉并能够运用**国际司法协助的相关内容。

【命题要点归纳】

1. 司法协助的途径:(1)外交途径:请求国司法机关将请求文件交给本国外交部,由本国外交部转交给被请求国的外交代表,再由该国外交代表转交给该国国内主管司法机关,由该主管司法机关提供司法协助;(2)使领馆途径:请求国司法机关将请求文件交给本国驻被请求国的使领馆,再由使领馆直接将有关文件交给驻在国有关主管司法机关,由该主管司法机关提供司法协助;(3)法院途径:由请求国法院直接委托被请求国法院进行司法协助;(4)中央机关途径:请求国主管机关将请求事项直接或通过本国的中央机关提交给被请求国的中央机关,再由该被请求国的中央机关转交给其所属国的主管司法机关提供司法协助。

2. 域外送达的方式:(1)外国向中国送达:使领馆途径、外交途径送达;(2)中国向外国送达:参见《民事诉讼法》和《最高人民法院关于涉外民事或者商事案件司法文书送达问题若干规定》的规定。

3. 域外取证:(1)域外取证的方式,包括代为取证、领事取证、特派员取证、当事人或者诉讼代理人自行取证。(2)对于在我国领域外形成的证据效力,参见《最高人民法院关于民事诉讼证据的若干规定》第16条、第17条的规定。

4. 中国关于外国法院判决的承认与执行:(1)申请承认与执行的主体,中国法院和外国法院作出的判决、裁定,要在对方国家得到承认与执行,可以由当事人直接向有管辖权的法院(我国为被执行人住所地或财产所在地中级人民法院)提出,也可以由法院按照条约的规定或互惠原则请求对方国家法院承认与执行。(2)申请或请求的审查,对于向中国法院申请或者请求承认和执行的外国法院判决、裁定,中国法院应依照中国缔结或者参加的国际条约,或者按照互惠原则进行审查。经审查,认为不违反中国法律的基本原则或者国家主权、安全、社会公共利益的,裁定承认其效力,需要执行的,发出执行令,依照《民事诉讼法》有关规定执行;违反中国法律的基本原则或者国家主权、安全、社会公共利益的,不予承认和执行。(3)承认与执行的条件:①判决已生效;②原判决国法院必须有管辖权;③审判程序公正;④不与我国正在进行的或已经终结的诉讼相冲突;⑤不违反中国公共秩序;⑥该国与中国存在条约或互惠关系(离婚判决的承认无须此项条件)。(4)不予承认与执行的救济:如果某国与我国既无条约关系也不存在互惠关系时,我国对该外国法院的判决不予承认与执行(离婚判决的承认除外)。在该情形下,当事人可以向我国法院起诉,由有管辖权的法院作出判决并予以执行。

5. 中国关于承认与执行外国法院离婚判决的规定:(1)承认申请的受理:①中国公民向人民法院申请承认外国法院离婚判决,人民法院不应以其未在国内缔结婚姻关系而拒绝受理;中国公民申请承认外国法院在其缺席情况下作出的离婚判决,应同时向人民法院提交作出该判决的外国法院已合法传唤其出庭的有关证明文件。②外国公民向人民法院申请承认外国法院离婚判决,如果其离婚的原配偶是中国公民的,人民法院应予受理;如果其离婚的原配偶是外国公民的,人民法院不予受理,但可告知其直接向婚姻登记机关申请结婚登记。③当事人向人民法院申请承认外国法院离婚调解书效力的,人民法院应予受理,并根据《最高人民法院关于中国公民申请承认外国法院离婚判决程序问题的规定》进行审查,作出承认或不予承认的裁定。(2)外国法院离婚判决的效力。中国当事人一方持外国法院作出的离婚判决书,向人民法院申请承认其效力的,应由中级人民法院受理。经审查,如该外国法院判决不违反我国法律的基本准则或我国国家、社会利益,裁定承认其效力;否则,裁定驳回申请。裁定后不得上诉。(3)申请承认外国法院离婚判决的程序,参见《最高人民法院关于中国公民申请承认外国法院离婚判决程序问题的规定》的规定。

考点13 内地(大陆)与港澳台地区之间的送达及调查取证

【大纲要求解读】大纲要求**熟悉并能够运用**内地(大陆)与港澳台地区之间的送达、调查取证相关内容。

【命题要点归纳】

1. 内地与香港特别行政区的送达与取证:(1)送达协助机关:双方委托送达司法文书,均须通过内地各高级人民法院和香港特别行政区高等法院进行。最高人民法院与香港高等法院可以直接相互委托。(2)送达期限:不论司法文书中确定的出庭日期或者期限是否已过,受委托方均应送达。委托方应当尽量在合理期限内提出委托请求。受委托方接到委托书后,应当及时完成送达。(3)送达程序法:送达司法文书,应当依照受委托方所在地法律规定的程序进行。(4)送达费用:委托送达司法文书费用互免。但委托方在委托书中请求以特定送达方式送达所产生的费用,由委托方负担。(5)取证联络机关:内地为各高级人民法院,香港为行政署。

2. 内地与澳门特别行政区的送达与取证:(1)送达协助机关:内地为各高级人民法院,澳门是终审法院。最高人民法院与澳门终审法院之间可以直接相互委托。(2)送达期限:受委托方法院应优先处理受托事项。完成受托事项的期限,送达文书最迟不得超过自收到委托书之日起2个月,调取证据最迟不得超过自收到委托书之日起3个月。无论委托方法院司法文书中确定的出庭日期或者期限是否已过,受委托方法院均应送达。(3)送达程序法:受委托方法院应当根据本辖区法律规定执行受托事项。委托方法院请求按照特殊方式执行委托事项的,如果受委托方法院认为不违反本辖区的法律规定,可以按照特殊方式执行。(4)送达费用:送达取证费用一般互免,但受委托方法院根据其本辖区法律规定,有权在调取证据时,要求委托方法院预付鉴定人、证人、翻译人员的费用以及因采用委托方法院在委托书中请求以特殊方式送达司法文书或调取证据所产生的费用。(5)拒绝理由:如果受托事项不属于法院职权范围,或者执行该委托将违反其基本法律原则或社会公共利益,受托方可以不予协助。受托方不得以其本辖区法律规定对委托方法院审理的该民商事案件享有专属管辖权或不承认对该请求事项提起诉讼的权利为由,不予执行受托事项。(6)委托方参与:受委托方法院在执行委托调取证据时,根据委托方法院的请求,可以允许委托方法院派司法人员出席。必要时,经受委托方允许,委托方法院的司法人员可以向证人、鉴定人等发问。(7)证人作证期间的豁免权:受委托方法院可以根据委托方法院的请求,并经证人、鉴定人同意,协助安排其辖区的证人、鉴定人到对方辖区出庭作证。证人、鉴定人在委托方地域内逗留期间,不得因在其离开受委托方地域之前,在委托方境内所实施的行为或针对他所作的裁决而被刑事起诉、羁押,不得为履行刑罚或者其他处罚而被剥夺财产或者扣留身份证件,不得以任何方式对其人身自由加以限制。证人、鉴定人完成所需诉讼行为,且可自由离开委托方地域后,在委托方境内逗留超过7日,或者已离开委托方地域又自行返回时,上述所指的豁免即行终止。

3. 大陆与台湾地区之间的送达方式:(1)直接送达:受送达人居住在大陆的,直接送达,受送达人是自然人,本人不在的,可以交其同住成年家属签收;受送达人是法人或者其他组织的,应当由法人的法定代表人、其他组织的主要负责人或者该法人、组织负责收件的人签收,受送达人不在大陆居住,但送达时在大陆的,可以直接送达。(2)向诉讼代理人送达:受送达人在大陆有诉讼代理人的,向诉讼代理人送达。受送达人在授权委托书中明确表明其诉讼代理人无权代为接收的除外。(3)向代收人送达:受送达人有指定代收人的,向代收人送达。(4)向代表机构、分支机构、业务代办人送达:受送达人在大陆有代表机构、分支机构、业务代办人的,向其代表机构或者经受送达人明确授权接受送达的分支机构、业务代办人送达。(5)邮寄送达:受送达人在台湾地区地址明确的,可以邮寄送达。邮寄时,应当附有送达回证。受送达人未在送达回证上签收但在邮件回执上签收的,视为送达,签收日期为送达日期。自邮寄之日起满3个月,如果未能收到送达与否的证明文件,且根据各种情况不足以认定已经送达的,视为未送达。(6)通过传真、电子邮件送达:有明确的传真号码、电子信箱地址的,可以通过传真、电子邮件方式向受送达人送达。此种方式下,应当注明人民法院的传真号码或者电子信箱地址,并要求受送达人在收到传真件或者电子邮件后及时予以回复。以能够确认受送达人收悉的日期为送达日期。(7)按照两岸认可的其他途径送达。此种方式下的送达,应当由有关的高级人民法院出具盖有本院印章的委托函。(8)公告送达:采用上述方式不能送达或者台湾地区的当事人下落不明的,公告送达。公告内容应当在境内外公开发行的报刊或者权威网站上刊登。自公告之日起满3个月,即视为送达。

考点14 内地(大陆)与港澳台地区相互执行法院判决

【大纲要求解读】大纲要求**熟悉并能够运用**内地(大陆)与港澳台地区之间相互执行法院判决的相关内容。

【命题要点归纳】

1. 内地与香港特别行政区相互认可执行民商事判决。(1)适用范围。这里的"民商事案件"是指依据内地和香港特别行政区法律均属于民商事性质的案件,不包括香港特别行政区法院审理的司法复核案件以及其他因行使行政权力直接引发的案件。"判决",在内地包括判决、裁定、调解书、支付令,不包括保全裁定;在香港特别行政区包括判决、命令、判令、讼费评定证明书,不包括禁诉令、临时济助命令。"生效判决",在内地是指第二审判决,依法不准上诉或者超过法定期限没有上诉的第一审判决,以及依照审判监督程序作出的上述判决;在香港特别行政区,是指终审法院、高等法院上诉法庭及原讼法庭、区域法院以及劳资审裁处、土地审裁处、小额钱债审裁处、竞争事务审裁处作出的已经发生法律效力的判决。《最高人民法院关于内地与香港特别行政区法院相互认可和执行民商事案件判决的安排》暂不适用于下列民商事判决:①内地人民法院审理的赡养、兄弟姐妹之间扶养、解除收养关系、成年人监护权、离婚后损害责任、同居关系析产案件,香港特别行政区法院审理的应否裁判分居的案件;②继承案件、遗产管理或者分配的案件;③内地人民法院审理的有关发明专利、实用新型专利侵权的案件,香港特别行政区法院审理的有关标准专利(包括原授专利)、短期专利侵权的案件,内地与香港特别行政区法院审理的有关确认标准必要专利许可费率的案件,以及有关本安排第5条未规定的知识产权案件;④海洋环境污染、海事索赔责任限制、共同海损、紧急拖航和救助、船舶优先权、海上旅客运输案件;⑤破产(清盘)案件;⑥确定选民资格、宣告自然人失踪或者死亡、认定自然人限制或者无民事行为能力的案件;⑦确认仲裁协议效力、撤销仲裁裁决案件;⑧认可和执行其他国家和地区判决、仲裁裁决的案件。

(2)管辖法院。申请认可和执行民商事判决,在内地向申请人住所地或者被申请人住所地、财产所在地的中级人民法院提出;在香港特别行政区向香港特别行政区高等法院提出。在香港特别行政区,向高等法院提出。申请人应当向符合上述规定的其中一个人民法院提出申请。向两个以上有管辖权的人民法院提出申请的,由最先立案的人民法院管辖。被申请人在内地和香港特别行政区均有可供执行财产的,申请人可以分别向两地法院申请执行。应对方法院要求,两地法院应当相互提供本方执行判决的情况。两地法院执行财产的总额不得超过判决确定的数额。

(3)不予认可和执行的条件。申请认可和执行的判决,被申请人提供证据证明有下列情形之一的,被请求方法院审查核实后,应当不予认可和执行:

①原审法院对有关诉讼的管辖不符合本安排规定的;②依据原审法院地法律,被申请人未经合法传唤,或者虽经合法传唤但未获得合理的陈述、辩论机会的;③判决是以欺诈方法取得的;④被请求方法院受理相关诉讼后,原审法院又受理就同一争议提起的诉讼并作出判决的;⑤被请求方法院已经就同一争议作出判决,或者已经认可其他国家和地区就同一争议作出的判决的;⑥被请求方已经就同一争议作出仲裁裁决,或者已经认可其他国家和地区就同一争议作出的仲裁裁决的。

内地人民法院认为认可和执行香港特别行政区法院判决明显违反内地法律的基本原则或者社会公共利益,香港特别行政区法院认为认可和执行内地人民法院判决明显违反香港特别行政区法律的基本原则或者公共政策的，应当不予认可和执行。被请求方法院不能认可和执行判决全部判项的，可以认可和执行其中的部分判项。申请认可和执行的判决，被申请人提供证据证明在原审法院进行的诉讼违反了当事人就同一争议订立的有效仲裁协议或者管辖协议的，被请求方法院审查核实后，可以不予认可和执行。被请求方法院不能仅因判决的先决问题不属于本安排适用范围，而拒绝认可和执行该判决。对于原审法院就知识产权有效性、是否成立或者存在作出的判项，不予认可和执行，但基于该判项作出的有关责任承担的判项符合本安排规定的，应当认可和执行。相互认可和执行的判决内容包括金钱判项、非金钱判项。判决包括惩罚性赔偿的，不予认可和执行惩罚性赔偿部分，但知识产权侵权纠纷及内地人民法院审理的不正当竞争纠纷民事案件和香港特别行政区法院审理的假冒纠纷案件除外。

(4)一事不再理。在审理民商事案件期间，当事人申请认可和执行另一地法院就同一争议作出的判决的，应当受理。受理后，有关诉讼应当中止，待就认可和执行的申请作出裁定或者命令后，再视情终止或者恢复诉讼。审查认可和执行判决申请期间，当事人就同一争议提起诉讼的，不予受理；已经受理的，驳回起诉。判决全部获得认可和执行后，当事人又就同一争议提起诉讼的，不予受理。判决未获得或者未全部获得认可和执行的，申请人不得再次申请认可和执行，但可以就同一争议向被请求方法院提起诉讼。

(5)临时措施。申请认可和执行判决的，被请求方法院在受理申请之前或者之后，可以依据被请求方法律规定采取保全或者强制措施。

2. 内地与澳门特别行政区的关于相互认可和执行民事案件的判决。(1)适用对象：①两地的民商事判决(在内地包括劳动争议案件，在澳门特别行政区包括劳动民事案件)。②刑事案件中有关民事损害赔偿的判决、裁定，但不包含行政判决。③判决采广义：在内地包括：判决、裁定、决定、调解书、支付令；在澳门特别行政区包括：裁判、判决、确认和解的裁定、法官的决定或者批示。(2)管辖法院：①内地：被申请人住所地、经常居住地或者财产所在地的中级人民法院均可受理认可和执行申请。多个中级人民法院均有管辖权的，申请人应当择一提出申请。②澳门特别行政区：有权受理认可判决申请的法院为中级法院，有权执行的法院为初级法院。③竞合：被申请人在内地和澳门特别行政区均有可供执行财产的，申请人可以向一地法院提出执行申请。申请人向一地法院提出执行申请的同时，可以向另一地法院申请查封、扣押或者冻结被执行人的财产。待一地法院执行完毕后，可以根据该地法院出具的执行情况证明，就不足部分向另一地法院申请采取处分财产的执行措施。两地法院执行财产的总额，不得超过依据判决和法律规定所确定的数额。(3)申请文件(以中文作成或有中文译本)。申请人须提交：申请书应当附生效判决书副本或经作出生效判决的法院盖章的证明书，同时应当附作出生效判决的法院或者有权限机构出具的证明的相关文件。(4)裁定不予认可的情况：①专属管辖：根据被请求方的法律，判决所确认的事项属被请求方法院专属管辖。②管辖竞合：在被请求方法院已存在相同诉讼，该诉讼先于待认可判决的诉讼提起，且被请求方法院具有管辖权。③认可竞合：被请求方法院已认可或者执行被请求方法院以外的法院或仲裁机构就相同诉讼作出的判决或仲裁裁决。④程序有缺陷：根据判决作出地的法律规定，败诉的当事人未得到合法传唤，或者无诉讼行为能力人未依法得到代理。⑤未生效：根据判决作出地的法律规定，申请认可和执行的判决尚未发生法律效力，或者因再审被裁定中止执行。⑥公共秩序保留：在内地认可和执行判决将违反内地法律的基本原则或者社会公共利益；在澳门特别行政区认可和执行判决将违反澳门特别行政区法律的基本原则或者公共秩序。

3. 大陆与台湾地区相互认可和执行民事判决。台湾地区有关法院的民事判决、裁定、和解笔录、调解笔录、支付命令等，当事人可在该判决生效后2年内向内地人民法院申请认可。申请由申请人或被申请人住所地、经常居住地或者被申请人财产所在地中级人民法院受理。申请认可台湾地区法院在刑事案件中作出的有关民事损害赔偿的生效判决、裁定、和解笔录的，以及申请认可由台湾地区乡镇市调解委员会等出具并经台湾地区法院核定，与台湾地区法院生效民事判决具有同等效力的调解文书的，亦参照适用。

申请人应提交申请书，并须附有并附有台湾地区有关法院民事判决文书和民事判决确定证明书的正本或者经证明无误的副本。台湾地区法院民事判决为缺席判决的，申请人应当同时提交台湾地区法院已经合法传唤当事人的证明文件，但判决已经对此予以明确说明的除外。

人民法院审查认可台湾地区有关法院民事判决的申请，组成合议庭进行。

台湾地区法院的民事判决具有下列情形之一的，人民法院裁定不予认可：

(1)申请认可的民事判决，是在被申请人缺席又未经合法传唤或者在被申请人无诉讼行为能力又未得到适当代理的情况下作出的。

(2)案件系人民法院专属管辖的。

(3)案件双方当事人订有仲裁协议，且无放弃仲裁管辖情形的。

(4)案件系人民法院已作出判决或者中国大陆的仲裁庭已作出仲裁裁决的。

(5)香港特别行政区、澳门特别行政区或者外国的法院已就同一争议作出判决且已为人民法院所认可或者承认的。

(6)台湾地区、香港特别行政区、澳门特别行政区或者外国的仲裁庭已就同一争议作出仲裁裁决且已为人民法院所认可或者承认的。

认可台湾地区民事判决将违反一个中国原则等国家法律的基本原则或者损害社会公共利益的，人民法院应当裁定不予认可。

经人民法院审查申请后，能够确认台湾地区法院民事判决真实并且已经生效，而且不具有以上应当裁定不予认可情形的，裁定认可其效力；不能确认该民事判决的真实性或者已经生效的，裁定驳回申请人的申请。人民法院受理认可台湾地区法院民事判决的申请后，当事人就同一争议起诉的，不予受理。案件虽经台湾地区有关法院判决，但当事人未申请认可，而是就同一案件事实向人民法院提起诉讼的，应予受理。对人民法院裁定不予认可的台湾地区法院民事判决，申请人再次提出申请的，人民法院不予受理，但可以就同一争议向人民法院提起诉讼。

经人民法院裁定认可的台湾地区法院民事判决，与人民法院作出的生效判决具有同等效力。

国际经济法

考点 1 网络安全与数据跨境流动 2024 New

【大纲要求解读】大纲要求了解考点“国际经济法领域的新发展”中关于“网络安全与数据跨境流动”部分的内容，特别是其中《网络安全法》《数据安全法》《个人信息保护法》的相关规定。

【命题要点归纳】

1.《网络安全法》在适用范围方面，首先，该法以“属地原则”为主。《网络安全法》第 2 条规定，该法适用于中国境内建设、运营、维护和使用网络，以及网络安全的监督管理。其次，附以一定的“域外”适用，《网络安全法》第 50 条规定，对来源于中国境外的有害信息，应当通知有关机构采取技术措施和其他必要措施阻断传播；《网络安全法》第 75 条规定，对境外的机构、组织、个人从事攻击、侵入、干扰、破坏等危害中国的关键信息基础设施的活动，造成严重后果的，依法追究法律责任。在网络安全审查制度方面，《网络安全法》第 35 条规定，关键信息基础设施的运营者采购网络产品和服务，可能影响国家安全的，应当通过国家网信部门会同国务院有关部门组织的国家安全审查。在数据的跨境流动监管与评估制度方面，《网络安全法》第 37 条要求关键信息基础设施的运营者在中国境内运营中收集和产生的个人信息和重要数据应当在境内存储。因业务需要，确需向境外提供的，应当按照国家网信部门会同国务院有关部门制定的办法进行安全评估；法律、行政法规另有规定的，依照其规定。

2.《数据安全法》第 2 条采用了“属地原则”加“保护原则”的模式，“属地原则”针对中国“境内”开展的数据处理活动，规定在中国境内开展的数据处理活动及其安全监管，适用本法。“保护原则”针对“境外”开展的数据处理活动，规定在中国“境外”开展的数据处理活动，损害中国国家安全、公共利益或者公民、组织合法权益的，依法追究法律责任。在数据安全审查制度方面，《数据安全法》第 24 条第 1 款规定，国家建立数据安全审查制度，对影响或者可能影响国家安全的数据处理活动进行国家安全审查。

3. 关于安全审查，《网络安全法》第 35 条和《数据安全法》第 24 都有涉及，2022 年实施的《网络安全审查办法》（以下简称《审查办法》）则在操作层面进行了细化。《审查办法》第 2 条规定了网络安全审查的对象，依该条规定：关键信息基础设施运营者采购网络产品和服务，网络平台运营者开展数据处理活动，影响或者可能影响国家安全的，应当按照本办法进行网络安全审查。《审查办法》第 10 条规定了安全审查的内容，重点评估相关对象或者情形的以下国家安全风险因素：(1) 产品和服务使用后带来的关键信息基础设施被非法控制、遭受干扰或者破坏的风险；(2) 产品和服务供应中断对关键信息基础设施业务连续性的危害；(3) 产品和服务的安全性、开放性、透明性、来源的多样性，供应渠道的可靠性以及因为政治、外交、贸易等因素导致供应中断的风险；(4) 产品和服务提供者遵守中国法律、行政法规、部门规章的情况；(5) 核心数据、重要数据或者大量个人信息被窃取、泄露、毁损以及非法利用、非法出境的风险；(6) 上市存在关键信息基础设施、核心数据、重要数据或者大量个人信息被外国政府影响、控制、恶意利用的风险，以及网络信息安全风险；(7) 其他可能危害关键信息基础设施安全、网络安全和数据安全的因素。

4. 数据出境的途径可分为 3 种，即安全评估、标准合同和认证，适用的情形不同：(1) 安全评估。《数据出境安全评估办法》第 4 条规定了“安全评估”的适用情形：①数据处理者向境外提供重要数据；②关键信息基础设施运营者和处理 100 万人以上个人信息的数据处理者向境外提供个人信息；③自上年 1 月 1 日起累计向境外提供 10 万人个人信息或者 1 万人敏感个人信息的数据处理者向境外提供个人信息；④国家网信部门规定的其他需要申报数据出境安全评估的情形。(2) 标准合同。

个人信息处理者依《个人信息保护法》第38条第1款第3项,与境外接收方订立合同向中国境外提供个人信息的,应依该规定签订个人信息出境“标准合同”。个人信息处理者与境外接收方签订与个人信息出境活动相关的其他合同,不得与标准合同相冲突。采取“标准合同”方式也需要开展自评估,与非“标准合同”的自评估内容相比,评估事项突出针对个人信息,不涉及国家、社会的因素。(3)认证。适用于以下情形:①跨国公司或者同一经济、事业实体下属子公司或关联公司之间的个人信息跨境处理活动;②《个人信息保护法》第3条第2款适用的个人信息处理活动。数据未转移存储至本国以外的地方,但被境外的机构、组织、个人访问查看的,即只有境外收集的情况,也需要认证。

考点2 《国际贸易术语解释通则®2020》的主要修改

【大纲要求解读】大纲要求**熟悉并能够运用**《国际贸易术语解释通则®2020》(以下简称《2020年通则》)对《国际贸易术语解释通则®2010》(以下简称《2010年通则》)的主要修改基本内容。

【命题要点归纳】

《2020年通则》的变化主要包括下列内容:

1. 装船批注提单和FCA术语条款的修改。FCA术语中存在的一个主要问题是该术语下的货物交付在货物装船前就已经随货交承运人而完成,这就导致卖方无法在完成货物交付时获得已装船提单。但在一般情况下,已装船提单是银行在信用证项下的常见单据要求,为此,《2020年通则》的FCA术语提供了一个额外的选择,即虽然买方负责运输,但买方和卖方可以同意买方指定的承运人在装货开始后向卖方签发已装船提单,然后再由卖方向买方做出交单。最后,应该强调的是,即使采用了这种可选机制,卖方对买方也不承担运输合同条款的义务。

2. CIF和CIP术语下对投保险别的规定。在《2010年通则》中,CIF和CIP术语下如果双方没有特别约定,卖方只有义务投保最低级别的海上货物运输保险即平安险。但在《2020年通则》中则有所不同。CIF术语下的保险级别仍为类似平安险的最低险,依《2020年通则》CIF术语,卖方有义务自付费用取得货物保险,该保险需至少符合《协会货物保险条款》(Institute Cargo Clauses, LMA/UA,劳合社市场协会　伦敦国际承保人协会)(C)条款或类似的最低险别的条款,(C)条款即类似于“平安险”。而《2020年通则》CIP对卖方有义务取得保险的要求有所提高,相当于我国的“一切险”。依《2020年通则》CIP术语,卖方取得的保险应符合《协会货物保险条款》(A)条款的保险险别,(A)条款即类似于中国人保水险的“一切险”。当然双方当事人当然仍可以自由商定较低的保险险别。

3. 在FCA、DAP、DPU、DDP术语下,卖方或买方可使用自己的运输工具安排运输。《2020年通则》规定,当采用FCA、DAP、DPU和DDP术语进行贸易时,买卖双方可以根据运输义务使用自有的运输工具,而不再像《2010年通则》那样,推定适用第三方承运人进行运输。

4. 将DAT改为DPU。《2020年通则》将之前的DAT(Delivered at Terminal)术语更名为DPU(Delivered at Place Unloaded),并且相应的含义也发生了变化。在《2020年通则》的规定下,DPU术语的货物交付地点仍旧是目的地,但这个目的地不再限于“运输的终端”,可以是任何地方,但是如果该地点不在“运输终端”,卖方应确保其准备交付货物的地点是能够卸货的地点。同时,DPU还明确规定了卖方不负责卸货。其余内容均和之前2010年版中的DAT术语完全一致。

考点3 《联合国国际货物销售合同公约》

【大纲要求解读】大纲要求**了解**1980年“联合国国际销售合同公约”和国际货物买卖合同的订立,**熟悉并能够运用**国际货物买卖合同中双方当事人的权利与义务及违约救济。

【命题要点归纳】

1. 国际货物买卖过程中,货物风险转移采用“交付主义”,与所有权无关。风险转移规则是:(1)约定特定地点交货的,在约定地点货交承运人风险转移;(2)无义务特定地点交货的,风险自货交第一承运人时转移;(3)卖方保留控制货物处置权单据不影响风险转移;(4)买卖在途货物的,风险原则上自买卖合同签订时转移。

2. 合同违约的救济方法有:(1)宣告合同无效;(2)保全货物;(3)要求损害赔偿;(4)分批交货合同下宣告合同无效。

考点4 调整班轮运输的国际公约

【大纲要求解读】大纲要求了解《海牙规则》《维斯比规则》《汉堡规则》的相关规定。

【命题要点归纳】

1.《海牙规则》项下承运人免责事项:(1)航行过失免责;(2)火灾免责,但实际过失和私谋引起的除外;(3)承运人无过失免责。

《汉堡规则》迟延交付的赔偿:(1)为迟交货物运费的25倍;(2)不超过总运费。

2. 索赔通知与诉讼时效:《海牙规则》——收货人在提货时如发现短卸或残损,应立即向承运人提出索赔。如残损不明显,则在3日内提出索赔通知。关于诉讼时效,货方对承运人或船舶提起货物灭失或损害索赔的诉讼时效为1年,自货物交付之日起算;在货物灭失的情况下,自货物应交付之日起算。

《维斯比规则》——对《海牙规则》作了部分修改:(1)诉讼时效为1年,双方协商,可以延长时效。(2)对第三者的追偿诉讼,在1年的诉讼时效期满后,仍有3个月的宽限期。

《汉堡规则》——索赔通知应在收货后的第一个工作日内提交。在损害不明显时,在收货后15日内提交。延迟交付的索赔通知应在收到货后连续60日内提交。公约规定的诉讼时效为2年。

考点5 国际货物运输保险

【大纲要求解读】大纲要求了解提单及其他运输单证,海上货物运输保险主要险别与附加险别;**熟悉并能够运用**提单在跟单信用证机制中的作用,海运承运人的责任与免责。

【命题要点归纳】

1. "共同海损"是指在同一海上航程中,船舶、货物和其他财产遭遇共同危险,为了共同安全,有意地和合理地采取措施所直接造成的特殊牺牲,支付的特殊费用。"单独海损"指货物由于意外造成的部分损失。

共同海损成立需具备的四个要件:(1)必须有危及船、货共同安全的危险存在,只有危及一方的危险所造成的货物部分损失,不成立共同海损;(2)作出的牺牲和费用必须是特殊的,即正常情况下不会发生的;(3)牺牲和费用必须是人为有意造成或花费的;(4)采取的措施必须要有效果,即使船舶或部分货物脱离了危险。

2. 中国人民保险公司海洋货物运输保险的主要险种有三,即平安险、水渍险和一切险。各险别理赔范围如下:

(1)平安险:①全损、共同海损;②与意外事故有关的单独海损;③货物装卸、转运落水的损失;④被保险人自救费用。

(2)水渍险:平安险+单纯由自然灾害造成的单独海损。

(3)一切险:水渍险+一般附加险(异味串味、混杂玷污、淡水雨淋、偷窃使提货不着、短量、包装不善、碰损破碎、渗漏、受潮受热、钩损、锈损)。

3. 海洋货物运输保险的索赔时效为2年,从被保险货物在最后卸货港全部卸离运输工具后起算。陆上运输货物保险的索赔时效为2年,从被保险货物在最后目的地车站全部卸离车辆后开始计算。航空货物运输保险的索赔时效为2年,从被保险货物在最后卸载地卸离飞机后计算。

4. 保险公司的除外责任:(1)货方(发货方、收货方)过错导致的货损;(2)航行延迟、交货延迟、市价跌落等间接损失;(3)货物的自然损耗、固有缺陷、包装不固。

考点6 信用证

【大纲要求解读】大纲要求**熟悉并能够运用**信用证支付的相关原理。

【命题要点归纳】

1.《跟单信用证统一惯例》(UCP600)直接规定信用证是不可撤销的,明确了受益人沉默不等于信用证的接受。

2. 处理信用证关系的一般原则——信用证独立原则、单证严格一致原则。

3. 开证行的义务——兑付义务(针对受益人)、偿付义务(针对被指定银行)、独立性。

保兑行的义务——兑付义务(针对受益人)、议付义务、偿付义务(针对议付行)、独立性、通知义务。

考点7 反倾销措施

【大纲要求解读】大纲要求**熟悉并能够运用**反倾销的相关规定。

【命题要点归纳】

1. 实施反倾销的三个条件:存在倾销行为、损害、倾销与损害之间存在因果关系。

2. 反倾销的调查机关:(1)对倾销的调查和确定——商务部;(2)对损害的调查和确定——商务部。

3. 反倾销措施包括临时反倾销措施、价格承诺和反倾销税。

考点8 反补贴措施

【大纲要求解读】大纲要求**熟悉并能够运用**反补贴的相关规定。

【命题要点归纳】

1. 可进行反补贴调查并采取措施的情形:(1)对已经建立的国内产业造成实质损害或者产生实质损害威胁;(2)对国内有关产业的建立造成实质阻碍。

2. 对损害的调查和确定,由商务部负责。

3. 反补贴措施:(1)临时反补贴措施,采用保证金或者保函作为担保的征收临时反补贴税;(2)反补贴税。

4. 反补贴税额不得超过终裁决定确定的补贴金额。反补贴税的纳税人为补贴进口产品的进口经营者。

考点9 保障措施

【大纲要求解读】大纲要求**熟悉并能够运用**保障措施的相关规定。

【命题要点归纳】

1. 保障措施的适用条件:(1)进口产品数量增加(绝对增加和相对增加);(2)对生产同类产品或者直接竞争产品的国内产业造成严重损害或者产生严重损害威胁;(3)数量增加和严重损害之间有因果关系。

2. 保障措施有:(1)提高关税;(2)数量限制。保障措施应针对正在进口的产品实施,不区分产品来源国(地区)。

考点10 争端解决制度

【大纲要求解读】大纲要求**熟悉并能够运用**世界贸易组织的争端解决机制。

【命题要点归纳】

1. WTO 争端解决机制:(1)磋商。(2)专家组程序(专家组是争端解决机构的非常设性机构)——起诉(提出磋商请求之日起60日内磋商没有解决争端时,申诉方才可以申请成立专家组)。(3)上诉机构的审查、裁定(在专家组报告发布后的60日内,任何争端方都可以向上诉机构提起上诉。上诉机构是常设机构,只做法律审)。(4)裁决的执行与监督。

2. 争端解决机构解决的争端类型:(1)违反性申诉;(2)非违反性申诉;(3)其他情形。

考点11 知识产权的国际保护

【大纲要求解读】大纲要求了解保护知识产权的主要国际公约,**熟悉并能够运用**我国缔结和参加的有关保护知识产权国际公约。

【命题要点归纳】

1.《保护工业产权巴黎公约》(以下简称《巴黎公约》)规定了工业产权保护的基本原则:国民待遇原则、优先权原则、临时性保护原则和独立原则。

2.《巴黎公约》对成员国工业产权保护的规定:(1)不得因禁止或限制产品的销售而拒绝提供专利的保护;(2)进口物品与专利维持;(3)方法专利权人的权利;(4)成员国有权在权利人滥用专利权时颁发强制许可证。

3.《巴黎公约》有关商标权保护的规定:(1)商标独立性原则的例外;(2)驰名商标的特殊保护;(3)成员国有义务拒绝允许在非成员国版权保护水平太低的情况下,以近似互惠的保护代替因"作品国籍"原应享有的国民待遇。

4. 优先权原则适用范围——发明专利、实用新型、外观设计和商标。

5. 优先权原则适用期限——发明专利和实用新型12个月,外观设计和商标6个月。

6. 对驰名商标的特殊保护——不以注册为前提,使用亦可以成为认定的依据。

7.《保护文学和艺术作品伯尔尼公约》(以下简称《伯尔尼公约》)确立了文学和艺术作品保护的基本原则——国民待遇原则、自动保护原则、独立保护原则和最低保护原则。

8.《伯尔尼公约》保护的对象——文学艺术作品、演绎作品、实用艺术作品和工业品外观设计。

9.《伯尔尼公约》自动保护原则——作品自创作完成时自动享有著作权,无须发表登记。

10.《伯尔尼公约》规定了文学艺术作品作者享有的经济权利和精神权利。经济权利——翻译权、复制权、公开表演权、广播权、朗诵权、改编权、录制权、制片权、追续权。精神权利——署名权和保护作品完整权。

11.《与贸易有关的知识产权协议》(TRIPs协议)基本原则——最低保护原则、国民待遇原则、最惠国待遇原则和促进经济与社会福利原则。

考点12 国际投资法

【大纲要求解读】大纲要求了解国际投资法概念及其法律渊源的构成,**熟悉并能够运用**多边投资条约。

【命题要点归纳】

1. 多边投资担保机构担保的主要内容——货币汇兑险、征收和类似措施险、战争内乱险、政府违约险;合格的投资者——不限于东道国以外的其他会员国自然人或法人;合格的东道国——必须是发展中国家。

2. 解决国家与他国国民之间投资争端中心(ICSID)——解决争端性质必须是因直接投资而产生的法律争端。

(1)争端主体——一方必须是缔约国政府(东道国)或者其他机构或者实体,另一方是缔约国国民(外国投资者);如果双方均同意,也受理东道国和受外国投资者控制的东道国法人之间的争端。(2)中心管辖权——具有排他性。(3)中心的法律适用——①双方协议选择的法律。②未选择的:一是适用作为争端当事国的缔约国法律;二是可适用的国际规范;三是双方同意时,也可以依据公平和善意原则进行所谓的"友好仲裁"。

考点13 国际融资法

【大纲要求解读】大纲要求**了解**国际融资法的概念及其法律渊源的构成,国际融资的法律制度。

【命题要点归纳】

1. 见索即付担保特点:无条件性、单一性、独立性。《最高人民法院关于审理独立保函纠纷案件若干问题的规定》中统一了国际、国内独立保函交易的效力规则,明确了独立保函的独立性和单据性特征。

2. 备用信用证的特点:(1)备用信用证的保证人是银行;(2)贷款人出具信用证要求的违约证明时,保证人即向贷款人付款,并不需要对违约的事实进行审查;(3)开证行作为保证人承担第一位付款责任,而不是次位债务人;(4)在借贷协议无效时,开证行仍须承担保证责任,也就是说,备用信用证独立于国际借贷协议这一基础交易。

考点14 国际税法

【大纲要求解读】大纲要求**了解**国际税法的概念及其法律渊源的构成,国家税收管辖权的概念及其表现形式、国际双重征税问题及其解决方式的法律规定。

【命题要点归纳】

1. 国际税法中居民身份的认定标准:(1)自然人——住所标准、国籍标准、居住时间标准;(2)法人——登记注册地标准、实际控制与管理中心所在地标准、总机构所在地标准。

2. (1)国际重复征税的解决——通过双边协议划分征税权、免税法、抵免法、扣除法;(2)国际重叠征税的解决——股息收入国主要采用对来自国外的股息减免所得税、允许母子合同合并报税和间接抵免的方式解决国际重叠征税;股息付出国主要采用双税率制和折算制的措施来解决国际重叠征税。

3. (1)国际逃税主要方式——不向税务机关报送纳税资料;谎报所得额;虚构、多摊成本、费用、折旧等扣除项目;伪造账册和收支凭证;(2)国际避税主要方式——纳税主体的跨国移动、跨国联属企业(也称关联企业)的转移定价、通过在避税港设立基地公司;(3)国际逃避税的防止方法——正常交易原则、总利润原则、禁止纳税人在避税港设立基地公司、禁止非正常利润转移等。

考点15 CRS(共同申报准则)与境外账户信息交换

【大纲要求解读】大纲要求**熟悉并能够运用**CRS与境外账户信息交换的内容,以及用这些内容分析解答问题。

【命题要点归纳】

CRS(共同申报准则)的实施是在遏制跨境逃税上更有效的国际合作。CRS的本质是为了全球性地抵制偷税漏税而在不同国家之间进行自动报告财务信息。CRS覆盖几乎所有的海外金融机构,银行、信托、券商、律所、会计师事务所、提供各种金融投资产品的投资实体、特定的保险机构的账户都在覆盖范围内。下列资产信息将被交换,包括存款账户、托管账户、投资机构的股权或者债权权益账户,基金、信托计划、专户/集合类资产管理计划、具有现金价值的保险合同或者年金合同等。被交换的个人信息包括但不限于个人账户、账户余额、姓名、国籍、出生日期、年龄、性别、居住地。CRS是根据账户持有人税收居住地而不仅仅依账户持有人的国籍来作为识别依据。应该在哪个国家纳税,金融信息就会被发送到应该纳税的国家。不受CRS影响或影响较小的几种情形有:境外税务居民所控制的公司拥有的金融账户在25万美元以下的;投资海外房产、珠宝、艺术品、贵金属等不属于金融资产的品类,不需要申报。在CRS体系下,只有产生现金流的资产、有现金价值的金融资产,才需要申报;不产生现金流的资产,如不动产、艺术品、贵金属等,均不需要申报。

民事诉讼法与仲裁制度

考点1 辩论原则

【大纲要求解读】大纲要求**理解**辩论原则的基本内容;**熟悉并能够运用**该基本原则在民事诉讼中的体现,并能具体举例说明。

【命题要点归纳】

辩论原则的内容包括:(1)辩论权之行使贯穿整个审判过程,该审判过程指争议案件的审判程序,即一审程序、二审程序与审判监督程序;(2)辩论的内容广泛,既可以是程序方面的问题,也可以是包括实体事实与实体法律适用在内的实体方面的问题;(3)辩论的形式多样,可以口头辩论,也可以书面辩论。

法院裁判应当以当事人诉讼请求的范围为限,不得超出或遗漏当事人的诉讼请求作出裁判。

考点2 合议制度

【大纲要求解读】大纲要求**理解**合议制度的基本内容;**熟悉并能够运用**该基本制度在民事诉讼中的体现,并能具体举例说明。

【命题要点归纳】

1. 民事诉讼简易程序中不能适用合议制,这一点与刑事诉讼不同。

2. 在普通程序中,合议庭的组成有两种形式:一种是由审判员和人民陪审员共同组成,陪审员在人民法院参加审判期间,除不能担任审判长外,与审判员有同等的权利;另一种是由审判员组成合议庭。

3. 合议庭组成以后,行使审判权的时候实行少数服从多数的原则,但不同意见必须如实记入笔录,此外审判委员会对合议庭在业务上是指导与被指导、监督与被监督的关系,审判委员会不能代替合议庭行使裁判权。

4. 陪审员的适用范围不包括特别程序和公示催告程序。

考点3 回避制度

【大纲要求解读】大纲要求**理解**回避制度的基本内容;**熟悉并能够运用**该基本制度在民事诉讼中的体现,并能具体举例说明。

【命题要点归纳】

1. 回避的决定权和回避的方式:一是当事人申请回避。二是自行回避。三是院长或者审判委员会决定其回避的情形——审判人员有应当回避的情形,没有自行回避,当事人也没有申请其回避的,由院长或者审判委员会决定其回避。(1)院长担任审判长时的回避:审判委员会决定;(2)审判人员(含陪审员)的回避:院长决定;(3)其他人员(书记员、翻译人员、鉴定人、勘验人)的回避:审判长决定。

2. 对回避决定的复议申请:应当向作出决定的原法院提出。

3. 回避的对象与法定情形。根据《民事诉讼法》第47条的规定,以下情形应当回避:(1)是本案当事人或者当事人、诉讼代理人近亲属的;(2)与本案有利害关系的;(3)与本案当事人、诉讼代理人有其他关系,可能影响对案件公正审理的。该规定适用于书记员、翻译人员、鉴定人、勘验人。

4. 对回避申请的处理。根据《民事诉讼法》第50条的规定,人民法院对于当事人提出的回避申请,应当在申请提出的3日内,以口头或者书面形式作出决定。申请人对决定不服的,可以申请复议一次。复议期间,被申请回避的人员,不停止参与本案的工作。

考点4 公开审判制度

【大纲要求解读】大纲要求**理解**公开审判制度的基本内容;**熟悉并能够运用**该基本制度在民事诉讼中的体现,并能具体举例说明。

【命题要点归纳】

1. 一律不公开审理的案件:(1)涉及国家秘密的案件;(2)涉及个人隐私的案件;(3)法律另有规定的案件。

2. 经过当事人申请才不公开审理的案件:(1)离婚案件;(2)涉及商业秘密的案件。

考点5 管辖恒定

【大纲要求解读】大纲要求**理解**管辖恒定原则。

【命题要点归纳】

1. 以起诉时为准:起诉时对案件享有管辖权的法院,不因确定管辖的因素在诉讼过程中发生变化而丧失管辖权。人民法院对管辖异议审查后确定有管辖权的,不因当事人提起反诉、增加或者变更诉讼请求等改变管辖,但违反级别管辖、专属管辖规定的除外。人民法院发回重审或者按第一审程序再审的案件,当事人提出管辖异议的,人民法院不予审查。

2. 级别管辖恒定:(1)不因为诉讼过程中标的额的增加或减少而变动;(2)若当事人故意规避有关级别管辖等规定,则不会产生级别管辖恒定。

3. 地域管辖恒定:当事人住所地、经常居住地的变更,以及案件起诉后行政区域(法院辖区)的变更,均不能引起管辖权的变化。

考点6 级别管辖

【大纲要求解读】大纲要求**理解**级别管辖,**熟练并能够运用**各级别法院的管辖条件。

【命题要点归纳】

1. 基层人民法院管辖:第一审民事案件原则上由基层人民法院管辖。

2. 中级人民法院管辖下列第一审民事案件:重大涉外案件;在本辖区有重大影响的案件;最高人民法院确定由中级人民法院管辖的案件:(1)海事海商案件。由海事法院管辖。(2)专利纠纷案件。专利纠纷案件由知识产权法院、最高人民法院确定的中级人民法院和基层人民法院管辖。

3. 高级人民法院管辖:在本辖区有重大影响的第一审案件。

4. 最高人民法院管辖下列第一审民事案件:在全国有重大影响的案件;认为应当由本院审理的案件。

考点7 一般地域管辖

【大纲要求解读】大纲要求**理解**一般地域管辖,**熟练并能够运用**一般地域管辖适用的条件、具体案件管辖的确定。

【命题要点归纳】

一般地域管辖,是指以当事人的所在地与法院的隶属关系来确定的诉讼管辖。一般地域管辖的确定标准,对于法人或者其他组织而言是法人或者其他组织的住所地,即法人或者其他组织的住所地是指法人或者其他组织的主要办事机构所在地。对于公民而言,确定一般管辖的标准有两个:一是住所地,即公民的户籍所在地;二是经常居住地,但是公民住院就医的地方除外。

1. 一般地域管辖包括两种情况:原告就被告;特殊情况下被告就原告。

2. 被告所在地法院管辖:

(1)双方均被注销户籍的:由被告居住地的人民法院管辖。

(2)双方当事人都被监禁或被采取强制性教育措施的:①被告被监禁或者被采取强制性教育措施不到1年:由被告原住所地人民法院管辖。②被告被监禁或被采取强制措施地1年以上的,由被告被监禁地或被采取强制性教育措施地法院管辖。

(3)双方当事人均为军人或者军队单位的民事案件由军事法院管辖。

(4)夫妻一方离开住所地超过1年,另一方起诉离婚的案件,可以由原告住所地人民法院管辖。夫妻双方离开住所地超过1年,一方起诉离婚的案件,由被告经常居住地人民法院管辖;没有经常居住地的,由原告起诉时被告居住地人民法院管辖。

3. 原告所在地法院管辖:

(1)对不在中华人民共和国领域内居住的人提起的有关身份关系的诉讼;

(2)对下落不明或者宣告失踪的人提起的有关身份关系的诉讼;

(3)对被采取强制性教育措施的人提起的诉讼;

(4)对被监禁的人提起的诉讼。

4. 双方都能管辖:

(1)追索赡养费、抚养费的案件的几个被告住所地不在同一辖区的,可以由原告住所地人民法院管辖(注意:被告住所地也能管辖);

(2)夫妻一方(被告方)离开住所地超过1年,另一方(原告方)起诉离婚的案件:可以由原告住所地人民法院管辖(注意:被告住所地也能管辖);

(3)中国公民双方在国外但未定居,一方向人民法院起诉离婚的,应由原告或者被告原住所地人民法院管辖。

考点8 特殊地域管辖

【大纲要求解读】大纲要求**理解**特殊地域管辖,**熟练并能够运用**特殊地域管辖的相关规定确定具体案件的管辖,明确适用的条件。

【命题要点归纳】

特殊地域管辖,是指以当事人的所在地、诉讼标的所在地、法律事实所在地为标准确定的管辖。由于特殊地域管辖法律规定较多且复杂,所以理解特殊地域管辖的标准很重要,该标准一是除因公司纠纷诉讼,海难救助费用与共同海损引起的纠纷案件外,其他各类纠纷案件,被告人住所地人民法院均有管辖权;二是最密切联系原则是确定特殊地域管辖的重要原则,即与纠纷案件密切联系地点的人民法院对特殊地域管辖纠纷案件有管辖权。

1. 合同纠纷的管辖。

(1)合同纠纷通常的管辖法院:被告住所地或者是合同履行地法院。

(2)涉及担保合同的管辖:①根据主合同确定案件管辖;②承担连带责任的担保合同,债权人向担保人主张的,应当由担保人住所地管辖;③主合同和担保合同选择管辖不一致的,根据主合同确定。

(3)保险合同案件的管辖:①通常由被告住所地或者保险标的物所在地人民法院管辖;②如果保险标的物是运输工具或者运输中的货物:可以由被告住所地或者运输工具登记注册地、运输目的地、保险事故发生地的人民法院管辖。因人身保险合同纠纷提起的诉讼,可以由被保险人住所地人民法院管辖。

(4)以信息网络方式订立的买卖合同,通过信息网络交付标的的,以买受人住所地为合同履行地;通过其他方式交付标的的,收货地为合同履行地。合同对履行地有约定的,从其约定。

2. 侵权纠纷的管辖。

(1)侵权纠纷通常的管辖法院。①通常由侵权行为地或者被告住所地人民法院管辖;②侵权行为地,包括侵权行为实施地、侵权结果发生地。

(2)产品质量纠纷的管辖：因产品、服务质量不合格造成他人财产、人身损害提起的诉讼，产品制造地、产品销售地、服务提供地、侵权行为地和被告住所地的人民法院都有管辖权。

(3)侵犯著作权案件的管辖：侵权行为的实施地、侵权复制品储藏地或者查封扣押地、被告住所地人民法院管辖。

(4)侵犯商标权案件的管辖：侵权行为的实施地、侵权商品的储藏地或者查封扣押地、被告住所地人民法院管辖。

(5)信息网络侵权行为实施地包括实施被诉侵权行为的计算机等信息设备所在地，侵权结果发生地包括被侵权人住所地。

3. 运输案件的管辖。

(1)运输合同纠纷的管辖。①因铁路、公路、水上、航空运输和联合运输合同纠纷提起的诉讼，由运输始发地、目的地或者被告住所地人民法院管辖；②因海上运输合同纠纷提起的诉讼，由运输始发地、目的地、被告住所地、转运港所在地海事法院管辖。

(2)运输侵权纠纷的管辖。①因铁路、公路、水上和航空事故请求损害赔偿提起的诉讼，由事故发生地或者车辆、船舶最先到达地，航空器最先降落地或者被告住所地人民法院管辖；②因船舶碰撞或者其他海事损害事故请求损害赔偿提起的诉讼，由碰撞发生地（事故发生地）、碰撞船舶最先到达地、加害船舶被扣留地或者被告住所地人民法院管辖；③因海事侵权行为提起的诉讼，除①②项外，还可以由船籍港所在地海事法院管辖。

(3)没有被告住所地的管辖。①因海难救助费用提起的诉讼：由救助地或者被救助船舶最先到达地人民法院管辖；②因共同海损提起的诉讼：由船舶最先到达地、共同海损理算地或者航程终止地的人民法院管辖。

考点9 专属管辖

【大纲要求解读】大纲要求**理解**专属管辖的具体内容，**熟悉并能够运用**专属管辖的适用条件与具体案件管辖的确定。

【命题要点归纳】

专属管辖，是指法律规定某些特殊类型的案件专门由特定的法院管辖。

1. 国内案件专属管辖。

(1)因不动产纠纷提起的诉讼，由不动产所在地人民法院管辖。不动产纠纷包括：①因不动产的权利确认、分割、相邻关系等引起的物权纠纷。②农村土地承包经营合同纠纷、房屋租赁合同纠纷、建设工程施工合同纠纷、政策性房屋买卖合同纠纷，按照不动产纠纷确定管辖。

不动产所在地的确定：①不动产已登记的，以不动产登记簿记载的所在地为不动产所在地；②不动产未登记的，以不动产实际所在地为不动产所在地。

(2)因港口作业中发生纠纷提起的诉讼，由港口所在地人民法院管辖。

(3)因继承遗产纠纷提起的诉讼，由被继承人死亡时住所地或者主要遗产所在地人民法院管辖。

2. 涉外案件专属管辖。因在中华人民共和国履行中外合资经营企业合同、中外合作经营企业合同、中外合作勘探开发自然资源合同发生纠纷提起的诉讼，由中华人民共和国人民法院管辖。这是对外国法院管辖的排斥。

3. 专属管辖不得对抗当事人选择仲裁的意思表示，同时该规则既可适用于国内案件，也可适用于涉外案件。

考点10 协议管辖

【大纲要求解读】大纲要求**理解**协议管辖的具体内容，**熟悉并能够运用**协议管辖的适用条件与具体案件的确定。

【命题要点归纳】

1. 协议管辖,又称合意管辖或约定管辖,是指双方当事人在民事纠纷发生之前或之后,以书面方式约定特定案件的管辖法院。

2. 国内协议管辖:

(1)适用案件:国内与涉外;合同或者其他财产权益纠纷;当事人因同居或者在解除婚姻、收养关系后发生财产争议。

(2)只能以书面合同形式。

(3)与争议有实际联系的地点的人民法院。

①国内:可以书面协议选择被告住所地、合同履行地、合同签订地、原告住所地、标的物所在地法院等与争议有实际联系的地点;②涉外:可以书面协议选择被告住所地、合同履行地、合同签订地、原告住所地、标的物所在地、侵权行为地等。

(4)选择必须确定,并且必须唯一。既协议管辖,又协议仲裁,仲裁无效,但管辖有效。

(5)可以选多个法院:管辖协议约定两个以上与争议有实际联系的地点的人民法院管辖,原告可以向其中一个人民法院起诉。

(6)不得违反本法对级别管辖和专属管辖的规定。

(7)按格式条款处理,未提请消费者注意无效:经营者使用格式条款与消费者订立管辖协议,未采取合理方式提请消费者注意,消费者主张管辖协议无效的,人民法院应予支持。

考点11 移送管辖

【大纲要求解读】大纲要求**理解**移送管辖的具体内容,**熟悉并能够运用**移送管辖的适用条件与具体案件管辖的确定。

【命题要点归纳】

移送管辖,是指法院在受理民事案件后,发现自己对案件并无管辖权,依法将案件移送到有管辖权的法院审理。

1. 移送管辖的适用条件:

(1)本院已经受理了案件;

(2)本院对受理的案件没有管辖权或者其他有管辖权的法院已经先立案受理该案件;

(3)受移送法院对该案有管辖权。

2. 不能适用移送管辖的情形:

(1)受移送法院不能再行移送;

(2)共同管辖中,先立案的并有管辖权的法院不能将案件移送。

3. 移送管辖的程序问题。

(1)受理案件的法院以对受理案件无管辖权为由进行移送是正确的,但是不能以管辖不适当为由进行移送;

(2)移送管辖只能进行一次,目的是防止移送管辖而影响诉讼效率;

(3)根据管辖恒定原则,其管辖权不受当事人住所地、经常居住地变更的影响,同时也不得以行政区划变更为由进行移送。

考点12 指定管辖

【大纲要求解读】大纲要求**理解**指定管辖的具体内容,**熟悉并能够运用**指定管辖的适用条件与具体案件管辖的确定。

【命题要点归纳】

指定管辖,指上级法院以裁定方式指定其下级法院对某一案件行使管辖权。

1. 指定管辖的适用情形：

(1)受移送的法院认为对受移送的案件没有管辖权；

(2)有管辖权的人民法院由于特殊原因不能行使管辖权；

(3)人民法院之间因管辖权发生争议，协商解决不了。

2. 法院之间因管辖权发生争议：

(1)有关人民法院均应当立即停止进行实体审理，并协商解决；

(2)协商不成，报请共同上级人民法院指定管辖；

(3)对报请上级人民法院指定管辖的案件，下级人民法院应当中止审理。指定管辖裁定作出前，下级人民法院对案件作出判决、裁定的，上级人民法院应当在裁定指定管辖的同时，一并撤销下级人民法院的判决、裁定。

考点13 管辖权异议

【大纲要求解读】大纲**要求**理解管辖权异议。

【命题要点归纳】

管辖权异议，是指当事人向受诉法院提出的该院对案件无管辖权的主张。

1. 提出管辖权异议的主体，仅指被告。无独立请求权第三人在一审中无权对案件的管辖权提出异议。有独立请求权的第三人也无权提出管辖权异议，因为两种第三人是本案的当事人，但不是本诉的当事人，而管辖是根据本诉来确定的。

2. 法院对管辖权异议的处理：异议成立的，裁定将案件移送有管辖权的人民法院；异议不成立的，裁定驳回异议。

3. 管辖权异议的裁定，可以上诉。

4. 管辖权异议的条件：一是异议的主体是被告。二是异议期间通常是提交答辩状期间。注意：①人民法院对管辖异议审查后确定有管辖权的，不因当事人提起反诉、增加或者变更诉讼请求等改变管辖，但违反级别管辖、专属管辖规定的除外。②人民法院发回重审或者按第一审程序再审的案件，当事人提出管辖异议的，人民法院不予审查。③异议的对象只能是第一审人民法院的管辖权，既可针对一审地域管辖提出异议，也可针对一审级别管辖提出异议。

考点14 诉讼标的

【大纲要求解读】大纲要求**熟悉并能够运用**诉讼标的，并与其他概念做区分。

【命题要点归纳】

1. 诉讼标的，是指当事人之间发生争执并要求法院作出裁判的民事权利义务关系。

诉讼标的不同于诉讼标的物。前者是当事人之间发生争议的民事权利义务关系，后者则是民事权利义务关系所指向的对象。

诉讼标的与诉讼请求不同。诉讼标的是当事人争议的民事权利义务关系，诉讼请求则是基于法律关系要求法院作出的特定的判决。当事人在诉讼中可以处分诉讼请求，但不能随意处分诉讼标的。

2. 诉讼标的额：双方当事人争执的金钱数额。

考点15 诉的种类

【大纲要求解读】大纲要求**理解**诉的分类，**熟悉并能够运用**划分诉的种类的标准。

【命题要点归纳】

1. 确认之诉，是指原告请求法院确认与被告之间是否存在某种民事法律关系的诉。确认之诉的特点：一是当事人之间的法律关系具有现实意义；二是双方当事人就该法律关系是否存在发生争议；

三是请求法院确认该法律关系的存在与不存在。

2. 给付之诉，是指原告请求法院判令被告向其履行某种特定给付义务的诉讼。

(1) 原告要求被告履行的给付义务，既包括给付一定数额的货币或财产，也包括为或不为某种特定的行为。

(2) 给付之诉判决原告胜诉的判决具有执行力，被告不履行给付义务时，原告可以将判决作为执行文书申请强制执行。相反，如果法院判决原告败诉，该判决则成为原、被告之间不存在给付义务的确认判决。

3. 变更之诉，又称形成之诉，是指原告请求法院以判决改变或消灭既存的某种民事法律关系的诉。变更之诉不同于确认之诉的特点：一是当事人之间无争议地现实存在某种法律关系，如夫妻关系、合同关系；二是双方当事人就法律关系是否应当变更发生争议；三是变更判决生效之前，原法律关系不变，当变更判决生效之后，原法律关系即消灭。

考点16 反诉

【大纲要求解读】大纲要求**熟悉**反诉的特征、反诉的条件，并能够结合实际确定反诉的构成。

【命题要点归纳】

1. 概念：独立的诉。人民法院准许本诉原告撤诉的，应当对反诉继续审理；被告申请撤回反诉的，人民法院应予准许。反诉的构成要件：(1) 本诉的被告对本诉的原告提出。反诉的当事人应当限于本诉的当事人的范围。(2) 反诉与本诉有牵连关系。反诉与本诉的诉讼请求基于相同法律关系、诉讼请求之间具有因果关系，或者反诉与本诉的诉讼请求基于相同事实的，人民法院应当合并审理。(3) 在本诉进行中提出。反诉应当在案件受理后，法庭辩论结束前提出。(4) 向受理本诉的法院提出，且受诉法院对反诉有管辖权。反诉应由其他人民法院专属管辖的，裁定不予受理，告知另行起诉。(5) 反诉应与本诉适用同一诉讼程序。

2. 反诉不同于反驳。区分反诉还是反驳，关键是看被告是否向原告提出了独立的诉。反驳并非向原告提出独立的诉，而是被告的单纯防御行为；反诉则是被告通过发动进攻来进行防御，是独立的诉。反诉和反驳的区别如下：一是性质不同；二是前提不同；三是目的不同；四是反诉的主体只能是被告，而反驳的主体是所有的当事人。

3. 法院对反诉的处理：(1) 在一审过程中：可以合并审理；(2) 在二审过程中：调解不成的，告知当事人另行起诉；(3) 二审裁定撤销一审判决发回重审的案件，提出反诉，可以合并审理；(4) 再审用二审程序时的反诉：按照二审方式处理；(5) 再审裁定撤销原判决、裁定发回重审的案件，提出的反诉，合并审理。

考点17 当事人适格

【大纲要求解读】大纲要求**理解**当事人适格的含义以及司法解释中对当事人地位确定的相关内容。

【命题要点归纳】

1. 民事诉讼中的当事人，是指因民事权利义务发生争议，以自己的名义进行诉讼，要求法院行使民事裁判权的人。

民事诉讼中的当事人，有狭义和广义之分。狭义上的当事人，仅指原告和被告。广义上的当事人，除原告和被告以外，还包括共同诉讼人、第三人。

2. 通常所争议的民事法律关系的主体，就是适格当事人。

例外：(1) 根据当事人的意思或法律的规定，依法对他人的民事法律关系或民事权利享有管理权。①失踪人的财产代管人；②著作权集体管理组织（依法成立的著作权集体管理组织，根据著作权人的书面授权，以自己的名义提起诉讼，人民法院应当受理）；③破产管理人；④清算组；⑤清算人;⑥股东代表诉讼中的股东;⑦遗产管理人;⑧遗嘱执行人;⑨为保护死者名誉权而提起诉讼的死者的近亲属。

注意:企业法人解散的,依法清算并注销前,以该企业法人为当事人;未依法清算即被注销的,以该企业法人的股东、发起人或者出资人为当事人。

(2)在确认之诉中,对诉讼标的有确认利益的人。

(3)公益诉讼中。对污染环境、侵害众多消费者合法权益等损害社会公共利益的行为,法律规定的机关和有关组织可以向人民法院提起诉讼。符合下列条件的社会组织可以向人民法院提起诉讼:①依法在设区的市级以上人民政府民政部门登记;②专门从事环境保护公益活动连续5年以上且无违法记录。对侵害众多消费者合法权益的行为,中国消费者协会以及在省、自治区、直辖市设立的消费者协会,可以向人民法院提起诉讼。

3. 当事人的诉讼权利和义务。首先是当事人的诉讼权利,一类是一般的诉讼权利,如提起诉讼的权利;另一类是特殊诉讼权利,如承认对方诉讼请求的诉讼权利。其次是当事人的诉讼义务,包括依法行使诉讼权利的义务、遵守诉讼秩序的义务、履行生效法律文书的义务。

考点18 必要共同诉讼

【大纲要求解读】大纲要求**理解**司法解释中对当事人地位确定的相关内容;**熟悉并能够运用**结合实践确定当事人在必要共同诉讼中的地位。

【命题要点归纳】

1. 必要共同诉讼,是指当事人一方或者双方为2人以上,其诉讼标的是共同的诉讼。必要共同诉讼的特征:

(1)当事人一方或双方为2人以上;

(2)诉讼标的具有同一性;

(3)法院必须合并审理、合一判决。

2. 能够引起必要共同诉讼的具体情形:

(1)以挂靠形式从事民事活动,当事人请求由挂靠人和被挂靠人依法承担民事责任的,该挂靠人和被挂靠人为共同诉讼人。

(2)营业执照上登记的业主与实际经营者不一致的,以登记的经营者和实际经营者为共同诉讼人。

(3)个人合伙的全体合伙人在诉讼中为共同诉讼人。个人合伙有依法核准登记的字号的,应在法律文书中注明登记的字号。全体合伙人可以推选代表人;被推选的代表人,应由全体合伙人出具推选书。

(4)企业法人分立的,因分立前的民事活动发生的纠纷,以分立后的企业法人为共同诉讼人。

(5)借用业务介绍信、合同专用章、盖章的空白合同书或者银行账户的,出借单位和借用人为共同诉讼人。

(6)在继承遗产的诉讼中,部分继承人起诉的,人民法院应通知其他继承人作为共同原告参加诉讼;被通知的继承人不愿意参加诉讼又未明确表示放弃实体权利的,人民法院仍应把其列为共同原告。

(7)被代理人和代理人承担连带责任的,为共同诉讼人。

(8)共有财产权受到他人侵害,部分共有权人起诉的,其他共有权人应当列为共同诉讼人。

(9)在因保证合同纠纷提起的诉讼中,债权人向保证人和被保证人一并主张权利的,人民法院应当将保证人和被保证人列为共同被告。保证合同约定为一般保证,债权人仅起诉保证人的人民法院应当通知被保证人作为共同被告参加诉讼;债权人仅起诉被保证人的,可只列被保证人为被告。

3. 由于在必要共同诉讼中,诉讼标的具有同一性,法院只能合一审理和判决,当事人只能一同起诉或应诉，否则当事人将不适格，所以在起诉或应诉时，如果有部分当事人没有参加诉讼，就需要追加当事人。

4. 必要共同诉讼人的关系。必要共同诉讼人的关系包括两种：一是外部关系，即必要共同诉讼人与对方当事人的关系；二是内部关系，即共同诉讼人之间的关系，主要体现在其中一人的诉讼行为对他人的效力问题。

5. 必要共同诉讼人的追加。若发现遗漏了必要共同诉讼人，人民法院可依职权追加必要共同诉讼人。

考点19 诉讼代表人

【大纲要求解读】大纲要求**理解**司法解释中对当事人地位确定的相关内容；**熟悉并且能够运用**结合实践确定当事人在代表人诉讼中的地位。

【命题要点归纳】

1. 人数确定的诉讼代表人的产生。

(1) 推选方式：全体当事人推选共同的代表人，部分当事人推选自己的代表人；

(2) 推选不出代表人的人：必要共同诉讼由自己参加诉讼，普通共同诉讼可另行起诉。

2. 人数不确定的诉讼代表人的产生。

(1) 当事人推选代表人；

(2) 当事人推选不出的，可以由法院提出人选与当事人协商；

(3) 协商不成的，可以由法院在起诉的当事人中指定代表人。

3. 诉讼代表人的权限。

(1) 代表人的诉讼行为对其所代表的当事人发生效力；

(2) 代表人变更、放弃诉讼请求或者承认对方当事人的诉讼请求，进行和解，必须经被代表的当事人同意。

4. 代表人诉讼的程序。一是通知、公告、登记。二是裁判的效力。

考点20 公益诉讼

【大纲要求解读】大纲要求**理解**公益诉讼，**熟悉并能够运用**提起公益诉讼的条件。

【命题要点归纳】

普通民事公益诉讼的程序设置。普通民事公益诉讼，是指根据《民事诉讼法》第 58 条第 1 款规定，由法律规定的机关和有关组织针对损害社会公共利益的行为提起的公益诉讼。其适用的法律依据还包括最高人民法院出台的相关司法解释。

1. 普通民事公益诉讼的适用范围和起诉主体。根据《民事诉讼法》第 58 条第 1 款规定，环境保护法、消费者权益保护法等法律规定的机关和有关组织对污染环境、侵害众多消费者合法权益等损害社会公共利益的行为，可以提起公益诉讼。由于存在法律的明确规定，因此目前我普通民事公益诉讼的案件主要集中在环境民事公益诉讼和消费民事公益诉讼两种类型。相关的起诉主体主要是《环境保护法》规定的"依法在设区的市级以上人民政府民政部门登记"，"专门从事环境保护公益活动连续五年以上且无违法记录"的社会组织，以及《消费者权益保护法》第 47 条规定的"中国消费者协会以及在省、自治区、直辖市设立的消费者协会"。

2. 起诉受理条件。根据司法解释，相关机构提起公益诉讼，应当满足下列条件，才能得到受理：(1) 有明确的被告；(2) 有具体的诉讼请求；(3) 有社会公共利益受到损害的初步证据；(4) 属于人民法院受理民事诉讼的范围和受诉人民法院管辖。以上规则中第 1 项和第 2 项与普通民事诉讼基本相同。第 3 项要求的初步证据是指社会公共利益遭受损害的材料，这是民事公益诉讼在受理环节上的特殊要求。一方面，初步证据要能够确定案件有提起诉讼进行保护的必要。因此，社会公共利益受到损害不仅应当包括已经存在的现实损害,也应当包括构成现实威胁的损害风险。另一方面,初步证据虽然不需要达到确实充分的标准,但也需要具有一定的证明力。例如,人数众多的消费者权益受到侵害时,应当有至少10人以上的消费者主张权利受损,起诉时就应当有初步证据证明消费者的人数超过10人。第4项主要涉及公益诉讼管辖规则,《最高人民法院关于适用〈中华人民共和国民事诉讼法〉的解释》(简称《民诉解释》)规定,公益诉讼案件由侵权行为地或者被告住所地中级人民法院管辖。具体而言,环境民事公益诉讼案件由污染环境、破坏生态行为发生地,损害结果地或者被告住所地法院管辖;因污染海洋环境提起的公益诉讼,由污染发生地、损害结果地或者采取预防污染措施地海事法院管辖。对同一侵权行为分别向两个以上人民法院提起公益诉讼的,由最先立案的人民法院管辖,必要时由它们的共同上级人民法院指定管辖。

3. 审理程序。《民诉解释》等司法解释对民事公益诉讼在审理程序上的特殊之处进行了细致规定:(1)告知程序。人民法院受理公益诉讼案件后,应当在10日内书面告知相关行政主管部门。告知的目的是相关行政主管部门了解案件的启动和进行,从而便利行政机关和司法机关在公益诉讼保护上相互配合。需要注意的是,司法解释规定的是告知程序,而并非前置程序,因此,公益诉讼的受理和审理并不以行政机关前置处理为前提。(2)当事人的追加。人民法院受理公益诉讼案件后,依法可以提起诉讼的其他机关和有关组织,可以在开庭前向人民法院申请参加诉讼。人民法院准许参加诉讼的,列为共同原告。(3)和解、调解与撤诉。由于公益诉讼案件中当事人处理的是公共利益,因此,其虽然可以和解、调解与撤诉,但处分权受到一定限制,要接受法院的广泛监督。当事人达成和解或者调解协议后,人民法院应当将和解或者调解协议进行公告。公告期间不得少于30日。公告期满后,人民法院经审查,和解或者调解协议不违反社会公共利益的,应当出具调解书,否则不予出具调解书,继续对案件进行审理并依法作出裁判。关于公益诉讼的撤诉,公益诉讼案件的原告在法庭辩论终结后申请撤诉的,人民法院不予准许。(4)反诉。公益诉讼案件审理过程中,被告以反诉方式提出诉讼请求的,人民法院不予受理。这一规则说明公益诉讼的功能是保护公共利益,而并非一次性解决案涉纠纷。

4. 公益诉讼裁判效力。公益诉讼的判决效力主要涉及公益诉讼判决作出并生效后,是否阻断其他主体就该事件再次提起诉讼。其他主体主要包括两方面:(1)其他有权提起公益诉讼的主体,如果没有在诉讼中申请作为共同原告参加诉讼,而是在裁判生效后另行提起公益诉讼,法院不予准许。这说明,公益诉讼判决在主观范围层面具有扩张效力,对同一事件引起的公益诉讼具有遮断效。(2)侵权行为的受害人,如果在公益诉讼提起或判决后,又以自己的名义提起私益诉讼,人民法院应当受理。这说明,公益诉讼的裁判在客观范围方面没有扩张效力,其仅仅只解决公益诉讼部分的审理,并不影响私益诉讼的提起。除了上述特殊规定,公益诉讼的其他起诉、审理、裁判程序都应当参照适用普通民事诉讼程序的内容。需要强调的是,不能认为公益诉讼相关司法解释中的规则都是公益诉讼的特殊情况,其中一些规则完全也适用于普通民事诉讼程序。例如,最高人民法院在环境保护和消费者保护公益诉讼的司法解释中都规定,如果法院认为诉讼请求不足以保护社会公共利益的,可以向原告释明变更或者增加停止侵害等诉讼请求。这一关于释明的规定并不具备特殊性,属于注意规定。因为这种对诉讼请求的释明在普通民事诉讼中也完全可以进行,司法解释的规定仅仅体现出重视和强调,但并不代表其在制度设计上与普通民事诉讼有所区别。

考点21 无独立请求权第三人

【大纲要求解读】大纲要求**熟悉并能够运用**第三人在诉讼中的地位,并且能够结合实践确定诉讼中的第三人。

【命题要点归纳】

无独立请求权第三人,是指虽然对原告和被告之间争议的诉讼标的没有独立的请求权,但与案件的处理结果有法律上的利害关系而参加诉讼的人。

1. 无独立请求权第三人参加诉讼的依据：对本诉的诉讼标的没有独立请求权，但案件处理结果同他有法律上的利害关系。

2. 无独立请求权第三人参加诉讼的方式：自己申请参加；由法院通知他参加。其中，法院通知参加可以是基于法院职权通知无独立请求权第三人参加，也可以是应当事人的申请而通知无独立请求权第三人参加。

3. 无独立请求第三人的诉讼地位。

无独立请求权第三人是广义上的当事人，其仍然有自己的诉讼地位，主要表现在以下几个方面：

(1) 无独立请求权第三人可以以自己名义参加诉讼，有权选择辅助的一方。

(2) 无独立请求权第三人可以独立地行使诉讼权利，承担诉讼义务，不受他人制约。

(3) 在一审判决中，无独立请求权第三人承担实体义务的，享有上诉权。

(4) 本诉的原告和被告之间的调解涉及无独立请求权第三人承担实体义务时，应有该无独立请求权第三人参加。

(5) 被判决承担民事责任的无独立请求权第三人有权提起上诉，但在一审中无权提出管辖权异议，无权放弃、变更诉讼请求或者申请撤诉。

(6) 调解时需要由无独立请求权第三人承担责任的，应当经其同意。该第三人在调解书送达前反悔的，法院应当及时裁判。

(7) 无独立请求权第三人经传票传唤，无正当理由拒不到庭，或者未经法庭许可中途退庭的，不影响案件的审理。

4. 无独立请求权第三人参加诉讼的条件。

(1) 与案件处理结果有法律上的利害关系。无独立请求权第三人参加诉讼的根据，不是对本案原告和被告争议的诉讼标的有独立的请求权，而是与他人之间争议案件处理结果有法律上的利害关系。这种利害关系是由无独立请求权第三人与原告和被告在实体法上的牵连关系决定的。正是这种利害关系，使法院对原告和被告之间争议的处理涉及无独立请求权第三人。所谓法律上的利害关系，是指无独立请求权第三人的权利义务将受原告和被告间诉讼结果的影响，从而使权利义务有所增加或减少。无独立请求权第三人与案件处理结果具有法律上的利害关系，包括义务性关系、权利性关系、权利义务性关系3种，其中以义务性关系最为常见。

(2) 所参加的诉讼正在进行。时间是从被告应诉起，到诉讼审理终结止。一般也是在第一审程序中参加，但也允许在二审中参加。这一点与有独立请求权第三人参加诉讼相同。

(3) 自己申请参加诉讼或由法院通知其参加诉讼。

考点22 第三人撤销之诉

【大纲要求解读】大纲要求**理解**第三人撤销之诉。

【命题要点归纳】

1. 第三人撤销之诉与审判监督程序的关系：第三人撤销之诉和案外人提起审判监督程序在功能上具有相似性，都是撤销原生效判决来维护原审案外人的实体权益，因此二者存在竞合。为了避免案外人为寻求救济滥用程序权利，冲击生效裁判确定的民事法律秩序，司法解释明确规定：(1) 案外人已经提起第三人撤销之诉的，不可以再向法院申请再审；反之亦然。(2) 案外人已经提起第三人撤销之诉后，人民法院因为其他原因对原案裁定再审的，再审程序可以吸纳第三人撤销之诉。这是因为再审程序和第三人撤销之诉都关涉原判是否需要撤销，因此，两个诉可以合并在同一个再审程序中进行。当然，由于此时可能涉及不同法院，因此需要通过移送管辖等方式来完成再审审理程序对第三人撤销之诉的吸纳。再审审理时按照第一审程序审理的，人民法院应当对第三人的诉讼请求一并审理，所作的判决可以上诉；按照第二审程序审理的，人民法院可以调解，调解达不成协议的，应当裁定撤销原判决、裁定、调解书，发回一审法院重审，重审时应当列明第三人。

2. 第三人撤销之诉的程序设置。根据诉讼原理和《民诉解释》一些具体的规定，对第三人撤销之诉的内容概括如下：(1)诉讼主体。有权提起第三人撤销之诉的必须是当事人以外的第三人，但并非一切案外人均有权启动该程序，其须对原案的诉讼标的享有独立的请求权或者与原案的裁判结果有法律上的利害关系。该第三人应当具备诉的利益，即其民事权益受到了原案判决、裁定、调解书的损害。此种受到损害的权利，原则上应当是绝对权，例如，原审判决错误地变更了标的物所有权归属，原所有权人可能受到侵害；或者原审判决错误地要求被告向原告交付标的物，损害了对标的物享有担保物权或者优先受偿权的案外人的利益。原审当事人的普通债权人原则上不具备提起第三人撤销之诉的利益，不是第三人撤销之诉的适格原告。此外，启动主体还需满足程序性要求，即其未能参加原案的诉讼程序是因不能归责于己的事由。因不能归责于本人的事由未参加诉讼，是指没有被列为生效判决、裁定、调解书当事人，且无过错或者无明显过错的情形。包括：①不知道诉讼而未参加的；②申请参加未获准许的；③知道诉讼，但因客观原因无法参加的；④因其他不能归责于本人的事由未参加诉讼的。

第三人提起撤销之诉，人民法院应当将该第三人列为原告，生效判决、裁定、调解书的当事人列为被告，将生效判决、裁定、调解书中没有承担责任的无独立请求权的第三人列为第三人。

(2)诉讼客体。依据我国现行法律的规定，第三人撤销之诉的客体为损害了第三人民事权益的发生法律效力的判决、裁定、调解书。这些判决、裁定的主文，调解书中处理当事人民事权利义务的结果损害了第三人的民事权益。

(3)提起诉讼的期限、条件与受理法院。依据《民事诉讼法》第 59 条第 3 款的规定，第三人可以自知道或应当知道其民事权益受到损害之日起 6 个月内，向作出该判决、裁定、调解书的人民法院提起诉讼。第三人提起第三人撤销之诉，应当提供存在下列情形的证据材料：①因不能归责于本人的事由未参加诉讼；②发生法律效力的判决、裁定、调解书的全部或者部分内容错误；③发生法律效力的判决、裁定、调解书内容错误损害其民事权益。人民法院应当在收到起诉状和证据材料之日起 5 日内送交对方当事人，对方当事人可以自收到起诉状之日起 10 日内提出书面意见。人民法院应当对第三人提交的起诉状、证据材料以及对方当事人的书面意见进行审查。必要时，可以询问双方当事人。经审查，符合起诉条件的，人民法院应当在收到起诉状之日起 30 日内立案。不符合起诉条件的，应当在收到起诉状之日起 30 日内裁定不予受理。对下列情形提起第三人撤销之诉的，人民法院不予受理：①适用特别程序、督促程序、公示催告程序、破产程序等非讼程序处理的案件；②婚姻无效、撤销或者解除婚姻关系等判决、裁定、调解书中涉及身份关系的内容；③《民事诉讼法》第 57 条规定的未参加登记的权利人对代表人诉讼案件的生效裁判；④《民事诉讼法》第 58 条规定的损害社会公共利益行为的受害人对公益诉讼案件的生效裁判。

(4)审理方式与相关制度。人民法院对第三人撤销之诉案件，应当组成合议庭开庭审理。

受理第三人撤销之诉案件后，原告提供相应担保，请求中止执行的，人民法院可以准许。需要注意的是，第三人撤销之诉审理过程中作出中止执行裁定的应当是受诉法院。但该第三人也可能不在诉讼中通过提供担保的方式申请中止执行，而是直接在执行过程中向执行法院提出执行标的异议，此时如果执行法院经过审理认为异议成立的，也可以裁定中止执行。

(5)裁判的作出与裁判的法律效力。对第三人撤销或者部分撤销发生法律效力的判决、裁定、调解书内容的请求，人民法院经审理，按下列情形分别处理：①请求成立且确认其民事权利的主张全部或部分成立的，改变原判决、裁定、调解书内容的错误部分；②请求成立，但确认其全部或部分民事权利的主张不成立，或者未提出确认其民事权利请求的，撤销原判决、裁定、调解书内容的错误部分；③请求不成立的，驳回诉讼请求。对第三人撤销之诉的裁判不服的，当事人可以上诉。原判决、裁定、调解书的内容未改变或者未撤销的部分继续有效。原判被撤销后，原诉讼当事人之间的争议如果依然存在的，可以通过另行起诉解决纠纷。不难看出，如果从制度功能上看，第三人撤销之诉本应只审查原判是否需要撤销。能否直接改变原判中对相关标的物的权利归属或一并处理第三人与原审当事人之间的法律关系,存在较大争议。如果允许直接改判,虽然有利于一次性解决纠纷,但既会增加第三人撤销之诉的复杂性,也会产生低级别法院改判高级别法院裁判结果的审级风险。最高人民法院最终认定,必须满足下列条件,第三人撤销之诉方可改判:①原审判决是一审终审未提出上诉,避免审级风险;②第三人的权利主张与撤销内容直接相关,如涉及所有权归属,由于"一物一权"原则,如果原判对物权的归属存在错误,而第三人又主张物权,那么可以在撤销原判的同时确认物权归第三人所有。

考点23 委托诉讼代理人

【大纲要求解读】大纲要求**理解**委托诉讼代理权的取得、权限范围、代理权消灭的情况,**熟悉并能够运用**诉讼代理人的地位和诉讼代理权的行使。

【命题要点归纳】

1. 委托诉讼代理人,是指根据当事人、法定代表人或法定代理人的委托,代为进行诉讼活动的人。委托代理人最基本的特征在于其代理权的取得,是基于当事人的委托。

2. 对委托诉讼代理人的一般授权与特别授权。

(1)特别授权:诉讼代理人代为承认、放弃、变更诉讼请求,进行和解,提起反诉或者上诉,必须有委托人的特别授权。

(2)一般授权:授权委托书仅写"全权代理"而无具体授权的,不是特别授权。

3. 代理权的产生。委托代理权是基于当事人、法定代表人、法定代理人的授权委托而产生的。需要注意的是,委托代理人的范围和委托代理的法定程序。根据《民事诉讼法》第 62 条第 1 款的规定,委托他人代为诉讼必须向人民法院提交由委托人签名或者盖章的授权委托书;《民诉解释》第 88 条规定,诉讼代理人除根据《民事诉讼法》第 62 条规定提交授权委托书外,还应当按照规定提供相关材料。

4. 代理权限。具体包括一般性诉讼权利的代理和特殊性诉讼权利的代理,但是对于特殊性诉讼权利的代理需要明确授权。

5. 代理权的消灭。委托代理权基于当事人的委托授权而产生,当授权委托合同关系消灭时,委托代理权即随之消灭,如诉讼终结、当事人解除委托等。

考点24 证明责任

【大纲要求解读】大纲要求**理解**证明责任的基本内容;**熟悉并能够运用**司法解释对证明责任的分配,结合实践情况运用证明责任制度。

【命题要点归纳】

1. 证明责任的分配,是指法院在诉讼中按照一定的规范或标准,将事实真伪不明时所要承担的不利后果在双方当事人之间进行划分。

2. 证明责任的倒置,总是相对于证明责任分配的原则及"正置"而言的。"正置"指的就是"法律要件分类说",也就是说,证明责任的倒置,是对法律要件分类说分配原则的倒置。

注意:(1)证明责任倒置必须有法律的规定,法官不可以在诉讼中任意将证明责任分配加以倒置。

(2)《最高人民法院关于民事诉讼证据的若干规定》(以下简称《证据规定》)的证明责任倒置并非将按照一般分配原则分配给当事人的证明责任全部加以倒置,而是根据具体情况依法对某些事实的证明责任予以倒置。

3. 举证责任的负担。一是举证责任负担的一般原则,即谁主张,谁举证。二是举证责任的例外,《证据规定》规定了 8 种情形。三是举证责任分担的其他规定,包括合同纠纷案件举证责任的分担和劳动争议案件举证责任的分担。

考点25 举证时限

【大纲要求解读】大纲要求**熟悉并能够运用**司法解释对举证时限的规定。

【命题要点归纳】

1. 举证期限的确定。

(1)人民法院应当在答辩期届满后的审理前的准备阶段确定当事人的举证期限。

(2)举证期限可以由当事人协商,并经人民法院准许。人民法院确定举证期限,第一审普通程序案件不得少于15日;当事人提供新的证据的第二审案件不得少于10日。

(3)再次确定:举证期限届满后,当事人对已经提供的证据,申请提供反驳证据或者对证据来源、形式等方面的瑕疵进行补正的,人民法院可以酌情再次确定举证期限,该期限不受前款规定的限制。

2. 举证期限的延长。

(1)经当事人申请:当事人在举证期限内提交证据材料确有困难的,应当申请延长举证期限。

(2)申请期限:当事人应当在举证期限届满前提出申请。

(3)经人民法院准许。法院的处理:申请理由成立的,人民法院应当准许,适当延长举证期限,并通知其他当事人。申请理由不成立的,人民法院不予准许,并通知申请人。

(4)再次申请延长举证期限:当事人在延长的举证期限内提交证据材料仍有困难的,可以再次提出延期申请,是否准许由人民法院决定。

(5)当事人申请延长举证期限的,为平等保护双方当事人的诉讼权利,延长的举证期限也适用于其他当事人(对方当事人)。

3. 当事人逾期提供证据的。

(1)当事人因客观原因逾期提供证据,或者对方当事人对逾期提供证据未提出异议的,视为未逾期。

(2)人民法院应当责令其说明理由,必要时可以要求其提供相应的证据。

(3)当事人因故意或者重大过失逾期提供的证据:①人民法院不予采纳。②但该证据与案件基本事实有关的,人民法院应当采纳,予以训诫、罚款。

(4)当事人非因故意或者重大过失逾期提供的证据,人民法院应当采纳,并对当事人予以训诫。

(5)当事人一方要求另一方赔偿因逾期提供证据致使其增加的交通、住宿、就餐、误工、证人出庭作证等必要费用的,人民法院可予支持。

考点26 期间

【大纲要求解读】大纲要求**理解**期间的概念、种类,期间的耽误和延展,期间的意义;**熟悉并能够运用**民事诉讼法规定的主要的诉讼期间。

【命题要点归纳】

1. 期间的计算。

(1)计算单位:以时、日、月、年计算。

(2)计算方法:①民事诉讼中以时起算的期间从次时起算;以日、月、年计算的期间从次日起算。②期间届满的最后一日是法定休假日的,以节假日后的第一日为期间届满的日期。③在途时间不包括在内,诉讼文书在期满前交邮的,不算过期。

2. 期间的耽误和延展。

(1)期间的耽误,是指当事人在法定期间或指定期间内,没有进行或完成应进行或完成的行为。期间的耽误,有的是出于不可抗力或非当事人主观方面的过失等原因,在此种情况下,法律允许当事人申请延展有关期间,即期间的顺延。

(2)期间的顺延。①法定情形:因不可抗拒的事由或者其他正当理由耽误期限的,需要当事人申请。②申请时间:在障碍消除后的10日内;是否准许,由人民法院决定。③涉外民事诉讼中期间顺延(被告答辩和上诉期间):没有强调法定事由。

考点27 送达

【大纲要求解读】大纲要求**理解**送达方式与送达的效力;**熟悉并能够运用**送达的适用。

【命题要点归纳】

1. 留置送达条件:受送达人或其同住成年家属拒绝接收诉讼文书。调解书不适用留置送达。

2. 转交送达,是指受诉人民法院基于受送达人的有关情况而将需送达的诉讼文书、法律文书交有关机关、单位转交受送达人的送达方式。

注意:转交送达的对象和单位是特定的。军人由所在部队团以上单位的政治机关转交。被监禁人通过其所在监所转交。被采取强制性教育措施的人通过其所在强制性教育机构转交。

3. 电子送达,即传真、电子邮件等简易方式送达。《民事诉讼法》第90条规定:"经受送达人同意,人民法院可以采用能够确认其收悉的电子方式送达诉讼文书。通过电子方式送达的判决书、裁定书、调解书,受送达人提出需要纸质文书的,人民法院应当提供。采用前款方式送达的,以送达信息到达受送达人特定系统的日期为送达日期。"

考点28 调解书及调解的效力

【大纲要求解读】大纲要求**理解**不需要制作调解书的情形;**熟悉并能够运用**司法解释中关于调解的规定,调解协议与调解书及其效力。

【命题要点归纳】

1. 审判程序:一般都适用调解。

2. 不适用的情形:(1)执行程序不适用调解。(2)适用特别程序、督促程序、公示催告程序的案件。(3)婚姻等身份关系确认案件以及其他根据案件性质不能进行调解的案件。

3. 调解的法律效力。调解书具有执行力:一方当事人不履行调解书,另一方当事人可以申请执行。

4. 调解的生效。调解书经双方当事人签收后,即具有法律效力。

(1)具有确定力,调解书可以确定当事人的实体权利义务。

(2)具有终结力,当事人不能再次起诉,也不能上诉。

5. 调解书可以申请再审。当事人对已经发生法律效力的调解书,提出证据证明调解违反自愿原则或者调解协议的内容违反法律的,可以申请再审;经人民法院审查属实的,应当再审。

6. 不需要制作调解书的案件。根据《民事诉讼法》第101条的规定,下列案件调解达成协议,人民法院可以不制作调解书。一是调解和好的离婚案件;二是调解维持收养关系的案件;三是能够即时履行的案件;四是其他不需要制作调解书的案件。

7. 调解保密原则:人民法院审理民事案件,调解过程不公开,但当事人同意公开的除外。

8.《最高人民法院关于人民法院民事调解工作若干问题的规定》(以下简称《民事调解规定》)就调解中的一些问题作了具体的规定。《民事调解规定》第13条规定,当事人以民事调解书与调解协议的原意不一致为由提出异议,法院审查后认为异议成立的,应当根据调解协议裁定补正民事调解书的相关内容。《民事调解规定》第14条规定,当事人就部分诉讼请求达成调解协议的,法院可以就此先行确认并制作调解书。当事人就主要诉讼请求达成调解协议,请求法院对未达成协议的诉讼请求提出处理意见并表示接受该处理结果的,法院的处理意见是调解协议的一部分内容,制作调解书的记入调解书。《民事调解规定》第15条规定,调解书确定的担保条款条件或者承担民事责任的条件成就时,当事人申请执行的,法院应当依法执行。不履行调解协议的当事人按照前款规定承担了调解书确定的民事责任后,对方当事人又要求其承担《民事诉讼法》规定的迟延履行责任的,法院不予支持。

考点29 财产保全

【大纲要求解读】大纲要求**理解**诉前保全、诉讼保全的条件，**熟悉并能够运用**诉讼保全的执行范围。

【命题要点归纳】

财产保全分为诉前财产保全和诉讼财产保全。

1. 诉前财产保全。

(1)适用条件：①情况紧急，不立即申请保全将会使其合法权益受到难以弥补的损害；②利害关系人申请；③申请人应当提供担保。

(2)诉前财产保全类案件的管辖：①诉前财产保全，由当事人向保全财产所在地、被申请人住所地或者对案件有管辖权的人民法院申请；②当事人申请诉前财产保全后没有在法定期间起诉，给被申请人、利害关系人造成财产损失引起诉讼的，由采取该财产保全措施的人民法院管辖。国内案件，申请人在采取保全措施后30日内不起诉，法院应当解除保全。涉外案件，申请人在采取保全措施后30日内不起诉，法院应当解除保全。当事人向采取诉前保全措施以外的其他有管辖权的人民法院起诉的，采取诉前保全措施的人民法院应当将保全手续移送受理案件的人民法院。诉前保全的裁定视为受移送人民法院作出的裁定。

(3)对申请的裁定期限：必须在48小时内作出裁定。

(4)担保数额：相当于请求保全数额；情况特殊的，人民法院可以酌情处理。

2. 诉讼财产保全。

(1)适用条件：①判决难以执行或者造成当事人其他损害的案件；②可根据对方当事人的申请，法院也可以依职权裁定；③可以责令申请人提供担保。

(2)管辖。①向受案人民法院提出；②上诉案件：在二审法院接到报送的案件前，由一审人民法院采取。

注意：由第一审法院依当事人申请或依职权采取。

(3)对申请的裁定期限：①情况紧急的，必须在48小时内作出裁定；②一般情形无明确限制。

(4)担保数额：不超过请求保全数额的30%。

3. 财产保全的范围。(1)限于请求的范围，或者与本案有关的财物；(2)对抵押物、留置物可以采取财产保全措施。

4. 诉前财产保全和诉讼中财产保全的区别。(1)保全时间不同。前者在诉讼开始之前，后者在诉讼进程中。(2)管辖法院不同。前者是保全财产所在地人民法院、被申请人住所地或者对案件有管辖权的法院，后者是区别具体情况由一审法院和二审法院管辖。(3)保全理由不同。前者是利害关系人面临紧急情况，后者因一方当事人的行为或者其他原因使判决难以执行或者造成当事人其他损害。(4)开始时间不同。前者是利害关系人提出申请，后者是当事人提出申请或者法院依职权保全。(5)担保不同，前者应当提供担保，后者法院可以责令当事人提供担保。

注意：提供担保的方式包括财产保全责任险合同和独立保函。

5. 人民法院裁定采取保全措施后，除作出保全裁定的人民法院自行解除或者其上级人民法院决定解除外，在保全期限内，任何单位不得解除保全措施。

考点30 先予执行

【大纲要求解读】大纲要求**理解**先予执行的条件，**熟悉并能运用**先予执行的适用范围。

【命题要点归纳】

1. 先予执行的范围：(1)追索赡养费、扶养费、抚养费、抚恤金、医疗费用的案件；(2)追索劳动报酬的案件;(3)因情况紧急需要先予执行的案件。

2. 适用条件:(1)当事人之间权利义务关系明确;(2)不先予执行将严重影响申请人的生活或者生产经营;(3)被申请人有履行能力;(4)当事人提出申请。

人民法院不得依职权适用先予执行;先予执行应于受理案件后终结判决作出前采取。

考点31 缺席判决

【大纲要求解读】大纲要求**理解**缺席判决的条件,**熟悉并能够运用**缺席判决制度。

【命题要点归纳】

1. 对原告的缺席判决:(1)被告提起反诉时,原告经传票传唤,无正当理由拒不到庭的,或者未经法庭许可中途退庭的;(2)原告申请撤诉,人民法院裁定不准许撤诉的,原告经传票传唤,无正当理由拒不到庭的。

2. 对被告的缺席判决:(1)被告(非必须到庭的)经传票传唤,无正当理由拒不到庭的,或者未经法庭许可中途退庭的;(2)无民事行为能力被告(非必须到庭的)的法定代理人,经传票传唤,无正当理由拒不到庭的。

3. 对无独立请求权第三人的缺席判决:(1)无独立请求权的第三人经人民法院传票传唤,无正当理由拒不到庭,或者未经法庭许可中途退庭的,不影响案件的审理;(2)承担民事责任的无独立请求权的第三人,有权提起上诉。

考点32 延期审理

【大纲要求解读】大纲要求**理解**延期审理的法定事由及法律效果,**熟悉并能够运用**延期审理制度。

【命题要点归纳】

1. 延期审理是指人民法院开庭审理后,由于发生某种特殊情况,使开庭审理无法按期或继续进行,从而推迟审理的制度。

2. 延期审理的情形:

(1)必须到庭的当事人和其他诉讼参与人有正当理由没有到庭的;(2)当事人临时提出回避申请的;(3)需要通知新的证人到庭,调取新的证据,重新鉴定、勘验,或者需要补充调查的;(4)其他应当延期的情形。

3. 延期审理和诉讼中止的区别。民事诉讼中,诉讼中止与延期审理两者十分相似,都是因法定情形而暂时停止继续进行诉讼活动,但是两者也存在重要的区别:

(1)适用范围:诉讼中止可以发生于诉讼程序开始以后一直到判决作出以前的任何诉讼阶段;延期审理则只能适用于开庭审理阶段。(2)适用效果:诉讼中止将造成本案诉讼程序的中途搁置,受诉法院和当事人、其他诉讼参与人就本案的一切诉讼活动都应当停止进行;延期审理只是将对本案开庭审理的日期推延,有关诉讼活动并不因此停止,如通知证人到庭。(3)恢复审理上:诉讼中止的法定情形来自诉讼以外,何时恢复诉讼,通常受诉法院是很难左右的;延期审理的法定情形来自诉讼之中,恢复审理的日期通常由人民法院确定。(4)法定情形不同。

考点33 诉讼中止

【大纲要求解读】大纲要求**理解**诉讼中止的法定事由及法律效果,**熟悉并能够运用**诉讼中止制度。

【命题要点归纳】

诉讼中止的情形:

(1)一方当事人死亡,需要等待继承人表明是否参加诉讼的;(2)一方当事人丧失诉讼行为能力,尚未确定法定代理人的;(3)作为一方当事人的法人或者其他组织终止,尚未确定权利义务承受人的;(4)一方当事人因不可抗拒的事由,不能参加诉讼的;(5)本案必须以另一案的审理结果为依据,而另一案尚未审结的;(6)其他应当中止诉讼的情形。

考点34 诉讼终结 2024 New

【大纲要求解读】大纲要求**理解**诉讼终结的法定事由及法律效果,**熟悉并能够运用**诉讼终结制度。

【命题要点归纳】

1. 诉讼终结的情形:

(1)原告死亡,没有继承人,或者继承人放弃诉讼权利的;

(2)被告死亡,没有遗产,也没有应当承担义务的人的;

(3)离婚案件一方当事人死亡的;

(4)追索赡养费、扶养费、抚养费以及解除收养关系案件的一方当事人死亡的。

2. 注意情形:

(1)诉讼终结并没有解决当事人之间的实体权益问题,因此人民法院以裁定的形式决定诉讼终结。

(2)诉讼终结的裁定既可以是书面的,也可以是口头的。诉讼终结的裁定一经作出即发生法律效力,当事人不得上诉,也不得申请复议,自裁定送达当事人之日起或宣布之日起发生法律效力。

(3)诉讼终结的案件,当事人不得以同一事实和理由,就同一诉讼标的再行起诉,法院也不得再行受理此案。

| 考点扩展 |

终结本次执行:指对于已经开始的执行案件,经过调查没有发现可供执行的财产时,在申请人签字或执行法院合议庭审查核实,经法院院长批准之后,裁定终结本次执行程序的制度。

根据《最高人民法院关于严格规范终结本次执行程序的规定(试行)》第1条的规定,终结本次执行应同时符合以下条件:(1)已向被执行人发出执行通知、责令被执行人报告财产;(2)已向被执行人发出限制消费令,并将符合条件的被执行人纳入失信被执行人名单;(3)已穷尽财产调查措施,未发现被执行人有可供执行的财产或者发现的财产不能处置;(4)自执行案件立案之日起已超过3个月;(5)被执行人下落不明的,已依法予以查找;被执行人或者其他人妨害执行的,已依法采取罚款、拘留等强制措施,构成犯罪的,已依法启动刑事责任追究程序。

考点35 简易程序的具体适用

【大纲要求解读】大纲要求**理解**简易程序的特点、简易程序的适用范围,**理解**简易程序与普通程序的关系、简易程序的特殊规定,**熟悉并能够运用**法律和司法解释有关简易程序的规定。

【命题要点归纳】

1. 起诉方式简便:可以口头起诉。

条件:原告本人不能书写起诉状,委托他人代写起诉状确有困难的。

2. 受理程序简便:可以当即审理,也可以另定日期审理。

3. 传唤方式简便:

(1)可以采取捎口信、电话、传真、电子邮件等简便方式随时传唤。

(2)以捎口信、电话、传真、电子邮件等形式发送的开庭通知,未经当事人确认或者没有其他证据足以证明当事人已经收到的,法院不得将其作为按撤诉处理和缺席判决的根据。

4. 审判组织简便:审判员1人独任审理。

5. 庭审程序简便:(1)可以当庭举证;当庭举证有困难的,举证的期限由当事人协商决定,但最长不得超过15日;协商不成的,由人民法院决定。

(2)适用简易程序审理的民事案件,当事人及其诉讼代理人申请人民法院申请证人出庭作证,应当在举证期限届满前提出,但其提出申请的期限不受《证据规定》第19条第1款、第54条第1款的限制。

(3)应当一次开庭审结,法院认为确有必要再次开庭的除外。

6. 审理期限短:3个月内审结。有特殊情况需要延长的,经本院院长批准,可以延长1个月。

考点36 上诉的提起

【大纲要求解读】大纲要求**理解**上诉的提起,**熟悉并能够运用**关于上诉的条件的规定。

【命题要点归纳】

1. 上诉人:提起上诉的人是上诉人,没有提起上诉的人是被上诉人;双方当事人和第三人都提出上诉的,均为上诉人,而没有被上诉人。

2. 上诉的条件:(1)上诉的实质条件,包括允许上诉的判决、允许上诉的裁定。(2)上诉的形式条件,包括上诉人和被上诉人合法、遵守法定上诉期间、提交上诉状。

考点37 上诉案件的裁判

【大纲要求解读】大纲要求**理解**上诉裁判的几种情形及效果,**熟悉并能够运用**有关上诉裁判的规定。

【命题要点归纳】

第二审人民法院对上诉案件应当开庭审理。

1. 对判决的处理。

(1)维持原判。原判决、裁定认定事实清楚,适用法律正确的,以判决、裁定方式驳回上诉,维持原判决、裁定。

(2)依法改判。①原判决、裁定适用法律错误的,依法改判;②原判决认定事实错误,或者原判决认定事实不清,证据不足,查清事实后改判。

(3)发回重审。①原判决认定基本事实不清的;②原判决遗漏当事人的;③原判决严重违反法定程序,可能影响案件正确判决的,裁定撤销原判决,发回原审人民法院重审。

(4)驳回起诉。人民法院依照第二审程序审理的案件,认为依法不应由人民法院受理的,可以由第二审人民法院直接裁定撤销原判,驳回起诉。

2. 对裁定的处理。

(1)第二审人民法院对不服第一审人民法院裁定的上诉案件的处理,一律使用裁定;

(2)第二审人民法院查明第一审人民法院作出的不予受理裁定有错误的,应在撤销原裁定的同时,指令第一审人民法院立案受理;查明第一审人民法院作出的驳回起诉裁定有错误的,应在撤销原裁定的同时,指令第一审人民法院进行审理。

考点38 确认调解协议案件的审理

【大纲要求解读】大纲要求**理解**确认调解协议案件的审理程序。

【命题要点归纳】

1. 申请条件:(1)双方当事人共同提出申请;(2)在法定期间提出申请。当事人申请确认调解协议效力的,应当自调解协议生效之日起30日内提出申请;(3)以书面形式或者口头形式。

2. 对确认调解协议效力申请的受理。人民法院在收到当事人确认调解协议效力申请书后,应当在3日内决定是否受理。人民法院决定受理的,应当及时向当事人送达受理通知书。双方当事人同时到法院申请司法确认的，人民法院可以当即受理并作出是否确认的裁定。

有下列情形之一的，人民法院不予受理：(1)不属于人民法院受理范围，不属于收到申请的人民法院管辖的；(2)确认身份关系的；(3)确认收养关系的；(4)确认婚姻关系的；(5)涉及适用其他特别程序、公示催告程序、破产程序审理的；(6)调解协议内容涉及物权、知识产权确权的。

3. 根据民事诉讼法及相关司法解释的规定，确认调解协议案件由调解组织所在地基层人民法院管辖：

(1)两个以上调解组织参与调解的，各调解组织所在地基层人民法院均有管辖权；

(2)双方当事人可以共同向其中一个调解组织所在地基层人民法院提出申请；

(3)双方当事人共同向两个以上调解组织所在地基层人民法院提出申请的，由最先立案的人民法院管辖。

4. 人民法院审理确认调解协议案件，由一名审判员独任审理。审判员根据双方当事人提供的证明材料对调解协议的合法性进行审查；在必要时，可以通知双方当事人同时到场，当面询问当事人。

人民法院在审查中，认为当事人的陈述或者提供的证明材料不充分、不完备或者有疑义的，可以要求当事人补充陈述或者补充证明材料。当事人无正当理由未按时补充或者拒不接受询问的，可以按撤回司法确认申请处理。

5. 裁定。

(1)作出确认有效的裁定。经人民法院审查，当事人双方达成的调解协议符合法律规定的，裁定调解协议有效。人民法院依法作出确认裁定后，一方当事人拒绝履行或者未全部履行的，对方当事人可以向人民法院申请强制执行。

(2)裁定驳回申请。人民法院经过审查后，认为当事人达成的调解协议不符合法律规定的，裁定驳回申请。

根据司法解释的规定，具有下列情形之一的，人民法院不予确认调解协议效力：①违反法律、行政法规强制性规定的；②侵害国家利益、社会公共利益的；③侵害案外人合法权益的；④损害社会公序良俗的；⑤内容不明确，无法确认的；⑥其他不能进行司法确认的情形。

考点39 基于审判监督权提起再审

【大纲要求解读】大纲要求**理解**基于审判监督权提起的再审制度，**熟悉并能够运用**法律和司法解释关于再审提起的规定以及再审案件的审判程序。

【命题要点归纳】

法院启动再审程序的方式有三种：本院再审、上级提审和指令再审。

1. 各级人民法院院长和本院审判委员会。各级人民法院院长对本院已经发生法律效力的裁判，发现确有错误，认为需要再审的，应当提交审判委员会讨论决定。

2. 上级人民法院。上级(并不等于上一级)人民法院对下级人民法院已经发生法律效力的裁判，发现确有错误的，有权提审或者指令下级人民法院再审。

3. 最高人民法院。最高人民法院对地方各级人民法院已经发生法律效力的裁判，发现确有错误的，有权提审或指令下级人民法院再审。但是，由第二审人民法院裁判的案件，上级人民法院和最高人民法院需要指令再审的，应当指令第二审人民法院再审。

4. 重审、提审、再审的区别。主要有四个方面的不同。一是审理法院的不同；二是适用程序的不同；三是文书效力的不同；四是是否可以上诉的不同。

5. 再审中几个概念的比较。

(1)自行再审：各级人民法院院长发现本法院已生效的判决、裁定、调解书确有错误，提交审判委员会讨论决定再审的；

(2)一审案件：经过一审后，因当事人在法定上诉期内未上诉而发生法律效力的案件；

(3)二审案件:经过了两审终审的案件。

考点40 申请再审的条件

【大纲要求解读】大纲要求**熟悉**并能够运用申请再审的条件以及法律、司法解释中的其他规定。

【命题要点归纳】

1. 裁判有如下情形的:

(1)有新的证据,足以推翻原判决、裁定的;(2)原裁判认定的基本事实缺乏证据证明的;(3)原裁判认定事实的主要证据是伪造的;(4)原裁判认定事实的主要证据未经质证的;(5)对审理案件需要的主要证据,当事人因客观原因不能自行收集,书面申请人民法院调查收集,人民法院未调查收集的;(6)原裁判适用法律确有错误的;(7)审判组织的组成不合法或者依法应当回避的审判人员没有回避的;(8)无诉讼行为能力人未经法定代理人代为诉讼,或者应当参加诉讼的当事人,因不能归责于本人或者其诉讼代理人的事由,未参加诉讼的;(9)违反法律规定,剥夺当事人辩论权利的;(10)未经传票传唤,缺席判决的;(11)原裁判遗漏或者超出诉讼请求的;(12)据以作出原判决、裁定的法律文书被撤销或者变更的;(13)审判人员审理该案件时有贪污受贿、徇私舞弊、枉法裁判行为的。

2. 调解书:调解违反自愿原则或者调解协议的内容违反法律。

考点41 再审审理的管辖法院

【大纲要求解读】大纲要求**熟悉并能够运用**再审审理的管辖法院。

【命题要点归纳】

因当事人申请裁定再审的案件,由中级人民法院以上的人民法院审理。

最高人民法院、高级人民法院裁定再审的案件,由本院再审或者交由其他人民法院再审,也可以交原审人民法院再审。

当事人一方人数众多(指10人以上)或者当事人双方为公民的案件:当事人可以向上一级或原审人民法院申请再审。如果当事人分别向原审人民法院和上一级人民法院申请再审且不能协商一致的,由原审人民法院受理。

考点42 基于检察监督权的抗诉提起再审

【大纲要求解读】大纲要求**理解**再审提起与当事人申请、检察院抗诉的关系,申请再审和抗诉的理由,**熟悉并能够运用**法律和司法解释关于再审提起的规定以及再审案件的审判程序。

【命题要点归纳】

1. 人民检察院有权对人民法院的民事审判活动实行法律监督,具体的监督方式有:(1)上级人民检察院对下级人民法院发生法律效力的裁判,认为确有错误的,依照法定的程序和方式,提请同级人民法院进行再审,即通过抗诉行使检察监督权;(2)根据《民事诉讼法》,各级人民检察院对同级人民法院发生法律效力的裁判,认为确有错误的,可以向同级人民法院提出检察建议,人民法院可以根据检察建议确定是否依职权启动再审。

2. 当事人申请是主要渠道。《民事诉讼法》对当事人申请启动抗诉和检察建议作出了具体规范:

当事人申请的情形:(1)人民法院驳回再审申请;(2)人民法院逾期未对再审申请作出裁定;(3)再审判决、裁定有明显错误。

3. 人民法院的审查程序:人民法院应当组成合议庭,在3个月内审查当事人的申请,如果发现原判决、裁定、调解书确有错误,需要再审的,由院长提交审判委员会讨论作出再审裁定,并通知当事人参加再审程序。如果经审理,决定不予再审的,应当书面回复人民检察院。

4. 当事人申请的次数限制：只有1次。

考点43 支付令异议的提出、异议成立的法律后果

【大纲要求解读】大纲要求**理解**对支付令的异议。

【命题要点归纳】

1. 债务人对债务本身无异议只是提出缺乏清偿能力的，不影响支付令效力。

2. 债务人异议必须具备法定书面形式，在书面异议书中写明拒付的事实和理由，口头异议无效。

3. 债务人收到支付令后，不在法定期间内提出书面异议，而向其他人民法院起诉的，也不影响支付令效力。

4. 债权人有多项独立的支付请求，债务人仅就其中某一项请求提出异议的，其异议对其他支付请求无效。

5. 人民法院认为异议有效的，将产生三个方面的法律后果：(1)终结督促程序。(2)支付令自行失效。(3)督促程序与诉讼程序的转换。

| 考点扩展 |

关于支付令错误的救济：

1. 支付令错误的救济是指对于发生法律效力但确有错误的支付令，可以通过法定程序予以撤销。

2. 撤销程序：对于确有错误但又已经发生法律效力的支付令，应当由发出支付令的人民法院院长提交本院审判委员会讨论决定后，作出撤销支付令的裁定，并一并驳回债权人的申请。

考点44 公示催告的申请

【大纲要求解读】大纲要求**理解**申请公示催告程序的条件，**熟悉并能够运用**公示催告程序的适用范围和审判程序。

【命题要点归纳】

1. 公示催告程序的适用条件：(1)债权人请求债务人给付金钱、有价证券。

(2)已到期且数额确定。

(3)债权人与债务人没有其他债务纠纷的。

(4)支付令能够送达债务人的。

注意：①债务人不在我国境内的，或者虽在我国境内但下落不明的，不适用督促程序；②向债务人本人送达支付令，债务人拒绝接收的，人民法院可以留置送达。

(5)向有管辖权的法院申请：票据支付地基层人民法院。

2. 公示催告程序的特点。(1)适用范围具有特定性；(2)审理程序具有简捷性；(3)程序具有非诉性；(4)实行一审终审制度。

3. 公示催告程序的适用范围：(1)按照规定可以背书转让的票据被盗、遗失、灭失的案件；(2)按照法律规定可以申请公示催告的其他事项。

| 考点扩展 |

1. 除权判决的申请条件：(1)在申报权利的期间没有人申报，或者申报被驳回；(2)公示催告申请人应自申报权利期间届满的次日起1个月内申请人民法院作出判决。

2. 审判组织：应当组成合议庭审理。注意：公示催告阶段，可由审判员1人独任审理。

3. 利害关系人因正当理由不能在判决前向人民法院申报权利的，自知道或者应当知道判决公告之日起1年内，可以向作出判决的人民法院起诉。

考点45 指定遗产管理人案件的审理 2024New

【大纲要求解读】大纲要求**理解**指定遗产管理人案件的条件，**熟悉并能够运用**指定遗产管理人案件的适用范围和审判程序。

【命题要点归纳】

1. 申请指定遗产管理人案件的条件及管辖法院：

(1)必须由利害关系人或有关组织向人民法院申请。利害关系人，是指被继承人的继承人、受遗赠人以及债权人。

(2)申请的事由为申请人对遗产管理人的确定有争议。

(3)申请指定遗产管理人案件的管辖法院为被继承人死亡时住所地或者主要遗产所在地基层人民法院。

(4)指定遗产管理人案件申请书应当写明被继承人死亡的时间、申请事由和具体请求，并附有被继承人死亡的相关证据。

2. 审理与判决：人民法院受理申请后，应当审查核实，并按照有利于遗产管理的原则，判决指定遗产管理人。

3. 遗产管理人的变更：

(1)被指定的遗产管理人死亡、终止、丧失民事行为能力或者存在其他无法继续履行遗产管理职责情形的，人民法院可以根据利害关系人或者本人的申请另行指定遗产管理人。

(2)遗产管理人违反遗产管理职责，严重侵害继承人、受遗赠人或者债权人合法权益的，人民法院可以根据利害关系人的申请，撤销其遗产管理人资格，并依法指定新的遗产管理人。

考点46 代位执行

【大纲要求解读】大纲要求**熟悉并能够运用**代位执行及实施程序。

【命题要点归纳】

1. 适用条件：

(1)被执行人不能清偿债务，但对本案以外的第三人享有到期债权；

(2)依申请执行人或被执行人的申请。

注意：法院不得主动通知第三人履行债务。

2. 人民法院通知的效力：

(1)债务人15日内履行债务；(2)债务人15日内提出异议；(3)15日内不提出异议，也不履行的，法院有权裁定强制执行。

3. 第三人异议：

(1)必须在法定期间(15日)内提出；(2)对异议不进行审查。但提出自己没有履行能力或者自己与申请执行人无直接法律关系，不属于异议；(3)有效异议，人民法院不得对第三人强制执行；(4)第三人提出部分异议的，对其承认的部分可以强制执行。

4. 对第三人的措施。

(1)法院有权裁定强制执行。条件：第三人收到履行通知后不提出异议，也不履行的。(2)擅自向被执行人履行：第三人收到人民法院要求其履行到期债务的通知后，擅自向被执行人履行，造成已向被执行人履行的财产不能追回的，除在已履行的财产范围内与被执行人承担连带清偿责任外，可以追究其妨害执行的责任。(3)不得再代位执行：在对第三人作出强制执行裁定后，第三人确无财产可供执行的，不得就第三人对他人享有的到期债权强制执行。

考点47 执行中止

【大纲要求解读】大纲要求**熟悉并能够运用**执行中止的规定。

【命题要点归纳】

1. 执行中止是指在执行过程中,由于某种特殊情况的发生而暂时停止执行程序,待该情况消除后再恢复执行程序的制度。

2. 执行中止的情形包括:(1)申请人表示可以延期执行的;(2)案外人对执行标的提出确有理由的异议的;(3)作为一方当事人的公民死亡,需要等待继承人继承权利或者承担义务的;(4)作为一方当事人的法人或者其他组织终止,尚未确定权利义务承受人的;(5)人民法院认为应当中止执行的其他情形。中止的情形消失后,恢复执行。

考点48 仲裁协议的内容、仲裁条款的独立性

【大纲要求解读】大纲要求**了解**仲裁协议的内容,**理解**仲裁条款的独立性,**熟悉并能够运用**法律和司法解释中关于仲裁协议效力的规定。

【命题要点归纳】

1. 仲裁协议应当具有下列内容:(1)请求仲裁的双方共同意思表示;(2)仲裁事项;(3)选定的仲裁委员会。

2. 仲裁协议的约定内容:(1)仲裁庭的组成方式;(2)法律适用;(3)仲裁的审理方式。

3. 仲裁协议效力的独立性体现为:

(1)仲裁协议独立存在,合同的变更、解除、终止或者无效,不影响仲裁协议的效力;(2)当事人在订立合同时就争议达成仲裁协议的,合同未成立不影响仲裁协议的效力;(3)合同成立后未生效或者被撤销的,仲裁协议效力不受影响;(4)当事人订立仲裁协议后合并、分立的,仲裁协议对其权利义务的继受人有效;(5)当事人订立仲裁协议后死亡的,仲裁协议对承继其仲裁事项中的权利义务的继承人有效;(6)债权债务全部或者部分转让的,仲裁协议对受让人有效,但当事人另有约定、在受让债权债务时受让人明确反对或者不知有单独仲裁协议的除外。

考点49 仲裁协议的效力

【大纲要求解读】大纲要求**理解**仲裁协议的有效要件,**熟悉并能够运用**仲裁协议的有效、无效和失效的规定。

【命题要点归纳】

1. 确认机关:人民法院和仲裁委员会都有确认权;人民法院的确认权优先。

2. 法院确认仲裁协议效力的程序:仲裁庭首次开庭前;仲裁机构对仲裁协议的效力尚未作出决定,组成合议庭。

3. 仲裁协议的无效。根据《仲裁法》第17条的规定,以下情形仲裁协议无效:(1)仲裁协议约定的事项超出了法律规定的仲裁范围的;(2)无民事行为能力人或者限制民事行为能力人订立的仲裁协议;(3)一方采取胁迫手段,迫使对方订立仲裁协议的。

考点50 执行仲裁裁决的程序

【大纲要求解读】大纲要求**了解**仲裁裁决的执行机构和方法、仲裁裁决执行程序的中止、终结和恢复;**熟悉并能够运用**法律和司法解释关于对仲裁裁决不予执行的相关规定。

【命题要点归纳】

1. 仲裁裁决适用强制执行:当事人申请执行仲裁裁决案件,由被执行人住所地或者被执行的财产所在地的中级人民法院管辖。

2. 不得请求不予执行的情形:

(1)当事人请求不予执行仲裁调解书或者根据当事人之间的和解协议作出的仲裁裁决书的,人民法院不予支持;

(2)当事人在仲裁程序中未对仲裁协议的效力提出异议,在仲裁裁决作出后以仲裁协议无效为由主张撤销仲裁裁决或者提出不予执行抗辩的,人民法院不予支持;

(3)当事人向人民法院申请撤销仲裁裁决被驳回后,又在执行程序中以相同理由提出不予执行抗辩的,人民法院不予支持。

3.一方当事人申请执行裁决,另一方当事人申请撤销裁决的,人民法院应当裁定中止执行。法院裁定撤销裁决的,应当裁定终结执行。撤销裁决的申请被裁定驳回的,法院应当裁定恢复执行。

4.裁决被人民法院依法裁定撤销或者不予执行的,当事人就该纠纷可以根据双方重新达成的仲裁协议申请仲裁,也可以向人民法院起诉。

考点51 对涉外仲裁裁决撤销和不予执行的程序

【大纲要求解读】大纲要求**熟悉并能够运用**对涉外仲裁裁决撤销和不予执行的程序的规定。

【命题要点归纳】

1.当事人申请。仲裁裁决作出后,仲裁当事人的任何一方都可以向仲裁委员会所在地的中级人民法院申请撤销仲裁裁决,在执行程序中,被申请人可以向人民法院申请不予执行仲裁裁决。

2.提出证据予以证明。无论是当事人向法院申请撤销仲裁裁决,还是被申请人向法院申请不予执行仲裁裁决,都必须提出证据证明涉外仲裁裁决具有《民事诉讼法》规定的情形之一。

3.人民法院组成合议庭审查核实。对于当事人提出的撤销或不予执行仲裁裁决的申请,人民法院要依法组成合议庭进行审查核实,审查核实提出申请的当事人是否具有申请撤销仲裁裁决或者不予执行仲裁裁决的资格,审查核实当事人是否有证据以及该证据能否证明仲裁裁决具有被撤销或者不予执行的法定事由。

4.人民法院作出裁定:

(1)人民法院经过审查核实,如果认为不具备撤销或者不予执行仲裁裁决的条件或法定事由,则应裁定驳回当事人的申请。

(2)如果认为仲裁裁决应当被撤销或者不予执行,则必须遵守最高人民法院关于"预先报告"的规定。《最高人民法院关于人民法院处理与涉外仲裁及外国仲裁事项有关问题的通知》规定,凡一方当事人向人民法院申请执行我国涉外仲裁机构裁决,如果人民法院认为我国涉外仲裁机构裁决具有《民事诉讼法》规定情形之一的,在裁定不予执行之前,必须报请本辖区所属高级人民法院进行审查。如果高级人民法院同意不予执行,应将其审查意见报最高人民法院,待最高人民法院答复后,方可裁定不予执行。

考点52 涉外民事诉讼中的调查取证 2024 New

【大纲要求解读】大纲要求**理解**涉外民事诉讼中的调查取证。

【命题要点归纳】

1.条约途径取证:

(1)《海牙取证公约》。我国目前加入的影响较大的普遍性公约有《海牙取证公约》,其对协助请求的提出、中央机关的确定、请求的执行和通知、请求的拒绝等相关程序、机制、文件要求等都作了明确的规定。作为《海牙取证公约》的加入国,在当事人申请人民法院调查收集的证据位于我国领域外时,如果证据所在国也加入了《海牙取证公约》,则可以根据该公约规定的具体程序和方式进行调查取证。

(2)双边司法协助条约。目前中国已经与近百个国家签订了双边民商事司法协助条约。针对有的国家既是《海牙取证公约》的缔约国,又与我国签订了双边司法协助条约的情形,当双边司法协助条约与《海牙取证公约》不一致时,双边司法协助公约优先适用。

2.外交取证:如果中华人民共和国与证据所在国并未就调查取证的相关事项缔结双边条约,也未共同参加相关的国际条约，则两国之间就涉外民事案件的调查取证问题可以通过外交途径解决。

3. 使领馆途径取证：

（1）采取委托使领馆代为取证方式的前提，必须是使领馆的驻在国法律未明确禁止此类取证方式，并且不得采取强制措施。

（2）使领馆受托代为取证的对象既包括证人，也包括当事人。

（3）采取此种方式调查取证，对象必须是具有我国国籍的当事人、证人，否则将不能采用。

4. 当事人同意的方式取证：

（1）经双方当事人同意，通过即时通讯工具取证。考虑到即时通讯工具作为一种新的调查取证方式刚刚出现，需要在提升调查取证效率与保障当事人诉讼权利之间做好平衡。通过即时通讯工具调查取证的，必须经过双方当事人的同意。

（2）以双方当事人同意的其他方式取证。"以双方当事人同意的其他方式取证"作为兜底条款，主要为保证域外调查取证方式的开放性，在充分尊重当事人诉讼权利的基础上，允许通过双方均认可的其他方式调查取证。

考点53 涉外民事诉讼管辖权的冲突及其解决 2024 New

【大纲要求解读】大纲要求**理解**涉外民事诉讼管辖权的冲突及其解决。

【命题要点归纳】

1. 排他性管辖协议：通过当事人合意选择法院而使管辖特定于某一国法院，不仅能够避免管辖冲突，也可以使当事人在一定程度上预见判决的结果，从而确保判决的执行。当事人签订排他性管辖协议的目的是提供管辖法院的明确性和可预测性。当事人通过排他性管辖的合意，赋予被选择法院或者被选择地的法院专有、排他的管辖权。一份有效的排他性管辖协议，具有排除其他法院管辖权。

《民事诉讼法》明确排他性管辖协议的效力的一般原则与例外。对于当事人订立排他性管辖协议选择外国法院管辖且不违反专属管辖的规定，不涉及中华人民共和国主权、安全或者社会公共利益的，人民法院可以裁定不予受理；已经受理的，裁定驳回起诉。

2. 先受理法院：先受理规则是指对于外国已经受理的相同当事人基于相同事实和相同目的的诉讼，后受理法院承认外国法院正在进行的诉讼的效力而拒绝或中止本国诉讼的制度。《民事诉讼法》将先受理法院规则作为解决平行诉讼的途径之一。我国法院受理案件后，如果构成我国法院与外国法院积极管辖权冲突的，在满足以下条件时，我国法院可以裁定中止诉讼：（1）外国法院先于中华人民共和国人民法院受理；（2）经当事人书面申请。但在下列情况下，人民法院不予裁定中止诉讼，而应当继续审理：（1）当事人协议选择人民法院管辖，或者纠纷属于人民法院专属管辖；（2）由人民法院审理明显更为方便。人民法院中止诉讼后，应根据外国法院受理案件后的不同情况采取不同的措施：如果外国法院未采取必要措施审理案件，或者未在合理期限内审结的，依当事人的书面申请，人民法院应当恢复诉讼。如果外国法院受理案件后作出了发生法律效力的判决、裁定，并已经被我国法院全部或者部分承认，当事人对已经获得承认的部分又向人民法院起诉的，我国法院裁定不予受理；已经受理的，驳回起诉。

3. 不方便法院：不方便法院原则是指一国法院依据内国法或有关国际条约，对某一涉外民事案件享有管辖权，但因其本身审理该案非常不方便或不公平，而拒绝行使管辖权，使当事人到另一个更为方便的法院进行诉讼的制度。一般情况下，不方便法院原则的运用要求存在一个更为合适的可替代法院。英美法系国家大多采用不方便法院原则作为解决国际平行诉讼的基本原则。《民事诉讼法》规定了我国法院行使不方便管辖的程序条件和实质条件。程序条件为被告须提出管辖权异议。实质条件共5项，必须同时具备：

（1）案件争议的基本事实不是发生在中华人民共和国领域内，人民法院审理案件和当事人参加诉讼均明显不方便；

(2)当事人之间不存在选择人民法院管辖的协议；

(3)案件不属于人民法院专属管辖；

(4)案件不涉及中华人民共和国主权、安全或者社会公共利益；

(5)外国法院审理案件更为方便。

同时满足上述条件的,我国法院可以裁定驳回起诉,告知原告向更为方便的外国法院提起诉讼。

我国法院裁定驳回起诉后,外国法院对纠纷拒绝行使管辖权,或者未采取必要措施审理案件,或者未在合理期限内审结,当事人又向人民法院起诉的,人民法院应当受理。